Claus-Christian Szejnmann

Vom Traum zum Alptraum

Sachsen in der Weimarer Republik

Sächsische Landeszentrale für politische Bildung

Meinen Eltern, Dorothee und Peter Szejnmann

Mit 34 Abbildungen

ISBN 3-378-01045-2
1. Auflage 2000

Umschlaggestaltung Torsten Lemme
Fotos oben: Ganzparteitag und SA-Treffen 1928 in Döbeln,
Deutsche Fotothek Dresden
Foto unten: Vor der Freibank, Leipzig 1929, Nachlaß Albert Hennig
Typographie Therese Schneider
Reproduktionen Druckhaus Galrev
Druck und Binden Clausen & Bosse, Leck

1. Einleitung: Wurzeln

Sächsische Geschichte erfreut sich seit einiger Zeit großer Aufmerksamkeit. Das Interesse ist kaum verwunderlich: Mit dem Fall der Berliner Mauer, dem Zusammenbruch der DDR und der deutschen Wiedervereinigung öffneten sich die meisten Archive; dies ermöglicht ein ungehindertes und undogmatisches Forschen. Große Forschungslücken, besonders bei der Untersuchung der jüngsten Vergangenheit, können nun langsam geschlossen werden. Dies ist um so wichtiger, als in der Vergangenheit eine zu starke Konzentration auf die preußische Geschichte zu einem begrenzten Verständnis der Entwicklung der Deutschen Geschichte und zur Vernachlässigung von wichtigen Regionen – wie Sachsen – geführt hat. Natürlich wurde sächsische Geschichte direkt von Entwicklungen in Preußen, im Deutschen Reich, in Europa und sogar in der übrigen Welt beeinflußt, aber in wichtigen Momenten schlug Sachsen in sozialer, wirtschaftlicher und politischer Hinsicht alternative Wege ein. Dabei kam es in Sachsen zu eigenständigen Entwicklungen, die das übrige Deutschland beeinflußten. 1930 urteilte dahingehend ein sozialdemokratischer Zeitzeuge:

»Gewiß ist Sachsen nur ein kleines Land, und seine Einwohnerzahl übertrifft kaum die der einen Stadt Groß-Berlin. Aber durch seine Lage im Herzen Deutschlands, durch die scharfe Zuspitzung der wirtschaftlichen und politischen Gegensätze innerhalb seiner Bevölkerung und durch die besondere Schulung seiner Arbeiterschaft war es berufen, für Deutschland und für das Proletariat eine besondere Rolle zu spielen.«[1]

Während es kaum verwunderte, daß nach der »Wende« Historiker aus allen Richtungen die sächsischen Archive regelrecht überfluteten, war es eher überraschend, mit welchem Interesse und welcher Begeisterung sich die sächsische Bevölkerung der eigenen regionalen Geschichte – insbesondere auch den lokalen Entwicklungen – zuwandte. Dies entsprach durchaus einem europäischen Trend. Seit einiger Zeit wächst das Interesse für die Geschichte und die Traditionen von Orten, Regionen und Ländern in Deutschland und im übrigen Europa. Diese Besinnung auf das »Kleine« – die vertraute Heimat und unmittelbare Umgebung – ist eine Begleiterscheinung, oft aber auch eine Gegenbewegung zur beschleunigten Entwicklung hin zu einem vereinten Europa und der rapiden Globalisierung. Aber dies kann schwerlich das Auftauchen der sächsischen Farben Grün und Weiß in vielen Fenstern nach 1989 erklären. Für das Aufkommen eines starken sächsischen Landesbewußtseins waren die besondere DDR-Vergangenheit und die Art und Weise der Wiedervereinigung mit ausschlaggebend.

Sachsen erhielt 1990 wieder seinen Status als Freistaat, was in vielerlei Hinsicht eine regelrecht befreiende Wirkung hatte. Immerhin besaß Sachsen vor allem durch das alte Herrscherhaus Wettin und wegen der geringen Grenzänderungen seit 1815 traditionell eigenständige Identität. Diese war selbst während der immer enger werdenden Eingliederung in den deutschen Nationalstaat aufrechterhalten worden. Allerdings änderte sich das in der Zeit zwischen 1933 und 1990, in der sich von Berlin aus der systematische Zentralismus zweier Diktaturen auf Sachsen auswirkte. Dazu kam, daß in der DDR 1952 alle Länder in Bezirke aufgeteilt wurden. Jedoch geriet Sachsen als Land auch zu dieser Zeit »nicht in Vergessenheit«. Dies war vor allem der Aktivität einiger Historiker – vor allem Karlheinz Blaschke, Karl Czok und Hartmut Zwahr –

und einem »anhaltenden Interesse an Publikationen zur Geschichte Sachsens bei einem großen Leserkreis« zu verdanken. [2] Trotzdem: Mit der Wiedereingliederung in ein föderales und demokratisches Deutschland entwickelte sich ganz automatisch der Drang, mehr über die Heimat herauszufinden. Dies wurde dadurch verstärkt, daß die »Wende« bei der sächsischen Bevölkerung eine Art Identitätskrise auslöste. Viele Bürger wollten sich nicht mehr mit ihrer DDR-Vergangenheit identifizieren. Gleichzeitig wurde eine Identifizierung mit einer neuen, gesamtdeutschen Identität vor allem durch zwei Faktoren praktisch unmöglich gemacht: die oftmals pauschalisierende und erniedrigende Berichterstattung der westdeutschen Presse über die ehemalige DDR und die Ostdeutschen einerseits, die verheerende wirtschaftliche Krise nach der »Wende« andererseits. Deshalb fand eine Art »Flucht« in die sächsische Identität statt, die von der Regierung in Dresden unterstützt wurde.

Selbst dem eilig Durchreisenden wird der Reichtum der sächsischen Geschichte, aber auch ihre Bedeutung für Deutschland, kaum verborgen bleiben. Anfang der 30er Jahre schon versuchte man, mit folgender Beschreibung Besucher in das Land zu locken:

»Gen Sachsen laßt uns fahren! Tausendjährige Vergangenheit lockt hier, aufgespeichert in stolzen Burgen, Schlössern und Palästen, aufgespeichert in Galerien und Museen, in Bibliotheken und Archiven. Tausendjährige Vergangenheit ... schuf die Architektur seiner Städte.« [3]

Daneben zeugt eine große Anzahl inzwischen oft verfallener Fabrikgebäude in den Dörfern zwischen dem Vogtland und dem Lausitzer Bergland von einer einst weit verbreiteten Industrialisierung. In der Tat gilt Sachsen als die am frühesten industrialisierte Region Deutschlands. Sachsens Entwicklung in der ersten Hälfte des 20. Jahrhunderts hat aber auch tiefe Narben hinterlassen, die teilweise immer noch sichtbar sind: Denkmäler, die an die Gefallenen des Ersten Weltkrieges, an die Opfer der Euthanasie-Verbrechen, der Konzentrations- und Kriegsgefangenenlager und die Verschleppung und Ermordung der sächsischen Juden erinnern. Daneben haben selbst die Sanierungsarbeiten der letzten Jahre die Spuren der Zerstörung während des Zweiten Weltkriegs in Leipzig, Chemnitz, Plauen und Dresden nicht beseitigen können.

Versetzen wir uns also in das Sachsen nach dem Ersten Weltkrieg zurück. Ein Reisender, der damals den Baedeker-Reiseführer über Sachsen aufschlug, las folgendes:

»Sachsen, mit 14.993 Quadratkilometer Bodenfläche und 4,8 Millionen Einwohnern, liegt in der Mitte des Deutschen Reiches, von fremdem Gebiet nur an der Südostseite berührt, wo die böhmische Grenze über dem Erzgebirgsrücken entlang verläuft ... Die Bewohner sind mitteldeutschen Stammes und sprechen die obersächsische Mundart ... Gewerbe und Handel, die von dem alten, jetzt fast erloschenen Bergbau ihren Ursprung nehmen, ernähren die Bevölkerung, von der nur elf von Hundert dem Ackerbau obliegen.« [4]

Sachsens Hauptstadt Dresden (619.157 Einwohner), das wegen der Schönheit seiner Lage, der reichen Kunstschätze sowie der stattlichen Bauten »Deutsches Florenz« genannt wurde, war Sitz des Landtages (das »Ständehaus« an der Brühlschen Terrasse) und der Verwaltung. [5] Die anderen größeren Städte waren Leipzig (679.159), Chemnitz (333.851), Plauen (111.436), Zwickau (80.358) und Bautzen (40.335). Abgesehen von den Stadtstaaten war Sachsen das mit Abstand am dichtesten besiedelte deutsche Land. Obwohl sein Territorium nur etwa drei Prozent der Fläche der Republik bedeckte (damit war Sachsen immerhin das fünftgrößte Land Deutschlands), machten seine fünf Millionen Einwohner acht Prozent der deutschen Bevölkerung aus. Dies erklärt auch die starke Verstädterung des Landes: Mehr als ein Drittel seiner Bevölkerung lebte in Städten mit mehr als 100.000 Einwohnern und nur etwas mehr als ein Fünftel seiner Bevölkerung in Gemeinden mit weniger als 2.000 Einwohnern. Im Reichsdurchschnitt war dieses Verhältnis genau umgekehrt.

Bevor wir ab dem nächsten Kapitel unsere Aufmerksamkeit der Geschichte Sachsens während der Weimarer Republik zuwenden, soll daran erinnert werden, daß jede Epoche natürlich eine Vorgeschichte hat und von deren Traditionen und Erfahrungen lebt. Diese Licht- und Schattenseiten werden unsere ständigen Begleiter sein. Es ergibt also einen Sinn, hier einige wichtige Merkmale der sächsischen Gesellschaft vor Ende des Ersten Weltkrieges zu skizzieren.

Sachsen betrat das zwanzigste Jahrhundert im Zustand eines besonders frappierenden Widerspruches: Einer langen Tradition der wirtschaftlichen Entwicklung und einer starken Arbeiterbewegung stand ein reaktionäres politisches System gegenüber. Ein bekannter Führer der Arbeiterbewegung sprach etwas überspitzt vom »Probierland der Reaktion« und urteilte: »Nirgends in Deutschland waren die Klassengegensätze so schroff und unversöhnlich ausgeprägt wie in Sachsen.«[6] Allerdings war diese Kritik an dem politischen System in Sachsen verständlich, vor allem wenn man die Verhältnisse mit denen der liberalen süddeutschen Staaten verglich. Außerdem war die sächsische Arbeiterbewegung zwischen 1896 und 1909 durch ein reaktionäres Dreiklassenwahlrecht praktisch von der Ausübung der politischen Macht ausgeschlossen worden.

Insgesamt ging es den Sozialdemokraten in Preußen aber noch schlechter. Die zweite Kammer des Sächsischen Landtags wurde vor 1896 nach einem Zensuswahlrecht und nach 1909 nach einem Pluralwahlrecht gewählt, die den Unterschichten im Gegensatz zu Preußen ein breiteres Mitwirkungsrecht zugestanden. Verglichen mit dem Reichstagswahlrecht, wo das allgemeine Männerwahlrecht galt, war dies allerdings rückständig. Selbst nach der sächsischen Wahlrechtsreform von 1909 wurde noch ein Viertel der Reichstagswähler von Landtagswahlen ausgeschlossen. Hinzu kam, daß im Gegensatz zu den süddeutschen Staaten die Erste Kammer im Sächsischen Landtag nicht reformiert wurde. Damit konnte die Regierung und die traditionelle Elite in der Ersten Kammer alle Gesetze blockieren, die ihnen nicht genehm waren. Daneben benutzte die sächsische Regierung das sächsische Vereins- und Versammlungsrecht (1850), um den Aufbau einer sozialdemokratischen Organisationsstruktur stark einzuschränken.[7]

All dies erregte in Sachsen besonders viel Empörung, weil hier die Wiege der deutschen Arbeiterbewegung gestanden hatte und ein frühes Wirkungsfeld August Bebels und Wilhelm Liebknechts gewesen war. Nirgendwo in Deutschland wuchs die Sozialdemokratische Partei Deutschlands (SPD) so dynamisch wie im Königreich Sachsen. So feierten die sächsischen Sozialdemokraten bei der Reichstagswahl 1903 ihren größten Wahltriumph, als sie ganze 58,8 Prozent der Wählerschaft gewinnen konnten. Dies brachte Sachsen auch die Bezeichnug das »rote Königreich« ein.

Es gab auch einige Entwicklungen, die der Masse der Bevölkerung gewisse Erleichterungen brachten. Das sächsische Schulgesetz von 1874 und das sächsische Allgemeine Baugesetz von 1900 waren mit die modernsten und fortschrittlichsten in ihrem Bereich. Allerdings bedeutete dies nicht, daß Sachsen ein »Schlaraffenland« war. Das sächsische Königreich vor 1918 war ein Klassenstaat, in dem es z.B. vier verschiedene Wagenklassen in der Eisenbahn gab (die vierte Klasse hatte nur schmale Bänke ohne Rückenlehne und herabhängende Lederschlaufen für die stehenden Passagiere), in dem Kinder aus Arbeiterfamilien wegen der hohen Schulgebühr nur ganz selten das Realgymnasium oder Gymnasium besuchen konnten, in dem der Freiherr mit »Hoch- und Wohlgeboren« angeredet wurde und in dem die Massen ein oft erbärmliches Leben führten. Ein bürgerlicher Beamter erinnerte sich an seine Jugend vor dem Weltkrieg in Radebeul bei Dresden:

»Ich sah wieder die lange Reihe der Arbeiter aus der großen chemischen Fabrik und der Eisengießerei des Abends an unserer Wohnung vorbeiziehen, ermüdet, hager, verschmutzt nach chemischen Gasen und Säuren riechend, das Krügel in der Hand, aus dem sie, auf einem Maschinenrand oder im Hofe auf einer Bank sitzend, ihr mitgebrachtes Mittagessen verzehrt hatten. Auf der anderen Seite erschien mir das Bild von dem schloßartigen Villenbau des Generaldirektors. Viele Arbeiter lebten in minderwertigen Wohnungen, wie ich von den Besuchen bei der Waschfrau oder Aufwartung oder beim Hinbringen von Krankensuppen wußte. Oft fehlte es da an Betten für die Kinder, so daß bisweilen zwei bis drei Kinder in einem Bett schlafen mußten. Dazu hatte ein satirisches Blatt zynisch bemerkt, die Kinder sollten im Kohlenkasten schlafen und sich mit dem ›Vorwärts‹ zudecken!«[8]

Der stetig voranschreitende Modernisierungsprozeß in den Jahrzehnten vor dem Ersten Weltkrieg verschärfte die Widersprüche innerhalb des reaktionären politischen Systems in Sachsen kontinuierlich. Ab 1905 führte dies zu Massendemonstrationen, angeführt von der SPD, gegen das bestehende Wahlrecht. Sie unterstützten die Hauptforderung der sächsischen Sozialdemokraten nach einem »allgemeinen, gleichen, direkten und geheimen Wahlrecht«. Eine weitere Forderung verlangte die »Abschaffung der Ersten Kammer sowie aller sonstigen Vorrechte der Geburt und des Standes«.[9]

Es erwies sich als folgenschwer, daß Sachsen nicht wie Bayern, Baden und Württemberg ein starkes, liberales Bürgertum oder eine katholische Zentrumspartei besaß, die innerhalb des politischen Systems ausgleichend, entpolarisierend und modernisierend hätten wirken können. Trotzdem zeigte Sachsens politisches System in den Vorkriegsjahren Ansätze einer Modernisierung. Im Vergleich zu der verheerenden Machtpolitik Wilhelm II. kann bei den sächsischen Königen kaum von einer intensiven Regierungstätigkeit gesprochen werden. Diese wurde immer stärker von Ministern ausgeübt. Wichtiger war aber noch, daß seit der Jahrhundertwende ein immer selbstbewußter werdendes Bürgertum bestrebt war, sich politisch zu emanzipieren. Vor allem die sächsischen Industriellen griffen die politische Dominanz der traditionellen Eliten an – Großgrundbesitzer, höhere Beamte und der Adel – und drängten teilweise erfolgreich auf Reformen für die Landtagswahl. Dieser Modernisierungsprozeß wurde aber abrupt vom Ersten Weltkrieg unterbrochen. Hinzu kam, daß die bürgerlichen Kräfte in einem entscheidenden Punkt mit den traditionellen Eliten eng verbunden waren: Beide Gruppierungen wollten unter allen Umständen eine sozialdemokratische Mehrheit im Landtag verhindern. Dies trug zur weiteren Verzögerung politischer Reformen bei. Währenddessen wurde die Arbeiterbewegung im April 1917 durch die Spaltung der SPD in die Mehrheitssozialdemokratische Partei Deutschlands

(MSPD) und die Unabhängige Sozialdemokratische Partei Deutschlands (USPD) entscheidend geschwächt. All dies ermöglichte der konservativen Regierung, ihre Macht mit großem Geschick zu verteidigen. Sie spielte die beiden Flügel der gespaltenen Arbeiterbewegung gegeneinander aus, trieb die USPD in die Illegalität und ging mit scharfer Zensur, Versammlungsverboten und massiven Repressionen gegen die Arbeiter vor. Noch wichtiger für das Überleben des Klassenstaates war aber, daß die meisten Politiker bis zuletzt am Burgfrieden festhielten und den internen politischen Kampf auf die Zeit nach dem nationalen Krieg verschoben.

Dennoch wurde die Legitimität der Regierung während der Kriegsjahre stark untergraben. Die Zeichen von Unzufriedenheit bei der Bevölkerung häuften sich. Zwar hatten die Demonstrationen und Unruhen – vor allem in Form von Hungerunruhen und Streiks gegen schlechte Arbeitsbedingungen – zumeist einen wirtschaftlichen Ursprung, aber immer mehr wurde dabei auch eine Kritik an den Regierenden deutlich. So streikten im April 1917 in Leipzig 30.000 Arbeiter für eine bessere Versorgung und sofortige Friedensgespräche bei gleichzeitigem Verzicht auf Annexionen. Die gespaltene Sozialdemokratie, aber auch die bürgerlichen Kräfte, drängten verstärkt auf politische Reformen. Zusätzlich verfolgte die sächsische Regierung mit zunehmender Irritation die Revolutionen in Rußland und die Reformbewegungen im Reich und in Preußen. Immerhin hatte selbst Kaiser Wilhelm II. schon Mitte 1917 versprochen, das preußische Dreiklassenwahlrecht durch ein allgemeines und gleiches Wahlrecht zu ersetzen.

Sachsens Gesellschaft war vor der Gründung der Weimarer Republik also in vielerlei Hinsicht in Bewegung. Die Voraussetzungen für das neue demokratische System konnten trotzdem kaum ungünstiger sein: Die Gesellschaft war durch tiefgreifende soziale, kulturelle, politische und wirtschaftliche Spannungen zerrüttet. Zwei Fragen waren für die Zukunft der Republik ausschlaggebend: Wie würden die Kreise, die in dem traditionellen Klassenstaat Privilegien gegenüber den Massen besaßen, auf die Umstellung zu einem modernen demokratischen System reagieren? Würde die Republik die Hoffnungen und Träume der Massen erfüllen können? Von Anfang an waren die Perspektiven eher düster, vor allem weil die junge Demokratie sofort mit den verheerenden Folgen des Krieges belastet wurde. Die veraltete Wirtschaftsstruktur der ältesten Industrieregion Deutschlands wurde von den negativen Konsequenzen des Modernisierungsprozesses eingeholt. Mit schlimmen Folgen: Arbeitslosigkeit, Hunger, Ängste, Unruhen und Gewalt. Es sollte bittere Konsequenzen haben, daß Sachsens neue Demokratie sofort unter härtesten Bedingungen funktionieren mußte.

Die vorliegende Studie befaßt sich mit einem der spannendsten, aber auch tragischsten Kapitel der sächsischen und deutschen Geschichte. Sie handelt von einer Zeit, in der traditionelle Ansichten und Methoden mit neuen, modernen und progressiven Kräften aufeinanderprallten. Die Weimarer Republik war in Sachsen mit besonders vielen Hoffnungen, Enttäuschungen, Spannungen, Gegensätzen und Krisen verbunden. Hier bekämpften sich die stärkste Arbeiterbewegung Deutschlands und ein besonders reaktionäres Bürgertum. Während der ersten fünf Jahre der Republik setzten sich innerhalb des linken Lagers diejenigen durch, die vom Zentrum der Macht aus ein richtungsweisendes, linksdemokratisches Projekt aufbauten. Dies wurde vehement von der Mehrheit des Bürgertums bekämpft, das seine konservativ-nationalistische Weltanschauung als Ethos der neuen Gesellschaft zementieren wollte. In Sachsen wurden die

Widersprüche zwischen Korbflechter und Fließbandarbeiter, zwischen Tradition und Avantgarde, zwischen Volkstum und Massengesellschaft und zwischen Traum und Wirklichkeit unerbittlich offengelegt. Für viele war die Republik gleichbedeutend mit Angst, Not und Zusammenbruch. Ohne dies wäre der Nationalsozialismus Ende der zwanziger Jahre nicht in einem solchen Maße aufgestiegen. Eine große Herausforderung wird sein, diesen Zusammenhang zu untersuchen. Schließlich brach die Demokratie, von Krisen und Widersprüchen geschüttelt, zusammen. Ihr Scheitern ermöglichte die Entstehung der nationalsozialistischen Diktatur. Dies macht diese Epoche zusätzlich brisant und wichtig.

In den letzten Jahren erschien eine große Zahl von Studien, die sich mit speziellen Fragen neuerer sächsischer Geschichte beschäftigen. Das vorliegende Werk ist ein Versuch, die neueste Forschung, Forschungsmethoden und Kontroversen, die oft einen sehr akademischen Charakter haben, einem breiteren Publikum zugänglich zu machen. An dieser Stelle sollen nur drei wichtige Beispiele erwähnt werden: Aus politischer Sicht hat Karsten Rudolph das »linksdemokratische Projekt« Sachsens in den Nachkriegsjahren als ernste Alternative zum »phlegmatischen Reichsmodell«[10] betont. Dies ist vor allem in bezug auf die häufige Kritik am Verhalten der Mehrheitssozialdemokraten während der Revolution von Bedeutung. Laut Wolfgang Mommsen gingen die Mehrheitssozialdemokraten nämlich viel zu hastig eine Allianz mit den traditionellen Kräften ein, anstatt die Protestbewegung der Arbeiterklasse in konstruktive Bahnen zu leiten.[11]

In der Tat, nicht wenige Historiker sehen die »unvollendete Revolution« als wichtigen Grund für das letztendliche Scheitern der Weimarer Republik an.[12] Die Situation in Sachsen war deshalb so besonders, weil hier die Sozialdemokraten – im Gegensatz zum Reich – von den »Fehlern« und »Versäumnissen« der Revolution in Deutschland gelernt zu haben schienen. In der Wirtschaftsgeschichte dominierte bislang die These, daß Sachsens Wirtschaftsstruktur veraltet und kaum modernisierungsfähig war. Viele Experten leiteten davon die besonders katastrophale Wirtschaftskrise in dieser Gegend ab 1929 her.[13] Nach langjährigen Studien zu diesem Thema ist Werner Bramke inzwischen zu einem differenzierteren Urteil gekommen und meint, daß bedeutende Teile der sächsischen Wirtschaft eine wirksame Anpassungs- und Modernisierungsfähigkeit besaßen.[14] Diese Diskussion ist noch lange nicht beendet und wird gerade bei der Analyse der Modernisierungspotentiale von »alten« Wirtschaftsregionen wichtige Erkenntnisse bringen.

Schließlich gibt es mehrere Studien über den Nationalsozialismus in Sachsen. In einem richtungsweisenden Aufsatz hat Franz Walter das Milieu der Arbeiterbewegung untersucht und gezeigt, daß die Nationalsozialisten nur dort stark in die Arbeiterschaft eindringen konnten, wo die Arbeiterbewegung kein starkes »Milieu« aufgebaut hatte oder sich dieses in einem Prozeß der Auflösung befand. Hingegen blieben die Hochburgen der Arbeiterbewegung dem Nationalsozialismus gegenüber relativ immun.[15] Claus-Christian Szejnmann hat diesen Forschungsansatz vertieft und um Erkenntnisse bezüglich des nationalistischen Milieus erweitert. In seiner Monographie betont er die Bedeutung von tiefsitzenden lokalen und regionalen Traditionen, die den Erfolg des Nationalsozialismus in der Bevölkerung erklären.[16] Währenddessen hat sich Benjamin Lapp mit der Radikalisierung des Mittelstandes in den zwanziger Jahren beschäftigt. Lapp hebt darin die Wichtigkeit dieses Phänomens für den Erfolg des Nationalsozialismus hervor und bestätigt damit ähnliche Erkenntnisse zu anderen Gegenden Deutschlands.[17]

Gleichzeitig erschließt diese Studie viel »Neuland« und stützt sich dabei auf viele bisher noch nicht benutzte Quellen. Das Ziel soll sein, einen kompakten Gesamtabriß, aber auch eine Interpretation sächsischer Geschichte zwischen dem Ersten Weltkrieg und der Nazidiktatur vorzulegen. Dies soll möglichst kritisch und nüchtern geschehen. Versimpelnde bzw. klischeehafte Darstellungen über die Sachsen, deren Eigenheiten selbst in akademischer Literatur teilweise mit »Intelligenz«, »Fleiß«, »Sparsamkeit«, »Hang zur Gemütlichkeit« und »Bereitschaft zu Verträglichkeit und Anpassung« beschrieben werden, haben hier keinen Platz.[18] Zumal dieser Beitrag versuchen will, wenn auch sehr bescheiden, dieses Kapitel sächsischer Geschichte im gesamtdeutschen Zusammenhang zu sehen, Vergleiche zu ziehen und Horizonte zu erweitern. Nach Meinung des Historikers Gerhard A. Ritter bietet sich die sächsische Geschichte nämlich dazu an, zentrale Probleme Deutschlands »wie in einem Brennspiegel« zu erkennen.[19]

Die Kompaktheit der Darstellung macht es der Studie unmöglich, allumfassend zu sein. Die politische und wirtschaftliche Entwicklung bildet eine Art roten Faden, der sich durch das Buch zieht. Daneben werden immer wieder Momentaufnahmen der sozialen und kulturellen Entwicklung eingeflochten. Das Ziel ist, die sächsische Gesellschaft in möglichst vielen Facetten zu schildern und ein plastisches Bild des Alltags in dieser Periode zu vermitteln. Auch hier sind dem Autor Grenzen gesetzt, zumal sich die Erfahrungen verschiedener sozialer Schichten, Religionsgruppen, Altersgruppen, Geschlechter, Nationalitäten etc. oft kraß voneinander unterscheiden. Außerdem bildete Sachsen natürlich keine harmonische Einheit. So wie heute gab es auch damals sehr unterschiedliche Entwicklungen und Traditionen in Dörfern, Städten und Regionen des Landes. Anders ausgedrückt: Die Zeit der Weimarer Republik stellt sich aus der Perspektive eines jüdischen Pelzhändlers in Leipzig natürlich anders dar als aus der einer Handschuhnäherin oder einer sorbischen Bauernfamilie in der Lausitz.

Erster Teil

Das »rote« Sachsen (1918–1923)

Straßenbarrikade in
Leipzig während der
Novemberrevolution

2. Die Novemberrevolution

Wie ein Steppenbrand breiteten sich im November 1918 in Sachsen, wie im übrigen Deutschland, revolutionäre Bewegungen aus. Innerhalb kürzester Zeit wurden 829 Jahre Herrschaft des Hauses Wettin hinweggefegt und durch ein demokratisches System ersetzt. Kaum ein Zeitzeuge war nicht von der Schnelligkeit und dem Ausmaß der Entwicklungen überrascht. Dabei kann bei der Entstehung der Demokratie nicht von einem Zufallsprodukt oder einer improvisierten Lösung während einer Krise geredet werden. Der Obrigkeitsstaat war schon längst vorher von progressiven Kräften in die Defensive gedrängt worden. Allerdings sollte es sich für die Überlebenschancen einer von Krisen geplagten Republik als äußerst tragisch erweisen, daß demokratische Wertvorstellungen – wie soziale Gleichheit und Gerechtigkeit – vor allem vom sächsischen Bürgertum kaum angenommen wurden.

Die Ereignisse im November entfalteten sich mit solcher Geschwindigkeit, weil die traditionelle Elite bis zuletzt eine politische Neugestaltung herausgezögert hatte. Obwohl im Mai 1918 die Zweite Kammer des Landtags mit einer Zweidrittelmehrheit die Regierung aufgefordert hatte, ein neues Wahlgesetz vorzulegen, unternahm die sächsische Regierung nichts in dieser Richtung. Vielmehr prophezeite Innenminister Christof Graf Vitzthum von Eckstädt: »Die allgemeine Gleichheit ... führt zum Tode aller Kultur«, und die Konservativen warnten: »Die vollständige Gleichberechtigung aller Wähler ... führt zu ganz unhaltbaren Zuständen.«[20] Diese Haltung änderte sich erst, als die Oberste Heeresleitung unter Erich Ludendorff Anfang Oktober einen sofortigen Waffenstillstand verlangte. Aufgrund der »Vierzehn Punkte« des amerikanischen Präsidenten Woodrow Wilson ging die Heeresleitung davon aus, daß dies nur durch eine gewisse Demokratisierung des Kaiserreiches zu erreichen sei. Vom Überlebensinstinkt getrieben, blieb der sächsischen Regierung und den konservativen Parteien in dieser Situation gar nichts anderes übrig, als auf die Demokratisierung des Wahlrechts hinzusteuern.

Allerdings agierten die Eliten – angeführt von Graf Vitzthum – sehr behutsam. In einer wohlkontrollierten Aktion berief der König am 26. Oktober den Nationalliberalen Rudolf Heinze zum neuen Regierungschef. Die Macht fiel vorerst also in die Hände der Bürgerlichen. Dies war möglich, weil den Mehrheitssozialdemokraten selbst im Angesicht des Zusammenbruchs der alten Ordnung das Selbstvertrauen und die Vision fehlten, zielstrebig die politische Initiative zu ergreifen. Hinzu kam, daß die Mehrheitssozialdemokraten die revolutionäre Stimmung in der Bevölkerung unterschätzten. Im Gegensatz zu den revolutionär-sozialistischen Unabhängigen waren die Mehrheitssozialdemokraten moderat und antirevolutionär. Am 1. November akzeptierte die MSPD zwei Ministerposten unter Heinze und klammerte sich an die bis dahin undemokratischen Nationalliberalen. Plötzlich teilten sich also Liberale, Konservative und Sozialdemokraten die Regierungsbank.

Die kontrollierte »Machtüberleitung von oben« schien sich völlig losgelöst von der brodelnden Unruhe und Erwartung in der Bevölkerung hinter verschlossenen Türen im Regierungsviertel in Dresden abzuspielen. Als Heinze am 5. November sein Regierungsprogramm vortrug, kündigte er zwar ein demokratisches Wahlrecht für die Zweite Kammer an, hielt aber an einer Ständevertretung für die Erste Kammer fest. Dies sollte den Liberalen weiterhin ihre Machtposition gegenüber der Arbeiterbewegung sichern. Die »Leipziger Volkszeitung«, das einflußreiche Blatt der Unabhängigen, warnte deshalb ihre Leser, nicht auf die »schönen Redensarten« von Heinze hereinzufallen. [21] Als sich in den folgenden Tagen der sächsische Landtag mit unwichtigen Fragen beschäftigte, sah sich ein Landtagsabgeordneter veranlaßt, die Kammer ironisch darauf aufmerksam zu machen, daß währenddessen »das ganze Deutsche Reich in hellen Flammen« stehe. [22]

Kurz darauf entluden sich tatsächlich in weiten Teilen Sachsens die gesellschaftlichen Spannungen in einer revolutionären Bewegung. Die Mitteilung der Heeresleitung über die hoffnungslose militärische Situation hatte der Bevölkerung Anfang Oktober einen tiefen Schock versetzt. Wie im übrigen Deutschland war daraus recht schnell ein allgemeines Verlangen nach Frieden gewachsen. Man war kriegsmüde und hungrig. Dazu kam eine immer lauter werdende radikale politische Forderung: die Abdankung des Kaisers. Die Bevölkerung schloß nämlich aus den Antworten von Wilson auf die deutschen Friedensangebote, daß die Abdankung günstigere Friedensbedingungen bringen würde.

Trotz seines Rufes, ein »rotes Königreich« zu sein, entwickelte sich Sachsen nicht zu einem Zentrum der Revolutionskämpfe in Deutschland. Vielmehr trug die Disziplin der sächsischen Sozialdemokratie und die schnelle Kapitulation der herrschenden Kreise dazu bei, daß Blutvergießen vermieden wurde. Der eigentliche Ablauf der Revolution in Sachsen ähnelte dem im restlichen Deutschland. Normalerweise war es eine spontane Bewegung, die von Soldaten ausging, auf die Arbeiter übergriff und nirgends Widerstand fand. »Arbeiter- und Soldatenräte« (ASR) nach dem Vorbild der russischen Revolution sprossen wie Pilze aus dem Boden und übernahmen die Macht. Ende November gab es in den 144 Städten des Landes 124 Arbeiter- und Soldatenräte, was die Intensität der revolutionären Bewegung unterstreicht. [23] Dieses Netz von Arbeiter- und Soldatenräten wurde von Politikern der sozialistischen Parteien und Vertretern der freien Gewerkschaft kontrolliert.

In dieser Phase waren die meisten Arbeiter- und Soldatenräte weit weniger revolutionär, als ihr Name andeutete. Als das alte System wie ein Kartenhaus zusammenbrach, füllten sie das entstandene Machtvakuum und übernahmen die Rolle einer Art Feuerwehr, die versuchte, die oftmals katastrophalen Lebensbedingungen der Bevölkerung zu verbessern und die Ordnung aufrechtzuerhalten. Plünderungen und Gewalttätigkeiten wurden unterbunden. Die Räte kontrollierten zwar die kommunale und staatliche Verwaltung, ersetzten diese aber nicht. Man wollte vor allem so schnell wie möglich eine Normalisierung der Verhältnisse herbeiführen. Deshalb erfolgte normalerweise Kooperation statt Konfrontation mit den Vertretern des alten Systems. Industrielle aus Freiberg berichteten mit Genugtuung über die Äußerungen eines Arbeiterführers in einer Versammlung Mitte November: Auch der Arbeiterschaft läge es im Augenblick nicht an Zukunftsmusik über eine sozialistische Republik, ihr Hauptinteresse sei eine ruhige Entwicklung und Abwicklung der durch die Schwierigkeiten entstandenen Wirtschaftsverhältnisse.[24] Selbst der Spartakus-Führer Fritz Heckert erklärte gegenüber der Chemnitzer Stadtverwaltung am 9. November, es ginge vor allem um »die ungestörte Fortführung der Geschäfte der Stadtverwaltung durch die jetzigen Vorstände und Beamten«.[25] Ähnlich war es in Leipzig, wo die linksorientierten Sozialdemokraten dominierten. Hier blieb der konservative Rat der

Stadt von der Revolution praktisch unbehelligt und wurde vom Arbeiter- und Soldatenrat mit der Weiterführung der Geschäfte beauftragt. [26]

Doch nun zu den wichtigsten Schauplätzen der Revolution in Sachsen. Soldaten der Großenhainer Fliegerkaserne fingen am 6. November Funkmeldungen über den Aufstand der Matrosen in Kiel auf. Noch am selben Tag wählten die 3.000 Flieger den ersten Soldatenrat Sachsens. Tags darauf stellten sie sämtliche Offiziere unter Arrest. Am 8. November verkündeten sie mit der örtlichen MSPD die Übernahme der politischen Macht und warfen anschließend Flugblätter über Dresden ab, in denen sie die Bewohner der Landeshauptstadt aufforderten, dem Kieler und Großenhainer Beispiel zu folgen. [27]

Die entscheidenden Zentren der Revolution in Sachsen lagen aber in den drei Großstädten Leipzig, Chemnitz und Dresden. Am 8. November, einem ungemütlichen, kalten und regnerischen Freitag, begann ein neues Kapitel sächsischer Geschichte. An diesem Tag fiel die Macht in die Hände der Massen. Leipzig war die erste sächsische Großstadt, in der die Revolution siegte. Dies verwundert nicht, hatte doch in der Hochburg der USPD die Unzufriedenheit mit dem Krieg ganz besonders gegärt. Nach Augenzeugenberichten entlud sich dies allerdings nicht in einer unkontrollierbaren und gewalttätigen Situation. Vielmehr ereignete sich auch hier eine verhältnismäßig undramatische Revolution:

»Der äußere Anlaß für die Bewegung war ..., daß ein Trupp Urlauber auf dem Hauptbahnhof mit der Verpflegung unzufrieden war. Die unzufriedenen Soldaten [500 an der Zahl, C.C.S.] zogen in einem Trupp durch die Stadt, wobei einer ein rotes Taschentuch an einem Stock vorantrug. In der Petersstraße wurde dem Trupp aus einem Stockwerk ein rotes Fahnentuch zugeworfen. Auf diese Weise kamen die Soldaten zu einer roten Fahne, die nun, lustig im Winde flatternd, im Zuge getragen wurde. Die Soldaten zogen die Zeitzer Straße entlang nach dem Volkshause, wo sie eine Versammlung abhielten. In dieser Versammlung hielt Genosse Lipinski, der telephonisch herbeigerufen worden war, eine kurze Ansprache, darauf wurde ein Soldatenrat gewählt.« [28]

Da das Leipziger Generalkommando sofort kapitulierte, konnte der sich konstituierende provisorische Arbeiter- und Soldatenrat, der von der USPD kontrolliert wurde, die Macht übernehmen. Der Arbeiter- und Soldatenrat ergriff zielstrebige Maßnahmen, um seine Machtposition zu sichern und auf ganz Westsachsen auszubreiten. Es folgten ein dreitägiger Generalstreik, Entwaffnungsaktionen und die Bildung einer eigenen Sicherheitstruppe. Die örtlichen Sozialdemokraten jubelten:

»Am Ziel! Ketten liegen am Boden, die Freiheit erhebt ihr Haupt, die wir in Schmach und Elend trotz alledem geglaubt. Volk ist aufgestanden, die Welt horcht zitternd auf. Dröhnt jetzt über den Erdball der Freiheit Siegeslauf.« [29]

Am 8. November wurden weitere sächsische Städte von der revolutionären Bewegung ergriffen. In Chemnitz wurden die sozialistischen Parteien aktiv. Noch in der gleichen Nacht wurde ein vorläufiger Arbeiter- und Soldatenrat gebildet, der aus jeweils zehn Vertretern der MSPD, USPD und der Soldaten bestand. So wie in Berlin die deutsche Revolution ihren Lauf nahm, so waren die Ereignisse in der Landeshauptstadt Dresden für Sachsen von besonderer Bedeutung. Schon am 4. November begannen Soldaten, auf dem Altmarkt gegen unzulängliche Verpflegung und Unterkünfte zu demonstrieren. Während der folgenden Tage wurden mehrere Protestkundgebungen von der Polizei aufgelöst. Die Spannung stieg nun stündlich an. Als die Großenhainer Flieger ihre Flugblätter über der Elbmetropole abwarfen, schien ein Umsturz nur noch eine Frage der Zeit zu sein. Die Regierung beriet, wie man Schloß und König schützen könne. Nachdem das Armeekommando hatte zugeben müssen, nicht mehr über zuverlässige Truppen zu verfügen, wurde Friedrich August III. geraten, sich nach Schloß Moritzburg abzusetzen. Damit hoffte man, der revolutionären Bewegung den Wind aus den Segeln zu nehmen.

Die Dresdner MSPD mit ihrer passiven und ängstlichen Haltung wurde von der sich radikalisierenden Volksbewegung völlig überrascht und regelrecht überrannt. Am 8. November wurde der in Dresden weilende MSPD-Reichstagsabgeordnete Wilhelm Buck mehrmals von gereizten Revolutionären gestellt und blutiggeschlagen. Gleichzeitig besetzten die Demonstranten, angeführt von Soldaten, militärische Stützpunkte in der Stadt und zwangen das Generalkommando zur Kapitulation. Als am nächsten Tag streikende Arbeiter in die Innenstadt strömten, verbreitete sich die Nachricht, daß der Kaiser abgedankt habe. Noch am gleichen Abend, am 9. November, verschmolzen MSPD und USPD ihre separaten Arbeiterräte zu einem paritätisch besetzten »Vereinigten Revolutionären Arbeiter- und Soldatenrat Groß-Dresdens«. Anschließend rief der Vereinigte Rat »die soziale Republik Sachsen« aus. [30] Inzwischen hatte sich der sächsische König sang- und klanglos nach Moritzburg aus dem Staub gemacht.

Am nächsten Vormittag verkündete der Vereinigte Rat im Zirkus Sarrasani einer begeisterten Versammlung von Arbeitern und Soldaten die Ergebnisse des Vortages: Man hatte nun nicht nur eine vereinte Führung in Dresden, sondern erklärte zudem die Regierung für abgesetzt und die Monarchie für beseitigt. Sachsen, so der Sozialdemokrat Hermann Fleißner, war nun eine Republik. Die »Dresdner Volkszeitung« berichtete, was sich anschließend an diesem Sonntag abspielte:

»Nach Schluß der Versammlung zog ein großer Trupp Soldaten und Zivil nach dem Schloß, und eine Abordnung von 10 Mann verlangte Einlaß ... Kurz darauf, 1 Uhr 45 Min., wurde auf dem Turm des Schlosses eine rote Fahne gehißt, was mit großem Jubel und Hochrufen auf die Republik begrüßt wurde.« [31]

Der sozialistische Künstler Walther Georg Hartmann beschrieb die Stimmung des Neubeginns, der Hoffnung und Begeisterung in überschwenglichen Verbrüderungsszenen der Menschenmassen vor dem Schloß (als »Symbol des Alten«):

»Wir nehmen unser Schicksal selbst in die Hand. Wir sind besser. Wir sind frei ... Wunder des Zieles! Glocken läuten aus blauem Himmel. Wolken, festlich golden, hängen wie Fahnen an den Türmen. Blumen wogen. Menschen, fremdeste, liegen sich an der Brust. Alte und junge, grobe und zarte. Ins Reich des Wirklichen trat die Tat der Gerechtigkeit. Aus gereiften Zeiten, das Gesetz der Brüderlichkeit, kristallen, hebt sich auf ...« [32]

In Leipzig kam es am gleichen Tag zu einem Volksfest: Auf dem Augustusplatz versammelten sich mehr als 100.000 Menschen und lauschten den Reden der Unabhängigen. Unzählige fliegende Händler verkauften »Freiheitsabzeichen«, Texte von Freiheitsgesängen und Erinnerungsblätter an Bebel und Liebknecht. Außerdem gab es zum ersten Mal seit viereinhalb Jahren wieder öffentliche Tanzveranstaltungen. [33] Als zwei Tage später der Rat der Volksbeauftragten in

Berlin allen mindestens zwanzig Jahre alten männlichen und weiblichen Personen das gleiche, geheime, direkte und allgemeine Wahlrecht zusprach, hatte vor allem die Frauenbewegung Grund zur Freude: »Jahrtausende alte Fesseln sind geborsten. Über Nacht ... Gestern noch waren die deutschen Frauen unfrei, ein unterdrücktes Geschlecht ... Heute sind die deutschen Frauen die freiesten der Welt. Sie haben die volle und unbedingte Gleichberechtigung mit dem Manne, sie können zu allen Körperschaften wählen und gewählt werden. Wem verdanken sie ihre Freiheit und Gleichheit? Dem gewaltigen Wetter der Revolution ...«[34]

Die neuen Machtverhältnisse in Dresden blieben allerdings bis zum nächsten Tag konfus. Erst dann konstituierten sich die angereisten Vertreter der Leipziger und Chemnitzer Arbeiter- und Soldatenräte und die Führung der Dresdner MSPD nach mehrtägigen Verhandlungen als »Zentraler Arbeiter- und Soldatenrat für Sachsen«. Am gleichen Tag ließ August III., letzter König von Sachsen, kurz und knapp von preußischem Gebiet aus verlauten: »Ich verzichte auf den Thron!« und zog sich auf sein schlesisches Schloß Sibyllenort zurück. Auch wenn der wahrscheinlich populärste deutsche Fürst der wilhelminischen Ära einige einprägsame Aussprüche im sächsischen Zitatenschatz hinterließ, die ihm bei seiner Abdankung zugeschriebenen Worte »Machd eiern Dregg alleene!« hat er nicht nachweislich gesprochen. Bis zum Ende des Monats dankten auch alle anderen deutschen Monarchen ab.

Die linken Sozialisten dominierten den zentralen Rat in Dresden. Sieben Unabhängigen, darunter drei Mitglieder des Spartakusbundes, standen drei Mehrheitssozialdemokraten gegenüber. Dies spiegelte aber nicht die politische Zusammensetzung der sächsischen Räte wider. In Sachsen – wie auch im Reich – neigte Mitte November 1918 die Mehrheit der örtlichen Arbeiter- und Soldatenräte der MSPD zu. Als sich der zentrale Rat am 14. November mit einem Aufruf »An das sächsische Volk« an selbiges wandte, entpuppte sich dieser zum Schrecken des sächsischen Bürgertums, aber auch der Gewerkschaften und Mehrheitssozialdemokraten, als wesentlich radikaler als der gleichzeitig erscheinende Aufruf der Berliner Volksbeauftragten. Der Aufruf war stark von Otto Rühle, Mitbegründer der »Internationalen Kommunisten Deutschlands«, geprägt und proklamierte die Übernahme der öffentlichen Gewalt durch das »revolutionäre Proletariat«, kündigte ein radikales Sozialisierungsprogramm an und setzte sich als Aufgabe, »die Revolution fortzusetzen und zu steigern bis zur völligen Überwindung der herrschenden bürgerlichen Klasse«.[35]

Dieses »linksradikal-sozialistische« Manifest war aber nicht mehr als ein kurzes Aufblitzen eines ansonsten harmlosen Gewitters. Am 15. November bildete der zentrale Rat eine Revolutionsregierung aus MSPD und USPD, den sogenannten »Rat der Volksbeauftragten«. Die Radikalen Rühle und Fritz Heckert hatten überraschend eine Teilnahme abgelehnt und folgten dem Beispiel der Berliner Spartakusgruppe, mit der »revolutionsfeindlichen« MSPD prinzipiell keine gemeinsamen Geschäfte zu machen. Damit rückten die Kräfte, die zur sofortigen Schaffung einer sozialistischen Gesellschaft drängten, erst einmal an den Rand des Geschehens. Von gleicher Bedeutung war der Umstand, daß im Gegensatz zu anderen deutschen Staaten die Liberalen nicht in der Revolutionsregierung vertreten waren. Dies war die Quittung für ihre langjährige antisozialdemokratische Front mit den Konservativen. Das heißt nicht, daß es seit der Jahrhundertwende zwischen den Nationalliberalen und den Sozialdemokraten keine langsame Annäherung gegeben hätte. Vor, während und nach der Revolution zeigte sich aber, daß diese Beziehung viel zu labil und der Gegensatz zwischen beiden Gruppen zu groß war, um eine solide politische Zusammenarbeit gewährleisten zu können.

Die Revolutionsregierung bestand aus sechs Mitgliedern, drei von der USPD und drei von der MSPD. Die dominierende Stellung des linken Flügels der Sozialdemokratie wurde in der Ressortverteilung deutlich. Richard Lipinski kontrollierte das Innen- und Außenressort und wurde zum unumstrittenen Chef der provisorischen Regierung. Seine USPD-Kollegen Fleißner und Friedrich Geyer erhielten die »klassischen« Ressorts Militärwesen und Finanzen, während die MSPD-Vertreter Georg Gradnauer, Albert Schwarz und Wilhelm Buck die Ressorts Justiz, Arbeit und Kultus erhielten.

Während der ganzen Zeit führte die alte Regierung und Zivilverwaltung aus »Pflichtbewußtsein gegenüber dem Vaterland« ihre Geschäfte weiter. Da dies dazu beitrug, die Ordnung zu wahren, geschah es auch im Interesse fast aller Beteiligten. Die Revolutionsregierung mußte allerdings am 15. November die alte Regierung regelrecht zur Übergabe der Geschäfte zwingen. Damit waren die ersten Machtkämpfe auch schon beendet, und der Staub, den die Revolution aufgewirbelt hatte, begann sich recht schnell wieder zu legen. Mit einem »Aufruf«, einer Art »Magna Charta« des demokratischen Sachsens, skizzierte die Revolutionsregierung am 18. November ihr Reformprogramm. Die Regierung machte es sich zur Aufgabe, »das Land über die großen Schwierigkeiten der gegenwärtigen Lage hinauszuführen, die demokratischen Errungenschaften sicherzustellen und wirtschaftliche Umgestaltungen nach sozialistischen Grundsätzen zu verwirklichen«.[36] Statt der »Liquidierung des sächsischen Staates«, wie es noch sechs Tage vorher verlangt worden war, sollte Sachsen nun in die »einheitliche großdeutsche Volksrepublik« eingegliedert werden. Außerdem sagte die Regierung Versammlungsfreiheit, Pressefreiheit und Religionsfreiheit zu, die Aufhebung der Gesindeordnung, die Wiedereinführung der Arbeitsschutzbestimmungen, die Einführung des Achtstundentages, die Abschaffung des Religionsunterrichts in der Schule, die Modernisierung der Rechtspflege und eine Amnestie für Personen, »die aus Notlage sich gegen Gesetze oder Kriegsverordnungen vergangen haben«.

Die Regierung richtete ihr Augenmerk also zuallererst auf die Aufrechterhaltung von Ruhe und Ordnung, die Befriedigung der nötigsten Bedürfnisse der Bevölkerung und die Einführung von demokratischen Prinzipien. Die Bemühungen um Sozialisierung gingen auf das Konto der Unabhängigen. Die Mehrheitssozialdemokraten tolerierten dies halbherzig, um die Erwartungen von USPD und Teilen der Protestbewegung nicht unnötig zu enttäuschen. In Wirklichkeit gab es kaum Konkretes, was auf Sozialisierungsmaßnahmen hindeutete. Zusätzlich bemühte sich die Regierung, die Revolutionsbewegungen in ganz Sachsen in den Griff zu bekommen. Die politische Abteilung des Innenministeriums beobachtete die örtlichen Arbeiter- und Soldatenräte und beschränkte deren Befugnisse ausdrücklich auf die Durchführung der Verordnungen der Zentralbehörden. Änderungen in der Verwaltung und im Verwaltungspersonal wurden abgeschmettert und – wenn bereits geschehen – wieder rückgängig gemacht. Daneben begann die Regierung, ihr Reformprogramm in Form von Erlassen, einer umfangreichen Amnestie, der Einführung des Achtstundentages und der Erwerbslosenfürsorge, Maßnahmen zur Sicherung der Volksernährung und einer Neuregelung der Militärstrafgerichte umzusetzen. Noch im gleichen Monat – früher als in anderen Ländern – wurden die selbständigen Rittergüter, Freigüter und Gutsbezirke aufgehoben. Außerdem gab es mit der Befreiung von Schülern vom Religionsunterricht die ersten konkreten Schritte zur Trennung von Staat und Kirche.

Während Mehrheitssozialdemokraten und Unabhängige bislang weitgehend an einem Strang gezogen hatten, begannen unterschiedliche Vorstellungen über die zukünftige Gesellschaftsordnung nun zwischen beiden Gruppen eine Kluft aufzureißen. Dabei ging es hauptsächlich um die Frage der Regierungsform und die weitere Funktion der Räte. Die MSPD wollte eine parlamentarische Demokratie aufbauen und plädierte für eine möglichst schnelle Einberufung von Volksversammlungen in Sachsen und dem Reich. Die Arbeiter- und Soldatenräte wurden dabei als reine Übergangsorgane angesehen, die von demokratisch gewählten Volksvertretungen abgelöst werden sollten. Hingegen wollten die Unabhängigen, daß die Räte eine bleibende und zentrale Rolle für die künftige Gesellschaft spielen sollten, und strebten nach einem Zweikammersystem aus Parlament und Räten. Diese völlig unterschiedlichen Vorstellungen sollten recht schnell zu einem erbitterten Machtkampf zwischen beiden sozialdemokratischen Richtungen führen.

Die überwältigenden Erfolge der MSPD Ende 1918 bei den Wahlen für die Arbeiter- und Soldatenräte in Dresden, Chemnitz und Plauen machten deutlich, daß die Mehrheitssozialdemokraten die meisten Räte kontrollierten. Damit beherrschte die MSPD den neugebildeten Landesrat der Arbeiter- und Soldatenräte Sachsens. Die dominierende Stellung der Unabhängigen in Leipzig änderte daran nichts. Neben der Revolutionsregierung gab es nun mit dem Landesrat eine weitere Institution, die den Anspruch erheben konnte, im Auftrag der sächsischen Bevölkerung zu regieren. Dies nutzten die Mehrheitssozialdemokraten, um von hier aus die Position der USPD-Vertreter in der Regierung zu untergraben und ihre eigenen Vorstellungen durchzusetzen. Damit wurde das Verlangen der USPD nach einem Ausbau des Rätesystems in Sachsen immer unwahrscheinlicher. Ende des Jahres wurden die Wahlen zu einer Landesversammlung – der Volkskammer – für den 2. Februar 1919 festgelegt. Mitte Januar zogen die USPD-Vertreter die gleichen Konsequenzen, die ihre Kollegen im Reich schon Ende Dezember gezogen hatten: Sie verließen die Revolutionsregierung und gingen in ihre Hochburg Leipzig zurück. Von hier aus setzten sie ihre Kampagne gegen die neue MSPD-Regierung unter Georg Gradnauer, langjähriger SPD-Reichstagsabgeordneter aus Dresden, fort. Der direkte Anlaß zum Ausscheiden aus der Regierung bestand in der eskalierenden Situation innerhalb und außerhalb Sachsens, wo Aktivitäten revolutionärer Gruppen im Auftrag der Mehrheitssozialdemokraten – und zum Entsetzen der linken Arbeiterbewegung – von Armeekräften brutal niedergeschlagen wurden. In der Elbmetropole forderte ein Blutbad 12 Tote und 50 Verwundete. Nachdem Otto Rühle in einer Versammlung die Mehrheitssozialdemokraten stark angegriffen hatte, war ein spontaner Demonstrationszug zum Gebäude des MSPD-Organs »Dresdner Volkszeitung« gezogen und dort von einem Kugelhagel der Sicherheitstruppen empfangen worden.

Insgesamt verlief die Revolution bis zum Jahresende aber erstaunlich ruhig und friedlich. Selbst bürgerliche Zeitungen betonten den »Respekt vor der öffentlichen Ordnung«. Angesichts der dramatischen Ereignisse, in deren Verlauf immerhin Deutschlands älteste Dynastie von einer Volksbewegung zu Fall gebracht, ein langer und äußerst schmerzensreicher Krieg beendet und einige fundamentale Reformen durchgeführt wurden, war dies nicht unbedingt zu erwarten gewesen.

3. Die mühevollen Anfangsjahre der Demokratie in Sachsen

Anfang 1919 drohten die politischen Spannungen die sächsische Gesellschaft zu zerreißen. Es braute sich ein Gewitter zusammen, das die sächsische Bevölkerung über die nächsten fünf Jahre kaum zur Ruhe kommen ließ. Es mußte negative Konsequenzen für die Stabilität des demokratischen Systems haben, daß die sächsische Gesellschaft von Anfang an mit einer Reihe schwerwiegender Probleme zu kämpfen hatte. Während sich die Mehrheit der Arbeiterbewegung als Garant der Republik erweisen sollte, nahmen die bürgerlichen Kreise das demokratische System nicht oder nur zögernd an.

Zum einen entwickelte sich eine dramatische wirtschaftliche und soziale Krise, die viele Bürger an den Rand der Verzweiflung trieb und sie radikalisierte. Eine Arbeitslosenkundgebung Mitte Januar in Leipzig, die mehr als 25.000 Teilnehmer zählte, stellte ein erstes Warnzeichen dar. Zum anderen lähmten die Meinungsverschiedenheiten innerhalb der Arbeiterbewegung und das vorsichtige Taktieren der Mehrheitssozialdemokraten den Fortgang der Revolution, so daß diese wortwörtlich »steckenblieb«. Einwohner von Chemnitz, die einen radikalen Neuanfang erhofft hatten, stellten mit Erstaunen fest, »daß Beamte der politischen Polizei, die jahrelang die Chemnitzer Arbeiterbewegung bespitzelt hatten und in den ersten Revolutionstagen verhaftet worden waren, wieder in ihre Stellungen gelangten«.[37] Vorkommnisse dieser Art sorgten für eine zunehmende Frustration über eine Revolution, die die sozialen Fundamente der Gesellschaft nicht angetastet hatte. Dies erklärt auch, wieso die revolutionäre Kommunistische Partei Deutschlands (KPD), die am 1. Januar in Berlin gegründet worden war, hier nur langsam Fuß faßte.[38] Zwar gab es keinen Januaraufstand wie in Berlin, aber auch in Sachsen kam es Anfang des Jahres zu Kämpfen. Nachdem der Leipziger Arbeiter- und Soldatenrat beschlossen hatte, keine Militärzüge mehr die Stadt passieren zu lassen, kam es im Stadtteil Leutzsch zu einem Feuergefecht zwischen der Leipziger Matrosenkompanie und einem Militärtransport aus Westfalen, der über die Messestadt nach Berlin befördert werden sollte. Acht Menschen wurden getötet und 13 verwundet.[39]

In der Zwischenzeit erholte sich die politische Rechte – ein einflußreicher Gegner der Revolution – und mobilisierte alle Kräfte, um die Arbeiterregierung zu stürzen. Schon während der Revolution hatte sich der Mittelstand in Bürger- und Einwohnerräten zusammengeschlossen, um den Arbeiter- und Soldatenräten organisiert entgegentreten zu können. Viele Bürgerräte waren konterrevolutionär eingestellt. Trotzdem gab es auch Ausnahmen, etwa den von Walter Goetz geleiteten Leipziger Bürgerrat. Recht schnell formierte sich im ganzen Land eine immer selbstbewußter auftretende bürgerlich-nationale Front, die die Revolution für die Misere verantwortlich machte. Im Mai 1919 führte der Vorsitzende des Verbandes der Sächsischen Industriellen, Otto Moras, aus:

»Der Zusammenbruch und die auf ihn folgende Revolution haben alles in den Abgrund gerissen, was mit dem Namen des Reiches und seinen Fundamenten verbunden und verknüpft war; der Zusammenbruch hat Autorität, Disziplin, Ruhe und Ordnung erschüttert und hat uns im Auslande unendlich schweren Schaden zugefügt.«[40]

Bürgerliche Gruppierungen aus Vereinen, Parteien, Wirtschaftsvertretern, Studenten, Presse und Spitzen der Verwaltung rückten immer enger zu einer »antibolschewistischen« Front zusammen. Sie alle verband eine aggressiv antisozialistische Einstellung und tiefsitzende konservativ-nationalistische Wertvorstellungen. Zum anderen ging es um einen Machtkampf, den man während der Revolution gegen die Arbeiterbewegung verloren hatte. Es galt, so schnell wie möglich die Schaltstellen der Macht zurückzuerobern.

Im Gegensatz zur Nationalversammlung in Berlin gewann die Arbeiterbewegung bei den Volkskammerwahlen in Sachsen Anfang Februar mit 57 von 96 Sitzen die absolute Mehrheit (siehe Wahlergebnisse im Anhang). Damit schienen die schlimmsten Alpträume der Bürgerlichen und der alten Eliten Wirklichkeit geworden zu sein: Arbeiter herrschten im »roten Sachsen«. Sachsen war der einzige bedeutende deutsche Flächenstaat, in dem die Arbeiterbewegung nach der Revolution im Landesparlament eine solch dominierende Position einnahm. Nach Jahrzehnten der Unterdrückung (ein sächsischer Sozialdemokrat erklärte ziemlich theatralisch: »Die Revolution war die Erlösung einer bis auf das Blut gepeinigten, schikanierten und entrechteten Arbeiterklasse.«[41]) eröffnete sich damit für die sozialdemokratischen Parteien die langersehnte Möglichkeit, die Gesellschaft nach ihren Idealen zu gestalten. Es lag eine gewisse Ironie darin, daß die Spaltung der Arbeiterbewegung während der nächsten zwei Jahre ein Reformprogramm verhindern sollte.

Obwohl die MSPD mit 41,6 Prozent die mit Abstand stärkste Partei im sächsischen Landtag wurde, konnte sie nur mit Hilfe anderer regieren. Die USPD erhielt 16,3 Prozent der Stimmen und profitierte vor allem von ihrer Stärke im Wahlkreis Leipzig. Die liberale Deutsche Demokratische Partei (DDP) dominierte mit 22,9 Prozent das bürgerliche Lager. Sie übernahm das Erbe der Nationalliberalen und profitierte von der Hoffnung vieler Bürgerlicher, aus ihr werde im demokratischen Staat eine Art Sammlungspartei gegen die Vormachtstellung der Arbeiterklasse. Die Deutschnationale Volkspartei (DNVP) stützte sich auf das traditionell konservative und antisemitische Stammlager und errang 14,3 Prozent. Währenddessen vereinigte die Deutsche Volkspartei (DVP), die zu dem Zeitpunkt noch eine konstitutionelle Monarchie und eine nationale Restauration verlangte, 3,9 Prozent der Stimmen hinter sich. Insgesamt zeugten die Ergebnisse davon, daß die Wähler noch immer ihren alten Wahlgewohnheiten folgten.

Während sich nach den Wahlen zur Nationalversammlung in Berlin MSPD, DDP und das Zentrum innerhalb kürzester Zeit in der sogenannten »Weimarer Koalition« verbündeten, verlief die Regierungsbildung in Dresden wesentlich langsamer und komplizierter. Auf nationaler Ebene hatten die starken Gegensätze zwischen MSPD und USPD und die Weigerung der Unabhängigen, sich zur parlamentarischen Demokratie zu bekennen, letztere automatisch von einer Regierungsbeteiligung ausgeschlossen. In Sachsen hatten beide sozialdemokratischen Parteien während der Revolution wesentlich enger zusammengearbeitet. Dies war sicherlich in nicht geringem Maße durch die große Kluft zwischen ihnen und dem bürgerlichen Lager zu erklären. Außerdem waren die sächsischen Unabhängigen keine linksradikalen Fundamentalisten, sondern gelobten, die demokratische Verfassung zu verteidigen. Allgemein erwartete man deshalb eine MSPD-USPD-Koalition in Dresden. Die Mehrheitssozialdemokraten schlugen zunächst allerdings eine Koalition mit der USPD und der DDP vor, um sich auf eine möglichst breite parlamentarische Basis stützen zu können und mit den Demokraten ein Gegengewicht zu den Unabhängigen zu besitzen. Da aber die USPD eine Regierung mit den Bürgerlichen prinzipiell ablehnte, gingen schlußendlich nur die beiden sozialdemokratischen Parteien in Koalitionsverhandlungen. Trotz beidseitiger Kompromißbereitschaft gerieten diese aber durch die allgemeine Zuspitzung der Situation immer mehr ins Stocken.

So kam es in Leipzig Ende Februar zu einer Konfrontation zwischen der Arbeiterbewegung und dem Bürgertum, die zu eskalieren drohte. Der Auslöser war ein von der USPD organisierter Solidaritätsstreik für die Streikenden im Ruhrgebiet und in Halle. Gleichzeitig forderten die Unabhängigen eine Räterepublik und die Vergesellschaftung der Wirtschaft. Daraufhin organisierte der Leipziger Bürgerrat einen überraschenden Gegenstreik. Leipzig war damit total paralysiert: Die Fabriken blieben leer; Händler, Handwerker, Beamte und Angestellte legten ihre Arbeit nieder; öffentliche Verkehrsmittel ruhten; Bahnverbindungen nach außerhalb waren abgebrochen, Gas und Elektrizität waren abgestellt. Bürgerliche Flugblätter verglichen die Arbeiterbewegung in schrillen Tönen mit einem Feind, der noch brutaler sei als der Kriegsgegner: »Die Stadt Leipzig ist eine besetzte Festung geworden! ... In der Innenstadt herrscht Terror! ... Selbst in 4 Kriegsjahren waren wir nicht gezwungen, solches Leid durchzumachen! Der Feind hat die Bevölkerung in den besetzten Gebieten nicht einem solchen Ausmaß an Leiden ausgesetzt.« [42]

Während der nächsten Jahre sollte die Anwendung einer solch aggressiven Sprache und Symbolik in den Auseinandersetzungen zwischen beiden Gruppierungen zur Norm werden. Am Ende bliesen die Unabhängigen ihren Streik ohne große Ergebnisse nach zwei Wochen ab.

Während die MSPD-Regierung über die Ereignisse in Leipzig alles andere als erfreut war, solidarisierten sich die übrigen sächsischen USPD-Anhänger mit ihren Parteigenossen in der Messestadt. Die fundamentalen Meinungsunterschiede zwischen den sozialistischen Parteien ließen sich einfach nicht mehr vom Tisch wischen. Jetzt, wo sich mit der Regierungsverantwortung wirklich die Möglichkeit eröffnete, die Gesellschaft nach neuen Idealen zu gestalten, mußten Nägel mit Köpfen gemacht werden. Dies wurde auch in den ersten Sitzungen der Volkskammer deutlich, als Regierungschef Gradnauer zufrieden resümierte: »Die Revolution hat auch in Sachsen einen schnellen und vollen Sieg der bis dahin minderberechtigten Volksschichten herbeigeführt.« Deshalb warnte er: »Durch plötzliche und ungeordnete Eingriffe in das Wirtschaftsleben ... würde schwerer Schaden, Rückgang und Untergang unserer Volkswirtschaft herbeigeführt werden.« [43] Lipinski, der Führer der Unabhängigen, war völlig anderer Meinung. Für ihn war der 9. November »nur der Anfang«. Vielmehr hoffte er, »daß die Revolution sich steigern wird«. Während Gradnauer nur dem Reich die Kompetenz für fundamentale Eingriffe in das Wirtschaftsleben zusprach, forderte Lipinski eine zielstrebige »Vergesellschaftung der Produktionsmittel und des Warenaustausches« unabhängig vom Reich. Lipinski lehnte die Reformträgheit des Reiches ausdrücklich ab: »Die Methode, die in Weimar eingeschlagen worden ist, möchte ich in Sachsen nicht betrieben wissen.« 44 In einer früheren Sitzung hatte Lipinski die Rolle der Arbeiter- und Soldatenräte als Hüter des Revolutionsprozesses gepriesen. 45 Die USPD stimmte deshalb Ende Februar gegen das »Vorläufige Grundgesetz für den Freistaat Sachsen«, weil die Räte darin nur eine Statistenrolle spielten. Wenig später erteilte die USPD einer Koalition mit den Mehrheitssozialdemokraten eine Absage.

Die Hoffnung der Demokraten, von der MSPD in eine Koalitionsregierung eingeladen zu werden, erfüllte sich trotz ihrer Annäherungsversuche nicht. Noch war der Stamm der sächsischen Mehrheitssozialdemokraten für eine gemeinsame Regierung mit dem Bürgertum, selbst mit den Liberalen, nicht bereit. Die erste, aus demokratischen Wahlen hervorgegangene sächsische Regierung kam demnach nur durch eine Notlösung zustande. Gradnauer ließ sich am 14. März als einziger Kandidat mit den Stimmen seiner Fraktion, der DVP und einigen Stimmen der DNVP zum ersten Ministerpräsidenten des Freistaats Sachsen wählen. Durch einen klugen Schachzug gelang es den bürgerlichen Kräften damit, ihre Interessen zu wahren und ein Kabinett zu unterstützen, das zumindest die verhaßten Unabhängigen ausschloß. Fortan war die MSPD-Minderheitsregierung auf die Unterstützung der DDP angewiesen, während die USPD in die Opposition ging. In dem unruhigen Klima der Nachkriegszeit glich der sächsische Staat nun einem Schiff mit einem schwachen Steuermann, der auf wackligen Füßen einen äußerst schwierigen Seegang meistern sollte. Dies konnte nicht lange gutgehen.

Gradnauers ständige Rücksichtnahme auf die Demokraten und die Reformträgheit seines Kabinetts vereitelten jegliche Bestrebungen nach tiefgreifenden Veränderungen. Allerdings waren Gesetzesinitiativen durch die unklare Lage im Reich – die Reichsverfassung wurde erst im August 1919 verkündet – erschwert. Gesetzliche Reformen konnten nur Erfolg haben, wenn MSPD- und USPD-Fraktion an einem Strang zogen. Dies war vor allem im Kulturbereich der Fall, wo es in der Volksbildung und im Verhältnis zwischen Kirche und Staat bis zum Sommer 1919 zu wichtigen Gesetzgebungen kam. Dabei gingen beide Fraktionen oftmals weit über die Regie-rungsvorlagen hinaus. Das »Übergangsgesetz für das Volksschulwesen« führte die allgemeine, staatliche, schulgeldfreie und demokratisch aufgebaute Volksschule ein und schuf die Grundlage eines modernen Schulwesens. Das »Kirchenaustrittsgesetz« ermöglichte allen im Alter über 14 Jahren einen unkomplizierten Austritt aus einer staatlich anerkannten Religionsgemeinschaft. Beide Reformen erfüllten ein langjähriges politisches Ziel der sächsischen Sozialdemokraten. Schon vor dem Ersten Weltkrieg hatten sie auf eine strikte Trennung von Staat und Kirche, aber auch von Religion und Schule gedrängt. In ihren Augen konnte erst dann eine neue Gesellschaft mit neuen Werten aufgebaut werden, wenn der Einfluß der Kirche, ein wichtiger Pfeiler des alten Klassenstaates, zurückgedrängt sein würde.

Die Reformen im Kulturbereich stießen bei den bürgerlichen und nationalistischen Kreisen auf erbitterten Widerstand. Nicht nur prallten hier zwei unterschiedliche Weltanschauungen aufeinander, es ging eben auch darum, mit welchen Wertvorstellungen die neue Generation aufwachsen würde. Es war den Politikern schon lange bewußt, daß nur dem die Zukunft gehören würde, der die Jugend kontrollierte. Dies machte das Schulwesen und den Lehrstoff zu einem der am heißesten umkämpften Themen. Während die Sozialdemokraten Werte wie Gleichberechtigung, Toleranz und Demokratieverständnis einführten, pochten die traditionellen Kräfte auf eine christlich-nationale, hierarchisch aufgebaute Schule. Aus allen Ecken wetterten Vertreter des Bürgertums gegen einen »Anschlag auf Kirche und Religion«. Im Landtag behauptete ein DNVP-Abgeordneter sogar, daß die sozialdemokratischen Reformen die Existenz der deutschen Gesellschaft bedrohen würden. [46] Viele Bürgerliche waren der Ansicht, daß der Schulunterricht Werte wie Gehorsam, Pflichterfüllung, Gottesfürchtigkeit und die Idealisierung des Vaterlandes vermitteln sollte. Dementsprechend forderten 1920 die bildungspolitischen Grundsätze der DNVP:

»Erziehung solle zur geistigen Einheit der Nation führen, stärker als bisher müsse zu bewußtem Deutschtum und lebendiger Staatsgesinnung der Wille und Charakter geformt werden, wozu wiederum ein wahrhaft christlicher Religionsunterricht und ein von vaterländischem Geist erfüllter Geschichtsunterricht notwendig seien.« [47]

Die Meinungsunterschiede über die Gestaltung des Schulwesens waren Teil einer größeren Auseinandersetzung, die während der Weimarer Republik entfacht wurde. Linksdemokraten rangen mit einflußreichen konservativ-nationalistischen Kräften um die zukünftige Gestaltung einer demokratischen Gesellschaft. Moderne Ideen standen oftmals tiefverwurzelten Traditionen gegenüber.

Trotz der allgemein erwarteten, flächendeckenden Sozialisierungsmaßnahmen gab es während oder nach der Novemberrevolution praktisch keine ernstzunehmenden Versuche in diese Richtung. Von Anfang an waren die Vertreter der Arbeiterbewegung an einem möglichst reibungslosen Aufbau der Wirtschaft interessiert und wollten Spannungen mit Vertretern der Industrie und der Landwirtschaft vermeiden. Dazu kam, daß selbst die USPD keine konkreten Vorstellungen über ein Sozialisierungsprogramm hatte. [48] Sozialisierungsmaßnahmen wären auch auf den erbitterten Widerstand der freien Gewerkschaften gestoßen, da dies ihre lang erkämpfte Stellung als Arbeitnehmervertreter überflüssig gemacht hätte. Tatsächlich einigte sich der sächsische Metallarbeiterverband mit den Metallarbeitgebern schon am 14. November auf eine Kooperation beim Abbau der Kriegswirtschaft. Dies geschah noch einen Tag, bevor das berühmte Stinnes-Legien-Abkommen die gegenseitige Anerkennung und Zusammenarbeit von Unternehmern und Gewerkschaften in der Republik festlegte.

Die Regierungsarbeit der MSPD ähnelte einem Seiltanz. Auf der einen Seite wollte sie das Bürgertum nicht zu sehr abschrecken, auf der anderen Seite konnte sie sich nicht erlauben, die hochgeschraubten Erwartungen ihrer Anhänger zu sehr zu enttäuschen. Das Kabinett löste dieses Dilemma, indem es sich öffentlich weiterhin zu Sozialisierungsmaßnahmen bekannte, in der Praxis aber nichts Konkretes folgen ließ. Gradnauers Regierung halfen aber Entwicklungen in Berlin recht schnell aus der Klemme. Das Reichsgesetz vom 23. März gab vor, daß die Sozialisierungsfrage in die Kompetenz des Reichs fiel. Obwohl das Gesetz die Möglichkeit offenließ, dieses Recht an die Länder zu übertragen, vertrat die Regierung dankbar das Argument, daß Sachsen keinen Sonderweg gehen könne. Damit war das Kapitel Sozialisierung im »roten« Sachsen abgehakt.

Wie schon erwähnt, befand sich die sächsische Gesellschaft nach dem Krieg in einer ernsten ökonomischen Krise. In den ersten fünf Jahren der Republik ließen Lebensmittelknappheit, hohe

Preise, Rohstoffmangel und Arbeitslosigkeit immer wieder öffentliche Unruhen aufflammen, was die Regierung vor ständige Probleme stellte. Sachsen hatte nicht nur mit den negativen Konsequenzen des Krieges und der Niederlage zu kämpfen, sondern war außerdem mit einer veralteten Wirtschaftsstruktur belastet. Ohne Zweifel erwies sich ihre Industrie in nicht unerheblicher Weise »wandlungs- und anpassungsfähig« und verteidigte mit ihrer großen Palette von Fertigwaren ihre Stellung als führendes deutsches Exportland bis in das Vorfeld des Zweiten Weltkrieges. [49] Gleichzeitig führten strukturelle Probleme – vor allem die Dominanz einer größtenteils unproduktiven Textilindustrie und einer latenten Kapitalschwäche – zu teilweise katastrophalen Folgen wie hoher Arbeitslosigkeit und Betriebsstillegungen. Da mehr als die Hälfte der arbeitenden Bevölkerung der Arbeiterklasse angehörte, war dies von besonderer Tragweite. [50]

Mit Ausnahme des Fahrzeugbaus, der elektrotechnischen und optischen Industrie (diese war allerdings auf den Standort Dresden konzentriert, wo vor allem Zeiss-Ikon eine bedeutende Stellung einnahm) waren in Sachsen die neueren Industriezweige wie die chemische Industrie nur sehr schwach vertreten. Fast alle sächsischen Produkte, die in Deutschland eine herausragende Stellung einnahmen, galten schon damals als relativ veraltet. Sachsen war das Zentrum der deutschen Textilindustrie, der Herstellung von Stoffhandschuhen, der Vigognespinnerei [Vigogne ist ein Mischgarn aus Wolle und Baumwolle, C.C.S.] im Werdau-Zwickau-Chemnitzer Bezirk, der Industrie künstlicher Blumen (Sebnitz-Neustadt, Bezirk Dresden), der Produktion von Musikinstrumenten (Vogtland) und der Porzellanherstellung (Meißen). Neben der dominierenden Textilindustrie und dem Maschinenbau gab es in ganz Sachsen eine vielfältige Palette von Industriezweigen: die Metallverarbeitung, die Bekleidungsindustrie, das Bergbau- und Hüttenwesen, die Nahrungsmittelindustrie und vieles mehr. Insgesamt wurde diese alte Industrielandschaft von arbeitsintensiven Klein- und Mittelbetrieben geprägt und bot wenige Anzeichen für einen Konzentrationsprozeß, wie er im Ruhrgebiet vonstatten ging. Ein Zeitgenosse verwies stolz darauf, »daß man in Sachsen neben Spezialitäten, die sonst ... nur an ganz wenigen Plätzen der Welt noch zu haben sind, mit wenig Ausnahmen alles herstellt oder herstellen kann, was auf gewerblich-industriellem Gebiet überhaupt erzeugt wird«. [51] Großbetriebe waren vergleichsweise selten anzutreffen.

Da Sachsen nur über geringe Vorkommen an Bodenschätzen verfügte – abgesehen von Braunkohle im Raum Borna und Steinkohle im Raum Zwickau –, importierte das Land Rohmaterialien, produzierte daraus Fertigwaren und exportierte diese in das übrige Deutschland und den Rest der Welt. Dies erklärt, warum Sachsen während der Kriegs- und Nachkriegsjahre von Handelsbeschränkungen ganz besonders getroffen wurde. Zusätzlich machten eine rapide wachsende Konkurrenz und ständig wechselnde Verbraucherneigungen sächsischen Produzenten zu schaffen. Sächsische Industrielle gaben nach dem Krieg düstere Prognosen über ihre Zukunft auf dem Weltmarkt ab. Ein Fabrikbesitzer wies im Landtag darauf hin, daß das weit entfernte Japan in Skandinavien Fahrräder für 50 Mark verkaufen könne, während deutsche Produzenten 150 Mark verlangen müßten. [52] Ähnliche Beispiele gab es zuhauf: Künstliche Blumen wurden inzwischen auch in England hergestellt; Handschuhe wurden verstärkt in Amerika produziert; die Verbreitung des Radios führte zu einer fallenden Nachfrage nach Musikinstrumenten. Es half auch nicht, daß sich Sachsen durch die Neugliederung Mitteleuropas nach dem Krieg plötzlich am geographischen Rand von Deutschland befand. Nicht nur brach der Handel gen Osten zusammen, auch der immer wichtiger werdende Export in den Westen war durch Sachsens Lage in Mitteldeutschland von hohen Transportkosten belastet. Hinzu kam, daß die Konstituierung der Tschechoslowakei wichtige Absatzgebiete verschloß und zugleich einen starken Konkurrenten schuf. All diese Faktoren ließen das Ausfuhrland Sachsen sehr sensibel auf Konjunkturschwankungen reagieren. Nicht zu Unrecht wurde die Region deshalb als ein »Wetterwinkel der Konjunktur« bezeichnet.

Nach dem Krieg galt es vordringlich, die schlimmsten Kriegsfolgen für die breite Bevölkerung abzumildern. Alle Regierungen widmeten sich – mit mehr oder weniger Erfolg – der Sicherstellung der Ernährung, der Beseitigung der Wohnungsnot und der Erhaltung sowie Schaffung von Arbeitsplätzen, zumal diese Probleme sozialen Unmut hervorriefen. Allerdings waren die Regierungen dabei durch ihre begrenzten finanziellen Mittel in ihrem Wirkungskreis stark eingeschränkt. Dies erklärt zum Teil auch, wieso nach 1918 keine fundamentale Modernisierung der sächsischen Wirtschaftsstruktur durchgeführt wurde. Für die erforderlichen beträchtlichen Investitionen fehlte schlicht das Geld. Hinzu kam, daß hierfür offenbar niemand die notwendige strategische Weitsicht besaß. Außerdem lagen die Ursachen der wirtschaftlichen Misere oft in nationalen oder internationalen Entwicklungen, denen die Machthaber in Dresden zumeist hoffnungslos ausgeliefert waren. Deshalb wurde vor allem während Gradnauers Regierungszeit sehr viel über die wirtschaftliche Notlage geredet, ohne daß sich daraus konkrete Maßnahmen ergeben hätten.

Anfangs wurde der Überwindung der Lebensmittelknappheit höchste Priorität gegeben. Man wollte vor allem die katastrophalen Versorgungs- und Gesundheitsprobleme vermeiden, die während des Krieges rund 53.000 Zivilpersonen das Leben gekostet hatten – vor allem alte Leute, Säuglinge und Kinder waren betroffen – und zu massiven Unruhen geführt hatten.[53] Die sächsische Bevölkerung hatte ganz besonders gelitten, weil der Staat nur auf einen relativ unbedeutenden landwirtschaftlichen Sektor zurückgreifen konnte, der zudem unter dem erheblichen Mangel an Arbeitskräften, Kraftfutter und Düngemitteln gelitten hatte. Nach dem Krieg verbesserte sich die Situation nur sehr langsam. Der Bericht eines sächsischen Stadtschularztes von 1920 belegt, in welch schockierenden Verhältnissen die Jugend aufwuchs:

»In einer von mir im Herbst diesen Jahres – zum Leidwesen vieler Mütter – absichtlich unangemeldet vorgenommenen Untersuchung unserer Plauener Schulkinder hatte ich abermals Einblick in unsere große Kindernot. In einzelnen Klassen trugen die Kinder bis zu einem Drittel ihre Kleider – wenn man sie teilweise noch so nennen wollte – auf bloßem Leibe; Hemden und Unterhosen oder Unterkleider kennt ein Teil dieser Kinder schon seit Jahr und Tag nicht mehr; und ihre Fußbekleidung verdiente nicht mehr den Namen Stiefel oder Schuhe ... In dieser Untersuchung wurden von etwa 20.000 Schulkindern im Alter von 6 bis 14 Jahren über 5.100 stark unterernährte Kinder festgestellt. Dazu kommen noch 7.000 bis 8.000 nicht voll ernährte, bei denen vom ärztlichen Standpunkt aus eine Zusatznahrung erwünscht wäre. Ferner wurden ungefähr 2.300 Kinder gefunden, die ›erholungsbedürftig‹ sind.«[54]

Zusätzlich hatten die Menschen gewaltige psychologische Kriegsfolgen zu verarbeiten. Von den 750.000 Sachsen, die ins Feld gezogen waren, starben mehr als 121.000. Ehefrauen, Kinder,

Eltern, Freunde und Verwandte waren betroffen. Die heimkehrenden Soldaten mußten mit den Erlebnissen an der Front und der schwierigen Wiedereingliederung in das Zivilleben fertig werden. Die Einberufung der Männer, Kriegstod und der Rückgang von Eheschließungen sorgten für einen beträchtlichen Geburtenausfall, der auf fast 270.000 geschätzt wurde.[55] Zusätzlich löste die Verkündung des harten Friedensvertrages von Versailles im Mai 1919 – nachdem die Bevölkerung während des Waffenstillstands mit milden Konditionen gerechnet hatte – eine allgemeine Entrüstung aus. Weite Kreise der Bevölkerung waren vor allem über den Artikel 231, der Deutschland die alleinige Kriegsschuld zuschob, empört.

Eine weitere Sorge der Regierung galt den darniederliegenden Industrien. Ihnen sollte so schnell wie möglich auf die Beine geholfen werden, um eine drohende Massenarbeitslosigkeit zu verhindern. Vor allem wollte man die Soldaten möglichst reibungslos an ihre alten Arbeitsplätze zurückführen, weil man sonst befürchten mußte, daß herumstreunende Horden von Kriegsheimkehrern das Land unsicher machen würden. Weiß man, daß nach Kriegsende Hunderttausende von Soldaten zurückströmten, denen die Rückkehr zu ihrem angestammten Arbeitsplatz versprochen worden war, wird die Schwierigkeit ihrer Eingliederung deutlich. Tatsächlich wuchs die Arbeitslosigkeit nach November 1918 innerhalb von drei Monaten von 23.000 auf 220.000 an.[56] Frauen, die während des Krieges erfolgreich viele Männerberufe besetzt hatten, wurden nun wieder aus ihren Stellungen herausgedrängt, um den Kriegsheimkehrern Platz zu machen. Viele Männer unterstützten dies recht offen. Als in Dresden eine Gewerkschaft für weibliche Angestellte eine Protestversammlung gegen den recht rabiaten Rauswurf von Frauen abhalten wollte, störten männliche Angestellte die Rednerin und brachen anschließend die Versammlung ab.[57]

Die Bekämpfung der Arbeitslosigkeit bedurfte natürlich einer gesunden wirtschaftlichen Entwicklung. Und hier lag der Kern des Problems. Während des Krieges hatte immerhin ein Drittel aller Industriebetriebe nicht produziert. Große Teile der sächsischen Industrie standen wegen des Rohstoffmangels vor dem Kollaps. Vor allem die Textil- und Bekleidungsindustrie schien ruiniert, weil Baumwolle, Wolle, Flachs und Hanf vom freien Markt verschwunden waren. Einige Regionen litten dementsprechend. So liefen Anfang 1919 nur 10 Prozent der vorhandenen Maschinen in der Lohnstickerei im Vogtland. Im September dieses Jahres berichtete der Militärbeauftragte in Plauen besorgt von der erregten Stimmung der vielen Arbeitslosen in der Stadt. Er warnte vor »unliebsamsten Auftritten«, die man gegebenenfalls nur mit Gewalt »abstellen« könne, und daß die Bevölkerung sich von der Dresdner Regierung im Stich gelassen fühle.[58]

Währenddessen verlief für die Metall- und die Maschinenbauindustrie, die während des Krieges von der Rüstungsproduktion profitiert hatte, die Umstellung auf die Friedensproduktion äußerst schwierig, und man wartete lange vergeblich auf Auslandsaufträge.

Eines der größten Probleme für die Bevölkerung war, daß seit Kriegsbeginn die Preise für Konsumgüter und Nahrungsmittel weit schneller angestiegen waren als die Arbeitslöhne. Dies setzte sich nach 1918 fort. Zum Beispiel stieg zwischen 1914 und 1920 der Preis für ein Brot von 18 Pfennig auf 56 Pfennig und für ein Paar Schuhe von 18 auf 150 Reichsmark. Die stetig steigenden Preise führten zu einer nicht abreißenden Kette von Streiks für höhere Löhne. In Leipzig allein streikten mehr als 15.000 Metall- und Holzarbeiter zwischen Mai und Dezember 1919.[59]

Dazu kam Lebensmittelknappheit. Anfang 1920 wurde in Sachsen die tägliche Mehlration von 280 auf 200 Gramm gesenkt. Laut Zeitungsberichten war »der arbeitenden Bevölkerung ... frisches Schweinefleisch seit langem etwas Unbekanntes«.[60] Wenn in bestimmten Situationen eine hohe Arbeitslosigkeit mit Preiserhöhungen zusammenfiel – so wie im Sommer 1920 – entlud sich der Unmut in Demonstrationen, Gewalttätigkeiten gegen Arbeitnehmer und Plünderungen von Geschäften.

Nun zurück zur politischen Entwicklung. Obwohl sich MSPD und USPD im Kulturbereich zu einer Kooperation aufgerafft hatten, verschärften sich die Gegensätze zwischen der Regierung Gradnauer und den Unabhängigen. Der Hauptgrund dafür lag in Gradnauers kompromißlosem Einsatz von Truppen, mit dem er das Aufflammen von Unruhen, Protesten und Streiks eindämmen wollte. Gradnauer ging in Sachsen also den gleichen Pakt mit der Armee ein, den der sozialdemokratische Reichspräsident Friedrich Ebert fünf Monate zuvor mit General Wilhelm Groener geschlossen hatte. Diese Entscheidung war vor allem durch die tiefsitzende Angst der Mehrheitssozialdemokraten vor dem Druck der Straße geprägt. Hauptauslöser dafür war die Ermordung eines MSPD-Ministers durch eine aufgebrachte Menge im Herzen von Dresden. Am 12. April 1919 war Kriegsminister Neuring von Kriegsinvaliden, die wegen ihrer geringen Unterstützung in Rage geraten waren, aus seinen Amtsräumen gezerrt worden. Anschließend wurde er von der Augustusbrücke in die Elbe geworfen und, während er sich ans Ufer retten wollte, durch Schüsse aus der Menge getötet.

Die Landesregierung benutzte den Vorfall, um mit Hilfe des Reiches ein für allemal mit linksrevolutionären Kräften und der oppositionellen Haltung der USPD im »Unruheherd« Leipzig aufzuräumen. Immerhin war es Anfang März während des Streiks in der Messestadt zur Bewaffnung der Arbeiterschaft gekommen, und drei Politiker der Unabhängigen hatten in Begleitung von 10 Soldaten mit geladenen Gewehren von Oberbürgermeister Rothe die Auszahlung von 400.000 Mark erpreßt.[61] Außerdem hatte Ministerpräsident Gradnauer wohl nicht Unrecht, wenn er später im Landtag die Hetzrhetorik mancher Unabhängiger gegen die Regierung für den Mord an Neuring verantwortlich machte:

»Wenn die Leute jeden Tag hören: Nieder mit der Regierung und mit den Ministern, die das Volk betrügen ... sollte es als keine Überraschung kommen, daß eine solche Stimmung entsteht, die in solchen Verbrechen kulminiert.«[62]

Einen Tag nach dem Mord an Neuring wurde der Belagerungszustand über Sachsen ausgerufen. Nach vorheriger Abstimmung erklärte zehn Tage später auch das Reich den Belagerungszustand über den Freistaat, um so die rechtliche Voraussetzung dafür zu schaffen, Dresden mit Truppen unterstützen zu können. Am 11. Mai wurden dann erstaunte Leipziger Bürger Zeugen des Einmarsches und der Besetzung ihrer Stadt von 20.000 Soldaten des Landjägerkorps unter dem berüchtigten General Maercker. Der Arbeiterrat wurde kurzerhand abgesetzt und in einem Aufruf wurde gedroht, bewaffneten Widerstand mit rücksichtsloser Niederschlagung zu beantworten. Als offiziellen Vorwand für die Aktion gab man die Weigerung der Unabhängigen in Leipzig an, den Belagerungszustand anzuerkennen. Es spielte keine Rolle, daß zu diesem Zeitpunkt die Lage in Leipzig ausgesprochen ruhig war und selbst das örtliche Bürgertum ein Eingreifen der Reichswehr für unnötig hielt. Die Leipziger Unabhängigen waren weit von der Radikalität ihrer Parteikollegen in München und Bremen entfernt, die eine Räterepublik proklamiert hatten und nach blutigen Kämpfen von Freikorpstruppen besiegt worden waren. Die Militäraktion gegen Leipzig beseitigte die letzte Hochburg der Rätebewegung in Deutschland und beendete eine radikale Phase der deutschen Revolution.

Ohne Frage zählte zu den Hauptaufgaben der sächsischen Regierung, das parlamentarische System durchzusetzen und für Ruhe und Ordnung zu sorgen. Ob die kompromißlose Politik der harten Hand die richtige Strategie darstellte, scheint eher fragwürdig. Vielmehr schien dies dazu beizutragen, die Legitimation der neuen demokratischen Ordnung zu unterhöhlen. Lokale Konflikte eskalierten oft unnötig und es gab kaum Ansätze für Lösungen. Selbst in friedlichen Bevölkerungskreisen forderte das häufig brutale Vorgehen der Armee Verwundete und Todesopfer. Außerdem beruhte die Vorgehensweise der Regierung auf einer falschen Analyse hinsichtlich der eigentlichen Ursache der Spannungen. Letztere stellten zumeist soziale Verzweiflungsakte der »Verlierer des Krieges und Vergessenen der Revolution – arbeitslose Soldaten, Notstandsarbeiter und Kriegsbeschädigte –« dar und nicht eine Verschwörung von irgendwelchen Revoluzzern. [63] Diese Vorfälle konnten also eher als ein Zeichen dafür interpretiert werden, daß die politischen Machthaber nicht in der Lage waren, die wachsenden sozialen Mißstände zu beheben und mit demokratischen Mitteln auf die Frustration über die Ergebnisse der Revolution zu reagieren. Nicht zu Unrecht warnte die »Chemnitzer Volkszeitung« die Landesregierung vor der »Illusion, man könne mit Maschinengewehren Versorgungsprobleme lösen«. [64]

Gradnauers Politik der harten Hand schürte den wachsenden Unmut in der Arbeiterbewegung. Hatte es doch nach dem Krieg ein weitverbreitetes Verlangen gegeben, den autoritären »preußischen Militarismus«, den man für die Kriegsopfer verantwortlich machte, ein für allemal zu beseitigen. Vor allem das sogenannte »Chemnitzer Blutbad« im August 1919 machte den reaktionären Charakter der Armee deutlich. Reichswehrtruppen provozierten eine Straßenschlacht mit Einwohnern, die friedlich gegen Nahrungsmittelknappheit und für die Aufhebung des Belagerungszustandes demonstriert hatten. In der anschließenden Aktion, bei der 50 Tote und rund 80 Verletzte zu beklagen waren, ging die Armee mit äußerster Härte gegen die Arbeiter vor. Danach begannen selbst viele Mehrheitssozialisten, sich entsetzt von der Regierung Gradnauer zu distanzieren, und innerhalb der MSPD bildete sich eine immer stärker werdende linke »Chemnitzer Richtung« um den Schriftleiter der »Chemnitzer Volksstimme« und Landtagsabgeordneten Alfred Fellisch. Währenddessen beurteilten die einzelnen Teile des Bürgertums die Lage völlig unterschiedlich. Sie fühlten sich durch unkontrollierte Gewaltausschreitungen der Bevölkerung bedroht und forderten ein konsequentes Durchgreifen. Bauernführer aus der Oberlausitz warnten: »Kein Tag vergeht, ohne daß wir lesen von Diebstahl, Raub und Plünderung, insbesondere in den Großstädten und deren Umgebung. Selbst auf dem Lande sind wir nicht mehr sicher.« [65] Tatsächlich begannen die Bürgerlichen nach dem Mord an Kriegsminister Neuring im Mai 1919 mit der Aufstellung von Einwohnerwehren. Man begründete dies damit, daß die Regierung offensichtlich ihre Einwohner nicht vor Gewalt schützen könne. Die Einwohnerwehren rekrutierten sich fast ausschließlich aus der Mittelklasse. Sie vermieden bewußt alle Anspielungen auf die Demokratie und die Republik und sahen sich vielmehr als volkstümliche Hüter von Deutschlands Wirtschaft, Moral und Kultur. Nach der Auflösung aller freiwilligen

Selbstverteidigungsorganisationen im Mai 1920 schlossen sich viele ihrer Mitglieder wenig später der rechtsnationalen paramilitärischen Organisation Escherich an. [66]

Seit der Bildung von Gradnauers Regierung gab es innerhalb der MSPD heftige Konflikte, ob man mit der USPD unter Tolerierung der Kommunisten oder mit dem liberalen Bürgertum koalieren sollte. Das wachsende Entsetzen über die Armee-Einsätze verschob das Gleichgewicht langsam in Richtung des linken Parteiflügels. Hinzu kam, daß die Kooperation zwischen MSPD und DDP auf Landesebene nur selten die Stimmung der Parteibasis widerspiegelte. Hier belauerten – und nicht selten bekämpften – sich Arbeiterwehren auf der einen Seite und bürgerliche Einwohnerwehren und Zeitfreiwilligenverbände auf der anderen Seite. Es war also nicht verwunderlich, daß sich die »Chemnitzer Richtung« nur von einer »reinen« Arbeiterregierung die Sicherung der Demokratie und entscheidende Reformen versprach. Dazu war die Zeit aber noch nicht reif. Dies zeigte sich, als die Liberalen im Juli 1919 Gradnauer das Vertrauen entzogen, um ihn in eine Regierungskoalition zu zwingen. Zwar sprach sich daraufhin die Mehrheit des MSPD-Landesparteitages gegen den Willen der Parteiführung für Koalitionsverhandlungen mit der USPD aus, diese scheiterten aber Ende September wegen der bekannten Meinungsunterschiede. Danach einigten sich MSPD und DDP am 6. Oktober auf eine sozialliberale Regierung unter Gradnauer. In ihr führten Emil Nitzschke und Richard Seyfert das Finanz- und das Kultusressort für die Demokraten.

Gradnauer geriet allerdings immer mehr in die Schußlinie seiner eigenen Partei. Neben dem wachsenden Unmut über die geringen Veränderungen im Verwaltungsapparat waren viele Sozialdemokraten erbost, daß die Regierung den Maifeiertag und den Revolutionsfeiertag trotz Beschlusses der Volkskammer nicht durch ein Gesetz festgelegt hatte. Schließlich war es aber die Haltung der Regierung während des Kapp-Putsches im März 1920, die Gradnauers politischen Kopf forderte. Nicht wenige Sachsen kehrten der Sozialdemokratie während dieser Ereignisse für immer den Rücken. Einmal mehr waren während Gradnauers Regierungszeit Einheiten der Reichswehr und Zeitfreiwilligen – ja selbst die oftmals pro Kapp eingestellten Einwohnerwehren – brutal gegen die Arbeiterbewegung vorgegangen. Es lag wohl nicht in der Macht der Regierung, dies zu verhindern. Aber dieses Vorgehen schien sich nahtlos in die bis dahin praktizierte Taktik der Regierung einzureihen. Dementsprechend wurde dann auch Gradnauers Handlungsweise interpretiert, als er die Ausschreitungen nicht eindeutig verurteilte. Dabei war es wiederum der Disziplin der sächsischen Arbeiterbewegung zu verdanken, daß es nicht wie im Ruhrgebiet zu einem noch größeren Aufstand und Blutbad kam. Dennoch, zwischen dem 14. und 15. März gab es um die 90 Tote und unzählige Verletzte bei Schießereien in Leipzig und Dresden. [67] Wenige Tage später lieferten sich Reichswehrtruppen sowie Zeitfreiwillige und die Leipziger Arbeiterschaft erbitterte Kämpfe, die wiederum viele Tote und Verwundete forderten. Ein sozialdemokratischer Barrikadenkämpfer erinnerte sich, daß dabei nach heftigen, mehrtägigen Gefechten das »Volkshaus« der Leipziger SPD völlig zerstört wurde: »Am Freitag, dem 19. März, der als ›schwarzer Freitag von Leipzig‹ in die Geschichte der Arbeiterbewegung eingegangen ist, zerstörte die Reichswehr unser Volkshaus.« Kurz nach drei Uhr schlug »Granate auf Granate« ein. [68] Allerdings war das »Volkshaus« erst nach der Besetzung durch einen ungeklärten Brand bis auf die Grundmauern verwüstet worden.

Schließlich ging die Reichswehr Anfang April äußerst hart gegen die Arbeiterbewegung im Vogtland vor. Dort hatte eine »Rote Garde«, angeführt von dem charismatischen Revolutionär Max Hölz, für einige Zeit die Falkensteiner Gegend unter ihre Kontrolle gebracht und versucht, eine sozialistische Gesellschaftsordnung einzuführen. Hölz ließ in seinem Heimatort Falkenstein alle Beamten im Gerichtsgebäude zusammenrufen. Nach eigener Beschreibung spielte sich dann folgendes ab: »Ich erklärte ihnen, jetzt habe die Arbeiterschaft die Macht in den Händen. Sie brauche die bürgerlichen Gesetze nicht, die nur gemacht seien, um die Arbeiter ihren Unterdrückern botmäßig [veraltete Form für untertänig, C.C.S.] zu erhalten. Wir machen uns unsere Gesetze selbst.« [69] Daraufhin ließ Hölz alle Akten und Bücher verbrennen. Angeblich brannte der riesige Aktenberg ganze drei Tage und Nächte. In seiner spektakulärsten Aktion gelang es Hölz später, mit einer Gruppe von fünfzig Mitstreitern vierundzwanzig Kameraden aus dem Gefängnis in Plauen zu befreien, ohne daß dabei jemandem ein Haar gekrümmt worden wäre.

Es wurden aber auch viele ruhige Orte in Sachsen von der Reichswehr besetzt und dort Aktivisten der Linken in Schutzhaft genommen. Dabei hatte gerade die Arbeiterbewegung den größten Willen gezeigt, sich für die Verteidigung der Demokratie einzusetzen, während die Reichswehr in Sachsen eine eher fragwürdige Einstellung zur Republik hatte. Als der Reichspräsident und die Mehrheit der Reichsregierung am 13. März von Berlin nach Dresden geflohen waren und von dort aus die deutsche Bevölkerung zum Widerstand gegen den Rechtsputsch aufforderten, reisten sie wegen der ungewissen Haltung General Maerckers noch am gleichen Tag weiter ins sichere Stuttgart.

Während des Kapp-Putsches rückte die gespaltene Arbeiterbewegung, einschließlich der Kommunisten, näher zusammen und bildete in vielen Orten eine Einheitsfront. Mit Generalstreiks und Aktionsausschüssen verteidigte man die Errungenschaften der Revolution. Dies führte ganz automatisch zu einem verstärkten Verlangen nach einer Arbeiterregierung, zumal deutlich geworden war, wie stark die antidemokratischen Kräfte angewachsen waren. Doch obwohl Gradnauer schließlich im April auf Druck seiner eigenen Partei zurücktrat, kam es auch weiterhin nicht zu einer Regierungskoalition der beiden sozialdemokratischen Parteien. Die Mehrheitssozialisten lehnten das Beharren der USPD auf vorgezogenen Landtagswahlen ab, da sie einen Wählerverlust befürchteten. Daraufhin kam es unter Wilhelm Buck, der wesentlich flexibler war als Gradnauer, zwischen dem 4. Mai und den ersten Landtagswahlen am 14. November 1920 zur zweiten sozialliberalen Regierung.

Bucks Regierung brachte, wenn auch erst zögerlich, frischen Wind in die Politik. Als Lehre aus dem Kapp-Putsch wurden die kompromißlose Militärpolitik aufgegeben und der Belagerungszustand in Südwestsachsen aufgehoben. Nachdem die sozialliberale Koalition dann bei den Reichstagswahlen im Juni einen erdrutschartigen Verlust hinnehmen mußte, begann eine deutliche Revision der Regierungspolitik. Während im Reich die Niederlage der »Weimarer Koalition« zur ersten bürgerlichen Regierung führte und eine politische Trendwende nach rechts einsetzte, blieben die sächsischen Sozialdemokraten fest im Regierungssattel in Dresden und schwenkten eher langsam nach links. Vor allem gab es Ansätze einer Demokratisierung unter den leitenden Beamten. Zusätzlich bemühte sich die Regierung, Arbeitnehmer und Arbeitgeber in einen gemeinsamen Dialog einzubeziehen und mit Initiativen eine Lösung für die wachsende Inflation, die hohe Arbeitslosigkeit und den Mangel an Grundnahrungsmitteln zu finden. Die Finanzknappheit der Regierung angesichts der katastrophalen Krise erlaubte aber nur bescheidene Maßnahmen. Immerhin kamen auf Sachsen mehr als ein Viertel aller Arbeitslosen Deutschlands. Den vielen Vorstößen aus Dresden, von Berlin entsprechend mehr Reichshilfe zu bekommen, war kaum Erfolg beschieden.

Einen demokratischen Meilenstein stellte die einstimmige Verabschiedung der Verfassung des Freistaates Sachsen am 26. Oktober 1920 dar.[70] Selbst USPD und DNVP schienen mit der parlamentarischen Demokratie ihren Frieden gemacht zu haben. Allerdings hatte die Reichsverfassung den Inhalt der sächsischen Verfassung ziemlich genau vorgeschrieben und deshalb viele strittige Punkte aus dem Weg geräumt.[71] Zudem behandelte die Verfassung fast ausschließlich Fragen der Staatsorganisation und verzichtete – im Unterschied zur Reichsverfassung – auf die Postulierung von Grundrechten oder Festlegungen zur Wirtschafts- und Kulturordnung, was den Inhalt wesentlich entschärfte. Die Frage der Machtverteilung zwischen Regierung und Parlament führte zu den größten Differenzen zwischen den bürgerlichen und sozialdemokratischen Parteien. Am Ende setzten sich die sozialdemokratischen Fraktionen durch: Die Verfassung gab dem Parlament – und nicht der Exekutive – eine starke Stellung und sah mehrere Formen direkter Demokratie vor. Der Landtag, der auf vier Jahre gewählt wurde, wählte nicht nur den Ministerpräsidenten, sondern sprach auch den einzelnen Ministern das Vertrauen aus und beschloß die Gesetze. Der Landtag konnte nur durch Selbstauflösung, Volksbegehren oder auf Antrag der Regierung durch Volksentscheid aufgelöst werden. Die Regierung fungierte als Vollzugsorgan der Volksvertretung. Der Ministerpräsident erhielt eine starke, aber dem Parlament untergeordnete Funktion. Artikel 29 gab vor, daß er »die Richtlinien der Politik bestimmt und dafür die Verantwortung trägt«. Außerdem war der Ministerpräsident für die Ernennung und Entlassung der Minister zuständig. Sachsen behielt den Kern des alten Landeswappens bei; das sogenannte kleine sächsische Staatswappen, schwarz und gold, neunmal geteilt, mit einem schrägrechten grünen Rautenkranz belegt, wurde ohne Krone weitergeführt.

4. Das »linksrepublikanische Projekt« und seine Gegner

Die Landtagswahlen vom November 1920 markierten einen politischen Wendepunkt in Sachsen. Bislang waren die sächsischen Mehrheitssozialdemokraten ähnliche Kompromisse wie ihre Kollegen in der Reichsregierung eingegangen. Dies verhinderte unweigerlich einen aktiven Ausbau der Demokratie in Gesellschaft, Staat und Wirtschaft, was sich für das weitere Schicksal der Weimarer Republik als verhängnisvoll erweisen sollte. In Sachsen begann sich aber mit der Annäherung von MSPD und USPD eine Alternative zu dem phlegmatischen »Reichsmodell« abzuzeichnen. Die vorausgegangenen zwei Jahre hatten deutlich gezeigt, daß eine zielstrebige Reformpolitik nur möglich war, wenn die Arbeiterbewegung an einem Strang zog. Zusätzlich half, daß die radikalsten Unabhängigen im Oktober 1920 ihre Partei verließen und sich zwei Monate später der KPD anschlossen. Die Mehrheit der sächsischen Unabhängigen blieb in der USPD, bekannte sich zur parlamentarischen Demokratie und avancierte immer mehr zum von der MSPD favorisierten Regierungspartner. Im September 1922 wurde diese Entwicklung mit der Wiedervereinigung der beiden sozialdemokratischen Parteien besiegelt, bei der Sachsen eine besondere Vorreiterrolle spielte.

Die großen Verlierer der Novemberwahlen waren die beiden Regierungsparteien. MSPD und DDP verloren ihre absolute Mehrheit, was eine Fortführung der Regierungskoalition ausschloß. Zusätzlich büßten die beiden sozialdemokratischen Parteien ihre Mehrheit im Parlament ein. Die USPD litt sichtlich unter ihrer vorausgegangenen Spaltung. MSPD und USPD erreichten 42,2 Prozent der Stimmen. Zusammen mit den 5,7 Prozent der Kommunisten und den 2,9 Prozent des linken Flügels der USPD (beide bildeten im Landtag die Fraktion der »Vereinigten Kommunistischen Partei«) besaß die Linke aber weiterhin eine hauchdünne Mehrheit im Landtag. Der dramatische Niedergang der Demokraten, der schon bei der Reichstagswahl im Juni zu beobachten gewesen war, setzte sich fort. Ihr Stimmenanteil war seit Anfang 1919 von 22,9 auf 7,7 Prozent geschrumpft. Viele hatten der DDP den Rücken gekehrt, weil sie die Partei wegen ihrer Regierungsbeteiligung für die wirtschaftliche Krise, die politische Gewalt, sozialistische Gesetzgebung und die harten Friedensbedingungen mitverantwortlich machten. Die Mehrheit des sächsischen Bürgertums lehnte inzwischen selbst eine Koalition mit dem moderatesten Teil der Arbeiterbewegung ab. Zum einen war man ideologisch auseinandergerückt; zum anderen hatte die Koalition einfach keinen Erfolg gehabt. Dem Historiker Werner Bramke ist zuzustimmen, wenn er urteilt: »Der für alle Seiten unbefriedigende Ausgang der Revolution ließ die Verunsicherung zum Dauerzustand werden und den Kompromiß oft mehr als Risiko denn als erstrebenswerte Lösung erscheinen.«[72] Infolgedessen orientierten sich die bürgerlichen Wähler zu den rechtsbürgerlichen Oppositionsparteien DNVP (21,0 Prozent) und DVP (18,6 Prozent), von denen sie sich eine effektivere Interessenvertretung gegenüber der Arbeiterbewegung erhofften.

Die Abneigung des Bürgertums gegen die Arbeiterbewegung hatte sich durch den Schock der Revolution und deren Folgen immer mehr verstärkt. Nostalgisch dachte man an die »blühende« Zeit vor dem Weltkrieg zurück und verglich sie mit der politischen Verunsicherung und den wirtschaftlichen Rückschlägen nach 1918. Diese Rückschläge waren der Verlust des Lohnkostenvorteils durch das Abkommen der Zentralarbeitsgemeinschaft, die neue Macht der Gewerkschaften, die neue Tarifsituation, die bis dahin unbekannte Massenarbeitslosigkeit und die direkten Eingriffe des Staates in die Wirtschaft.[73] Daneben besaß das Bürgertum im Gegensatz zur Arbeiterbewegung aber auch ganz andere Vorstellungen darüber, wie die Gesellschaft gestaltet werden und auf welche Wertvorstellungen sie sich stützen sollte.

Diese politische Blockbildung zwischen Links und Rechts führte nach den Wahlen zu einer sozialdemokratischen Minderheitsregierung, die von den Kommunisten unterstützt wurde. Die Kommunisten hatten 5,7 Prozent der Stimmen erreicht (6 Sitze) und ihre sehr guten 9,1 Prozent imWahlkreis Chemnitz-Zwickau während der Reichstagswahlen im Juni 1920 (ihr bestes Ergebnis im Reich) auf 10,7 Prozent steigern können. Nach zwei Jahren Oppositionspolitik nahmen nun die Unabhängigen auf der Regierungsbank platz; sie sahen ein, daß es eine Illusion war, nach der

Annahme der Weimarer Verfassung in einem einzelnen Land wie Sachsen eine sozialistische Gesellschaft aufbauen zu können. Allerdings eröffnete die sozialdemokratische Regierung die Möglichkeit, mit entscheidenden Reformen eine links-demokratische Gesellschaftsordnung im Rahmen des demokratischen Systems zu etablieren. Die sächsischen Sozialdemokraten waren sich der Bedeutung dieser Entwicklung bewußt und drückten die Hoffnung aus, damit eine Vorreiterrolle für das übrige Reich einzunehmen. »Über Sachsen« – so die Überlegung – »könne eine geeinte Arbeiterbewegung die politische Initiative zurückgewinnen.« 74

Vor allem die Gegensätze zwischen den Sozialdemokraten und der DVP waren dafür verantwortlich, daß es in Sachsen nie zu einer Regierung kam, die sich auf einen breiten Konsens stützen konnte. Dagegen gab es auf Reichsebene teilweise eine kooperative Zusammenarbeit zwischen Sozialdemokraten und Volksparteilern. Im Grunde genommen machte dies ein reibungsloses Funktionieren der Demokratie unmöglich. Viele sozialdemokratische Landtagsabgeordnete und die Mehrheit der örtlichen Funktionäre betrachteten eine große Koalition mit der DVP als eine Art »Teufelspakt« mit dem Klassenfeind, der nur dann in Erwägung gezogen werden sollte, wenn alle Möglichkeiten einer Zusammenarbeit mit der KPD gescheitert waren. Tatsächlich hatte die sächsische DVP einen besonders reaktionären Ruf und trat generell nur für eine rein bürgerliche Regierung ein. Eine feindliche Haltung gegenüber der SPD und der Arbeiterbewegung würde den gewerblichen und industriellen Mittelstand befriedigen.

Der Grund für die scheinbar unüberbrückbaren Gegensätze zwischen Sozialdemokraten und Volksparteilern lag in ihren prinzipiell unterschiedlichen Konzepten für die Gestaltung der Gesellschaft. Die Vertreter der Arbeiterbewegung wollten einen großzügigen Sozialstaat aufbauen, zu dem die Wohlhabenden einen entsprechenden Anteil zusteuern sollten. Die Volksparteiler wollten hingegen die sozialstaatliche Komponente auf kleiner Flamme halten, um den Mittelstand nicht steuerlich zu belasten. Ständige wirtschaftliche Schwierigkeiten ließen diese Gegensätze zu harten Gefechten ausufern. In der politischen Mitte trugen die Demokraten wenig dazu bei, diese Spannungen abzubauen. Nach der Novemberwahl schlug die DDP einen aggressiven Konfrontationskurs gegenüber der Regierung ein und hoffte damit, ihre ehemaligen Wähler zurückzugewinnen und den Makel loszuwerden, ein Helfer der Sozialisten zu sein.

Im Dezember bildete Wilhelm Buck ein Koalitionskabinett, in dem die MSPD-Politiker Albert Schwarz (ab Mai 1921 Alfred Fellisch), Max Heldt und Rudolf Harnisch (ab August 1921 Erich Zeigner) das Wirtschafts-, Finanz- und Justizministerium übernahmen, während die USPD-Politiker Lipinski, Hermann Fleißner und Hermann Jäckel das Innen-, Kultus- und Arbeitsressort bekleideten. Schon in den ersten Sitzungen des Landtags wurde deutlich, auf welch wackligen Beinen die Regierung durch ihre Abhängigkeit von den Kommunisten stand. Der KPD-Fraktionssprecher Rudolf Renner skizzierte in einer grotesken Rede das Ziel seiner Partei, »die Verfassung zu stürzen und die Massen zum Sturz der Verfassung und des Landtages aufzurufen«. Gleichzeitig kündigte er aber an, die sozialdemokratische Regierung zu unterstützen, »um den Massen die Illusion zu zerstören, daß eine solche sozialistische Regierung zum Sozialismus führen oder das Elend beseitigen kann«. 75 Ministerpräsident Buck verurteilte die antidemokratischen Absichten auf das schärfste und machte deutlich, daß er sich von den Kommunisten nicht beeinflussen lassen würde.

Neben den unberechenbaren Kommunisten lauerten auch die bürgerlichen Parteien auf jede Möglichkeit, die Regierung zu Fall zu bringen. Bürgerliche Vertreter sprachen von einer „in jeder Beziehung nur unerfreulichen Epoche« und machten die Arbeiterbewegung dafür verantwortlich.[76] Dabei spielte die Verbreitung der „Dolchstoßlegende« eine immer wichtigere Rolle. Die Mehrheit der bürgerlichen Zeitungen attackierte die Arbeiterparteien mit der Behauptung, daß die Linke der Armee während des Krieges in den Rücken gefallen und damit Schuld an der Kriegsniederlage sei. So beschrieb ein Artikel im »Frauensteiner Anzeiger«, wie verschiedene Sozialdemokraten in Dresden »systematisch ... an dem Zusammenbruch unserer Front arbeiteten und damit an unserer Vernichtung und Not schuld tragen«.[77] Trotz all dieser Angriffe konnte sich die Regierung nicht nur fast zwei Jahre im Amt halten, sondern erwies sich zudem als eine der reformfreudigsten der Republik. Dies wurde nicht zuletzt durch Bucks Fähigkeit ermöglicht, »die verschiedenen Flügel innerhalb der sozialdemokratischen Parteien zur positiven Mitarbeit zu bewegen«.[78] Daneben muß aber auch die positive Rolle des »durchsetzungsfähigen« und effizienten Lipinski, die eifrige und vertrauensvolle Zusammenarbeit der Minister und eine anfangs relativ günstige wirtschaftliche Entwicklung erwähnt werden.

Nachdem Sachsen vor der Novemberrevolution noch als das »Probierland der Reaktion« galt, sollte es nun »zum Probierland einer sozialistisch ausgerichteten Politik« werden.[79] Für den Historiker Karsten Rudolph stellte dieses »links-republikanische Projekt« in Sachsen entscheidende Weichen für die Modernisierung und Demokratisierung von Staat und Gesellschaft.[80] Der Versuch der Sozialdemokraten, die Demokratie und einen großzügigen Sozialstaat fest in Sachsen zu verankern, stieß allerdings auf heftigen Widerstand einflußreicher bürgerlicher Kräfte und der alten Elite. Diese hatten grundsätzlich unterschiedliche Vorstellungen, wie die Gesellschaft in dem neuen System gestaltet werden sollte. Hieraus entwickelte sich eine äußerst erbittert geführte Auseinandersetzung, die die sächsische Gesellschaft oftmals polarisierte. War es in den ersten zwei Nachkriegsjahren schon zu verschiedenen Gefechten zwischen beiden Gruppierungen gekommen, entfaltete sich nun eine regelrechte Schlacht, in der außerparlamentarische Mittel eine immer größere Rolle spielten. Die Auseinandersetzungen nahmen den Ton einer haßerfüllten Bürgerkriegspropaganda an, in der der Gegner als Feind dargestellt wurde, der vernichtet werden mußte. Während die Linken vor einer »drohenden Konterrevolution« warnten, schlossen sich die bürgerlichen Kräfte zu einer Art antisozialistischem Kreuzzug zusammen, um eine »Bolschewisierung der Gesellschaft« zu verhindern.

Das Volksbildungsministerium unter Fleißner schlug ein besonders rasantes Tempo bei der Ausarbeitung von Reformen ein. Das »Schulbedarfsgesetz« (1922) war der besondere Stolz der Sozialdemokraten. Es baute auf dem »Übergangsgesetz« von 1919 auf und führte maßgebliche Veränderungen für Schüler und Eltern ein. Zum Beispiel gewährte der Staat unentgeltlichen Unterricht, die Schulstundenzahl wurde erhöht, die Klassengröße wurde auf maximal 35 Schüler begrenzt, körperliche Züchtigung wurde abgeschafft, und die Pflichtstunden für Lehrer wurden auf 28 limitiert.

Der Beziehungskomplex Kirche–Staat–Schule stand weiterhin im politischen Brennpunkt. Zwar mußten die Sozialdemokraten zähneknirschend hinnehmen, daß die Reichsverfassung eine vollständige Trennung von Kirche und Staat ausschloß und daß der Religionsunterricht nicht aus den Volksschulen verbannt werden konnte; dies bremste aber nicht ihren Eifer für »kleinere« Reformen. Zum Beispiel führte die Regierung ein, daß sich Schulkinder nicht vom Religionsunterricht abmelden mußten, vielmehr wurde den Erziehungsberechtigten eine positive Erklärung über die Teilnahme ihrer Kinder am Religionsunterricht abverlangt. Außerdem wurde das Schulgebet ausdrücklich auf den Religionsunterricht begrenzt. Die bürgerlich-nationalistischen Kreise liefen Sturm gegen den »sozialistischen und gottlosen Staat«. Die Volksparteiler warnten Ende 1922: »Die Schule wird entchristlicht – Lied und Gebet sind aus ihr entfernt – zur sozialistischen Parteischule erniedrigt – die Jugend verwildert.« [81]

Die Regierung bemühte sich auch zielstrebig, die Republikanisierung der öffentlichen Verwaltung voranzutreiben, um die Republik von innen zu festigen. Vor allem die höhere Verwaltung bestand aus weitgehend konservativen und nationalistischen Beamten der Kaiserzeit, deren Einstellung zur Republik oft sehr reserviert war und die nicht selten die sozialdemokratische Regierungsarbeit untergruben. Lipinskis Personalpolitik bewirkte, daß langsam aber stetig mehr (sozial)demokratisch gesinnte Beamte in die höhere Verwaltung aufstiegen. Gleichzeitig berief Zeigner mit Hilfe eines Altersgrenzengesetzes für Richter und gezielter Personalpolitik immer mehr Demokraten, vor allem Sozialdemokraten, in die Justizverwaltung und den Richterstand. Die konservativen Kräfte bekämpften diese sozialdemokratische Politik mit aller Macht und wetterten gegen eine »Futterkrippenwirtschaft«. In Wirklichkeit hatten aber Vertreter des Bürgertums und der alten Elite weiterhin mit Abstand die meisten Posten der mittleren und höheren Verwaltung inne. Außerdem verstaatlichte und zentralisierte die Regierung das zersplitterte Polizeiwesen. Aufstiegsmöglichkeiten innerhalb der Polizei wurden vereinfacht. In der neugegründeten Landespolizeischule in Meißen fand eine moderne Ausbildung statt, bei der unter anderem ein positives Verständnis von Demokratie und Geschichte gelehrt wurde. Kaum eine Reform löste aber solch starken Widerstand bei den bürgerlichen Parteien aus wie die Einführung des 1. Mai und des 9. November als gesetzliche Feiertage im April 1922. Die Verabschiedung des Gesetzes hatte fast drei Jahre gedauert (siehe Abschnitt 9).

Die Regierung zeigte sich aber auch im sozialpolitischen Bereich ausgesprochen aktiv. Eine der vielen Initiativen galt der Arbeitsmarktpolitik. Hier bemühte man sich um die Erhöhung der Erwerbslosenfürsorge, die Bekämpfung der Langzeitarbeitslosigkeit, die Umschulung von Erwerbslosen, die Schaffung von zusätzlichen Arbeitsplätzen in Notstandsgebieten und die Bekämpfung von Überstunden, um die Arbeit gerechter zu verteilen. [82] Die sächsischen Industriellen protestierten gegen die arbeitspolitische Intervention des Staates und verlangten völlig deregulierte Verhältnisse. Weder waren sie an einer sozialen Wirtschaftspolitik interessiert, noch waren sie über die Sanierung der staatlichen Wirtschaftsbetriebe glücklich, weil diese zu einer »verstärkten Konkurrenzsituation« mit der Privatwirtschaft führte. Die sächsischen Bürgerlichen wetterten gegen die Regierung mit der Behauptung, einer »Diktatur des Proletariats« ausgesetzt zu sein. Zugegebenermaßen hatten sie keinen Einfluß auf die Gesetzgebung. Trotzdem scheint diese Beschreibung übertrieben. Die sozialdemokratischen Reformen waren linksdemokratisch, aber nicht revolutionärsozialistisch. Sachsen erhielt kein Rätesystem, die Wirtschaft und das Privateigentum waren nicht verstaatlicht worden. Die Sozialdemokraten standen fest auf republikanischem Boden und machten keine Konzessionen gegenüber den Kommunisten.

Außerdem taten sie ihr Bestes, um die soziale Ordnung während einer sich rapide verschlechternden Wirtschaftslage aufrechtzuerhalten. Es war bezeichnend, daß im März 1921 ein Übergreifen des kommunistischen Aufstands von den benachbarten Städten Merseburg, Halle und Mansfeld auf Sachsen durch energische Polizeipräsenz und die ablehnende Haltung der Sozialdemokraten verhindert wurde. Generell bemühte sich die Regierung, die Republik aktiv gegen extreme Gruppierungen – linke oder rechte – zu schützen. Sie beobachtete die Aktivitäten von paramilitärischen Organisationen und anderen antidemokratischen Kräften und schritt mit Verboten ein, wenn sie die Demokratie zu gefährden drohten.

Bucks Kabinett fiel schließlich im September 1922 einem erfolgreichen Antrag auf Landtagsauflösung zum Opfer, dem alle bürgerlichen Parteien und die Kommunisten zugestimmt hatten. Die Kommunisten ließen die Sozialdemokraten aus Gründen der Selbsterhaltung fallen. Zum einen hatte Bucks Regierung für ihren Geschmack zu viele Erfolge vorzuweisen. Die Erwartung, daß enttäuschte Sozialdemokraten in ihre Reihen getrieben würden, erfüllte sich nicht, und die Situation ihrer eigenen Partei schien immer hoffnungsloser zu werden. Zum anderen konnten sie vor ihren Anhängern den Widerspruch nicht mehr aufrechterhalten, einerseits die Realpolitik der Regierung im Parlament zu unterstützen, andererseits aber das Festhalten an einer revolutionär-sozialistischen Strategie zu bekunden. Mit dem Sturz der Regierung nahm die Opposition eine politische Krise in Kauf, zudem das Land auf eine wirtschaftliche Katastrophe zusteuerte. Im Sommer steigerte sich die Inflation zur Hyperinflation.

Am 5. November fanden vorgezogene Landtagswahlen statt, die trotz eines erbitterten Wahlkampfes – die Bürgerlichen hetzten gegen die »Klassendiktatur«, die Arbeiterparteien mobilisierten gegen eine drohende »Konterrevolution« – kaum Veränderungen brachten. Nur die Kommunisten konnten ihr Ergebnis etwas verbessern, wodurch sich das Übergewicht der linken Parteien auf 52,3 Prozent steigerte. Eine knappe Mehrheit der sächsischen Bevölkerung unterstützte also die Reformpolitik der SPD-Minderheitsregierung. Obwohl die Kommunisten zuvor zum Sturz der Regierung beigetragen hatten, setzte sich der linkssozialistische und kommunistenfreundliche Flügel innerhalb der SPD auch weiterhin gegen den rechten Flügel durch, der eine Zusammenarbeit mit dem liberalen Bürgertum befürwortete. Dabei spielte es eine Rolle, daß die Hyperinflation und die Besetzung des Ruhrgebiets durch französische und belgische Truppen Anfang 1923 die politische Szene zusätzlich radikalisierte. Während die zerrütteten Kommunisten über eine neue Strategie hin und her diskutierten – Regierungsbeteiligung, Weitertolerierung der SPD-Minderheitsregierung oder Opposition? – blieb erst einmal alles beim alten. Im Dezember kam es zu einer Neuauflage der SPD-Minderheitsregierung unter Buck, die von der KPD toleriert wurde. Schon Ende Januar zwangen die desorientierten Kommunisten dann Innenminister Lipinski mit Hilfe der bürgerlichen Parteien durch einen Mißtrauensantrag zum Rücktritt. Daraufhin nahmen Buck und sämtliche Minister ihren Hut. Mehrere Versuche, einen neuen Ministerpräsidenten zu wählen, schlugen fehl.

Die wachsenden gesellschaftlichen Spannungen und das Aufleben der rechten Kräfte ließen es ganz natürlich erscheinen, daß sich die politischen Kräfte der Arbeiterbewegung einander näherten. Schließlich einigten sich Sozialdemokraten und Kommunisten auf Richtlinien zur Tolerierung eines Kabinetts, das im März in Form einer neuen SPD-Minderheitsregierung die

Arbeit aufnahm.[83] Doch es sollte tiefgreifende Folgen haben, daß sich zu einem Zeitpunkt, da sich die Nachkriegskrise in Deutschland immer mehr zuspitzte, die zwei erfahrensten Sozialdemokraten in Sachsen, Wilhelm Buck und Richard Lipinski, nicht für den Posten des Ministerpräsidenten zur Verfügung stellten. Buck war nicht länger bereit, mit den Kommunisten zusammenzuarbeiten, und der als gemäßigt geltende Lipinski wäre von der Parteilinken nicht gebilligt worden. Schließlich einigte man sich auf den jungen ehemaligen Landgerichtsrat und Mehrheitssozialdemokraten Erich Zeigner. Zeigner hatte sich durch seine energische Führung des Justizministeriums einen Namen gemacht. Sein kometenhafter Aufstieg zum Ministerpräsidenten verdankte er aber der Tatsache, daß nur er als ein für alle Flügel tragbarer Kompromißkandidat erschien: Er war in der MSPD großgeworden und hatte sich als sehr reformfreudig erwiesen.[84]

5. Das Krisenjahr 1923

Als am 21. März 1923 Erich Zeigner mit den Stimmen der SPD und der KPD zum sächsischen Ministerpräsidenten gewählt wurde, begann wohl das ereignisreichste und umstrittenste Kapitel sächsischer Politik während der zwanziger Jahre. In den sieben Monaten der »Ära Zeigner« kochten die Gegensätze und Spannungen zwischen der Arbeiterbewegung und der bürgerlichen Opposition sprichwörtlich über. Den Hintergrund dieser Entwicklung bildeten die verheerenden politischen, wirtschaftlichen und sozialen Verhältnisse des Krisenjahres 1923. Aus Chemnitz wurde berichtet: »Fast jede Preisauszeichnung in den Schaufenstern hat aufgehört. Wahrscheinlich weil ein Heer von Angestellten benötigt würde, die ständig neue Preisschilder anfertigen und anheften müßten ... Die Lebensverhältnisse verschlechtern sich rapide, und mit Ingrimm gehen die Arbeiter, Beamten und Angestellten an den Delikateß- und Fleischerläden vorüber.«[85] Die rasch ansteigende Arbeitslosigkeit und eine Hungerkrise führten zu zahlreichen Plünderungen, Aufständen und gesellschaftlichen Spannungen. Die Atmosphäre der Verzweiflung, Unsicherheit und Radikalisierung belebte die militante Linke und Rechte. Beide Seiten hofften, die Krise ausnützen zu können, um die Republik zu stürzen.

Die heftige Kritik, mit der die neue sächsische Regierung von Anfang an von den bürgerlichen Parteien und Interessenvertretern angegriffen wurde, konzentrierte sich in großem Maße auf die Person Erich Zeigners. Zeigner war gerade 37 Jahre alt, und er verfolgte einen kompromißlosen, linksorientierten Kurs. Er scheute dabei nicht davor zurück, mehrere »nationale Tabus« zu brechen und sich – im Gegensatz zur üblichen Praxis – nicht intern, sondern öffentlich mit dem Reich anzulegen. Zeigner verkörperte den Idealismus einer jungen Generation von linken Sozialdemokraten, die mit den Kompromissen der Novemberrevolution aufräumen wollten und danach strebten, eine neue, demokratisch-egalitäre Gesellschaft aufzubauen. Er wollte die Demokratisierung des Staates und seiner Organe beschleunigt fortführen, alle Relikte des alten Obrigkeitsstaates beseitigen und konsequent gegen republikfeindliche Kräfte vorgehen. Sachsen sollte dabei eine Vorreiterrolle in Deutschland spielen und der Republik während der Krise ein stabiles, demokratisches Bollwerk bieten. Dies war besonders bemerkenswert, weil das benachbarte Bayern seit dem Kapp-Putsch zum Zentrum der antidemokratischen Rechten in Deutschland avanciert war. Die politischen Visionen des sächsischen Ministerpräsidenten und die Entwicklungen im Freistaat rückten immer mehr ins nationale Interesse und machten Zeigner zu einem der umstrittensten Politiker dieser Periode. Während er zu einer Gallionsfigur der linken Demokraten in Deutschland wurde, war er »der von der Reaktion bestgehaßte Mann in Deutschland«. [86]

Der Sturm gegen Zeigner begann, als er am 10. April in seiner Regierungserklärung seine Grundpositionen erläuterte. Vor allem seine außen- und sicherheitspolitischen Ausführungen, aber auch einige klassenkämpferische Aussagen, riefen bei der bürgerlichen Opposition heftige Proteste hervor. Zeigner warf nämlich der bürgerlichen Reichsregierung unter Wilhelm Cuno eine eingleisige Taktik hinsichtlich der Ruhrbesetzung vor und verlangte, den passiven Widerstand durch »eine aktive Politik positiver Vorschläge« und Verhandlungen mit den Franzosen zu ergänzen. Zeigner fuhr fort: »Nichts darf versäumt werden, um der außenpolitischen Schwierigkeiten des Reiches Herr zu werden, denn sie sind, neben den vier Jahren Krieg, die Ursache unserer verzweifelten wirtschaftlichen Lage.« Seiner Ansicht nach war »eine Verständigung mit Frankreich ohne ein großes Opfer der besitzenden Klassen Deutschlands nicht denkbar«. Außerdem ermahnte der Ministerpräsident das Reich, die Gefahren, die der Republik drohten, nicht weiterhin zu unterschätzen. Neben den Aktivitäten rechtsradikaler Kreise hob er die »Maulwurfsarbeit« der traditionellen Eliten hervor und warnte vor der Reichswehr, die »sich immer mehr und mehr zu einer Bedrohung der Republik entwickelt«. [87]

Auch wenn Zeigner immer wieder betonte, daß seine Hauptaufmerksamkeit der Sicherung und Verteidigung der Republik gelte, änderte dies nichts an der entsetzten Reaktion, die seine Rede vielerorts auslöste. Noch während er sprach, diffamierte ein Zuruf von rechts seine Ausführungen als »Vaterlandsverrat!«. Vor allem die DVP, DNVP, der Verband Sächsischer Industrieller (VSI), das IV. Wehrkreiskommando und die nationalistische Presse bombardierten den Ministerpräsidenten nach seinem Auftritt mit einem wahren Trommelfeuer der Kritik. Zeigners Rechtfertigung, sein Einwirken auf die Gestaltung der Politik im Reich solle Sachsens besonderen wirtschaftlichen und sozialen Interessen gerecht werden, brachte ihm zudem wenig Freunde in Berlin ein. Vielmehr führte dies zu einer erheblichen Zuspitzung der Konflikte, die seit 1920 zwischen den verschiedenen linken Regierungen in Sachsen und dem Reich latent vorhanden waren.

Die Kritik an Zeigner erhielt kontinuierlichen Zündstoff, weil die Regierung bis zur Sommerpause das sozialdemokratische Reformprogramm weiter vorantrieb und gegen den erbitterten Widerstand der Opposition eine Reihe von Reformen zum Abschluß brachte. Hervorzuheben sind eine »basisdemokratische« Gemeindeordnung, ein Amnestiegesetz für Not- und Abtreibungsdelikte [88] und ein Beamtenpflichtgesetz, das Beamte verpflichtete, in ihrer amtlichen Tätigkeit für die republikanische Verfassung einzutreten. Das letztgenannte Gesetz ermöglichte der Regierung, die aktive Personalpolitik ihrer Vorgänger zu forcieren und antirepublikanische Beamte in leitenden Stellen durch republiktreue zu ersetzen.

Kaum eine Maßnahme der Regierung Zeigner kristallisierte die Gegensätze zwischen den politischen Gruppen mehr als die Aufstellung von »Proletarischen Hundertschaften«. Dies waren unbewaffnete Arbeitereinheiten aus Mitgliedern der SPD und KPD. Während diese in

Sachsen ab März 1923 rasch zunahmen und bis Oktober auf rund 800 Hundertschaften anstiegen [89], wurden sie in Preußen, unter dem Sozialdemokraten Braun, Mitte Mai verboten. Die Proletarischen Hundertschaften wurden auf Initiative der KPD als »Abwehrorganisationen« gegen den Faschismus gegründet. Die Kommunisten sahen in ihnen insgeheim aber auch ein militärisches Instrument zur Entfachung einer Revolution. Die Sozialdemokraten glaubten die revolutionäre Pläne der Kommunisten durch ihre Beteiligung an den Hundertschaften kontrollieren zu können. Außerdem waren sie unbewaffnet und hatten keinerlei polizeiliche Befugnisse. Noch wichtiger aber war, daß auch die Sozialdemokraten während der zugespitzten sozialen Lage und angesichts der konterrevolutionären Aktivitäten der extremen Rechten einen zusätzlichen Schutz für die Republik schaffen wollten. Die sächsische Regierung betonte aber ausdrücklich, daß die Hundertschaften sofort aufgelöst werden sollten, wenn die Reichsregierung im Gegenzug die rechten, republikfeindlichen Wehrorganisationen verbieten würde. Das sächsische Bürgertum, die Reichsregierung und die Reichswehr beurteilten die Hundertschaften ganz anders; sie sahen in ihnen ein gefährliches Werkzeug der Arbeiterbewegung zur Unterdrückung des Bürgertums und zur Auslösung einer sozialistischen Revolution.

Die Folgen des passiven Widerstands im Ruhrgebiet entpuppten sich bald als die größte Herausforderung für die sächsische Regierung. Sachsen bekam keine Ruhrkohle mehr und mußte mit den anderen Ländern in Deutschland die Ruhrbevölkerung so gut es ging unterstützen. Ab Mai kam es im Freistaat zu Demonstrationswellen gegen Arbeitslosigkeit, Preissteigerungen und Hungersnot. Bauern hielten ihre Erzeugnisse wegen des wertlosen Papiergeldes zurück. Sachsen geriet in eine besonders schlimme Krise und hatte kontinuierlich die höchsten Arbeitslosenraten aller Flächenstaaten. Im Oktober gab es im Freistaat offiziell fast 150.000 Arbeitslose (22 Prozent der Arbeitslosen in der Republik) und 415.000 Kurzarbeiter (30 Prozent dieser Kategorie in der Republik) [90]. Vor allem im Laufe der zweiten Jahreshälfte, als die Hyperinflation astronomische Ausmaße annahm, steigerte sich die Intensität der sozialen Auseinandersetzungen. Anfang August berichtete das Polizeipräsidium Chemnitz: »Die Wirtschaftsverhältnisse der letzten Berichtstage gestalteten sich geradezu katastrophal ... Spontane Demonstrationen sind an der Tagesordnung.« [91] Gruppen von hungernden Erwerbslosen durchkämmten Felder und Bauernhöfe und zogen mit erbeuteten Ernteprodukten ab. In den Städten kam es zu Plünderungen von Lebensmittelgeschäften. Geschäftsinhaber und Handwerker klagten zudem über die Arbeit der Kontrollausschüsse, die nach einer Vereinbarung zwischen SPD und KPD zur Bekämpfung des Wuchers eingeführt worden waren. Nicht selten mußten sie ihre Ware zu Niedrigpreisen anbieten. Unternehmer wurden mit einer immer aufsässigeren Arbeiterschaft konfrontiert. Wegen der stündlichen Geldabwertung kam es in einigen Gegenden zu permanenten Lohnforderungen. Vor allem im Südwesten Sachsens mußten sich viele Arbeitgeber sogenannte »Demütigungszeremonien« gefallen lassen, in deren Verlauf der Arbeitgeber oder Direktor einer Fabrik gezwungen wurde, in einer Demonstration der Arbeiter mitzulaufen. Dabei mußten sie oftmals eine rote Fahne oder Schilder mit den Aufschriften »Ich bin ein Menschenschinder« oder »Ich bin ein Lump« tragen. [92]

Die politische Atmosphäre wurde dadurch aufgeheizt, daß die Opposition die Verantwortung für die verheerende wirtschaftliche Situation und die Ausschreitungen der Regierung in Dresden in die Schuhe schob. Die bürgerlichen Kreise attackierten Zeigner mit der Behauptung, er sei nicht in der Lage, die friedliche Bevölkerung vor dem Pöbel zu schützen. Eine bürgerliche Front sammelte sich unter der Parole »Gegen ein Sowjet-Sachsen« und bombardierte die Reichsregierung fast rund um die Uhr mit einer Flut von Protesten: telegraphisch, schriftlich und durch Delegationen. Da mehrere Versuche im Landtag fehlschlugen, Zeigner mit einem Mißtrauensantrag zu stürzen, wurde immer eindringlicher vom Reich verlangt, in Sachsen einzugreifen und das Land endlich von der linken Regierung – und damit von Gesetzlosigkeit und Chaos – zu befreien. Anfang August richteten sich sächsische Industrielle in einer öffentlichen Anfrage an die Reichsregierung: »Ende Juli sind in Zwickau, Aue, Lauter und an anderen Orten erneut schwere Ausschreitungen vorgekommen. Von gewalttätigen Massen sind Lohnverhandlungen und Zugeständnisse erzwungen worden, unter schwerer Mißhandlung und Nötigung einzelner Arbeitgeber. Polizeilicher Schutz war selbst bei stundenlanger Dauer der Ausschreitungen nicht zur Stelle ... Will die Regierung weiter zusehen, daß Sachsen aufhört, ein Rechtsstaat zu sein?« 93

Die Regierung in Dresden stand angesichts der sich häufenden Probleme mit dem Rücken zur Wand und mußte um das Überleben ihres linksdemokratischen Projekts bangen. Während des ganzen Sommers kursierten Gerüchte, daß Berlin mit Hilfe der Reichswehr Sachsen eine politische Lösung aufzwingen würde (Reichsexekution). Gleichzeitig rüstete die extreme Rechte in Bayern auf, um Mitteldeutschland von dem »bolschewistischen Terror« zu befreien. Obwohl Zeigners Regierung ihr Bestes tat, um die wirtschaftliche Krise zu bewältigen und die Not der Ärmsten zu begrenzen, waren ihre finanziellen Handlungsspielräume eng begrenzt. Ende April 1923 machte Arbeitsminister Graupe in einer Denkschrift an das Reich deutlich, daß er nicht in der Lage sei, die Nöte der Arbeitslosen angemessen zu beheben. 94 Vor allem die Arbeitslosenunterstützung erwies sich angesichts steigender Lebenshaltungskosten als völlig ungenügend. Die amtlich geschätzten Kosten für die Lebenshaltung eines Arbeiters betrugen in Dresden Anfang des Jahres 284,50 Mark (ohne Kleidung), doch ein Arbeitsloser bekam höchstens 140 Mark ausgezahlt. 95

Obwohl sich die Zeigner-Regierung als Beschützer der Minderprivilegierten gab und mit Stolz auf ihr linksdemokratisches Projekt blickte, konnte sie weder die Not beseitigen noch die Ausschreitungen eindämmen. Die Regierung ging zwar entschlossen gegen Unruhen und Gewalt vor, aber die Polizeikräfte waren mit der steigenden Zahl von Zwischenfällen überfordert. Ähnliche Verhältnisse in anderen Teilen des Reiches deuten darauf hin, daß dies auf keine absichtliche Vernachlässigung der Ordnungspflichten zurückzuführen war. Zudem verschwiegen die Berichte des Bürgertums, daß die Proletarischen Hundertschaften – auch wenn es Fälle gab, in denen sie ihren Kompetenzbereich überschritten und in Konflikt mit der örtlichen Polizei gerieten – in der Tat viele Exzesse verhindern konnten. Außerdem waren die bürgerlichen Berichte aus politischen Gründen oft einseitig und verzerrt. Insgesamt waren brutale, körperliche Gewaltanwendungen sehr selten. Ein Sozialdemokrat beschwerte sich am Jahresende im Landtag, »daß Vorkommnisse, aus der Not der Erwerbslosigkeit geboren, die überall zu verzeichnen waren, in einem Maße aufgebauscht und entstellt wurden, daß im Deutschen Reiche, ganz besonders bei der großen Mehrzahl derer, die diese Presse lesen, die Auffassung entstehen mußte, in Sachsen geht alles drunter und drüber und jedes Rechtsverhältnis ist aufgehoben.« [96] Noch deutlicher als in den Jahren zuvor stellte sich heraus, daß ein einflußreicher Teil des sächsischen Bürgertums bereit war, die kritische Lage in Sachsen und Deutschland auszunützen, um die linke Regierung zu stürzen und selbst an die Macht zu kommen. Damit nahmen diese Kräfte in Kauf, das demokratische System gegebenenfalls zu untergraben.

Inmitten der sich ausbreitenden Krise, im Juni 1923, hielt Zeigner eine Rede im krisengeschüttelten Niederplanitz vor Bergleuten des Zwickauer Reviers. Darin ging er auf die tieferen Gründe für die wirtschaftliche Misere und die daraus entstehenden sozialen Unruhen ein. Zeigners Ausführungen schlugen wie eine Bombe ein. Seiner Meinung nach bürdete der passive Widerstand im Ruhrgebiet den Deutschen – und vor allem den Sachsen, die in einem rohstoffarmen Exportland lebten – immer unerträglicher werdende soziale Kosten auf. Zeigner forderte deshalb die sofortige Aufnahme von Verhandlungen mit Frankreich, um eine mit für Deutschland erträglichen Resultaten verknüpfte Beendigung des Ruhrkampfes herbeizuführen. Außerdem warnte der Ministerpräsident vor einem Rechtsputsch in Bayern, kritisierte die Verbindung der Reichswehr mit illegalen, nationalistischen Organisationen und hob die Rolle der Arbeiterschaft als Beschützer der Republik hervor. [97] Die bürgerlichen Gruppierungen in Sachsen – ja die gesamte Rechte in Deutschland – reagierten auf diese offene Kritik am nationalen Konsens mit einem Aufschrei. Zeigner wurde unterstellt, die bedingungslose Aufgabe des passiven Widerstandes gefordert zu haben und damit dem kämpfenden Deutschland den Dolch in den Rücken zu stoßen.

Zeigner ließ sich von der Reaktion nicht abschrecken, sondern wiederholte seine öffentliche Kritik an der Reichsregierung und der Reichswehr bei mehreren Gelegenheiten. Vor allem seine Drohungen, Einzelheiten über Deutschlands geheime Aufrüstung zu veröffentlichen (die illegale Ausbildung von Zeitfreiwilligen in der »Schwarzen Reichswehr« z.B.) wurden von seinen Gegnern als glatter Landesverrat angesehen. Daraus entwickelte sich ein immer schärferer Konflikt mit dem Reichskanzler, aber vor allem mit Otto Geßler, dem Reichswehrminister. Dieser brach nach einer weiteren Attacke Zeigners Anfang August den persönlichen Kontakt mit dem Ministerpräsidenten ab. Laut Geßler konnte »ein Verkehr mit der sächsischen Regierung einem ehrliebenden Soldaten nicht zugemutet werden«. [98] Währenddessen verlangte Zeigner offiziell den Rücktritt Geßlers und drohte, die heimliche Aufrüstung der Reichswehr in der Öffentlichkeit zu dokumentieren. Zeigners offensives Vorgehen war durch die Radikalisierung der Verhältnisse in Sachsen und im Reich bedingt. Der Ministerpräsident versuchte, mit einer öffentlichen Debatte über die Gefahren, die der Demokratie drohten, die Reichsregierung und die Öffentlichkeit quasi wachzurütteln, um die Republik und das eigene sächsische Projekt zu schützen. Die Feinde der Republik und ihre Bestrebungen sollten bloßgestellt und geschwächt, gleichzeitig alle progressiven Kräfte – hier dachte Zeigner vor allem an die gespaltene Arbeiterbewegung und die Kommunisten, von denen seine Regierung abhängig war – dazu gebracht werden, sich hinter seine Regierung zu stellen.

Als im August Gustav Stresemann (DVP) an der Spitze einer großen Koalition, die die SPD einschloß, Reichskanzler wurde, verbesserte sich das Klima zwischen Berlin und Dresden nur vorübergehend. Die alten Gegensätze brachen bald wieder auf und eskalierten zusehends. Jeder

Gedanke an eine Große Koalition in Dresden scheiterte an der unüberbrückbaren Abneigung zwischen DVP und SPD. Endlich gab auch Stresemann die Hoffnung auf eine harmonische Lösung in Sachsen auf. Zeigners Tage waren gezählt, als Berlin am 26. September den Ausnahmezustand für das ganze Reich erklärte. Für Zeigners Regierung war dies die wohl ungünstigste Entwicklung: Nicht nur lag die Initiative nun beim Militär, sondern auch noch bei Zeigners »Erzfeind« Geßler. Dieser übertrug die vollziehende Gewalt in Sachsen auf General Müller, Befehlshaber des Wehrkreiskommandos IV. All dies spielte sich auf dem Höhepunkt der Hyperinflation ab. Zwischen April und September waren in Leipzig die Preise für ein Kilogramm Roggenbrot von 1.200 auf 2,6 Millionen Mark und für ein Kilogramm Butter von 19.000 auf 86 Millionen Mark gestiegen. Im Oktober waren allein in der Messestadt 126.000 Menschen arbeitslos oder in Kurzarbeit. 99

Müllers schrittweises Vorgehen gegen die Arbeiterbewegung (zum Beispiel erfolgte am 6. Oktober das Verbot aller KPD-Zeitungen für zunächst acht Tage) ließ diese näher zusammenrücken. Gleichzeitig forderte inzwischen das Exekutivkomitee der Kommunistischen Internationale in Moskau seine mitteldeutschen Genossen zur Bildung von Arbeiterregierungen mit der SPD auf, um einen Aufstand vorzubereiten. Die Führung der sächsischen KPD war gerade von einem sechswöchigen Aufenthalt in Moskau zurückgekommen. Dort hatten die russischen Kommunisten eine revolutionäre Erhebung, einen »deutschen Oktober« (nach der bolschewistischen Oktoberrevolution im Jahre 1917), beschlossen. Von Sachsen und Thüringen aus sollte eine Revolution in Deutschland und dann im restlichen Europa angefacht werden. Um von den Sozialdemokraten als Regierungspartner in Erwägung gezogen zu werden, erfüllten die sächsischen Kommunisten deshalb alle deren Bedingungen, inklusive der Anerkennung der Reichs- und Landesverfassung. Daraufhin nahm Zeigner am 10. Oktober die Kommunisten Paul Böttcher (Finanzen) und Fritz Heckert (Wirtschaft) als Minister und den KPD-Chef Heinrich Brandler als Leiter der Staatskanzlei in seine Regierung auf.

Die Sozialdemokraten waren den Kommunisten gegenüber nicht blauäugig. Vielmehr wollten sie deren Putsch-Pläne dadurch abwehren, daß sie sie in die politische Verantwortung einbanden. Zum anderen versprachen sie sich von einer geeinten Arbeiterregierung – einer »Regierung der republikanischen und proletarischen Verteidigung« – eine Festigung des Linksprojekts in Sachsen. Es wurde aber schnell deutlich, daß sich diese Strategie kontraproduktiv auswirkte. Das Bürgertum titulierte die SPD-KPD-Koalition mit schrillen Tönen als »Diktatur des Proletariats«. Entscheidend war aber, daß sich die politische Entwicklung in Sachsen für die Reichsregierung als völlig inakzeptabel darstellte, zumal Berlin Informationen über den beabsichtigten Aufstand der KPD besaß.

Als Böttcher in einer Rede in Leipzig am 13. Oktober die Bewaffnung des Proletariats forderte, wurde die Reichswehr sofort aktiv. Schlag auf Schlag entzog sie der Regierung die Macht. Als erstes verbot General Müller die Proletarischen Hundertschaften und die Kontrollausschüsse. Am 17. Oktober wurde die gesamte Landespolizei der Reichswehr unterstellt. Zeigners verzweifelter Versuch, die Entmachtung seiner Regierung durch einen Hilferuf an die alliierte Militärkommission abzuwenden, blieb erfolglos. Ein letzter Angriff Zeigners gegen die Reichswehr am 18. Oktober, bei dem er die Ausbildung von illegalen Einheiten aufdeckte, half auch nichts. Vielmehr verstärkte dies den Willen in Berlin, Zeigner »als Risikofaktor für die Außenpolitik des Reiches« [100] auszuschalten.

Am 20. Oktober begann, was in Berlin als eine »Hilfsaktion zugunsten Sachsens« bezeichnet wurde: der Einmarsch von ungefähr 60.000 Soldaten der Reichswehr. Immerhin war dies die größte Aktion der deutschen Streitkräfte seit Beendigung des Krieges. [101] Die örtlichen Kommunisten und Sozialdemokraten wurden von dem Einmarsch völlig überrascht. Es bedurfte keiner großen Überredungskunst seitens der Sozialdemokraten, um den sächsischen KPD-Führer Heinrich Brandler zu überzeugen, daß ein bewaffneter Aufstand völlig unrealistisch sei. In einem weisen Entschluß blies Brandler die Umsturzpläne ab, was ihm allerdings kurz darauf mit seinem Rauswurf aus der Partei gedankt wurde. Nach eigenen Schätzungen hatten die Kommunisten aber »über nicht mehr als 2.000 Gewehre ... und 4.000 bis 5.000 mitkämpfende Revolutionäre« verfügt. [102] Insgesamt waren die Kommunisten völlig unvorbereitet für einen Aufstand in Mitteldeutschland. Außerdem hatte eine Arbeiterkonferenz in Chemnitz am 21. Oktober deutlich gemacht, daß selbst die sächsische Arbeiterbewegung nicht bereit war, den revolutionären Plänen der Kommunisten zu folgen. Ihre Forderung nach Ausrufung eines Generalstreiks war glatt abgelehnt worden, womit der »deutsche Oktober« schon vor seinem eigentlichen Beginn gescheitert war.

Obwohl Zeigner nach dem Einmarsch der Reichswehr an die Disziplin der Bevölkerung appellierte und die Entlassung der kommunistischen Minister vorbereitete, war seine Stellung nicht mehr zu halten. Dem Ministerpräsidenten half auch nicht, daß die Reichswehr Sachsen sehr schnell unter Kontrolle bekam. Die angeblich so gefährlichen Hundertschaften waren nie in Erscheinung getreten. Nachdem Zeigner ein Rücktrittsultimatum von Stresemann abgelehnt hatte, löste die Reichswehr am 29. Oktober, unter dem Beifall des sächsischen Bürgertums, die legal gebildete Regierung mit der sogenannten »Reichsexekution gegen Sachsen« auf. Zeigner und die übrigen Regierungsmitglieder wurden von schwerbewaffneten Reichswehreinheiten mit entsicherten Gewehren aus ihren Amtsräumen geführt.

Es war bezeichnend, daß ausgerechnet Rudolf Heinze, der letzte königlich-sächsische Ministerpräsident und Vertraute Stresemanns, als Reichskommissar die Kontrolle in Sachsen übernahm. Stresemann und der sozialdemokratische Reichspräsident Friedrich Ebert opferten die demokratisch gewählte Regierung in Sachsen (und die Regierung im benachbarten Thüringen), um die Reichswehr zufriedenzustellen und um der antidemokratischen Rechten in Bayern den Wind aus den Segeln zu nehmen. [103] Die völkische Bewegung unter Hitler hatte ja geplant, nach einer gewaltsamen »Reinigung« Mitteldeutschlands, im Stil von Mussolinis »Marsch auf Rom«, nach Berlin zu marschieren und die Macht zu erobern. Das harte Eingreifen in Mitteldeutschland und das unterwürfige Verhalten gegenüber Bayern waren krasse Beispiele dafür, wie unterschiedlich die Machteliten der Republik die politische Linke und Rechte behandelten. Und dies, obwohl die sächsischen Sozialdemokraten eindeutig zur Verfassung standen, während man in Bayern ohne Zweifel Pläne zum Sturz der Republik schmiedete.

Mit der Reichsexekution wurde etwas beseitigt, was der Reichsregierung ein Dorn im Auge gewesen war – das linksdemokratische Projekt in Sachsen. Diesem ernsthaften Versuch, einen gegenüber dem Reich alternativen Weg zu gehen, wurde damit ein herbes Ende bereitet. Sachsen landete damit wieder auf der Berliner »Normschiene«. Der sozialdemokratische Zeitgenosse Walter Fabian resümierte niedergeschlagen: »Das Jahr 1923 wird für das deutsche Proletariat, vor allem aber für die sächsische und thüringische Arbeiterklasse, auf immer unvergeßlich sein. Dieses Jahr hat eine Fülle von Hoffnungen zerschlagen und manche Illusion zerstört, hat die deutsche Arbeiterschaft ein gewaltiges Stück zurückgeworfen.« [104]

Die Reichsexekution war ein folgenschwerer Rückschlag für die Weimarer Republik und unterstrich eklatante Schwächen des demokratischen Systems, vor allem während der Krisenzeiten. Dazu kam, daß die Reichsexekution gegen Sachsen und Thüringen zum Präzedenzfall für den verhängnisvollen Staatsstreich im Juli 1932 gegen die sozialdemokratische Regierung in Preußen wurde. Es zeigte sich auch, daß Zeigners Kritik an der unabhängigen Rolle und der antidemokratischen Grundeinstellung der Reichswehr berechtigt war. Geßler handelte mehrmals eigenmächtig und über das hinaus, was Stresemann im Sinne hatte. Deshalb kann man fast schon von einem »Militär-Putsch« sprechen. [105] Das eigenmächtige Vorgehen der Reichswehr und des Reichskanzlers führte direkt zum Fall der Großen Koalition in Berlin. Die sozialdemokratische Reichstagsfraktion kündigte das Bündnis mit Stresemann auf – wenn auch nur widerwillig –, weil sie sich von Stresemann zum Vorgehen gegen Sachsen zu wenig konsultiert fühlten und ihnen die Maßnahmen der Reichswehr und die Art und Weise des Zeigner-Sturzes zu weit gingen. Als ein entsprechendes Ultimatum von ihnen vom übrigen Kabinett abgelehnt wurde (im Ultimatum hatten die Sozialdemokraten die Aufhebung des militärischen Ausnahmezustandes, ein energisches Einschreiten gegen Bayern und die Beschränkung der Reichswehr in Sachsen auf Hilfsfunktionen im Dienste der zivilen Behörden gefordert), blieb ihnen nichts anderes übrig, als die Große Koalition im Reich zu verlassen. [106]

Die weitere Entwicklung in Sachsen während der Weimarer Republik blieb von der Reichsexekution stark überschattet: Die Armee hatte eine legal gebildete Arbeiterregierung unter Androhung von Gewalt aus dem Amt entfernt. Außerdem registrierten große Teile der Arbeiterschaft entsetzt die Mißhandelten, Verwundeten und Toten in Meißen, Pirna, Freital, Großenhain, Chemnitz und in unzähligen Orten des Erzgebirges und des Vogtlandes. Besondere Wut lösten die tragischen Zwischenfälle in Freiberg aus, bei denen 23 Demonstranten von der Reichswehr getötet worden waren. Währenddessen begrüßten große Teile des Bürgertums das Eingreifen der Reichswehr mit fast euphorischem Jubel. Der amerikanische Konsul in Dresden beobachtete, daß in der Elbmetropole »Tausende den Soldaten begeistert Blumen zuwarfen, weil diese die zahlreichen Tumulte beenden würden«. [107] Der Haß zwischen der Arbeiterbewegung und dem Bürgertum wurde 1923 sozusagen in die sächsische Landschaft einzementiert. Die ungünstige wirtschaftliche Entwicklung in den Nachkriegsjahren und die Auseinandersetzungen um die Gestaltung der Gesellschaft hatten Sachsen gespalten und ließen auch weiterhin eine unruhige politische Entwicklung erwarten.

Zweiter Teil

Verhaltene Konsolidierung (1924–1928)

Frauen beim Zigarettendrehen in einer Zigarettenfabrik in Dresden (vor 1945)

6. Die Tragödie der sächsischen Linken

Die Demontage der sächsischen Linksregierung nahm tatsächlich der rechtsnationalen Front in Bayern den Wind aus den Segeln. Der sogenannte bayerische Generalstaatskommissar Kahr und seine Mitstreiter sahen sich ihres Motivs für den Marsch auf Berlin beraubt und gingen in Wartestellung. Dagegen fühlte sich Hitler angesichts seiner aufgeheizten Anhänger und der merklich abklingenden Krise unter Druck gesetzt, den Putsch unter allen Umständen durchführen zu müssen. Als Hitlers Aufstand in München am 9. November 1923 im Kugelhagel der Polizei scheiterte, hatte die Republik die bedrohlichsten Gefahren überstanden.

In Sachsen selber führte die Reichsexekution zu großer Verunsicherung und neuen politischen Konstellationen. Es kam nicht zu einer rechtsgerichteten Diktatur, wie es einige Bürgerliche erhofft hatten. Vielmehr wählte der Landtag mit den Stimmen der Sozialdemokraten und Demokraten nur zwei Tage nach dem Sturz der Zeigner-Regierung Alfred Fellisch (SPD) zum neuen Ministerpräsidenten. Diese schnelle Einigung war nicht zuletzt dank Zeigners promptem Rücktritt am 30. Oktober und der Aktivitäten einiger hastig aus Berlin angereister Spitzenpolitiker der Sozialdemokraten und Demokraten zustandegekommen. Bei den Verhandlungen unterstützte der SPD-Vorsitzende Wels die Landtagsfraktion – gegen das Votum des sächsischen SPD-Landesarbeitsausschusses – beim Versuch, eine von der DDP unterstützte Minderheitsregierung zu bilden. [108] Die DDP rang der SPD lediglich das Versprechen ab, daß Fellisch zurücktreten würde, wenn er ihr Vertrauen verlieren sollte. Mit der Annäherung ans bürgerliche Lager wollte die SPD einen deutlichen Schlußstrich unter die Zeigner-Zeit signalisieren und damit die befürchtete Zerstörung ihres »heiligen« Reformprogramms abwenden. Natürlich war man auch darauf bedacht, das stark schwankende Parteischiff möglichst schnell in ruhiges Fahrwasser zu bringen. Daß dies nicht so einfach war, sollte sich schnell zeigen.

Zeigner war schon vor der Reichsexekution von der sozialdemokratischen Parteileitung fallengelassen worden und innerhalb der sächsischen Sozialdemokratie, vor allem wegen seiner Vereinbarung mit den Kommunisten über die Abwehrorganisationen und die Kontrollausschüsse, bereits zuvor als Ministerpräsident nicht unumstritten gewesen. Es verwundert deshalb kaum, daß nach dem Fiasko der Reichsexekution seine innerparteiliche Demontage einsetzte. Selbst der linke Parteiflügel ließ ihn wie eine heiße Kartoffel fallen. Der SPD-Vorsitzende Hermann Müller beschuldigte Zeigner auf dem Berliner Parteitag Mitte 1924, mit seiner Einheitsfrontregierung das Bürgertum zusammengeschweißt zu haben und kam zu dem vernichtenden Resümee, »daß die Ära Zeigner kein Nutzen, sondern ein Schaden für die deutsche Republik gewesen ist«. [109] In Sachsen stellte der einflußreiche Lipinski, der sich im Laufe des Jahres 1923 immer mehr von der sozialdemokratisch-kommunistischen Zusammenarbeit distanziert hatte, in einem beißenden Urteil Zeigners politische Kompetenz grundsätzlich in Frage. Ihm zufolge habe sich Zeigner während der »Wirren« des Jahres 1923 einfach nicht erfahren genug gezeigt, um das »Staatsschiff Sachsens sicher zu lenken«. [110] Kaum jemand würde abstreiten wollen, daß beide Urteile sicherlich einiges Wahres in sich tragen. Allerdings darf dies nicht darüber hinwegtäuschen, daß die Sozialdemokraten sowohl im Reichstag als auch in Sachsen ähnlich verhängnisvolle Fehler begingen: Ihre oft wankende Einstellung zu Koalitionen mit dem Bürgertum stand im krassen Widerspruch zu ihrem Anspruch, eine Hauptstütze der Demokratie zu sein. Zeigner darf zumindest zugute gehalten werden, daß er eine dynamische und kompromißlose Linie verfolgte. Dies paßte aber nicht zum Stil der viel gemäßigter, traditionsgebundener und bürokratisch agierenden SPD-Maschine.

Es war offensichtlich, daß die Regierung Fellisch eine improvisierte Notlösung in der Krise darstellte. Deshalb sollte ihre Stellung auch von Anfang an eine recht wackelige sein. Durch die schnelle Regierungsbildung wurde Dresden schon am 31. Oktober von Reichskommissar Heinze befreit und eine Militärdiktatur abgewendet. Dies spielte Stresemann in die Hand, der eine Eskalation der Situation nach der Reichsexekution verhindern wollte. [111] Trotzdem wurde die Handlungsfähigkeit der Regierung und des Parlaments vom weiterhin andauernden Ausnahmezustand stark eingeschränkt. Die Polizei blieb vorerst General Müller unterstellt. Er entließ mehrere leitende Beamte und verbot alle politischen Versammlungen. Ähnlich schwerwiegend war, daß die Regierung nicht die volle Unterstützung der jeweils eigenen Partei besaß. Sie wurde hauptsächlich von einer einflußreichen Minderheit innerhalb der SPD gestützt, die nach der Katastrophe im Oktober in einer Kooperation mit dem Bürgertum die einzige Möglichkeit einer konstruktiven Zukunft sah. Bedenkt man die große Verbitterung, welche die von weiten Kreisen des Bürgertums unterstützte Reichsexekution bei der Arbeiterbewegung ausgelöst hatte, wird verständlich, daß die Mehrheit der Sozialdemokraten eher gewillt war, ihre Reformen in der Opposition zu verteidigen, als mit dem »Klassenfeind« zusammenzuarbeiten. Hinzu kam, daß unterdessen eine unsanfte Abrechnung mit den Hauptrepräsentanten der Zeigner-Regierung stattfand. Zeigner wurde Mitte November verhaftet, und Anfang Dezember wurde auch gegen Liebmann Anklage erhoben. Zeigner wurde einige Monate später zu drei Jahren Gefängnis verurteilt, weil er angeblich Bestechungen für Straferlasse angenommen hatte. Die Haltlosigkeit der Korruptionsvorwürfe gegen Zeigner konnte nach Kriegsende durch eine eidesstattliche Erklärung nachgewiesen werden. [112] Mehrere Anklagen gegen Liebmann – ihm wurde beispielsweise vorgeworfen, daß er mit den Kommunisten in einem Geheimabkommen vereinbart habe, die Polizei nur gegen Aufruhr von rechts, aber nicht von links einzusetzen, und massiv gegen die Reichswehr spioniert zu haben – mußten wegen Mangels an Beweisen wieder eingestellt werden. Während die bürgerlichen Kreise die angeblichen Enthüllungen mit Entsetzen in der Presse verfolgten, wurden diese nicht nur von den Sozialdemokraten, sondern auch von den Deutsch-Demokraten als politisch motiviert und unfair gebrandmarkt.

Der Anfang Dezember einberufene Landesparteitag der SPD billigte deshalb nur zähneknirschend und wegen fehlender Alternativen die Minderheitsregierung Fellisch. Der Parteitag war allerdings sorgfältig darauf bedacht, genaue Richtlinien für den Fall einer politischen Veränderung festzulegen. Die entsprechenden Beschlüsse besagten: »Wird die sozialistische Minderheitsregierung gestürzt, so muß versucht werden, mit den Kommunisten zu einer gemeinsamen Regierungsplattform zu kommen ... Die Bildung jeder Koalitionsregierung ist an die formelle Zustimmung eines Parteitags gebunden.« [113] Die Mehrheit der sächsischen Sozialdemokraten klammerte sich also weiterhin an die Kommunisten, obwohl die KPD nach ihrem gescheiterten »Deutschen Oktober« unter die Kontrolle ihrer Ultra-Linken geraten war. Für viele war es einfach undenkbar, mit der DVP eines Stresemann oder Heinze zusammenzuarbeiten.

Die DDP war wohl nicht zu Unrecht von dem Ergebnis des SPD-Landesparteitags irritiert, zumal sie selber auf die Bildung einer großen Koalition aus SPD, DDP und DVP drängte. Außerdem hielt sich Liebmann, der sich während des Parteitags wieder einmal offen für einen kommunistenfreundlichen Kurs ausgesprochen hatte und gerade wegen seiner Tätigkeit in der Zeigner-Regierung in der Schußlinie stand, immer noch als Innenminister. Verärgert verlangten die Demokraten nun den Rücktritt Liebmanns. Als Fellisch dies ablehnte, stellte die DDP am 14. Dezember 1923 einen Mißtrauensantrag gegen die Regierung. Fellisch ließ es nicht zur Abstimmung kommen und räumte unverzüglich die Regierungsbank. Dies beendete in vielerlei Hinsicht die fünfjährige Regierungszeit und Vorherrschaft der SPD in Sachsen. Wie im Reich entsprach ihr politischer Einfluß von nun an weder ihrer größeren parlamentarischen noch ihrer organisatorischen Stärke. [114]

Als die Sozialdemokraten daraufhin Kontakt mit den Kommunisten mit dem Ziel eines Bündnisses aufnahmen, wurde schnell deutlich, daß diese inzwischen einen fundamentalen Revolutionskurs verfolgten. Ende Dezember ließ der KPD-Führer Böttcher im Landtag verlauten: »Wir erklären hier aber ganz offen, auch nach den Neuwahlen würden es die Kommunisten ablehnen, eine sozialdemokratische Regierung zu unterstützen.« In derselben Sitzung kündigte Böttcher den »außerparlamentarischen Kampf ... und die Vorbereitung und Durchführung des Generalstreiks und des bewaffneten Aufstandes« an. [115] Lipinski urteilte treffend, daß diese Haltung die »Liquidation« der Zusammenarbeit der beiden Arbeiterparteien im Landtag bedeutete.

Es gab also nur zwei Möglichkeiten: die Bildung einer großen Koalition mit den Bürgerlichen oder Landtagsauflösung und Neuwahlen. Am 4. Januar 1924, zwei Tage vor dem geplanten Landesparteitag der SPD, von dem zu erwarten war, daß er für eine Landtagsauflösung plädieren würde, entschloß sich die Mehrheit der sozialdemokratischen Landtagsfraktion (25 Abgeordnete; die Zahl verringerte sich bald auf 23), in eine Koalitionsregierung mit DDP und DVP einzutreten. Am gleichen Tag wurde der Sozialdemokrat Max Heldt zum neuen Ministerpräsidenten gewählt. Dieser erklärte, daß seine Regierung die »Zusammenfassung aller auf dem Boden der republikanischen Staatsform stehenden Kräfte zur Verwirklichung des Gedankens einer Volksgemeinschaft« sei. [116] Fünfzehn sozialdemokratische Parlamentarier enthielten sich der Stimme und ließen in einer Erklärung verlauten, daß sie, wie es im Dezember vereinbart worden war, die Entschließung des Landesparteitags abwarten wollten. Dieser war nun vor vollendete Tatsachen gestellt. Es verwunderte deshalb niemanden, daß 48 Stunden später die große Mehrheit des Parteitags das Verhalten der 25 als »Disziplinbruch« geißelte und den Rücktritt des Ministerpräsidenten sowie die Auflösung des Landtags verlangte. Dies lehnte die Mehrheit der Fraktion wiederum ab. Da beide Seiten an ihrer Linie festhielten, kam es zur Spaltung der sozialdemokratischen Landtagsfraktion. Damit verlor die SPD die Schlüsselstellung im Dresdner Landtag.

Der sogenannte »Sachsenkonflikt« der SPD war ausgebrochen. Zweieinhalb Jahre lang nahm er die Aufmerksamkeit der deutschen Sozialdemokratie in Anspruch. Die Kombination aus Reichsexekution und Sachsenkonflikt ließ die sächsische Sozialdemokratie in eine schwere Krise geraten. Bei den Kommunalwahlen im Januar 1924 mußte sie schwere Verluste zugunsten der bürgerlichen Parteien hinnehmen. Drei Monate nach der Reichsexekution gegen die Landesregierung erzwangen somit die sächsischen Wähler eine Machtverschiebung in den Kommunen. Noch schwerwiegender war aber der dramatische Mitgliederschwund der sächsischen SPD. Von fast 150.000 Mitgliedern Anfang 1924 ging die Zahl auf 132.000 und dann auf 119.000 in den folgenden zwei Jahren zurück.[117]

Bei dem Sachsenkonflikt ging es auch um Fragen innerparteilicher Demokratie. Wer sollte die wichtigen Entscheidungen fällen: eine elitäre Minderheit in Form der Landtagsfraktion oder die Parteibasis in Form des Landesparteitags? Durch ihr eigenmächtiges Handeln hatten die 23 »Rebellen« wichtige potentielle Sympathisanten brüskiert und sich in eine Außenseiterrolle bugsiert. Daß sie dabei spürbare Rückendeckung vom SPD-Parteivorstand in Berlin bekamen, schürte den Widerstand der Mehrheit der selbstbewußten sächsischen Sozialdemokratie zusätzlich. Daneben ging es aber innerhalb der Weimarer Sozialdemokratie – und dies scheint wesentlich wichtiger – um unterschiedliche politische Einstellungen zur Mitwirkung im demokratischen Staat. Während die »Linken« auch nach der Niederschlagung der SPD-KPD-Koalition gegenüber dem bürgerlichen »Klassenfeind« auf eine proletarische Mehrheit hinarbeiten wollten, glaubten die »Rechten«, daß man nur in Zusammenarbeit mit den bürgerlich-demokratischen Parteien die Errungenschaften der Revolution sichern könne. Nicht zu Unrecht begründeten Max Heldt, Karl Bethke und der Fraktionsvorsitzende Robert Wirth ihr Handeln mit der politischen Haltung der Kommunisten und einer absehbaren Niederlage der Partei bei Landtagsneuwahlen. In diesem Sinne schienen die Koalitionsbefürworter eher »Realpolitiker« zu sein. Auffällig ist, daß sich unter den »23« viele relativ alte und erfahrene Sozialdemokraten befanden, die bereits während der Monarchie parlamentarische Mandate innegehabt hatten.

Führende Vertreter der »23« beschrieben den Sachsenkonflikt immer wieder als Auseinandersetzung zwischen staatsbejahenden und staatsverneinenden Kräften. Man wollte die »negative« Klassenkampf-Ideologie der SPD durch eine »positive« Zusammenarbeit mit dem Bürgertum ersetzen und damit der »Zerklüftung des Volkes« entgegenwirken und die Demokratie stärken. Tatsächlich waren die linksorientierten Sozialdemokraten weniger an der Stabilität des Staates interessiert als an dessen totaler Eroberung. Letzteres sollte nämlich ihr eigentliches Ziel vorbereiten: die Errichtung einer sozialistischen Republik. Und da dies nicht im Interesse des Bürgertums war, konnte man die Macht im Staat nur in einem kompromißlosen proletarischen Klassenkampf erringen. Max Seydewitz aus Zwickau, einer der führenden sächsischen Linken, sprach 1925 dementsprechend von der Notwendigkeit, »im Zeitalter des Klassenkampfes die Interessen der proletarischen Klasse über das Interesse des Staates [zu] stellen«.[118]

Es muß aber berücksichtigt werden, daß bei weitem nicht alle sächsischen Sozialdemokraten solch radikale Ansichten vertraten. Für die bürgerlichen Parteien kam natürlich nur eine Koalition mit den »23« in Frage, da diese wichtige Teile des SPD-Reformprogramms aufgegeben hatten. Generell gab es im sächsischen Bürgertum kaum Unterstützung für eine Zusammenarbeit oder gar eine Koalition mit den Sozialdemokraten, wenn diese dafür nicht fast alle ihre Prinzipien über Bord geworfen hätten. Es ergab sich also weiterhin folgendes Bild: Eine stabile Regierung, die wichtige Kräfte der Arbeiterbewegung und des Bürgertums vereint hätte, kam in Sachsen nicht zustande, weil keine der beiden Seiten genügend Kompromißwillen und Toleranz gegenüber der anderen Seite zeigte.

Dies war tragisch für die Stabilität der Demokratie in ganz Deutschland. Nicht Sachsen – wie es Zeigner 1923 gefordert hatte – sondern das benachbarte Preußen entwickelte sich zum »Bollwerk der Republik«. Dort verstand es nämlich der Sozialdemokrat Otto Braun mit mehreren stabilen und effektiven Koalitionsregierungen aus SPD, Zentrum und DDP (und für einige Zeit DVP), der Weimarer Republik bis 1932 sicheren Halt zu geben (bis Reichskanzler Franz von Papen im Juli 1932 Brauns Regierung absetzte und einen Reichskommissar installierte). Braun beantwortete denn auch die Kritik seiner sächsischen Kollegen an seiner Koalitionspolitik mit der sarkastischen Bemerkung, er habe aus den sächsischen Verhältnissen gelernt, »wie man es nicht machen soll. Wir werden es in Preußen auch nicht so machen ... Freiwillig geben wir die Machtposition in Preußen nicht auf.« [119] Allerdings profitierte er von zwei Umständen, die den 23 »Rebellen« im sächsischen Landtag gefehlt hatten: Er konnte sich auf eine starke Zentrumspartei als Koalitionspartner verlassen, und der linke Parteiflügel spielte innerhalb der Landtagsfraktion nur eine bedeutungslose Rolle.

Die gesamte sächsische SPD – mit all ihren Mitgliedern, fast 1.000 Ortsgruppen, Unterbezirken und Zeitungen – wurde in den internen Konflikt hineingezogen und mußte zur Heldt-Koalition Stellung nehmen. Es zeigte sich, daß die Parteibasis die Gruppe der SPD-Abgeordneten in der Opposition unterstützte. Ausschlaggebend dafür waren die tiefen Gräben, die sich über die Jahre zwischen der Arbeiterbewegung und dem Bürgertum aufgetan hatten. Für nicht wenige war die Einhaltung der innerparteilichen Demokratie wichtiger als die Einsicht, daß die revolutionären Kommunisten alles andere als ein realistischer Bündnispartner waren. Jedenfalls war mit dieser erbitterten Auseinandersetzung innerhalb der sächsischen SPD das Potential für eine Mehrheit verloren, die einer gemäßigten Haltung gegenüber dem Bürgertum eine Chance gegeben hätte.

Schnell entstand eine Kluft innerhalb der sächsischen SPD, die vor allem durch die Konzessionen der sozialdemokratischen Minister an die bürgerlichen Koalitionspartner immer weiter aufriß. Obwohl nämlich der Sozialdemokrat Heldt das Ministerpräsidentenamt innehatte und die DVP mit Fritz Kaiser (Kultus) und Wilhelm Bünger (Justiz) nur zwei Minister stellte (neben Peter Reinhold von der DDP als Finanzminister), bestimmte die DVP doch die Richtung der Regierungspolitik. Wenn dies nicht möglich gewesen wäre, hätte sich die DVP erst gar nicht zur Koalition bereiterklärt. Zudem genoß die DVP starke Unterstützung in der höheren Beamtenschaft, bei Industriellen und bürgerlichen Organisationen. Deshalb war es kaum verwunderlich, daß die Zahl der sozialdemokratischen Beamten in den Ministerien verringert wurde und einige sozialdemokratische Amtshauptleute gehen mußten. Viele von ihnen wurden durch DVP-Leute ersetzt. Gleichzeitig revidierte der Landtag auf Druck der Volksparteiler und zum Entsetzen der sozialdemokratischen Minderheit die brandneue Gemeindeordnung: Das Selbstverwaltungsrecht der Gemeinden wurde wieder zugunsten der exekutiven Organe eingeschränkt. Es war schon grotesk, daß die Sozialdemokraten Max Müller und Karl Bethke, die 1923 maßgeblich an der Verabschiedung der Gemeindeordnung beteiligt gewesen waren, dieselbe zwei Jahre später Hand in Hand mit den bürgerlichen Parteien wieder abänderten.

Zwei weitere politische Initiativen der Heldt-Regierung dürfen nicht unerwähnt bleiben: Zum einen ein Vertrag mit dem vormaligen Königshaus Wettin, der 1924 die Vermögensverhältnisse regelte. Den Wettinern wurden darin beträchtliche Werte zugesprochen, inklusive Schloß Moritzburg. Aber selbst die Sozialdemokraten waren mit dem Abkommen, das sich schon seit geraumer Zeit in Arbeit befand, zufrieden. Der Staat wäre nämlich bei geringerem Entgegenkommen gegenüber dem ehemaligen Königshaus Gefahr gelaufen, daß die Wettiner durch eine Gerichtsklage noch mehr herausgeholt hätten. Des weiteren wurde 1925 ein beachtliches Wohlfahrtspflegegesetz verabschiedet.[120] Das Gesetz trug die Handschrift des Ministerialrats Hans Maier, der sich mit der sozialen Verantwortung des Staates identifizierte, die Stärkung der kommunalen Selbstverwaltung förderte und die zahlreichen Sonderfürsorgebereiche vereinheitlichte. Damit war Sachsen das erste deutsche Land, das einheitliche Träger für Jugendhilfe und Wohlfahrtspflege schuf. Teil der sozialen Fürsorge war die Gesundheitsfürsorge, die sich unter anderem um die Bekämpfung der sogenannten »großen Volksseuchen« (Tuberkulose, Alkoholismus und Geschlechtskrankheiten) kümmerte.

Das Wohlfahrtsgesetz, das von der Oppositions-SPD stillschweigend begrüßt wurde, konnte aber nicht verdecken, daß ab Anfang 1924 ein neues politisches Klima in Sachsen herrschte. Neben der Revision der Gemeindeordnung gab es andere – wenn auch weniger bedeutsame – Beispiele, wie das SPD-Reformprogramm in kleinen Schritten unterhöhlt wurde. Ab 1924 wurden Schulgebete auch außerhalb des Religionsunterrichtes wieder zugelassen. Gleichzeitig wurden die Schlichtungskommissare und der staatsbürgerliche Unterricht für Polizeibeamte abgeschafft.[121] Während die »Leipziger Neueste Nachrichten« zufrieden von der »Vernichtung des Zeigner-Vermächtnisses«[122] sprach, brachte die DVP ihre Dankbarkeit zum Ausdruck, einen Teil der organisierten Arbeiterbewegung für sich gewonnen zu haben: »Fünf Jahre unerhörter Terror sind über den nichtsozialistischen Volksteil dahingegangen. Aus der Sozialdemokratie sonderte sich der wertvollste Teil ab, um sich der deutschen Volks- und Schicksalsgemeinschaft anzugliedern.«[123]

Folgerichtig spitzte sich der Konflikt innerhalb der sächsischen SPD immer mehr zu. Das Innenministerium berichtete Mitte 1925 von »oft heftigen persönlichen gegenseitigen Angriffen« zwischen der SPD und den 23 Oppositionellen.[124] Zuerst unterstützte die SPD-Reichspartei die Entscheidung für eine Koalitionsregierung und damit die Minderheit der sächsischen SPD. Ein Schlichtungsversuch während des SPD-Parteitags in Berlin im Juni 1924 wurde zwar einstimmig angenommen, trug aber nicht dazu bei, den Konflikt zu beheben. Dafür war der Graben innerhalb der sächsischen SPD schon viel zu tief. Vielmehr brach der Sachsenkonflikt zum Entsetzen der ratlosen SPD-Reichsleitung während des Reichstagswahlkampfes Ende des Jahres wieder mit voller Stärke aus. Die Partei zog damit nicht einig, sondern gespalten in den Wahlkampf.[125] Die Mehrheit der sächsischen Sozialdemokraten war nicht länger bereit, die Heldt-Regierung zu dulden. Sie wollte Neuwahlen erzwingen, um die Koalitionsregierung und die 23 »Rebellen« loszuwerden. Allerdings ignorierten die 23 wiederum die Forderung des Landesparteitags, den Landtag aufzulösen.

Damit war das Kriegsbeil ausgegraben. Die 23 kämpften neben ihrer unterschiedlichen Einstellung zur Regierungsverantwortung inzwischen auch um ihr politisches Überleben. Entgegen der Empfehlung des Berliner Parteitags, bei Neuwahlen die 23 »Rebellen« bei der Kandidatenaufstellung wieder zu berücksichtigen, hatte der sächsische Landesparteitag diese Entscheidung ausdrücklich den einzelnen Unterbezirken überlassen. Für die 23 wäre eine Landtagsauflösung damit einem politischen Selbstmord gleichgekommen. Im März 1926 war dann sogar die SPD-Parteileitung bereit, die sächsische Fraktionsmehrheit fallen zu lassen. Die »Rebellen« hatten eine weitere Aufforderung zur Landtagsauflösung in den Wind geschlagen, obwohl dies auf einer Vereinbarung des Heidelberger Parteitages (1925) basierte, welche auch die 23 mitgetragen hatten. Wirth lehnte aber weiterhin im Namen seiner Fraktion den »in negativer Opposition verharrenden Kurs der sächsischen Parteileitung ab« und erklärte, man würde »als alte Sozialdemokratische Partei den in den letzten Jahren erprobten, zum Vorteil des Volkes sich auswirkenden Kurs positiver Staatsmitarbeit weitertreiben«. [126] Dies besiegelte den Parteiausschluß der 23, die am 6. Juni 1926 mit ihren Anhängern die Alte Sozialdemokratische Partei Sachsens (ASPS) gründeten. Alle, die ihr beitraten, wurden automatisch aus sozialdemokratischen Organisationen ausgeschlossen. Der starke Zusammenhalt des SPD-Landesverbandes erlaubte es der ASPS nie, über den Status einer kleinen Splitterpartei hinauszuwachsen. Die meisten ihrer 10.000 Mitglieder waren in Ostsachsen, zumeist in Dresden und Umgebung, angesiedelt.

7. Der Schein der »Goldenen Zwanziger«

Nachdem die turbulenten Nachkriegsjahre in Sachsen mit der Hyperinflation und dem Reichswehreinmarsch ihren Höhepunkt erreicht hatten, schien vorerst Ruhe einzukehren. Bei genauer Betrachtung war jedoch unschwer zu erkennen, daß sich unter der Oberfläche einiges zusammenbraute. Die Sozialdemokraten rupften sich in ihrem innerparteilichen Konflikt die Federn, und die Vertreter beider Arbeiterparteien – SPD und KPD – standen auf Kriegsfuß miteinander. Noch wichtiger für die politische Entwicklung in Sachsen sollte aber die Tatsache sein, daß das sächsische Bürgertum der Arbeiterbewegung in bezug auf extremistische Positionen und Uneinigkeit in nichts nachstand, sondern sie in vielerlei Hinsicht sogar überflügelte. [127] Eine wachsende Zahl von Mittelständlern neigte auf Grund der andauernden wirtschaftlichen Belastungen zu radikalen Vorstellungen und mobilisierte gegen ihre traditionellen politischen Vertreter. Im Verlauf dieser Entwicklung wandten sie sich neuen Interessenparteien zu und rückten mehr und mehr in die Nähe der antidemokratischen, nationalen Rechten. Diese sogenannte »Radikalisierung der Mitte« sollte dem Nationalsozialismus während der Weltwirtschaftskrise einen äußerst fruchtbaren Boden bereiten.

Dabei schien es in Deutschland ab 1924 wirtschaftlich steil bergauf zu gehen: Die Inflation wurde gebändigt, die neueingeführte Rentenmark sanierte die Währung, die Annahme des Dawes-Plans Mitte 1924 stellte den Übergang zu realistischen Bedingungen für die Abzahlung der Kriegsschulden dar und etablierte günstige Verbindungen zwischen der US-Wirtschaft und Deutschland. Ab der zweiten Jahreshälfte flossen Auslandskredite nach Deutschland und gaben der Konjunktur Auftrieb. Trotz alldem kam es aber in Deutschland – und schon gar nicht in Sachsen – nicht zu einem anhaltenden wirtschaftlichen Aufschwung. Die »Goldenen Zwanziger« gab es nur im kulturellen Bereich. Ende 1925 gingen bedrückende Berichte aus allen Teilen

Sachsens ein. In einer typischen Stellungnahme des Innenministeriums hieß es: »Die Stimmung der Bevölkerung war im Oktober infolge der wirtschaftlichen Lage sehr gedrückt.«[128] Beamte des Leipziger Bezirks beschrieben 1926 als ein »Krisenjahr«.[129] Zu dieser Zeit beendete der Syndikus des Handelskammerbezirks Chemnitz seine Beschreibung der industriellen Entwicklung mit einem düsteren Ausblick und einem Appell:

»Unter den heutigen Verhältnissen ist es aber doppelt schwer, den mühsam errungenen Stand zu behaupten und insbesondere den Absatz auf dem Weltmarkte ... nicht einzubüßen. Die Nachwirkungen und Folgen des Weltkrieges, die gestiegenen Produktionskosten, die drückenden Steuern und sozialen Lasten, die Zollschutzmauern des Auslandes und dessen verstärkter oder neuerstandener Wettbewerb lassen die Aussichten des sächsischen Exports im trübsten Lichte erscheinen. Um so dringlicher ist deshalb zu wünschen und zu fordern, daß durch eine Milderung der bestehenden Lasten und Schwierigkeiten wieder eine Verbilligung der Produktion ermöglicht werde, die allein dem Darniederliegen der Ausfuhr und damit der Wirtschaft des ganzen Bezirkes abzuhelfen vermag.«[130]

Ähnliche Sorgen wurden von einer wachsenden Zahl mittelständischer Berufsgruppen geäußert, oft bei einer der vielen Demonstrationen, die im Land stattfanden. Im März 1926 demonstrierten 2.000 aufgebrachte Bauern in Rochlitz (wobei Kommunisten verprügelt wurden) gegen die steuerlichen Belastungen. Währenddessen überreichten 4.000 Bauern in Plauen dem Amtshauptmann eine drohende Resolution:

»Die Geduld eines gequälten und bis aufs Äußerste verbitternden Berufsstandes hat schließlich ein Ende. Die Winzerunruhen in Bernkastel haben blitzartig gezeigt, wozu ein zur Verzweiflung getriebener Berufsstand ... fähig ist. Die Empörung über das Verhalten der Regierungen und die landwirtschaftsfeindliche Haltung oder zumindestens landwirtschaftliche Verständnislosigkeit vieler Parteien der Parlamente einschließlich der großen bürgerlichen Parteien ist ungeheuer ...«[131]

Die weitgehend kleinen bis mittelgroßen Bauernhöfe in Sachsen litten nach 1923 ganz besonders unter der Kreditknappheit und den hohen Steuern. Als 1927 in ganz Deutschland eine akute landwirtschaftliche Krise die Verschuldung auf dem Lande anwachsen ließ und nicht wenige Bauernhöfe pleite gingen, traf dies wiederum auch die sächsischen Bauern. Die Situation wurde von Hochwasserschäden und Mißernten verschlimmert. Im März 1928 demonstrierten Bauern in Meißen, Freiberg, Pirna, Döbeln, Zittau, Löbau, Stollberg, Zwickau und in kleineren Orten, um auf ihre verzweifelte Situation aufmerksam zu machen. Der Landtag debattierte über die Notlage der Landwirtschaft. Die Stellungnahme des entsprechenden Landtagsausschusses, welche auch der Haltung der Regierung entsprach, ließ die Hilflosigkeit der Politiker offensichtlich werden. In ihr erklärte man, daß die Notlage der Landwirtschaft »durch Beschlüsse des sächsischen Landtages nicht beseitigt werden kann, sondern daß hierzu in erster Linie das Reich Maßnahmen ergreifen muß«.[132]

Es war verständlich, daß die politisierenden sächsischen Bauern mit großer Sympathie die Gründung einer neuen Bauernpartei im benachbarten Thüringen beobachteten und selber kurz davor standen, in ähnlicher Weise ihrem traditionellen Interessenvertreter, dem Sächsischen Landbund, die Gefolgschaft aufzukündigen. Die enge Zusammenarbeit zwischen dem Sächsischen Landbund und der DNVP, die hauptsächlich als Interessenvertreter der Großgrundbesitzer identifiziert wurde, stieß bei sächsischen Bauern auf immer größere Unzufriedenheit. Um nicht ihre landwirtschaftliche Wählerschaft zu verlieren, willigten daraufhin der Sächsische Landbund und die DNVP ein, das Sächsische Landvolk zu bilden und bei den Reichstagswahlen im Mai 1928 als separate Interessenpartei antreten zu lassen. Mit diesem Schachzug gelang es der DNVP, die auch mit der neuen Bauernorganisation zusammenarbeitete, vorerst eine Rebellion dieser Wählergruppe zu verhindern. Während der Weltwirtschaftskrise sollte sich dies allerdings als wesentlich schwieriger erweisen.

Bauern, Hausbesitzer, Ladenbesitzer, Handwerker, Pensionäre, Arbeitslose und Sparer, sie alle demonstrierten gegen die Wirtschaftspolitik des Reiches und der traditionellen Parteien. Sie fühlten sich im Stich gelassen und bezogen immer wieder Stellung gegen Kapitalnot, Kreditmangel, geschwächte Kaufkraft der Bevölkerung, Konkurrenz des Auslandes und hohe Steuern. Der Vorsitzende des Staatskomitees der sächsischen Handwerker, Hugo Weber, beklagte sich Mitte 1924, seine Zunft werde zwischen Kapital und Gewerkschaften aufgerieben. Ladenbesitzer mobilisierten mit Handzetteln gegen Konsumgenossenschaften, die »die wirtschaftliche Existenz des Kleinhandels zerstören«.[133] Genossenschaften und Kaufhäuser wurden als negative Produkte eines Systems dargestellt, welches den Mittelstand benachteilige und dessen ehrliche Arbeit kapputtmache. Gleichzeitig suchten immer mehr Berufsgruppen nach neuen Interessenvertretern, die ihre Sorgen und Anliegen effektiv vertreten würden. So forderten 2.000 Hausbesitzer in einer Protestversammlung Mitte 1926 in Chemnitz in einer Entschließung, eine eigene Vertretung in den parlamentarischen Körperschaften aufzustellen.[134] Der einflußreiche Verband Sächsischer Hausbesitzer, der immerhin mehr als 100.000 Mitglieder in 500 Ortsgruppen hatte, machte immer wieder seinem Unmut gegen bestehende Mietbestimmungen und Besitzsteuern Luft. Die Republik – so wurde argumentiert – sei nicht in der Lage, den Besitz der Bürger ausreichend zu schützen.

Auch die Industriellen hielten mit ihrem wachsenden Verdruß über ihre wirtschaftliche Situation und das demokratische System nicht zurück. Im ersten Kapitel wurde schon gezeigt, daß der mächtigste sächsische Interessenverband, der Verband Sächsischer Industrieller, von Anfang an eine negative Einstellung zur Republik und zur Arbeiterbewegung hatte. Eins wurde immer deutlicher: Ihre langgehegte Abneigung gegen die Kosten des Weimarer Sozialstaates und die Macht der Gewerkschaften verstärkte sich mit jedem Tag, der weitere Probleme in der Politik und Wirtschaft offenbarte. Während außerhalb Sachsens ein einflußreicher Teil der Industriellen eine positive Zusammenarbeit zwischen Arbeiterbewegung und Bürgertum als Notwendigkeit betrachtete, schien allein der Gedanke daran die sächsischen Industriellen in Schrecken zu versetzen. Als der rheinische Industrielle Paul Silverberg während der Jahreskonferenz des Reichverbandes der Deutschen Industrie 1926 in Dresden in einer vielbeachteten Rede zu einer großen Koalition zwischen bürgerlichen Parteien und SPD aufforderte (»Es kann nicht ohne die Arbeiterschaft regiert werden«), wurde dies von sächsischen Industriellen lauthals und mit großer Empörung abgelehnt. Vielmehr forderte man in Sachsen mit schrillen Tönen: »Wir wollen weg von Tarifvertrag und Gewerkschaft.«[135] Dies war eine klare Absage an den Grundkonsens der Weimarer Republik.

Daß sich die Spannungen zwischen Unternehmern und Gewerkschaften zuspitzten, verdeutlichte der Metallarbeitskampf im April/Mai 1928: Als ungefähr 20.000 sächsische Metallarbeiter für höhere Löhne streikten, sperrten die sächsischen Industriellen kurzerhand 170.000 Metallarbeiter aus. Beide Seiten fügten sich erst widerstrebend einem Schiedsspruch, nachdem der Reichsarbeitsminister interveniert hatte. Kompromißlos bekämpfte der Verband Sächsischer Industrieller Bestrebungen nach einer großen Koalition und agitierte für rein bürgerliche Mehrheitsregierungen in Dresden. Die Sozialdemokratie war in diesen Kreisen verhaßt. Sie repräsentierte Klassenkampf, Sozialwirtschaft und Internationalismus. Dazu mischte sich die ständige Klage der sächsischen Industriellen, daß ihre Klein- und Mittelbetriebe gegenüber den Großbetrieben im Reich benachteiligt seien. Hier tickte eine antirepublikanische Zeitbombe, die sich während der Weltwirtschaftskrise entladen würde.

Neben den bereits erwähnten Problemen, die fast alle bürgerlichen Berufsgruppen mit Verbitterung erfüllten, fand eine fortschreitende Rationalisierung der Wirtschaft statt. Das Innenministerium berichtete über die Folgen des Einsatzes amerikanischer Maschinen in der Metallindustrie des Chemnitzer Bezirks. Zwar habe dies zu einer »ganz wesentlichen Produktionssteigerung« geführt, gleichzeitig mache es aber auch »die menschliche Arbeitskraft in erheblichem Maße überflüssig«. [136]

All diese Entwicklungen waren deshalb so beunruhigend, weil ein Rückschlag dem anderen zu folgen schien und den Inflationsjahren nur eine relativ kurze wirtschaftliche Blüte folgte. Nach Auffassung der Regierung zeigte »die sehr gute Wirtschaftslage des Jahres 1927 ... schon mit Beginn des Jahres 1928 die ersten Anfänge eines langsamen Rückganges, der in der Industrie bis zum Jahresschlusse anhielt«. [137] Und es gab nicht wenige Wirtschaftszweige, die nie aus einer Rezession herauskamen. Ein weithin bekanntes Beispiel stellt die vogtländische Spitzenindustrie dar, die immerhin in den 1880er Jahren einen wahren »Siegeslauf durch die ganze Welt« genommen hatte. Führende Firmen hatten damals Niederlassungen in England, Paris und New York gegründet. Aber schon kurz vor dem Ausbruch des Ersten Weltkriegs löste eine fehlende Anpassung der Produktion an veränderte Modevorstellungen eine schwere Krise aus. Dann kamen die Probleme der Kriegs- und Nachkriegsjahre: Garn- und Stoffbeschlagnahmung, Handelssperre gegenüber dem Ausland, verminderter Bedarf im Inland und neue Konkurrenzindustrien im Ausland. All dies drohte diesen Industriezweig regelrecht auszuradieren. Tausende von Stickmaschinen mußten abgerissen werden und wanderten zum Alteisen. Zahlreiche Fabrikanten, Lohnmaschinenbesitzer und selbständige Zeichner wurden zugrundegerichtet. [138] Wiederum gaben die bürgerlichen Parteien und die Landesregierung angesichts dieser komplexen Probleme und der allgemeinen Finanzknappheit ihre Hilflosigkeit offen zu. Typisch reagierte ein Sprecher der DNVP auf die Anträge der SPD zur Verbesserung der Verhältnisse der vogtländischen Stickereiindustrie: »Hier liegt doch der Fall so, daß es eine ganze Anzahl von Arbeitern bzw. Stickmaschinenbesitzern gibt und viele Maschinen, aber wenig Aufträge. In einem solchen Falle ist es unmöglich, eine Besserung herbeizuführen ... Wir werden infolgedessen diese Anträge ablehnen.« [139] Gleichzeitig waren die Sozialdemokraten aber beim vogtländischen Mittelstand verhaßt, und die meisten Arbeiter in dieser Gegend unterstützten die SPD schon längst nicht mehr. Es war deshalb kein Zufall, daß sich das Vogtland, das sich immer mehr zu einem wirtschaftlichen Notstandsgebiet entwickelte, zu einer Hochburg der sächsischen Nationalsozialisten wurde. Beispielsweise hielt das Innenministerium im Januar 1926 fest: »Die NSDAP unternahm große Anstrengungen in bezug auf Verbreitung des nationalsozialistischen Gedankens. Ihre Versammlungstätigkeit war eine sehr rege, in besonderem Maße im Vogtland.«[140] Ihre Version von einer nationalen Volksgemeinschaft, in der alle Berufsgruppen einen wertvollen Platz einnahmen und man zusammen an einem Wiederaufstieg Deutschlands arbeitete, fand hier besonders viel Zuspruch.

Die verschiedenen Gruppen des Bürgertums sahen für ihre Probleme drei Ursachen: die Weimarer Republik, die »Marxisten« und die traditionellen Parteien. Zu den nicht wenigen Mittelständlern, die der Republik von Anfang an negativ gegenüberstanden, gesellten sich immer mehr, die dem neuen politischen System Fehler und Versäumnisse vorwarfen. Die Republik wurde assoziiert mit den Kriegslasten von Versailles, mit fünf Jahren »Marxisten-Regierung« in Sachsen, mit Gewalt, Streiks, Unsicherheit, Inflation, hoher Arbeitslosigkeit, hohen Steuern, der Macht der Gewerkschaften und der Entwicklung der Großindustrie auf Kosten des Mittelstandes, Amerikanisierung, schwachen Koalitionsregierungen und halbherzigem Durchgreifen gegen den »Pöbel« der Straße. Aus dieser Sichtweise erschien die Demokratie unberechenbar und sogar gefährlich, weil bei Wahlen immer wieder die Möglichkeit bestand, daß die sogenannten Marxisten die Macht zurückerobern würden. Langsam, aber immer lauter, wurde über Alternativen zum demokratischen System nachgedacht. Dabei spielte es auch eine Rolle, daß viele Mitglieder des Bürgertums den Regierungen in Dresden immer weniger zutrauten, Ruhe und Ordnung gewährleisten zu können. Als Ministerpräsident Heldt Anfang 1924 ankündigte, im März den Ausnahmezustand aufzuheben und die Reichswehr abziehen zu lassen, reagierten die bürgerlichen Parteien, Arbeitgeber und Mittelstandsorganisationen mit einem hysterischen Aufschrei. Der Bezirksausschuß für Handwerker und Gewerbe und der Verband der sächsischen Industriellen im Bezirk Döbeln sandten folgendes Telegramm an Reichskanzler Marx: »Wir haben ein Recht auf staatlichen Schutz gegen Terror; aus diesem Grund protestieren wir gegen die geplante Aufhebung des Ausnahmezustandes.«[141] Die DNVP stellte im Landtag sogar einen Mißtrauensantrag gegen die Heldt-Regierung, weil sich diese nicht gegen den Abzug der Reichswehrtruppen gewehrt hatte.

Der Haß gegen und die Angst vor den »Marxisten« saß tief. Sie wurden gleichgesetzt mit Kriegsniederlage, Revolution, bolschewistischer Diktatur, Terror von Max Hölz, Sozialisierung, Herrschaft der Arbeiter über den Mittelstand, Konkurrenz durch Staatsbetriebe und Konsumvereine, Gewerkschaften, Attacken gegen Besitz, Plünderungen, Gewalt, Verrat deutscher Interessen und Zerstörung deutscher Kultur, Tradition und Religion. Die Regierungszeit der Linken – und vor allem der Zeigner-Ära – wurde als Alptraum deklariert, dessen Wiederholung mit allen Mitteln zu verhindern sei. Nach 1923 lautete der Schlachtruf des Bürgertums: »Nie wieder ein Sowjetsachsen!«.

Der Zusammenschluß aller bürgerlich-nationalistischen Kräfte schien die einzige Möglichkeit, um die Angriffe der mächtigen sächsischen Arbeiterbewegung auf den Mittelstand erfolgreich abwehren zu können. Es wurde schon auf diverse Beispiele verwiesen, bei denen sich das Bürgertum vor 1924 zu einem »antimarxistischen« Block vereinte und gemeinsam agierte (zum

Beispiel bei der Dolchstoßlegende und in der Kulturpolitik). Allerdings basierte dies eher auf gemeinsamen Anschauungen und losen Zweckbündnissen als auf engen und verbindlichen organisatorischen Zusammenschlüssen. Die Reichsexekution machte dann deutlich, wie effektiv ein vereintes Bürgertum im politischen Bereich tätig werden konnte. Immerhin trug ihre aggressive Kampagne entscheidend zum Sturz der Linksregierung bei. Weitere Ereignisse ließen auch für die Zukunft Hoffnung auf eine enge Zusammenarbeit aufkommen. Bei den Gemeindewahlen Anfang 1924 gelang es den eng miteinander kooperierenden bürgerlichen Parteien, die Kontrolle vieler Gemeinden den Arbeiterparteien zu entreißen. In Dresden, Leipzig und Zwickau regierte damit zum ersten Mal seit der Revolution wieder das Bürgertum.[142] Ein Jahr später, im April 1925, lösten die Kandidatur und der Wahlsieg von Paul von Hindenburg als Reichspräsident in nationalistischen Kreisen eine beispiellose »Welle der Begeisterung« aus. Dies stand im scharfen Gegensatz zu den normalerweise farblosen bürgerlichen Wahlkämpfen. Anlaß der Euphorie war das Kopf-an-Kopf-Rennen während des zweiten Wahlgangs zwischen dem Einigungskandidaten der nationalen Rechten und dem Kandidaten der liberal-demokratischen Gruppierungen, dem Zentrumspolitiker Wilhelm Marx. Hindenburg, Kriegsheld und »Sieger von Tannenberg«, der sich nie um Politik gekümmert hatte, schien über den Parteistreitigkeiten zu stehen und die Sehnsucht der nationalen Bevölkerung in sich zu vereinen. Anstatt der üblichen Angriffe gegeneinander, vereinten sich die bürgerlichen Parteien und Verbände hinter einer antimarxistischen und autoritär-konservativen Integrationsfigur.

Die Sozialdemokraten erkannten den Ernst der Lage und warnten: »Republikaner, die Republik ist in Gefahr!« Im Laufe dieser Auseinandersetzung spaltete sich Sachsens Gesellschaft einmal mehr in zwei politische Lager auf. Es scheint erstaunlich, daß Hindenburg im »roten« Sachsen etwas mehr als die Hälfte der gültigen Stimmen erhielt – mehr als im Reichsdurchschnitt (Sachsen: 51,3 Prozent; Reich: 48,3 Prozent) – während Marx und Thälmann den Rest der Stimmen auf sich vereinten (Marx: 37,6 Prozent; im Reich: 45,3 Prozent – Thälmann: 11 Prozent; im Reich: 6,4 Prozent). Dem nationalen Block gelang es aber, viele der ehemaligen Nichtwähler zu mobilisieren. Außerdem schienen sich viele, die im ersten Wahlgang für den Sozialdemokraten Braun gestimmt hatten, geweigert zu haben, den Zentrums-Katholiken Marx zu unterstützen. Stattdessen wählten sie Thälmann oder blieben der Abstimmung fern.[143] Der Sieg Hindenburgs schien bürgerlichen Kreisen eine neue politische Ära einzuläuten. Die »Leipziger Neueste Nachrichten« jubelte: »Wir sind entzückt zu verkünden, daß der Traum eines ›roten Sachsens‹ endlich vorbei ist ... Die schreckliche Zeigner-Zeit ist vorbei ... da dies durch Hindenburg passiert ist, läßt alle jubilieren, die an eine Neuaufstehung unseres Volkes glauben.«[144]

Das linke und rechte Lager standen sich ein Jahr später in einer weiteren Kraftprobe gegenüber. Mitte des Jahres fand nämlich der heiß umkämpfte Volksentscheid über die Enteignung der Fürsten statt (das vorhergehende Volksbegehren war im März erfolgreich verlaufen). Mit dem Volksentscheid sollte die Reichsregierung daran gehindert werden, die Fürsten für den Verlust ihrer Besitztümer und Privilegien zu entschädigen. Ein neues Gesetz sah vor, stattdessen das Vermögen den Bedürftigen zuzustellen. Laut Berichten des Innenministeriums stand der Juni »völlig im Zeichen des Volksentscheids ... Werbe- beziehungsweise Propagandatätigkeit der hinter dem Gesetzentwurf stehenden politischen Parteien und Organisationen war sehr lebhaft.

Fast im gleichen Maße betrieben aber auch die Rechtsparteien und Organisationen den Abwehrkampf.«[145] Während »besonders Klebekolonnen der kommunistischen Parteien in bezug auf unbefugtes Zettelankleben äußerst rührig waren«, unternahmen rechtsstehende Jugendliche »Streifzüge, um die Plakate abzureißen«.[146]

Im Gegensatz zu den getrennt kämpfenden Parteien SPD und KPD vereinigten sich die Rechtsparteien und Organisationen zu einem Abwehrkampf gegen den Volksentscheid. Während die Sozialdemokraten forderten: »Keinen Pfennig den Fürsten! Alles dem Volke!«, stilisierten ihre Widersacher die Abstimmung zur Wahl zwischen dem bürgerlichen und sozialistischen System. Ein Plakat in Leipzig bewies das: »Wer unsere Staats- und Wirtschaftsordnung erhalten will, bleibt zuhaus. Wer der Abschaffung des Privateigentums vorarbeiten und damit das deutsche Volk in schwere Wirren stürzen will, macht beim Volksentscheid mit.«[147] Solche überspitzten Parolen schienen nötig, um der enormen Mobilisierungskapazität der sächsischen Linken entgegentreten zu können: Immerhin stimmten 46,7 Prozent der Stimmberechtigten – das waren 10 Prozent mehr als im Reichsdurchschnitt – für den Gesetzentwurf (der insgesamt allerdings scheiterte).

Die Erfahrungen des Volksentscheids und die anstehenden Landtagswahlen im Oktober veranlaßten die größeren Wehrverbände in Sachsen – Jungdeutscher Orden, Stahlhelm, Wehrwolf, Bund Wiking und Reichsflagge – Ende Juli in der Presse »zur Sammlung aller Nationalgesinnten« in einem antimarxistischen Block aufzufordern. Während die bürgerlichen Parteien bis zur Reichsexekution mit großer Energie und Wirksamkeit die Offensive gegen die linken Regierungen angeführt hatten, schienen sie danach in der Versenkung verschwunden zu sein. Stattdessen gerieten die außerparlamentarischen nationalen Verbände durch ihre ständigen Aktivitäten immer mehr in das Scheinwerferlicht. In einem typischen Bericht hielt das Innenministerium Mitte 1925 fest, daß Stahlhelm, Jungdeutscher Orden und NSDAP die meisten Feiern und andere Aktivitäten aller Rechtsorganisationen zu verzeichnen hatten.[148] Ein Jahr später waren es wiederum die nationalen Verbände, die auf Straßen, Plätzen und in Versammlungen für Hindenburg trommelten. Die Wehrverbände waren durch die Passivität der bürgerlichen Parteien aktiviert worden. Nachdem sie in den Nachkriegsjahren teilweise von den Linksregierungen verboten worden waren, nutzten sie nun ihre Legalität voll aus, um für ein Ziel zu arbeiten: die Zusammenfassung aller beruflichen Organisationen und bürgerlichen Parteien zum Kampf gegen die politische Zersplitterung und den »marxistischen Morast«. Deutschlands politische Kultur sollte im Geiste des sogenannten »Fronterlebnisses« wieder erwachen. Dies sollte durch eine aktive Teilnahme an der Politik erreicht werden. Dafür warb man in Umzügen, Versammlungen und Feiern. Es war wichtig, daß man dabei nationalistisch gesinnte Arbeiter nicht ausschloß, vielmehr diese in eine neue Volksgemeinschaft einband. Als besonders bedeutsam erwies sich aber, daß eine der aktivsten Organisationen des nationalistischen Lagers bei diesen Bestrebungen abseits stand: die Nationalsozialisten. Sie hielten sich an Hitlers Strategie, mit keiner anderen Organisation feste Bündnisse einzugehen.

Obwohl die Losung »Sammlung aller Nationalgesinnten« (Benjamin Lapp: »Sammlungsversuch von unten«) bei der sächsischen DVP, DNVP und weiten Kreisen des Bürgertums euphorische Aufnahme gefunden hatte, war die Aktion doch recht bald zum Scheitern verurteilt. Im

Gegensatz zu ihren sächsischen Parteikollegen erklärte sich die Parteileitung unter Stresemann nicht bereit, sich von den politisierten nationalen Verbänden in einem nationalen Block aufsaugen zu lassen und unterzuordnen. Außerdem hätte dies jede Aussicht auf eine große Koalition mit der SPD im Reich zerschlagen. Die Demokraten wogen gleichfalls ab. Außerhalb der Koalition in Dresden hatten sie nur wenig Kontakt zu den nationalen Kreisen. So beschwerte sich beispielsweise ein Demokrat aus Zwickau, daß seine Partei zwischen dem Rechtsblock der DVP und DNVP sowie der linken SPD im Stadtparlament total isoliert sei.[149] Sie befürchteten nicht zu Unrecht, daß ein nationaler Sammlungsversuch die Polarisation der sächsischen Gesellschaft nur weiter schüren würde. Zum Verdruß vieler Bürger scheiterte damit ein permanenter Zusammenschluß der nationalen Kräfte einmal mehr an den unterschiedlichen Interessen der Parteien.

Da die Koalitionsregierung in Dresden seit Anfang 1924 ganze neun Landtagsauflösungsanträge abwehren konnte, blieb sie die volle Legislaturperiode im Amt. Am 31. Oktober 1926 fanden Neuwahlen statt. Diese erwiesen sich als Wendepunkt für das bürgerliche Wählerlager in Sachsen und markierten eine entscheidende Trendwende für das übrige Deutschland. Der radikalisierte Mittelstand präsentierte seinen traditionellen Parteien eine gesalzene Rechnung. In Massen hatten sie der DDP, DVP und DNVP den Rücken gekehrt und ihre Stimmen den neuen Interessenparteien gegeben. Nicht nur verloren DDP und DVP zehn ihrer bisherigen 27 Sitze, sondern auch die DNVP, die immerhin auf der Oppositionsbank gesessen hatte, büßte ganze fünf Mandate ein und besaß nunmehr nur noch 14 Sitze. Gleichzeitig zeigten viele Wähler, daß sie von der Politik erst einmal genug hatten: Fast ein Drittel der Wahlberechtigten ging nicht wählen.

Währenddessen feierte die Wirtschaftspartei mit 10,1 Prozent der Stimmen (zehn Mandate) ihren ersten großen Wahlerfolg in Deutschland, die Reichspartei für Volksrecht und Aufwertung (Volksrechtspartei) gewann beachtliche 4,2 Prozent der Stimmen (vier Mandate). Bürger, die über Sparguthaben verfügten, fühlten sich von der DNVP betrogen, weil diese, statt ihrer ursprünglichen Forderung nach einem vollen Ausgleich der durch die Geldentwertung entstandenen Vermögenseinbußen nachzukommen, Aufwertungsgesetze unterstützt hatte, die für Sparer und Investoren wesentlich ungünstiger waren. Viele wanderten enttäuscht zur neuen Volksrechtspartei ab, die weiterhin einen vollen Ausgleich verlangte. Die Wirtschaftspartei – die sich extrem »antimarxistisch« gab, antisemitische Tendenzen verfolgte, eine nationale Einheitsfront befürwortete und die Republik am liebsten gegen einen autoritären Ständestaat tauschen wollte – mauserte sich plötzlich zu einer der attraktivsten der rechtskonservativen Parteien. Geschickt polemisierten ihre Vertreter, selbständige Mittelstandsgruppen würden systematisch ruiniert – »auf der einen Seite von der Ausbreitung der Kaufhäuser und Industrietrusts, auf der anderen Seite von Staatsbetrieben und Konsumgenossenschaften«.[150]

Die Niederlage der Regierungskoalition wurde augenscheinlich, indem die Fraktion der ASPS durch den Rückgang von 23 auf vier Sitze regelrecht zusammenbrach. Mit ihrem Ziel, eine staatsbejahende Massenpartei der nationalsozial gesinnten Arbeiterschaft zu werden, erlitt die Partei kläglich Schiffbruch. Die SPD war durch den fast dreijährigen Sachsenkonflikt sichtlich geschwächt und mußte dementsprechend in den Wahlen Federn lassen. Ihre Mandate schrumpften von 40 auf 31. Allerdings hatte ihr mächtiger Organisationsapparat den Ambitionen der

ASPS scharfe Grenzen gesetzt und einen noch stärkeren Verlust der eigenen Partei abfangen können. Die Wahlen verdeutlichten, was sich schon durch die beachtlichen Erfolge des völkischen Blocks und der Wirtschaftspartei während der Reichstagswahlen 1924 angedeutet hatte: Die politische Szene befand sich in einem Prozeß der Zersplitterung. So stellte die Landtagswahl von 1926 kein positives Ereignis für die Demokratie in Sachsen dar: Die revolutionären Kommunisten konnten ihre Mandatszahl von zehn auf 14 steigern, und die Nationalsozialisten zogen mit zwei Sitzen erstmals in den Landtag ein.

Nach den Wahlen wurde schnell deutlich, daß die Rebellion gegen die traditionellen bürgerlichen Parteien die Situation des Mittelstandes um keinen Deut verbessern würde. Ganz im Gegenteil: Die Zersplitterung des Wählerlagers verzögerte die Regierungsbildung bis Anfang 1927, weil es Zeit brauchte, bis sich die sechs bürgerlichen Parteien mit der geschrumpften ASPS einigten. Erst im fünften Wahlgang wurde Max Heldt mit den Stimmen aller bürgerlichen Parteien wieder zum Ministerpräsidenten gewählt (allerdings traten Volksrechtspartei und DNVP erst im Sommer in die Koalition ein). Dies war die einzige Möglichkeit, SPD und KPD die Regierungsbeteiligung zu verwehren. Außer diesem Grundkonsens und der Angst vor Neuwahlen verband die bunte Koalition aus liberaler DDP, linksnationalistischer ASPS und der antidemokratischen DNVP kaum etwas. Die beiden NSDAP-Abgeordneten, Hellmuth von Mücke und Fritz Tittmann, gaben bei der Ministerpräsidentenwahl weiße Stimmzettel ab und erklärten, daß ihre zukünftige Haltung gegenüber der Regierung von deren Politik abhängig gemacht würde. »Solch eine Regierung«, schrieb der DDPler Richard Seyfert, »war gezwungen, wichtige Entscheidungen zu vermeiden«. [151] Dies stellte automatisch die Glaubwürdigkeit des parlamentarischen Systems in Frage. Zusätzlich setzte die Abkehr der Wähler von der politischen Mitte eine kontinuierliche Reorientierung der bürgerlichen Parteien nach rechts in Gang, was die Stabilität des demokratischen Systems untergrub.

Die SPD hielt trotz der revolutionär eingestellten Kommunisten weiterhin störrisch an ihrer Oppositionspolitik gegenüber den Bürgerlichen und der unrealistischen Zielsetzung einer proletarischen Mehrheit fest. Die Partei beklagte, die ASPS hätte den »Regierungsapparat in die Hände der Reaktion geliefert«, und kündigte an, alles zu tun, das »Verräterkabinett Heldt« zu stürzen und durch eine Regierung zu ersetzen, die »die Lebensinteressen der werktätigen Klassen vertritt. [152] Tatsächlich stand die neue Heldt-Regierung viel weiter rechts als ihre Vorgängerin und setzte die langsame Demontage der sozialdemokratischen Reformen fort. Beispielsweise mußten sich Schüler ab 1927, in einer Umkehr der bisherigen Regelung, nicht mehr für den Religionsunterricht, sondern für die Staatsbürgerkunde anmelden. 1928 legte der sächsische Volksschullehrplan fest, »das Deutschtum zum tragenden Gedanken der ganzen Schulerziehung zu machen«; und für alle Schüler ab der 5. Klasse wurden 1930 Feiern aus Anlaß des Abzuges der ausländischen Truppen aus dem Rheinland obligatorisch. [153]

Dies war unter anderem möglich, weil sich die ASPS inzwischen immer mehr dem Nationalismus öffnete. Sie grenzte sich damit bewußt vom Internationalismus der SPD ab und sog Gedanken der politischen Rechten auf. Laut Ernst Niekisch, der seit Sommer 1926 Redakteur von »Der Volksstaat« war – dem Sprachrohr der Altsozialisten – und sich schnell zum Chefideologen der ASPS entwickelte, galt: »Wer herrschen will, muß auf Ordnung und Unterordnung halten ... der Sozialismus ist etwas durchaus Autoritäres.« [154] Durch die zunehmende Radikalisierung des nationalistisch-sozialen Programms von Niekisch und seinem Mitstreiter August Winnig verlor die ASPS aber die wenigen intakten Verbindungen, die zu einigen Gewerkschaftsfunktionären und dem Reichsbanner bestanden hatten. Die Partei erlitt dann bei der Reichstagswahl 1928, zu der sie zum Entsetzen der SPD im ganzen Reich angetreten war, eine verheerende Niederlage.

8. Die sächsische Gesellschaft und der Januskopf der Moderne

Bis heute ist recht wenig bekannt über das tägliche Leben der sächsischen Bevölkerung nach dem Ersten Weltkrieg, über die Arbeits- und Wohnverhältnisse oder die Freizeitgestaltung. Gleiches gilt für die Auswirkungen der Modernisierung auf die Gesellschaft und die kulturellen Entwicklungen. In den folgenden zwei Teilkapiteln wird versucht, einige dieser dunklen Flecken aufzuhellen und einen ersten, wenn auch begrenzten, Überblick zu bieten. Wie sich zeigen wird, waren die Alltagserfahrungen vieler Sachsen eher bedrückend und oft durch Verzweiflung, Ängste und Nöte geprägt. Die großen Hoffnungen, die viele in die neue Republik gesetzt hatten, wurden oftmals enttäuscht. Ständige Krisen verbreiteten ein Gefühl der Unsicherheit, erlaubten kaum Wohlstand und schädigten das Ansehen des Sozialstaats. Gleichzeitig polarisierte der fortschreitende Modernisierungsprozeß die Bevölkerung. Während einzelne im Klima der neuen Möglichkeiten und Freiheiten zu neuem Wohlstand kamen, hatte sich die Lage für viele andere verschlechtert.

Sachsens Gesellschaft war ausgesprochen vielschichtig und facettenreich. Als Beispiel für die sozialen Unterschiede mögen die Gepflogenheiten bei der Personenbeförderung dienen. So kamen Zugreisende, nach ihrer Kaufkraft getrennt, in verschiedenen Wagenklassen in Dresden an. Nach Verlassen des Bahnhofes gingen sie unterschiedliche Wege. Die meisten kauften sich für ungefähr 20 Pfennige ein Straßenbahnticket, um in der Stadt ihr endgültiges Ziel zu erreichen. Weitaus weniger Reisende bestiegen die relativ neuen Taxameter-Droschken erster Klasse, weil diese kurz nach dem Krieg für ein bis zwei Personen immerhin 70 Pfennig für 800 Meter und für jede weiteren 400 Meter 10 Pfennig Aufschlag kosteten. Zusätzlich wurde am Bahnhof 50 Pfennig Zuschlag erhoben und man mußte ein Brückengeld von 20 Pfennig einplanen. Schließlich mußte man schon zu den Wohlhabenden gehören, wenn man 8–10 Mark für eine halbstündige Fahrt aufbringen konnte, um sich mit einem Zweispänner gemütlich durch die Innenstadt kutschieren zu lassen. Falls es sich um Gäste handelte, die übernachten wollten, beorderten diese den Kutscher wahrscheinlich zum »Bellevue«, um dort für stattliche 60 Mark eines der Luxuszimmer mit Bad zu beziehen. Das entsprach ungefähr dem Verdienst von fünf Monaten einer hart arbeitenden und miserabel bezahlten Heimarbeiterin im Gebirge.

Wo immer man in Sachsen wohnte, die unmittelbare Umgebung – das Heimatdorf oder die Heimatstadt – war vielen am liebsten und vertrautesten. Dies gab Anlaß zu öffentlicher Huldigung, wobei man konkurrenzbewußt die Vorzüge gegenüber anderen Orten betonte. Die Zittauer hoben ihre Tradition als freie Bürger mit »Männerstolz vor Königsthronen« hervor (nach der Staatsreform im Jahre 1831 errichtete die Stadt Sachsens einzige Konstitutionssäule). Während sie offen zugaben, in Sachen Schönheit mit Bautzen, einer der ältesten Siedlungen Europas, nicht mithalten zu können, war Zittau ihrer Meinung nach dennoch die beliebteste Stadt der Lausitz: »Während Bautzen streng kirchlich, würdig, etwas steif, ... zäh am Althergebrachten hielt, herrschte in Zittau eher ein fortschrittlicher Geist, Heiterkeit, gesellschaftliche Unbefangenheit und ein volkstümliches Sichgehenlassen nach der Formel: Leben und leben lassen.«[155] Auch in Sachsens drittgrößter Stadt verkündete man: »Chemnitz ist keine kokette Schöne, die mit äußerlichen Reizen lockt.« Man wehrte sich aber energisch gegen abschreckende Beschreibungen (rauchverschleierter Himmel, geschwärzte Häuser und Fabriklärm), die der Stadt den Beinamen »Rußchemnitz« eingebracht hatten. Stattdessen wurde versprochen, allerdings ohne konkret zu werden: »Wer den Spuren seiner heimlichen Schätze nachgeht, wird an Chemnitz viele Entdeckerfreuden erleben.«[156]

Bevor wir das Leben verschiedener Bevölkerungsgruppen und einige gesellschaftliche Entwicklungen untersuchen, wollen wir einen kurzen Blick auf Sachsens verschiedene Regionen und einige Merkmale der Gesamtbevölkerung werfen. Es ist möglich, Sachsen grob in einige Wirtschaftsregionen zu unterteilen, die jeweils von ihrer geographischen Beschaffenheit geprägt waren. Der Südwesten – die Kreishauptmannschaften Chemnitz und Zwickau – stellte die industrialisierteste und bevölkerungsdichteste Region des Landes dar. In den Industriedörfern und Industriestädten des Erzgebirges und des Vogtlandes dominierte vor allem die Textilindustrie. Daneben existierten extrem weitgefächerte Industriezweige, von denen der Maschinen- und Fahrzeugbau, die Metallverarbeitung und die Holzindustrie hervorzuheben sind. Die Städte Zwickau und Plauen, aber vor allem Chemnitz – das »sächsische Manchester«, eine der bedeutendsten Fabrikstädte Deutschlands – besaßen wegen ihrer Textilindustrie und ihres Maschinen- und Fahrzeugbaus einen internationalen Ruf. Beispielsweise produzierte die Sächsische Maschinenfabrik AG Chemnitz nach dem Krieg eine schnelle Lokomotive (Baureihe XX.HV), welche die Fahrtzeit der Schnellzüge erheblich verringerte und auch »Sachsenstolz« genannt wurde. 1926 öffnete in Chemnitz die Höhere Fachschule für Wirkerei- und Strickereiindustrie als größte Textilfachschule der Welt. 1928 stellten die Zwickauer Horch-Werke ihr neues Modell, einen 65-PS-Personenwagen mit einer Höchstgeschwindigkeit von 100 km/h, auf der Automobilausstellung in Paris vor.[157] Zwickau war zudem Hauptort des sächsischen Steinkohlengebiets und von Förderhäusern, Essen und Schlackehalden umgeben.

Die meisten Großfabriken Sachsens befanden sich in und um Leipzig im Nordwesten. Leipzig, die wichtigste Industriestadt Sachsens, lag in der Mitte einer braunkohlereichen Bucht und war vor allem als Standort der größten Warenmesse in Deutschland und als Zentrum des Verlagswesens (Buch- und Musikalienhandel) bekannt. Die Stadt besaß über 1.100 Buchhandlungen und 250 Druckereien sowie seit 1913 mit der Eröffnung der Deutschen Bücherei das »Mekka« des deutschen Schrifttums. Seit 1879 tagte auch das Reichsgericht in Leipzig.

In Ostsachsen bildeten Dresden und das Elbtal eine weitere Industrieregion. Dresden beherbergte den Landtag, die Regierung, die Landesverwaltung und war Standort einer der größten

Garnisonen in Deutschland. Daneben besaß die Elbmetropole – ähnlich wie Leipzig – eine sehr vielfältige Industrie, die von Nähmaschinen über optische Geräte oder Zigaretten alles herstellte. Leipzig und Dresden waren außerdem Zentren des graphischen Gewerbes und der Herstellung von Feinmechanik und Halbluxusgütern. Schließlich schloß sich im äußersten Osten des Landes die Oberlausitz an, in deren Ebenen sich Sachsens bedeutendste landwirtschaftliche Region befand. Auch hier nahm die Textilindustrie, wie auch im Lausitzer Bergland, eine herausragende Stellung ein.

Nach dem Krieg setzte sich Sachsens bemerkenswerte Bevölkerungsentwicklung fort, die ihren Ursprung im 19. Jahrhundert hatte. Dabei nahm Sachsen nicht selten eine Sonderstellung in Deutschland ein.[158] Im letzten Drittel des 19. Jahrhunderts wuchs die Bevölkerung hier schneller als irgendwo sonst im Reich: von zweieinhalb Millionen bei derReichsgründung auf 4,2 Millionen zur Jahrhundertwende. Dies war in erster Linie auf die rasche Industrialisierung zurückzuführen, die einen starken Geburtenüberschuß auslöste und viele Zuwanderer anlockte. Arbeitsuchende Männer, aber vor allem Frauen aus benachbarten Gebieten (und aus der Schweiz, Rußland, Österreich, Großbritannien und Italien) strömten nach Sachsen.

Von der Jahrhundertwende bis Mitte der zwanziger Jahre wuchs Sachsens Bevölkerung dann vergleichsweise langsam auf fünf Millionen an. Wie schon im ersten Kapitel gezeigt wurde, hatte der Freistaat ganz besonders unter den Folgen des Krieges gelitten. Hinzu kam, daß in der schwierigen Nachkriegszeit mehr Menschen das Land verließen als zuwanderten. Zwischen 1910 und 1925 verzeichnete Sachsen einen Netto-Bevölkerungsverlust von mehr als 90.000. Zum Beispiel wanderten viele Strumpfwirker aus dem Erzgebirge in die USA aus. Dort halfen sie mit ihren Fachkenntnissen, diese Industrie aufzubauen, und erhielten wesentlich bessere Löhne.[159]

In Sachsen – wie in allen deutschen Ländern – verursachte der Krieg durch Geburtenrückgang, Geburtenausfall und Kriegstod junger Männer eine Verschiebung in der Alterszusammensetzung der Bevölkerung; der Anteil alter Menschen nahm zu. Zwischen 1910 und 1925 fiel der Prozentsatz der unter 15jährigen von 32,8 auf 23,2 Prozent. Gleichzeitig stieg der Anteil der Altersgruppen zwischen 15 und 40 Jahren von 62,9 auf 71 Prozent und der von 65 Jahren und älter von 4,3 auf 5,8 Prozent. Auffallend war dabei, daß die 15- bis 40jährigen in den Städten stark vertreten waren, während die unter 15jährigen und über 65jährigen überdurchschnittlich häufig auf dem Lande lebten.

In offiziellen Kreisen machte man sich Sorgen über eine schleichende »Vergreisung« der Bevölkerung. Man versuchte dies mit einer ganzen Reihe von »äußeren« Veränderungen (zum Beispiel der Industrialisierung und Verstädterung) und »inneren« Gründen (psychologische Ursachen) zu erklären. Dabei stieß man immer wieder auf die Folgen der raschen Modernisierung. Immer mehr Ehepaare schienen sich in der modernen, verstädterten Gesellschaft aus Gründen der Bequemlichkeit, der eigenen Freiheit und des Wohlstandes für die Zwei-Kinder-Familie zu entscheiden. Hatte in Sachsen 1911 noch weniger als die Hälfte aller Familien nur ein oder zwei Kinder, traf dies Ende der zwanziger Jahre schon für mehr als zwei Drittel aller Familien zu. Immerhin zählten vor dem Krieg zu mindestens jeder fünften Familie noch sechs oder mehr Kinder, während Ende der zwanziger Jahre dies nur noch in jeder fünfzehnten Familie der Fall war.

Da Sachsen eines der Zentren der Reformation gewesen war, verwundert es nicht, daß konfessionell der Protestantismus vorherrschte. 1925 gehörten fast 90 Prozent der Bevölkerung der evangelisch-lutherischen Kirche an, während nur 179.549 Einwohner (3,6 Prozent) römisch-katholisch waren. Nach der Reformation bewirkten drei Ereignisse eine bescheidene Wiederbelebung des Katholizismus. Einmal erhielt Sachsen durch die Einverleibung der Lausitz im Jahre 1635 einen kleinen katholischen Bevölkerungsteil dazu. Zum anderen war Kurfürst Friedrich August I. (»August der Starke«) 1697 zum Entsetzen des protestantischen Adels zum katholischen Glauben übergetreten, um König von Polen werden zu können (ein »Religionsversicherungsdekret« legte danach allerdings fest, daß dies keine Veränderungen für seine Untertanen zur Folge haben sollte). Schließlich kamen auch Katholiken mit den Einwanderern, die während der Industrialisierung in Sachsen Arbeit suchten.

Nachdem die Reichsverfassung 1919 die Trennung von Kirche und Staat vorschrieb, schien die evangelische Kirche ihre dominierende Stellung als sächsische Staatskirche in der Gesellschaft verloren zu haben. Laut Verfassung mußten sich alle Religionsgemeinschaften selbständig verwalten und waren anderen Organisationen gleichgestellt. In Wirklichkeit behauptete die protestantische Kirche aber viele ihrer Machtpositionen. Sie genoß weiterhin einen großen Einfluß im Schulwesen und hatte tiefe Wurzeln und einflußreiche Verbindungen im bürgerlich-konservativen Lager. Die Einbußen, die sie unter den linken Regierungen während der ersten fünf Jahre erlitt, konnte sie nach 1924 schnell wieder gutmachen. Ein Abschnitt der Verfassung der evangelisch-lutherischen Landeskirche weist auf einen Eckpfeiler der kirchlichen Macht hin:

»Ein sich dauernd im Kirchengebiet aufhaltender evangelisch-lutherischer Christ ist ohne weiteres Mitglied der Landeskirche, solange er keine rechtsgültige gegenteilige Erklärung abgegeben hat. Ebenso gelten die Kinder der Angehörigen der Landeskirche unbeschadet der Taufpflicht ohne weiteres als deren Mitglieder, wenn nicht in rechtsgültiger Weise für sie oder durch sie der Austritt erklärt wird.« [160]

Wer also nicht aus der Kirche austrat, zahlte automatisch Kirchensteuer. Allerdings kommt hier auch deutlich zum Ausdruck, daß die oben angeführten Statistiken der Religionszugehörigkeit in vielerlei Hinsicht irreführend sind. Sie unterscheiden nämlich nicht zwischen aktiven Gläubigen und Kreisen, die neben bloßer Mitgliedschaft nichts mit der Kirche zu tun hatten. Die nachlassende Kirchenbindung war ein langfristiges Phänomen, mit dem die protestantische und die katholische Kirche dem Modernisierungsprozeß schweren Tribut zollen mußten: Galt die Mitgliedschaft in der Kirche vor Ende des Krieges fast schon als ein unantastbares Gebot und war ein »Ausscheren« durch komplizierte Verfahren erschwert worden, veränderte sich dies schlagartig durch das Kirchenaustrittsgesetz im August 1919. Von nun an konnten alle Sachsen, die das 14. Lebensjahr vollendet hatten, schnell und problemlos der Kirche den Rücken kehren. Danach setzte tatsächlich eine rasch ansteigende Kirchenaustrittsbewegung ein, die 1921 mit 112.617 (davon 4.646 Katholiken) ihren höchsten Stand erreichte und danach einen wellenförmig abnehmenden Verlauf nahm. Zwischen 1919 und 1930 traten insgesamt 541.520 Sachsen aus der protestantischen und 31.405 Sachsen aus der katholischen Kirche aus. Dieses Phänomen war bei Männern und in Städten überproportional ausgeprägt und hing auch mit der Ausbreitung der sächsischen Arbeiterbewegung zusammen. Orte, in denen ein starkes sozialistisches und damit antireligiöses Milieu existierte – dies waren vor allem SPD-Hochburgen wie Freital, Meißen und Leipzig – galten gleichzeitig als Hochburgen der Kirchenaustrittsbewegung. Allerdings hat Michael Rudloff gezeigt, daß die Entkirchlichung nicht auf direkten Einfluß der Sozialdemokratie zurückzuführen ist.[161] Vielmehr hatte der fehlende Zugang der protestantischen Landeskirche zu der in die Städte strömenden Arbeiterbevölkerung ein Vakuum erzeugt, welches die Sozialdemokratie in den Jahrzehnten vor dem Ersten Weltkrieg mit ihren Kulturorganisationen auszufüllen vermochte. Nach der Revolution war die Kirche zudem durch ihre enge Verbindung mit den vormaligen Eliten und ihre Trauer um die gestürzte Verbindung von Thron und Altar diskreditiert. Mit der Jugendweihe wurde versucht, einen Ersatz für die »bürgerlich«-christliche Konfirmation zu etablieren, der den Eintritt der Heranwachsenden in die Weltanschauungsgemeinschaft des Sozialismus symbolisieren sollte. In Hochburgen der Arbeiterbewegung entwickelten sich die Jugendweihen neben den Maifeiern zur »zweiten Säule der Arbeiterfestkultur«. Bei diesen Anlässen stand im Mittelpunkt »die Beschwörung der Kraft der Natur und des Fortschrittsgedankens sowie die Vermittlung eines auf die Arbeiterklasse orientierten Gemeinschaftsgedankens und Solidaritätsgefühls« (Rudloff, S. 102).

Die bürgerlich-nationalen Kreise verfolgten die Kirchenaustrittsbewegung und die Jugendweihen mit großer Besorgnis. Für sie war dies ein trauriger Beweis, daß die Republik den Kern und Zusammenhalt der deutschen Gesellschaft aushöhlte und durch einen gottlosen Staat zu ersetzen drohte. Dies mischte sich reibungslos mit ihrer wachsenden Angst vor dem Bolschewismus. Anfang 1930 warnte das Mitteilungsblatt der Kirchengemeinde Nieder- und Oberwürschnitz im Erzgebirge:

»Der letzte Grund der Staaten ist Gott. Dieser letzte Grund wird jetzt in Rußland abgeschafft, zerstört, ausgerottet ... was da in Rußland vor sich geht, wird, wenn es sich vollenden kann, das Vorbild Europas werden. Heute Rußland, morgen und übermorgen die anderen Länder.«[162]

Ein anderes Problemfeld jener Jahre stellt die Frauenemanzipation dar. Leider ist bis heute nur sehr wenig über das Leben der Frauen in Sachsen während der Weimarer Republik bekannt. In den zwanziger Jahren kamen auf 100 männliche 115 weibliche Personen. Dies hatte zwei Gründe. Es gab durch die Kriegsverluste in der männlichen Bevölkerung (die in Sachsen besonders stark waren) einen generellen Frauenüberschuß. Sachsens Frauenüberschuß reicht aber weit in das 19. Jahrhundert zurück und lag vor allem an der starken Zuwanderung von Frauen, die von der weit verbreiteten Textilindustrie angezogen wurden. Fast die Hälfte aller beschäftigten Frauen in Sachsen arbeiteten in dieser Branche. Das überstieg die Frauenbeschäftigung in den beiden anderen Wirtschaftszweigen, in denen Frauen traditionell stark vertreten waren: in der Landwirtschaft und in häuslichen Diensten. Dies erklärt auch, wieso Frauenarbeit in Sachsen so stark ausgeprägt war. Tatsächlich wiesen Orte, in denen die Textilindustrie dominierte – Plauen, Crimmitschau, Zittau und die Amtshauptmannschaft Auerbach – den stärksten Frauenüberschuß im Freistaat aus.

Die Stellung der Frau in der Zwischenkriegszeit läßt sich mit der heutigen kaum vergleichen. Obwohl nach langem Ringen der Frauenbewegung das Frauenwahlrecht mit der demokratischen Verfassung eingeführt wurde, blieben Frauen gegenüber Männern in den meisten Fällen weiterhin untergeordnet und benachteiligt. Die Wertvorstellungen und Strukturen einer von

Männern dominierten Gesellschaft waren schwer zu durchbrechen, auch wenn Frauen während des Krieges in vielen Berufszweigen die zur Front eilenden Männer ebenbürtig ersetzt hatten. Die Tatsache, daß Frauen in Sachsen erst seit 1906 zum Hochschulstudium zugelassen waren, verdeutlicht die Unterschiede im gesellschaftlichen Leben. Selbst nach dem Krieg kämpften konservative Kreise erbittert gegen die Einführung eines obligatorischen dreijährigen Fortbildungsunterrichts für Mädchen nach der Volksschule (beispielsweise sammelten sächsische Landwirte 22.000 Unterschriften gegen das Gesetz), weil man nicht auf die weiblichen Arbeitskräfte verzichten wollte (bis dahin galt die allgemeine Schulpflicht nur bis zum 14. Lebensjahr). Hinzu kam die Angst vieler Männer in Zeiten permanent hoher Arbeitslosigkeit, ihren Arbeitsplatz an die wesentlich »billigeren« Frauen zu verlieren. Frauen verdienten nämlich in der Regel nur zwei Drittel des männlichen Lohnes, selbst wenn sie die gleiche Arbeit leisten mußten. So erhielt im Sommer 1921 in Leipzig ein männlicher Maler und Lackierer 6,90 Mark pro Stunde, während eine Malerin nur 4,90 Mark bekam. Frauenarbeit und ihre Folgen waren deshalb ein viel diskutiertes Thema, das eine starke antiemanzipatorische Bewegung auf den Plan rief. Vor allem während Krisenzeiten wurde doppelverdienenden Familien vorgeworfen, die Existenz der Familien zu bedrohen, in denen der Mann der alleinige Brotverdiener war und die Frau sich um den Haushalt und die Kinder kümmerte. Außerdem wurde argumentiert, daß arbeitende Frauen mit Familie ihre Kinder, Ehemänner und den Haushalt vernachlässigten und damit auch dem Wohl des Volkes schadeten. Untersuchungen bestätigten immer wieder, daß die Gesundheit der Frauen unter der »Doppelbelastung« von Familie und Arbeit stark litt.

Demnach überrascht nicht, daß man das bürgerlich-konservative Ideal der damaligen Frau, welches auch von vielen Arbeitern geteilt wurde, kurz mit den drei wohlbekannten »Ks« – »Kinder, Küche, Kirche« – zusammenfassen kann. In einem sächsischen Unterhaltungsblatt war damals zu lesen:

»Jedenfalls steht wohl außer Zweifel, daß die hauswirtschaftliche Tätigkeit der ursprünglichste und wichtigste Frauenberuf ist ... Die Hauptaufgabe jeder Hausfrau ist die Erhaltung der Familie als der Grundlage eines geordneten Staatswesens. Aus der wohlgeordneten Häuslichkeit zieht der Mann die Kraft zum Kampf in Leben und Beruf. Häuslichkeit und Familienleben sollen den Kindern den Rückhalt für ihren ganzen Lebensweg geben.«[163]

Demnach sollte eine Frau »sich ihre Arbeit planmäßig einteilen«, um immer Zeit zu haben, »wenn Mann und Kinder ihrer bedürfen. Eine abgehetzte nervöse Frau bildet einen Vorwurf für die Ihrigen und verscheucht die Behaglichkeit.« Viele Männer beobachteten mit Unbehagen, daß Frauen inzwischen sogar im Landtag vertreten waren und deren Zahl sogar langsam anstieg. 1919 waren drei der 96 Abgeordneten Frauen, 1926 gab es sechs und 1930 sieben weibliche Parlamentarier. Beunruhigung lösten auch die steigenden Scheidungszahlen aus, die vor allem in Krisenzeiten dramatisch hochschnellten. Um hier keiner Täuschung zu unterliegen: Auch wenn die Arbeiterbewegung in der Theorie fortschrittliche Positionen zur Gleichstellung der Geschlechter einnahm, wurde dies nicht immer praktiziert. Beispielsweise waren Frauen innerhalb des Arbeitersports als Funktionäre und Trainer bis in die späten zwanziger Jahre undenkbar, selbst wenn es sich um die Betreuung von Turnerinnen oder Leichtathletinnen handelte. Andererseits gab es auch wichtige Initiativen, die aus der Arbeiterbewegung kamen. Beispielsweise war es dem Engagement der Frauen aus der Arbeiterbewegung zu verdanken, daß ab 1926 in Leipzig eine Sexualberatungsstelle eingerichtet wurde, deren Aufgabenbereich die Schwangerschaftsverhütung mit einschloß.[164]

Insgesamt ging der Emanzipationsprozeß also nur sehr langsam vonstatten. Männer dominierten weiterhin alle Positionen in Politik und Wirtschaft. Viele Frauen strebten nach Gleichberechtigung in einigen ausgewählten Bereichen, füllten aber gleichzeitig ihre Rolle als Mutter und Hausfrau wie selbstverständlich aus. In der Regel gingen Frauen nicht aus Liebe zur Arbeit oder aus Karrieregründen einer Arbeit nach, sondern aus wirtschaftlichen Gründen. Oftmals war ihr Verdienst ein notwendiger Bestandteil des Familieneinkommens, der half, die hohen Lebensmittelpreise und Mieten zu bezahlen. Frauenarbeit war nicht nur unterbezahlt, sondern vielfach auch extrem belastend. Nicht selten hatte dies verheerende Folgen für Psyche und körperliche Gesundheit der Frauen. Ein Abgeordneter berichtete im Sächsischen Landtag über die Ergebnisse einer Befragung von 20 Müttern, die alle mindestens zehn Jahre in der Heimindustrie tätig gewesen waren: »Eine Frau, 12 Jahre in der Textilindustrie, hatte in acht Jahren sechs Kinder und vier Fehlgeburten gehabt; eine zweite, zehn Jahre in der Textilindustrie, berichtet über fünf normale und fünf Fehlgeburten; eine dritte, kinderlos, hatte eine Fehlgeburt gehabt; eine vierte, zwei Geburten und zwei Fehlgeburten.«[165]

Die Tatsache, daß sächsische Jugendliche laut Reichsgesetz ein Recht auf Erziehung zur leiblichen, seelischen und gesellschaftlichen Tüchtigkeit hatten, stand in keinem Verhältnis zu den tatsächlichen Lebensbedingungen dieser Gesellschaftsgruppe. Viele Jugendliche sammelten täglich hautnah Erfahrungen mit den wirtschaftlichen Nöten der Zeit. Mitte der zwanziger Jahre war offiziell jedes fünfte sächsische Schulkind erwerbstätig. Fast alle Jungs und Mädchen über 14 Jahre arbeiteten in ihrer Freizeit. Es kam nicht selten vor, daß Kinder durch die schwere Arbeit – zum Beispiel in der Landwirtschaft – vor Ermattung in den Schulstunden einschliefen. Im Vergleich zu anderen haarsträubenden Berichten ist dies aber ein recht harmloses Beispiel. In Bäckereien, Fleischereien und anderen Gewerben war es gang und gäbe – und selten geahndet –, Lehrlinge zu züchtigen. Ein Meister hatte, wie bekannt wurde, Jugendliche oft mehr als 13 Stunden täglich arbeiten lassen.[166] Wie schon während der Nachkriegsjahre waren Jugendliche am härtesten von diesen Notzeiten betroffen. So schrumpfte die öffentliche Jugendhilfe in Sachsen von fast sechs Millionen Reichsmark im Jahre 1927 auf 1,2 Millionen im Jahre 1931.[167] Im Landtag unterstrich ein Sozialdemokrat, daß die SPD viele Probleme der Jugendlichen sensibel analysierte. Allerdings wurde nicht deutlich, wie die Partei in der Praxis darauf reagierte:

»Wenn wir die Jugend schützen wollen ... wollen wir das entsetzliche Wohnungselend beseitigt haben, dann wollen wir dafür sorgen, daß die Jugend, die die Schule verläßt, auch ins Erwerbsleben eintreten kann, wollen wir wirtschaftliche Verhältnisse schaffen, daß diese jungen Leute nicht beschäftigungslos auf der Straße liegen müssen, und wenn wir die Jugend schützen wollen, wollen wir die Jugend vor allen Dingen auch schützen vor dem Geiste nationalistischer Verseuchung.«[168]

Gleichzeitig entfaltete sich ein starker Generationskonflikt, weil viele Jugendliche aus den starren Hierarchien und Verhaltensweisen der älteren Generation ausbrechen wollten. Davon wird im nächsten Teilabschnitt noch die Rede sein. Ein Ausschnitt einer Rede eines bürgerlichen Abgeordneten im Landtag Ende der zwanziger Jahre verdeutlicht aber schon an dieser Stelle, mit welcher Sorge, welchem Unverständnis, welchem Widerwillen und welcher Ohnmacht viele Angehörige der älteren Generation auf neue Entwicklungen in der Gesellschaft reagierten. Das Benehmen von Jugendlichen nahm dabei eine zentrale Stelle ein. Abgeordneter Hermann Voigt, DVP, führte aus:

»Jedenfalls steht fest, daß die jetzigen beängstigenden Dinge ein Ausfluß sind von der bedenklichen Einstellung, die unsere ganze Zeit beherrscht, die sich kennzeichnen läßt mit der Bezeichnung Eigennutz, Selbstsucht, Gewinnteufel, Raffgier, Überheblichkeit, Großmannssucht. Hinzu tritt eine Verrohung der Sitten und des Gefühlslebens ... Wenn es soweit gekommen ist, daß in unserem Volke Lieder, die aus dem religiösen Glaubensschatz des Volkes genommen sind, wertvollste Lieder, sowohl textlich als auch nach ihrer Melodie entstellt und in Gasthäusern zu Trinkliedern heruntergezogen werden ..., so darf man sich nicht wundern, wenn solche Dinge weiterwuchern und in schlimmer sittlicher Verheerung und Niedergang sich äußern, wie das vorhin geschildert wurde. Da ich von der Jugend sprach, will ich darauf hinweisen ..., daß das Tabakrauchen ganz Jugendlicher eine häßliche Sache geworden ist, auf der Straße, auf der Straßenbahn und in der Eisenbahn; es gibt keine Scheu mehr, auch die Allerjüngsten männlichen und neuerdings auch weiblichen Geschlechts tun sich hervor und wollen es in Großmannssucht den Alten gleichtun ... [danach ging Voigt auf den »schrankenlosen Tanzbodenbetrieb« ein:] Jedenfalls können wir uns nicht denken, daß Tanzboden, Alkohol, Tabakrauch etwas sein sollte, was unser Volk hebt und geeignet wäre, neuen guten Geist im Volke großzuziehen, der uns einer hoffnungsvollen Zeit entgegenbringt ... Eine verwandte Sache ist der verheerende Einfluß der schlechten Lektüre. Es sollen sich in unser Volk vergiftende pornographische Literatur und Bildwerke als immer stärkerer Schmutzstrom ergießen. Die Organe, die durch die neue Gesetzgebung eingerichtet sind, um hier Überwachung zu üben, ... erweisen sich nach meiner Ansicht als unzureichend.« [169]

Zwei Bevölkerungsminderheiten in Sachsen, Sorben und Juden, machten ganz spezielle Erfahrungen während der Weimarer Republik. Im östlichen Sachsen, zu beiden Seiten der Spree in der Lausitz, lebte (und lebt noch heute) neben der deutschen Bevölkerung eine kleine slawische Minderheit von ungefähr 28.000 Sorben. Ab dem sechsten Jahrhundert hatten sorbische Stämme im Gebiet des heutigen Sachsen gesiedelt, nachdem sie im Zuge der Völkerwanderung von nördlich der Karpaten in diese Gegend gekommen waren. [170] Nach der vielfach brutalen Unterwerfung der sorbischen Stämme durch die Ottonen ab dem zehnten Jahrhundert wurden sie gezwungen, das Christentum anzunehmen. Trotzdem bewahrten die Sorben in der Lausitz eine eigene Identität samt ihrer slawischen Sprache. Der massenhafte Zuzug deutschsprachiger Einwanderer im Laufe der industriellen Entwicklung im 19. Jahrhundert ließ die meisten Sorben zweisprachig werden. Dies verhinderte aber nicht, daß nach 1871 ein scharfer antisorbischer Kurs einsetzte. Das Ziel war, die sorbische Sprache aussterben zu lassen und die Sorben zu germanisieren. Eine Reihe von Gesetzen verbannte Sorbisch immer mehr aus dem Schulunterricht. Der Widerstand dagegen entfachte eine nationale Sorbenbewegung und verlief ähnlich wie das »Erwachen« anderer nationaler Minderheiten im restlichen Europa. Die sogenannten

»Jungsorben« forderten soziale und nationale Rechte und förderten sorbische Kunst und Kultur, um das Nationalbewußtsein zu festigen. Aus dieser Entwicklung entstand 1912 die »Domowina« (Heimat) als Dachorganisation der sorbischen Vereine.

Die Unterdrückung und Unzufriedenheit der Sorben gipfelte dann auch während der Novemberrevolution 1918 in der Gründung des »Wendischen Nationalausschusses«. Allerdings blieben Forderungen nach sorbischer Autonomie in der preußischen Niederlausitz und der sächsischen Oberlausitz in Verhandlungen erfolglos. Angeführt von Arnošt Bart, begründeten die Sorben diese Bestrebungen mit der Zusicherung des US-Präsidenten Wilson auf das Selbstbestimmungsrecht aller Völker. Auch wenn die Sorben ihren Willen zu gutnachbarlichen Beziehungen beteuerten, stießen sie mit ihrer Kampagne bei den Sachsen auf größten Widerstand. Die linke Regierung in Dresden wollte ihre Macht so schnell wie möglich stabilisieren und zentralisieren und hatte eigene Pläne hinsichtlich einer neuen Gesellschaftsordnung. Währenddessen vermuteten die nationalistischen Kreise eine Verschwörung der Sorben mit ihren slawischen Nachbarn, den Polen und Tschechen. In ihren Augen arbeiteten die Sorben aber nicht nur für einen Einmarsch tschechischer Truppen, sondern wollten auch die ohnehin geschwächte deutsche Gesellschaftsordnung untergraben. Während sich die ostsächsischen Rittergutsbesitzer vor der »bolschewistischen« Agitation der sorbischen Klein- und Mittelbauern mit der Forderung nach Beschlagnahmung des Bodens fürchteten, sahen andere in den autonomen Bestrebungen einen »Verrat am deutschen Vaterlande«. Selbst vielen Sorben gingen aber die Autonomiepläne zu weit, und es kam zur Gründung eines Ausschusses »sachsentreuer Wenden«, geführt von dem konservativen Jan Pětř. Frustriert wandte sich Bart deshalb direkt an die Versailler Friedenskonferenz, scheiterte aber mit seiner radikalen Forderung nach einem selbständigen Lausitzisch-Sorbischen Staat oder zumindest dem Anschluß der Lausitz an die Tschechoslowakei. In Versailles war niemand an der Sorbenfrage interessiert.

Später stützte sich die Hoffnung der nationalen Bewegung der Sorben auf Artikel 113 der Reichsverfassung – der den nichtdeutschen Minderheiten eine freie volkstümliche Entwicklung versprach – und das sächsische Übergangsgesetz für das Volksschulwesen von 1919, das in wendischen Gebieten die Pflege der wendischen Sprache und Traditionen vorschrieb. Diese Hoffnungen wurden aber nur teilweise erfüllt. Bart wurde im Herbst 1919 bei seiner Einreise nach Deutschland wegen Landesverrats verhaftet und zu drei Jahren Festungshaft verurteilt. Ab 1920 wurde in Dresden eine Wendenabteilung mit dem Ziel der »Stärkung der Deutschtumsarbeit in den wendischen Gebieten« eingerichtet, die das sorbische Nationalbewußtsein bis 1945 überwachte. Generell stand der allmähliche Rechtsrutsch in der deutschen Politik während der zwanziger Jahre im klaren Widerspruch zur Forderung nach Wahrung der sozialen und kulturellen Rechte der Minderheiten, ob Polen, Dänen, Litauer, Friesen oder Sorben. Zudem wurden die Sorben Opfer einer wachsenden, immer aggressiver auftretenden antislawischen Bewegung. All dies hilft zu erklären, warum selbst die für den Schulunterricht vorgeschriebenen drei Wochenstunden Sorbisch kaum noch eingehalten wurden und Sorbisch zunehmend aus den Gottesdiensten verschwand, weil zielbewußt immer mehr deutsche Geistliche angestellt wurden. Trotz dieser Schwierigkeiten entfaltete sich die nationale Bewegung der Sorben während der Weimarer Republik weiter. Ab 1921 organisierte die Domowina jährlich stattfindende Verbandstreffen mit

Tausenden von Mitgliedern – 1926 nahmen beispielsweise 4.000 Teilnehmer aus 37 Vereinen am Volkstreffen in Hochkirch teil.

Neben den Sorben konnten auch die Juden in Sachsen auf eine lange Geschichte der Unterdrückung zurückblicken.[171] Allerdings war die jüdische Bevölkerung hier nicht so tief verwurzelt, und ihre Zahl begann erst während des Kaiserreiches stark zuzunehmen. 1832 wohnten nur 874 Juden in Sachsen, um die Jahrhundertwende schon über 12.000 und Mitte der Weimarer Republik über 23.000. Damit bildeten die Juden die drittstärkste Religionsgemeinschaft im Freistaat. Nachdem Sachsen zwischen 1900 und 1925 den höchsten prozentualen Zuwachs der jüdischen Bevölkerung aller deutschen Länder aufwies, lebten nur in Preußen, Bayern und Baden mehr Juden als im Freistaat.

Die Emanzipation der sächsischen Juden setzte vergleichsweise spät und zögerlich ein. Seit der zweiten Hälfte des 16. Jahrhunderts war es Juden verboten, sich in Sachsen aufzuhalten. Danach durften sie erst wieder unter Kurfürst Friedrich August I. (1694–1733) – aber auch nur mit ausdrücklicher Genehmigung des Landesherrn – in Dresden oder Leipzig wohnen. Eine ganze Reihe von Gesetzen degradierte sie zu Einwohnern dritter Klasse und isolierte sie von der übrigen Gesellschaft. Zu einer entscheidenden Verbesserung kam es erst nach 1866 durch die Übernahme des vergleichsweise liberalen Bundesrechts, als Sachsen Mitglied des Norddeutschen Bundes wurde.

Die Weimarer Republik schien vielen Juden Hoffnung auf eine positivere Zukunft zu geben. Sächsische Staatsbürger – ob Juden oder Nichtjuden – genossen laut Gesetz gleiche Rechte. Das Religionsbekenntnis des einzelnen war plötzlich kein Hindernis für die Übernahme öffentlicher Ämter mehr. Die Republik erwies sich dennoch für Juden nicht gerade als gesellschaftliches Paradies. In der Praxis wurden sie weiterhin durch Vorurteile und einen in manchen Kreisen tiefsitzenden Antisemitismus diskriminiert. Nicht selten wurden Juden verbal, manchmal sogar körperlich angegriffen. Wie wir noch sehen werden, wurden Juden vor allem Opfer von Gewalttätigkeiten der Nationalsozialisten. Es gibt aber auch Belege dafür, daß der Antisemitismus in der Bevölkerung weit verbreitet war. Ein Abgeordneter der DNVP beschwerte sich Anfang 1929 im Landtag über die »Ausbreitung der Juden« und führte Dresden als Beispiel an:

»Gehen Sie durch die Prager Straße! Wo früher der ehrenwerte, solide deutsche Kaufmann hauste, zieht heute der Jude ein, und wo über ein Dutzend deutscher Geschäftsleute ihren Laden hatten, auf der Schloßstraße und auf der Großen Brüdergasse, da setzt sich ebenfalls der Jude hin.«[172]

Gleichzeitig war die jüdische Gemeinschaft von inneren Gegensätzen zerfressen. Der starke Zustrom von »Ostjuden« vor und nach dem Krieg – vor allem aus Galizien, Rußland, Polen und der Bukowina –, die keine sächsische Staatsangehörigkeit hatten, führte zu Spannungen nicht nur mit der deutschen Bevölkerung, sondern auch mit den altansässigen Juden. Immerhin betrug Mitte der zwanziger Jahre der Anteil ausländischer Juden in Dresden 60 und in Leipzig etwa
80 Prozent aller ansässigen Juden.

Im Gegensatz zu den Neuankömmlingen fühlten sich die altansässigen Juden größtenteils in der deutschen Kultur verwurzelt. Ein bekannter Dresdner Jude definierte sich Anfang 1933 als deutscher Jude, »der in den gemeinsamen Nationalkörper eingewachsen, innig mit Sprache und

Kultur des Landes verwachsen war.«[173] Ein Führer der jüdischen Gemeinde in Leipzig erklärte Ende der zwanziger Jahre, wieso die Versuche einer religiösen und kulturellen Integration aller Juden gescheitert seien:

»Die Fülle von Menschen aber, die aus andersgeartetem jüdischen Milieu und aus fremder Kultursphäre in immer stärker werdendem Strome einwanderte, machte alle Ansätze zunichte. Sie fanden keine Tradition vor, der sie ehrfurchtsvoll sich beugen konnten, sie brachten ihre eigenen Überlieferungen mit, und da auch diese stark voneinander abwichen, entstand ein Nebeneinander und damit schließlich ein Durcheinander.«[174]

Tatsächlich unterschieden sich die »Ostjuden« »von den altansässigen Juden zum Teil in Habitus, Kleidung und im Gebrauch der jiddischen Sprache. Sie bildeten eigene Betgemeinschaften und Kulturvereinigungen, da sie den liberalen Gottesdienst in der Synagoge ablehnten, das rituelle Tauchbad vermißten, sich eben konsequent nach den orthodoxen Religionsgesetzen des Judentums richteten.«[175] Aber selbst unter den orthodoxen Juden gab es teilweise enorme Unterschiede. Neben den religiösen Vereinigungen gab es jüdische Wohltätigkeits- und Hilfsvereine, Jugendvereine, Sportvereine und Arbeitervereine. Es existierten mindestens 33 jüdische Vereine und Organisationen in Chemnitz, 56 in Dresden und 79 in Leipzig. Aber auch in Plauen, Zwickau, Zittau, Bautzen, Mittweida, Freiberg und Meißen, wo jeweils mindestens 50 Juden lebten, existierten ähnliche Organisationen.

In Sachsen lebten Juden fast ausschließlich in den Städten und waren überdurchschnittlich im Handel beschäftigt. Leipzig beherbergte mehr als die Hälfte der jüdischen Bevölkerung Sachsens. Juden waren durch die ehemaligen Berufsbeschränkungen oft überproportional in ganz bestimmten Industriezweigen tätig. In Chemnitz war 1930 mehr als ein Drittel der 601 Wirkerei- und Strickereibetriebe jüdisch. Von den 400 Leipziger Pelzhandlungen waren 1914 rund die Hälfte in jüdischer Hand. Mit jüdischen Namen verbanden sich einige Aushängeschilder und Erfolgsgeschichten der sächsischen Wirtschaft: Da war zum Beispiel die Leipziger Familie Ury, deren Namen das älteste und vornehmste Kaufhaus in der Stadt trug, oder da gab es das Bankhaus »Gebr. Arnhold« in Dresden, eine der bedeutendsten Privatbanken in Deutschland. Dies soll aber nicht davon ablenken, daß es auch viele jüdische Arbeiter, Arbeitslose und Bettler gab.

Wenn man die Atmosphäre und die Entwicklungen in Sachsens Gesellschaft nach dem Krieg einfangen will, kommt man am Stadtleben nicht vorbei. Der Freistaat war extrem verstädtert, weit mehr als das restliche Deutschland. Jeder dritte Einwohner lebte in einer der vier Großstädte mit über 100.000 Einwohnern. Noch mehr Sachsen lebten in den vielen Mittel- und Kleinstädten, dagegen wohnte nur jeder fünfte (im Reichsdurchschnitt mehr als jeder dritte) in einer Gemeinde mit weniger als 2.000 Einwohnern. In den Städten entfaltete sich die Modernisierung am explosivsten. Nicht zu Unrecht symbolisierten vor allem die Großstädte mit ihrem hektischen Treiben, dem nie ruhenden und lauten Verkehr und Betrieb, dem Lärm und Schmutz, dem Nebeneinander von Bettlern und Reichen, den modernen Neubauten, den Menschenmassen, neuer Mode, den Kaufhäusern und dem Vergnügen in Form von Café, Varieté, Kino, Kabarett und Theater das moderne Leben.

Das Bevölkerungswachstum, die Industrialisierung und die Verschmelzung und Eingemeindung von Dörfern verwandelten in einem Zeitraum von ein paar Jahren sächsische Provinznester in Städte. Dabei absorbierten die wachsenden Großstädte in einer atemberaubenden Wachstumsexplosion ihre jeweilige Umgebung. Die Landeshauptstadt wurde während der Weimarer Republik um ganze 26 Gemeinden und eine Reihe von Forstrevieren und Gutsbezirken erweitert und verdoppelte ihre Fläche auf fast 12.286 Hektar. Währenddessen wuchs ihre Bevölkerung von 177.040 im Jahre der Reichsgründung 1871 auf 619.157 Mitte der zwanziger Jahre. Parallel dazu explodierte Leipzigs Bevölkerung von 106.925 auf 679.159.

Wie waren die Wohnverhältnisse in den neu entstandenen Gemeinden und den Großstädten? Vor allem kinderreiche Arbeiterfamilien zogen häufig in Ortschaften außerhalb der Industriestädte, weil Mieten und Bauland dort wesentlich billiger waren. Im Unterschied zum Ruhrgebiet wohnten sächsische Arbeiter oftmals mehrere Kilometer von ihren Fabriken entfernt. Diese sogenannten »Arbeiterwohnsitzgemeinden«, etwa das 24.000 Einwohner starke Planitz bei Zwickau, hatten fast nichts mehr mit den traditionellen Bauerndörfern gemein, besaßen aber selbst fast keine Industrie und kaum die notwendigsten kommunalen Versorgungs- und Sozialeinrichtungen. Die billig gebauten Mietshäuser enthielten meist drei bis vier Wohnungen, so daß die Hausbesitzer von den Mieteinnahmen relativ gut leben konnten. Ein Baufachmann aus Werdau schrieb bestürzt:

»Diese Gemeinden bieten äußerlich ein geradezu trostloses Bild ... Da grundsätzlich – schon aus Mangel an Mitteln – der Hauseigentümer die Mietwohnungen niemals vorrichten läßt und außen nur dann Instandsetzungsarbeiten machen läßt, wenn es gar nicht mehr zu vermeiden ist, kann man sich schon denken, wie solche Gebäude außen und innen wirken ... Da in diesen Gemeinden – wie früher fast überall – plan- und ziellos gebaut wurde, so ist die ganze Gestaltung der Gemeinde und die Straßenführung in jeder Weise unbefriedigend und häßlich. Schmutzige, schlechte, teilweise fast ganz unbefestigte Straßen mit öden, freudlosen, kleinen Mietskasernen sind die typischen Merkmale dieser Arbeitergemeinden. Überfüllte, unzureichende, zum Teil geradezu gesundheitsschädliche Wohnungen sind hier in erschreckendem Umfange zu finden.« [176]

Die Planlosigkeit im Städtebau war in vielen sächsischen Ortschaften mit ihrer kunterbunten Mischung aus Fabrik-, Wohn-, Geschäfts- und Wirtschaftsgebäuden zu erkennen, wie ein Wanderer durch die Kleinstadt Beierfeld (Erzgebirge) feststellte:

»Regellos würfeln sich moderne Fabriken, uralte Bauerngüter, kitschige Ladenhäuser, ärmliche Arbeiterwohnungen durcheinander. Bunte Mauern, grelle Plakate wetteifern; zerstanztes, verrostetes Blech liegt in wirren Haufen im Fabrikhofe; an jenes Klempnerhäuschen ist ein dreifenstriges Hinterhaus als putzige Kleinfabrik angelötet; winklige Gärten schieben sich scheu in den Wirrwarr.« [177]

Nur in den Großstädten Dresden, Leipzig, Chemnitz und Plauen sah es teilweise, aber auch nur teilweise, geordneter aus. Selbst in Leipzig standen Villen und Mietskasernen oftmals nebeneinander. Interessanterweise lebten in letzteren die verschiedenen Klassen ihrem Sozialstatus entsprechend in getrennten Etagen. Der Hauseigentümer wohnte normalerweise unten, die zweite und dritte Etage entfiel auf Angestellten- und Beamtenfamilien, während der Arbeiterfamilie der mühselige Gang in die vierte Etage blieb. [178]

Obwohl Sachsen schon vor dem Krieg eine relativ fortschrittliche Baugesetzgebung besaß und die Wohnverhältnisse oftmals besser waren als anderswo in Deutschland – beispielsweise im Ruhrgebiet oder in Oberschlesien –, stellte sich die Situation alles andere als rosig dar. Über lange Zeit litt die sächsische Bevölkerung unter anhaltender Wohnungsnot: In der 40.000-Einwohnerstadt Zittau gab es 2.000 Wohnungssuchende, darunter 781 Wohnungslose. In Leipzig fehlten zwar 70.000 Wohnungen, es wurden zwischen 1919 und 1929 aber nur 15.000 Wohnungen gebaut. Wenn die Suche nach einer Unterkunft überhaupt erfolgreich sein sollte, verlangte dies Ausdauer und Aufmerksamkeit. In Leipzig wurden beispielsweise gelbe Fähnchen im Fenster ausgehängt, wenn ein freies Zimmer oder eine Schlafstelle vorhanden war. 179 Zahlreiche Familien lebten in gesundheitsschädigenden, überfüllten und Notwohnungen. In jeder zwölften Wohnung im Freistaat lebte in der zweiten Hälfte der zwanziger Jahre wenigstens eine Untermietergruppe, die keine eigene Wohnung besaß. Die Hälfte aller Untermietergruppen bestand aus mindestens drei Personen. Über Chemnitz schrieb ein Kommentator:

»Die erschütternden Szenen, die sich täglich im Wohnungsamte einer Großstadt abspielen, sprechen Bände! Die Artikel 111 über die »Freizügigkeit« und 155 der Reichsverfassung (Streben des Staates, jedem Deutschen eine gesunde Wohnung zu sichern) müssen unter solchen Verhältnissen zum Hohn werden!« [180]

Von den sächsischen Großstädten herrschten in Chemnitz wahrscheinlich die schlimmsten Wohnverhältnisse. Eine zeitgenössische Publikation beschrieb eine Wohnung in einem großen Mietshaus folgendermaßen:

»Eine lange schmale Küche, die für das sich darin abspielende Familienleben viel zu klein ist und die fast ausnahmslos auf den engen finsteren Hof führt, ohne Rücksicht auf die Himmelsrichtung, oft also das ganze Jahr ohne einen einzigen Sonnenstrahl; weiter ein ebenso langes schmales, viel zu kleines Schlafzimmer unter denselben Übelständen, dafür aber das größte und schönste Zimmer der Wohnung als sogen. ›gute Stube‹, die das ganze Jahr unbenutzt bleibt und höchstens zu Festzeiten oder bei Familienfeiern betreten werden darf. Das Vorzimmer ist ausnahmslos dunkel, oft finster, und der Abort liegt außerhalb der Wohnung auf der halben Treppe.« [181]

Ein wesentliches Problem lag darin, daß zur Beseitigung der Wohnungsnot oft sehr viel mehr gehörte, als einfach Häuser zu bauen. Wenn nämlich neue Häuserviertel, ja ganze Vororte, entstanden, mußten auch neue Straßen gebaut sowie Kultur- und Sozialeinrichtungen in Form von Schulen, Kindergärten, Kindertages-, Ledigenheimen, Dauergartenanlagen und Spielplätzen geschaffen werden. Zusätzlich verlief die Nutzung neuer technischer Anlagen im Wohnungswesen nicht immer reibungslos. 1928 starben im Freistaat beispielsweise neun Menschen durch Fahrstuhlunfälle.

Nach Jahren der Untätigkeit seit Ausbruch des Ersten Weltkriegs setzten erst mit der Stabilisierung der Währung ab Mitte der zwanziger Jahre bedeutende Fortschritte im Bauwesen ein. Ein großer Teil der rund 20.500 Neubauwohnungen, die in Dresden zwischen Kriegsende und 1929 errichtet wurden (im wesentlichen waren dies Kleinstwohnungen), stammten aus diesen Jahren. Diese Maßnahmen mußten dann aber infolge der Weltwirtschaftskrise wieder stark eingeschränkt werden.

Neben der Wohnungsnot hatten alle sächsischen Städte vor allem mit der Wohlfahrtspflege, dem rapide ansteigenden Kraftfahrzeugverkehr und der Gesundheitspflege zu kämpfen. Während der Staat bis 1914 nur beschränkt in der Wohlfahrtspflege tätig war, rückte dieser Bereich während der Kriegs- und Nachkriegsjahre in den Mittelpunkt der Politik. [182] In der Tat begründete die Republik ihre Legitimation ganz wesentlich mit dem Aufbau eines leistungsstarken Sozialstaates. Wie schon die Notzeiten nach dem Krieg zeigten, war dies allerdings ein weiterer Bereich, in dem sich eine immer größere Kluft zwischen Anspruch und Wirklichkeit auftat. Obwohl der Freistaat Sachsen in der sozialen Fürsorge in mancherlei Hinsicht an die Vorgaben des Reiches gebunden war, nutzte das Land seine gesetzgeberischen Freiheiten, um mit dem 1925 verabschiedeten Wohlfahrtspflegegesetz zusätzliche Reformen vorzunehmen. Aber auch hier sorgte die Weltwirtschaftskrise dafür, daß viele Ideale über Bord geworfen wurden. Die massive Arbeitslosigkeit führte zu dramatisch ansteigenden Kosten der öffentlichen Wohlfahrtspflege und zwang den Staat, die Fürsorgesätze drastisch zu kürzen. Zwischen 1927 und 1931 stiegen die Ausgaben der offenen Fürsorge (Kriegsbeschädigte, Sozialrentner, Wohlfahrtserwerbslose und sonstige Hilfsbedürftige) und der geschlossenen Fürsorge (Heilstätten, Krankenhäuser, Entbindungsheime, Anstalten und Altersheime) in Sachsen von 80 Millionen auf fast 200 Millionen Reichsmark an. Auf die Wohlfahrtserwerbslosen entfielen mehr als die Hälfte der Gesamtausgaben. In ähnlicher Weise wurde die wichtige Arbeit der freien Wohlfahrtspflege mit ihren Erziehungsanstalten und Verbänden, die sich um bestimmte Bevölkerungsgruppen kümmerten (z. B. Kriegsbeschädigte oder Jugendliche), immer mehr durch finanzielle Überlastung beeinträchtigt.

Während es allgemeine Schwierigkeiten gab, mit denen jeder Stadtplaner zu kämpfen schien, wurden einzelne Gemeinden zusätzlich noch durch ganz spezifische Probleme belastet. Der rasante Bevölkerungszuwachs und »die stetig steigenden Kulturbedürfnisse der Neuzeit« – wie es beschrieben wurde – führten in Chemnitz zu großer Trinkwassernot. Mit letzterer Redewendung war die Zunahme der »Wasserklosetts«, der »Badegelegenheiten in Wohnräumen«, die Reinhaltung der Kraftfahrzeuge und die Bewässerung der Kleingärten gemeint. Der durchschnittliche Tagesverbrauch an Wasser pro Einwohner stieg von 66 Liter auf rund 92 Liter zwischen 1920 und 1928. Ein städtischer Beamter warf die Frage auf, »ob beispielsweise jede kleinste Wohnung ein eigenes Bad aufweisen müsse und ob es nicht vielleicht genüge, für mehrere solcher Wohnungen eine gemeinsame Badeeinrichtung zu schaffen.« [183] Tatsächlich waren ja erst nach der Jahrhundertwende Toiletten und später Bäder in Wohnungen eingebaut worden. Davor befanden sie sich in den Gärten oder Hinterhöfen, später gab es Einrichtungen im Hausflur, die sich alle Mieter einer Etage teilten. Noch in der zweiten Hälfte des 19. Jahrhunderts war es in einigen Großstädten möglich und üblich, daß man sich »jederzeit und allerorten« seiner Notdurft entledigen durfte. [184] Chemnitz litt Ende 1928 durch den steigenden Verbrauch von Wasser mehrere Monate unter einer akuten Wasserknappheit, da alle Talsperrenvorräte restlos aufgebraucht waren. Daraufhin erließ der Rat der Stadt erst ein Badeverbot und verbot dann sogar die Benutzung aller Wasserspülungen von Toiletten (ein Zeitzeuge schrieb: »Das war nicht schön!«). Herangezogene Fachleute bestätigten, daß nur der Bau einer weiteren Talsperre das Problem lösen könne.

Das dramatische Anwachsen des Verkehrs bereitete den Städten und Kommunen großes

Kopfzerbrechen. Die Straßen waren nun zu eng und ihr Untergrund nicht stabil genug. Der Kraftwagenverkehr und die fehlenden Unterhaltsarbeiten während und nach dem Kriege führten zu einer drastischen Verschlechterung des Zustands der Straßen. Für umfangreiche Neubefestigungen und Umgehungsstraßen fehlte das Geld. Dazu kam, daß man noch nicht sicher wußte, welche Befestigungsart für die schweren und schnellen Kraftfahrzeuge am geeignetsten sei. Ein Zeitgenosse beschrieb den Eindruck eines Mannes, der nach Jahren der Abwesenheit in eine mittelgroße Stadt zurückkommt und ein völlig verändertes Vehrkehrsbild vorfindet:

»Standen sonst bestenfalls ein paar Kutschwagen, ein ländliches Arbeitsgeschirr auf dem stillen Bahnhofsvorplatz, auf dem Marktplatz, so findet er jetzt Großwagen zur Abfahrt bereitstehen ... Vom 14sitzigen Duxwagen bis zum 43sitzigen Dreiachser-Vomag-Wagen mit 100-PS-Maybach-Motor und Übergetriebe werden die Fahrzeuge, je nach Bedarf und Beanspruchung ... eingesetzt.« [185]

Wenn man folgende Zahlen des Verkehrswachstums betrachtet, gewinnt man den Eindruck, Sachsen koche geradezu über: Zwischen 1921 und 1927 stieg die Zahl der Krafträder von 3.235 auf 37.703, die der Personenkraftwagen von 6.894 auf 27.963 und die der Lastkraftwagen von 2.943 auf 10.683 an. [186] Im gleichen Zeitraum erhöhte sich die Zahl der beförderten Fahrgäste im Linienkraftverkehr von ungefähr 2,3 Millionen auf 20,5 Millionen. Zusätzlich gab es einen regen Ausflugs- und Sonderverkehr mit Kraftomnibussen, vor allem von Dresden in die Sächsische Schweiz und das östliche Erzgebirge. Daneben beförderte die Post weit mehr als drei Millionen Briefe an einem Tag, auf der Elbe wurden Rohstoffe und Fertigerzeugnisse flußauf- und flußabwärts transportiert, die Zahl abreisender Personen auf sächsischen Bahnhöfen stieg von fast 127 Millionen im Jahre 1913 auf mehr als 166 Millionen im Jahre 1926, und die Zahl der Fährgäste der elf sächsischen Straßenbahnunternehmen verdoppelte sich in den zwanziger Jahren auf weit über 400 Millionen, obwohl sie zusehends durch ein Liniennetz neuer Kraftomnibusse ergänzt wurden. Schließlich wurden 1925 mehr als 10.000 Passagiere auf Flughäfen in Leipzig und Dresden (Dresden-Kaditz und Dresden-Hellerau) registriert, ein Jahr später kamen Flughäfen in Chemnitz und Plauen hinzu. [187]

Natürlich sollen diese Zahlen nicht davon ablenken, daß die Pferdekraft weiterhin eine zentrale Rolle im Verkehr und der Wirtschaft – zum Beispiel in der Landwirtschaft – spielte. Trotzdem ist die folgende Klage eines bürgerlichen Abgeordneten im Landtag über »eine brutale Gesinnung und Rücksichtslosigkeit im öffentlichen Verkehrsleben« für den Wandel bezeichnend:

»›Schrecken der Straße‹ nennt es eine Zeitung. Sie meint damit die rücksichtslosen Kraftfahrer, die am Auto und Motorrad. Kürzlich erst mußte gemeldet werden, daß ein solcher Fahrer in der Nähe von Dresden – ich glaube, bei Radeburg – gleich mehrere Personen auf einmal überfahren und unbekümmert die Fahrt nach Berlin fortgesetzt hat ... Chemnitz allein hatte in dieser einen Woche 3 Tote und 14 Verletzte. Das ist doch der reine Völkermord, was sich da entwickelt! ... Dann wird geschildert der entsetzliche Zustand mit dem Knattern gewisser Motorräder, und es wird darauf verwiesen, daß ein Vergnügungsfahrer, der am frühen Morgen durch eine stark bewohnte Stadtgegend fahren darf, alle aus dem Schlafe stört, die vielleicht mehr arbeiten müssen als er, und es gibt dagegen keine Hilfe. Dann: der ganz unnötige, besonders laute Gebrauch der Hupe, die Auspuffgase und das Nichtabblenden der Scheinwerfer … Ich möchte die Regierung dringend ersuchen, zu überlegen, was auf dem Gebiete geschehen kann, um die Fußgänger, die Bevölkerung in den Städten wie draußen auf dem Lande endlich ausreichend zu schützen.« [188]

Tatsächlich kamen 1928 in Sachsen 790 Menschen bei Verkehrsunfällen ums Leben. Einige Unternehmer versuchten, aus diesen neuen Entwicklungen Kapital zu schlagen. Eine zeitgenössische Werbung forderte:

»Befreit DAS NEUE SACHSEN von schädlichen Abgasen, schmutzendem Ruß und Flugasche in seinen Großstädten und Städten, wird DAS NEUE SACHSEN gesünder und kräftiger, leistungsfähiger und deshalb glücklicher sein als das alte. ELEKTRISCHE Fabrikation, elektrischer Haushalt, elektrischer Verkehr mittels FREMDSTROM werden uns schneller, als manche glauben, diesem hohen Ideal entgegenführen, wenn alle dazu Berufenen ihre Pflicht tun. Es genügt, wenn an zwei einzigen Orten des ganzen Landes die Schlote rauchen: in den Großkraftwerken Hirschfelde und Böhlen der AG Sächsische Werke.« [189]

Allerdings verschwieg die Werbung die katastrophalen Umweltbelastungen durch diese Kraftwerke. Das bäuerlich geprägte Nordwestsachsen um Leipzig wurde seit der Jahrhundertwende durch den gigantischen Braunkohle-Tagebau in eine Kraterlandschaft verwandelt und das traditionelle Leben von Menschen, Tieren und Pflanzen stark beeinträchtigt. Dörfer, Erholungsgebiete und riesige landwirtschaftliche Flächen fielen diesen Veränderungen zum Opfer. Das ohnehin verunreinigte Wasser der Gruben und Brikettfabriken wurde dann noch zusätzlich von der chemischen Industrie verschmutzt. Das Abwasser einer Anlage in Regis, südlich von Leipzig, wurde 1921 mit folgenden Worten beschrieben: »Geruch stark teerig, Farbe braun. Trübe, auch nach Filtrieren nicht klar werdend.« Die von der Pleiße (fließt unter anderem durch Leipzig) gespeisten Bäder mußten entweder auf anderes Wasser umstellen oder geschlossen werden, da »zahlreiche Kinder nach dem Baden an unangenehmen Entzündungen erkrankten«. [190]

Die Entsorgung der in der Stadt anfallenden »Fäkalien« war ein weiteres Sorgenkind vieler Kommunen. Nur in Johanngeorgenstadt, der Lederhandschuhmetropole im Erzgebirge, konnte man davon anscheinend nicht genug bekommen. Ein entsetzter Abgeordneter berichtete im Landtag von einer speziellen Praxis bei der Bearbeitung des Leders zur Herstellung von Glacéhandschuhen (Handschuhe aus feinem, glänzendem Zicken- oder Lammleder):

»Es besteht die unglaubliche Tatsache, daß man den Urin aus allen Abortgruben von Johanngeorgenstadt in Fässer füllt und diese Fässer in die Fabriken schafft, und die Arbeiter müssen 8 Stunden lang mit diesem Urin das Leder beizen, und dazu noch im Akkord; jahraus, jahrein haben diese Arbeiter unter diesem unglaublichen Uringestank in den Betrieben zu schuften, und nur deshalb, weil die Herren oben, die Lederhandschuhfabrikanten, durch das Urinbeizen natürlich weit billiger die Ware herstellen können, als wenn chemische Beize genommen würde.« [191]

Insgesamt wurden Stadtplaner mit einer Flut von bis dahin unbekannten Problemen überhäuft. Nicht ohne Grund suchte man deshalb den nationalen und internationalen Erfahrungsaustausch – vor allem mit den USA –, um Lösungen zu finden. Zum ersten Mal unternahm man den Versuch, die bislang improvisierte Handlungsweise und »Stückarbeit« durch langfristige

Maßnahmen zu ersetzen, die möglichst viele Aspekte berücksichtigten. In Leipzig wurde 1929 ein Generalbebauungsplan vorgestellt, der die Planungsabsichten für den Wohnungsbau mit der Verkehrsplanung und der stadttechnischen Infrastruktur zu kombinieren suchte. [192]

In den Städten gab es unzählige Berufe – von Angestellten der Pianofortefabrik Julius Blüthner in Leipzig bis zu den Bergleuten im Zwickauer Steinkohlerevier – und damit auch völlig verschiedene Erfahrungen am Arbeitsplatz. Wer in Leipzig den Brühl, den Treffpunkt der Pelzhändler, hinunterging, fühlte sich in eine andere Welt versetzt. [193] Eingeengt zwischen den hohen Geschäftshäusern, nahm man den durchdringenden Fellgeruch wahr und sah auf den Bürgersteigen Gruppen von Pelzhändlern in allen Sprachen der Welt wie auf einer mittelalterlichen Warenmesse lebhaft über die »Rauchwaren« (Ableitung von dem mittelhochdeutschen Wort »ruach«, d. h. dichthaarig) diskutieren. Dazwischen rumpelten mächtige Planwagen und Lastautos mit Fellen aus Übersee und frisch zugerichteten oder gefärbten Pelzen aus den Veredelungsbetrieben rund um Leipzig. Vom Brühl wanderten die Felle dann zum Kürschner, unter dessen Händen Mäntel, Jacken und Besätze entstanden. Daneben gab es viele Arbeiter, die ihr Brot mit einer eintönigen Tätigkeit in dröhnenden Maschinensälen verdienten. Mitte der zwanziger Jahre beschrieb ein Artikel in einer sächsischen Zeitschrift eine kalte, hektische, von Maschinen, Lärm und schlechter Luft dominierte Welt:

»Fabriksirenen tuten unwirsch. Weit geöffnete Werktore verschlingen die Arbeitermassen. Tore poltern zusammen. Zuspätgekommene klingeln den schlüsselrasselnden Pförtner heraus. ... Wie durch Zauberkraft setzt sich das Räderwerk der Maschine und Transmissionen in Bewegung, mit Gestampf und Gepolter, surrend und kreischend, ächzend und stöhnend. Lautlos drehen sich die schweren Schwungräder, gleiten die Treibriemen um Räder und Scheiben. Hämmer klopfen, hell klingen Ambosse im Zweitakt. Eisen klirrt, Bohrer rasseln, Feilen raspeln. Kreischende Sägen treffen sich im Holz, polternd fallen Bretter. Eines Werkmeisters Stimme übertönt das Gelärm. ... Im Fabrikhof stottern Kräne. Lasten poltern. Holpernd rattern Lastwagen übers Pflaster. Autos hupen. Lokomotiven rangieren prustend. Schrille Pfiffe. Dumpf rollen Güterwagen heran, Puffer prallen aneinander, Achsen quietschen. Dumpfdröhnende Schläge auf Eisenkessel. Holz zersplittert krachend. Arbeiter fluchen. Eine herrisch anordnende Stimme regiert alles. ... Sirenen heulen: Feierabend. Die Fabriktore speien die Arbeitermassen wieder aus, die sich nun als schwarzwimmelnde Flut in die Straßen ergießen. Aufatmendes, befreiendes Lachen. Flüchtige Grüße. Heimwärtshasten. Straßenbahnen klingeln. Knirschend schließen sich die schweren Eisentore. Stille ...« [194]

Obwohl der Freistaat von unzähligen sogenannten Industriedörfern durchzogen war, standen die Beschreibungen des Landlebens in scharfem Gegensatz zu denen des Stadttrubels. Das Ländliche wurde mit Idylle, Ruhe, Ordnung, Tradition und gesunder Natur gleichgesetzt. Doch die Wirklichkeit sah oftmals ganz anders aus. Die Wohnqualität auf dem Lande war meist schlechter als in den Großstädten. Die vielfach primitiv ausgestatteten Bauernhäuser in der Lausitz und im Erzgebirge besaßen im Erdgeschoß die Küche, dazu ein bis zwei Stuben und im ausgebauten Dachgeschoß einige Kammern. [195] Die »gute Stube« mit der »feinen Ausstattung« wurde fast nie betreten. Heimarbeiter – wie beispielsweise die Weber im Vogtland – wohnten in kleinen, schmucklosen, zweistöckigen Häuschen; im Erdgeschoß neben der Küche lag der Arbeitsraum mit dem Webstuhl. Die neueren und größeren Web- und Strickmaschinen wurden oft in kleinen Anbauten untergebracht. Viele Heimarbeiter hatten im Obergeschoß eine zweite Wohnung eingebaut, um mit der Miete die Hypothek des Hauses abzahlen zu können. Vor allem im Gebirge fand man vielfach Behausungen, die keine andere Bezeichnung als Elendsquartiere verdienten.

Aber selbst die Provinz wurde immer mehr vom Modernisierungsprozeß erfaßt, wie eine Beschreibung von Anfang der dreißiger Jahre deutlich macht:

»Wer heutigentages von Annaberg aus auf der Staatsstraße das Sehmatal durchwandert, wird kaum glauben wollen, daß man noch vor etwa zwanzig Jahren diese Wanderung ohne jede Störung durch Motorrad oder Auto in aller Stille und Beschaulichkeit genießen konnte. [Der Erzähler unterstrich dies mit folgender Anekdote:] Als damals ein krachendes und hupendes Auto die Straße entlang kam, verursachte dies unter den aus Buchholzer Fabriken heimkehrenden Arbeitsmädchen eine derartige Panik, daß sie aus Angst vor dem unberechenbaren Ungetüme trotz der Nässe und des Schmutzes eiligst in den Straßengräben und auf den Abhängen Schutz und Sicherheit suchten.« [196]

Die Arbeit auf dem Land war kein Zuckerschlecken, sondern oft sehr hart. Ohne Zweifel lebten auch die ungefähr 100.000 Heimarbeiter Sachsens unter schwierigen Bedingungen. Ihre Existenz war durch die Konkurrenz der Massenindustrie bedroht. Das kontinuierlich schrumpfende Einkommen zwang sie zu immer längeren Arbeitszeiten bei einem Lohn, der kaum zum Überleben reichte. Trotzdem verherrlichten sächsische Unterhaltungsblätter in unzähligen Berichten, vor allem gegen Ende des Jahres, die Lebensweise und das Handwerk der Heimindustrie im Erzgebirge, dem »Weihnachtsland«, wo Pyramiden und Schwibbögen, Nußknacker, Bergmänner, Engel und andere Dinge hergestellt wurden. In einem dieser Artikel beschrieb der Autor in einem geheimnisvollen und idyllischen Ton die Herstellung einer Figur im Erzgebirge: »An der schnurrenden Drehbank steht der alte, liebe Spielzeugmacher. Die große Brille auf der Nase, formt er mit scharfen Werkzeugen gar sonderliche Dinge aus dem so flink sich drehenden ›Astel‹. Aber was werden denn das für sonderbare Geister mit den hohlen Leibern, stackligen Beinen und großen Mäulern, hör' ich dich fragen. Räuchermännchen! ... Es ist alte, gute Volkskunst, die hier dieses drollige Völkchen von Rastelbindern, Förstern, Schulmeistern, Essenkehrern und Bergleuten ... schafft.« [197]

Ein anderer Beobachter schwärmte von den alten Handwerkerbräuchen, nachdem er Zeuge geworden war, wie ein wandernder Töpfergeselle eine Werkstatt betrat und sich mit einem traditionellen Spruch zu erkennen gab: »Nach Handwerksgebrauch und Sitte soll ich schönen Gruß ausrichten von den Meistern und Gesellen zu Elstra.« [198] Daraufhin hieß ihn der Meister von den Meistern und Gesellen aus Pulsnitz willkommen, und – nach einem Gespräch – bekam er auf Wink vom Gesellen die gewöhnlichen 5 oder 10 Pfennig Zehrgeld.

Welch karges Leben diese Berufszweige in Wirklichkeit abgaben, offenbarten die linken Parteien im Landtag. Der Kontrast zu der eben erwähnten romantisierenden Beschreibung könnte nicht größer sein:

»Man muß diese Hütten der unteren Schichten im oberen Erzgebirge und im Vogtland aufsuchen, wenn man das graue Elend in diesen Arbeiterfamilien kennenlernen will ... Die Speisen

Abbildungen

1. Der kommunistische Politiker Otto Rühle spricht (Ölbild von Conrad Felixmüller, 1920)

2. Volksfest auf dem Leipziger Augustusplatz am 10. November 1919

3. Antirevolutionäres Wahlflugblatt des Dresdner Bürgerrates um 1920 (mit Holzschnitten Ludwig Richters)

4. Kinderreiche Arbeiterfamilie in Scheibenberg (Amtshauptmannschaft Annaberg) am Kaffeetisch (um 1930)

5. Zehn-Milliardenschein der Stadt Dresden (mit Abbild des Brückenmännchens der Augustusbrücke) vom 24.10.1923

6. Der Revolutionär Max Hölz, der 1920 mit seiner »Roten Garde« versuchte, in der Falkensteiner Gegend eine sozialistische Gesellschaftsordnung einzuführen

7. Bürgerliche Familie in einer Gaststätte um 1922/23

8. Kleinbauer im Gebiet Schwarzenberg beim Getreidemähen mit der Sense (um 1930)

9. Blick vom Westhang des Eichberges auf Freitaler Fabriken (1928)

10. Motorradfahrertreffen (1925)

11. Das Deutsche Hygienemuseum im Stadtzentrum von Dresden. Das weiße Gebäude setzt sich eindrucksvoll von der schmutzig wirkenden Stadt ab.

12. Moderne Küche eines Einfamilienhauses. Der Entwurf von Gustav Lüdecke (Hellerau) wurde bei der Internationalen Hygiene-Ausstellung in Dresden 1930/31 ausgestellt.

13. Geigen- und Cellowerkstatt in Markneukirchen (um 1925)

14. Heimarbeiterfamilie in Markersbach (Amtshauptmannschaft Schwarzenberg) bei der Posamentenherstellung (1930)

dieser ärmsten der Armen sind zum großen Teil weiter nichts als Kartoffeln und Heringe, Kartoffeln und Leinöl, Kartoffeln und Weißkraut, Kartoffeln und Zwiebeln usw. Es ist keine Seltenheit, daß eine achtköpfige Familie nur ein halbes Pfund Fleisch kocht, und zwar sonntags. Sonst gibt es die ganze Woche kein Fleisch in diesen Hausarbeiterfamilien.«

Ein Bericht stellte fest, daß »eine Familie, in der die Mutter und drei von vier Kindern im Alter von 13, 11 und 7 Jahren künstliche Blumen anfertigen, bei einer Arbeitszeit der Mutter von 10 bis 12 Stunden täglich und der Kinder von 6 bis 8 Stunden täglich wöchentlich 3 bis 4 Mark verdienen.« [199] Dabei lag der Richtsatz für den Lebensunterhalt einer minderbemittelten Familie von zwei Erwachsenen und drei Kindern zu der Zeit bei ungefähr 200 Mark pro Monat.

9. Kultur im Zeichen von Klassenkampf und Massenkonsum

Während viele Sachsen genug Grund hatten, über ihre persönliche materielle Situation zu klagen, gab es erstaunlich viel Bewegung im kulturellen Bereich. [200] Die Weimarer Republik sah den Beginn der Massenkultur in Deutschland, obwohl diese natürlich wiederum ein Ergebnis der schon länger andauernden Modernisierung war. Damit ist vor allem der Ausbau schneller und billiger Verkehrs- und Kommunikationsmittel, der wachsende Wohlstand der Bevölkerung und die Entstehung der modernen Freizeitkultur gemeint. Die Massenmedien und neue Technologien entwickelten sich mit unglaublicher Geschwindigkeit und hatten eine direkte und bleibende Wirkung auf das Leben vieler Bürger. Tabus wurden gebrochen, und neue Welten eröffneten sich.

Die Nachkriegsepoche setzte in Deutschland ein Feuerwerk kreativer Kräfte frei, das zu faszinierenden intellektuellen und künstlerischen Ergebnissen führte. Auch diese Bewegungen hatten ihre Wurzeln in der Zeit vor dem Weltkrieg, in der es zu vielen neuen künstlerischen Ansätzen gekommen war. Auch wenn die verschiedenen Gruppen unterschiedlichen Ideen nachgingen, waren sie doch durch ein gemeinsames Bestreben vereint: den Willen, die Lebensbedingungen der Menschen im Zeitalter der raschen Industrialisierung und Verstädterung zu verbessern und die Moderne mit dem Menschen und der Umwelt in harmonischen Einklang zu bringen. [201] In der Praxis äußerte sich dies in dem Wunsch nach einer Versöhnung von Kunst und Leben, Arbeit und Wohnen, Architektur und Landschaft.

Während der zwanziger Jahre befand sich das Zentrum aller kulturellen Aktivitäten in der Weltmetropole Berlin. Aber auch andere Städte Deutschlands, Dresden und Leipzig eingeschlossen, dürfen als wichtige Bestandteile der Weimarer Kultur gelten. Die große Kreativität der neuen Kunst war Ausdruck der neu gewonnenen Freiheit wie auch der Spannungen und Gegensätze, die sich in der Gesellschaft aufgestaut hatten und fortexistierten. Die Avantgarde bedachte die bürgerliche Gesellschaft mit Kritik und Ablehnung. Von der Masse der Bevölkerung wurde dies oft mit Befremden, Unverständnis und Entrüstung aufgenommen. Moderne Strömungen im Theater, der Architektur, der Malerei und Literatur wurden immer verbissener von konservativen Kräften – inklusive der Nationalsozialisten – bekämpft. Gleiches galt für neue Wertvorstellungen auf dem Gebiet der Moral und des Lebensstils.

Dresden blieb auch während der Weimarer Republik eine der führenden Kunststädte Deutschlands. Vor dem Krieg hatte die Künstlergruppe »Die Brücke« (1905) den deutschen Expressionismus begründet. Nach der Revolution wurde diese Bewegung von der durch Conrad Felixmüller im Februar 1919 gegründeten Dresdner Sezession »Gruppe 1919« fortgesetzt. Die jungen Mitglieder dieser expressionistischen Künstlergruppe, darunter viele Kunststudenten, teilten die traumatischen Kriegserfahrungen, eine kritische und verweigernde Haltung gegenüber den Lebensbedingungen und die Vision einer neuen, friedlichen und gerechten Gesellschaft. [202] Man wollte durch eine »Revolution des Geistes« und mit den Mitteln der Kunst die bestehenden Verhältnisse ändern. Zu wichtigen Werken der Gruppe gehören die »Kriegskrüppel« von Otto Dix, der »Arbeitslose« von Otto Griebel und der Zyklus »Der begeisterte Weg« von Constantin von Mitschke-Collande. Eng verbunden mit dem Expressionismus entfaltete sich der Dadaismus mit seinem Traditionsbruch und seinen schockierenden Manifestationen. In einem überfüllten Dresdner Saal forderten im Januar 1920 zwei Künstler während einer »Dadaistischen Soiree«: »Alles, von Goethe bis Hasenclever, gehört ins Klosett«. [203] Währenddessen wirkte seit 1917 der Österreicher Oskar Kokoschka in Dresden und hatte dort zwischen 1919 und 1924 eine Professur an der Kunstakademie inne. Kokoschka gilt als einer der Wegbereiter des Expressionismus. In seinen Porträts hielt er den seelischen Zustand, die Verunsicherung und die geistig-psychische Zerrissenheit der Menschen fest.

Dank der Aktivitäten von Mary Wigman, einer Schlüsselfigur des expressionistischen Tanzes, die 1920 ihre Schule für avantgardistischen Tanz gründete und bald Zweigstellen in München, Berlin, Hamburg und New York eröffnete, avancierte Dresden zu einem Zentrum des modernen Tan-zes in Deutschland. Wigman revoltierte gegen die klassischen akademischen Normen und versuchte, mit ihrem Ausdruckstanz ein neues Körperbewußtsein und innere Gefühle auszudrücken. Sie vermittelte folgendes:

»Ich kann die Bedeutung meiner Tänze nicht in Worten wiedergeben. Könnte man sie in Worte fassen, gäbe es keinen Grund, sie zu tanzen. Man tanzt, weil dies der einzige Weg ist, seine tiefsten und fundamentalsten Gefühle auszudrücken – der einzige Weg, sein Lebensgefühl auszudrücken.« [204]

Auch in der Pädagogik wurden neue Ideen umgesetzt. Der Schotte Alexander Neill gründete 1921 eine antiautoritäre »Freie Schule« in Hellerau und gewann hier wichtige Erkenntnisse für seine in den sechziger Jahren berühmt gewordene Sammlung von Texten (erschienen als »Summerhill« in den USA und als »Theorie und Praxis der antiautoritären Pädagogik« in Deutschland). [205] In seiner Schule regelten Kinder und Lehrkräfte wichtige Fragen des Schulalltags gleichberechtigt, der Besuch des Unterrichts war den Schülern und Schülerinnen freigestellt, und es wurden bewußt Freiräume für die Schüler geschaffen, ihre Sexualität auszuleben. Diese »psychoanalytischen Rahmenbedingungen« sollten dazu beitragen, traumatische Erfahrungen der Schüler zu verhindern.

Auch in der Architektur und in Fragen der Wohnkultur wurde wegweisend experimentiert. Mit der Entstehung der ersten deutschen Gartenstadt und den Deutschen Werkstätten in Hellerau bei Dresden war 1907 ein wichtiger Versuch gestartet worden, eine harmonische Beziehung zwischen Mensch und Umwelt zu schaffen. Diese Bemühungen führten nach 1918 zur maschinellen Produktion von einfachen Holzhäusern als Antwort auf die wachsende Wohnungsnot und die oft schrecklichen Lebensverhältnisse in den großen Steinwohnblocks. Im Rahmen eines sozialen Wohnungsbaus entstanden in Leipzig das vom Bauhaus beeinflußte Wohngebiet Neu-Gohlis (1929/30) und der »Rundling« in Lößnig (1929). Erwähnenswert sind auch der Bau der ersten Untergrundmessehalle der Welt am Leipziger Markt (1924–1925) und des ersten Kugelhauses der Welt in Dresden aus Anlaß der Jahresschau Deutscher Arbeit (1928). All dies waren beachtliche Projekte, auch wenn sie weit weniger Aufsehen erregten als die modernen Siedlungsbauten berühmter Architekten in Berlin, Frankfurt und Stuttgart.

Mit den Enttäuschungen über den Ausgang der Revolution flachte der Expressionismus als Kunstbewegung ab und wurde von der nüchternen Suche nach der Wirklichkeit und einer Akzeptanz der neuen Technik abgelöst. Auch in der Folgezeit sorgten einzelne sächsische Kulturereignisse für Skandale und Spannungen. 1927 feuerte die liberale »Neue Leipziger Zeitung« den gebürtigen Dresdner Erich Kästner wegen eines satirischen Musikgedichtes, das er aus Anlaß des 100. Todestages von Beethoven geschrieben hatte. Unter seiner Feder war die neunte Sinfonie zur abendlichen Verführung einer Frau geworden:

»Du meine neunte Sinfonie!
Wenn du das Hemd an hast mit rosa Streifen ...
Komm wie ein Cello zwischen meine Knie,
Und laß mich zart in deine Seiten greifen!« [206]

Mit Kästners Rausschmiß verlor Sachsen sein damals größtes literarisches Talent an Berlin, wo Kästner recht schnell mit seinen satirischen Versen berühmt wurde. Sachsens einflußreichster Künstler während der Republik war zweifellos der Maler Otto Dix, Sohn eines Eisenbahnarbeiters. Dix fand über den gefühlsbetonten Expressionismus und zynisch-anarchischen Dadaismus zur »veristischen Malerei«, einer realistischen Kunstströmung, die 1925 die Bezeichnung »Neue Sachlichkeit« erhielt. Neben George Grosz war Dix der Hauptvertreter dieser wichtigen Kunstgattung und drückte mit seinen Elendsszenen, Kriegsbildern und Porträts die Enttäuschung und Verzweiflung über die ungelösten sozialen Fragen der Zeit aus. 1927 erhielt Dix einen Ruf an die Dresdner Kunstakademie, an der er bis 1933 lehrte und wo er die beiden berühmten Triptychen »Großstadt« und »Der Krieg« schuf. Vor allem Otto Griebel stach neben Dix aus dem Kreis begabter Dresdner Künstler hervor. Es war wohl kein Zufall, daß die legendäre Mannheimer Ausstellung von 1925, die mit ihrem Titel »Die neue Sachlichkeit« den Geist der Gegenwart widerspiegelte und der neuen Kunstbewegung den Namen gegeben hatte, im Herbst auch in Dresden gezeigt wurde. Währenddessen färbte der neue Stil auf andere Kunstgattungen ab. Gret Palucca, die bekannteste Schülerin Mary Wigmans, eröffnete z.B. 1925 eine Schule des nüchternen Tanzstils.

Auch über die Avantgardebewegung hinaus entwickelte sich in Sachsen nach dem Krieg schnell wieder ein vielfältiges kulturelles Leben, wobei es zwischen Dresden und Leipzig zugleich auch eine gewisse Konkurrenz gab. Beide Städte konnten sich nicht einigen, welche Sitz der Hochschule für Musik werden sollte. Die Staatskapelle in Dresden und das Gewandhaus-

Orchester in Leipzig genossen unter den Dirigenten Ernst von Schuch und Arthur Nikisch Weltruf. Deren Nachfolger Fritz Busch und Wilhelm Furtwängler (zwischen 1922–1928, dann ab 1929 Bruno Walter) konnten ihnen diesen Rang erhalten. Bekannt wurden die Dresdner Opern-Uraufführungen mit Werken von Richard Strauss (beispielsweise »Intermezzo« im November 1924), die der Komponist oft selbst dirigierte. In der katholischen Hofkirche zu Dresden wurde eine viel gepriesene Kirchenmusik gepflegt. Währenddessen setzten zwei Gymnasiastenchöre, die Crucianer in Dresden und die Thomaner in Leipzig (letztere wurden mit ihren ersten Auslandsreisen ab 1920 auch international berühmt), die große Tradition in der Pflege evangelischer Kirchenmusik fort. In Leipzig wurde, anknüpfend an bereits 1904 gesammelte Erfahrungen, ab 1920 in unregelmäßigen Abständen das Deutsche Bachfest ausgerichtet.

Vor allem Dresden konnte durch das Vermächtnis des Hauses Wettin unvermindert mit Kunstschätzen von Weltrang aufwarten. Aus der »Königlichen Sammlung für Kunst und Wissenschaft« gingen nach der Revolution die »Staatlichen Sammlungen zu Dresden« hervor, zu denen die Gemäldegalerie, die Porzellansammlung und das »Grüne Gewölbe« gehörten. Ihr modernes Gegenstück war die Galerie Neue Meister, mit Sammlungsschwerpunkt der europäischen Kunst des 19. und 20. Jahrhunderts (unter Berücksichtigung von Impressionismus, Expressionismus und Neuer Sachlichkeit), die 1931 als selbständiges Museum eröffnet wurde. In Leipzig existier-te das Museum der Bildenden Künste, weitere bedeutende Museen gab es in Chemnitz und Zwickau. 1928 öffnete im Radebeuler Wohnhaus von Karl May ein völkerkundliches Indianermuseum.

Das Bevölkerungswachstum und die Modernisierung der Gesellschaft hatten schon in den Jahrzehnten vor dem Krieg einen Ausbau des Bildungssystems nötig gemacht. Das Polytechnikum Dresden war 1890 zu einer Technischen Hochschule erweitert worden, und in Leipzig wurde 1898 eine der größten Handelshochschulen Deutschlands gegründet; daneben entstand eine Reihe von Fachschulen. Aber auch in der Republik blieb das Studium die Angelegenheit einer zum großen Teil konservativ-elitären Minderheit. In der zweiten Hälfte der zwanziger Jahre beschränkte sich die Studentenzahl der Technischen Hochschule in Dresden auf etwa 3.600 und die der Universität Leipzig auf etwa 5.200 Studenten, obwohl beide mit zu den größten Hochschulen in Deutschland zählten.

Es verwundert demnach nicht, daß die Masse der Studenten, aber auch des Lehrkörpers, der Novemberrevolution feindlich gegenüberstand. In Leipzig holten Studenten unter dem Beifall ihrer Kommilitonen und der Billigung der Universitätsführung die rote Fahne vom Augusteum ein, viele Studenten und Dozenten traten in den folgenden Jahren Freikorps und völkischen Organisationen bei und bildeten bis 1933 ein Zentrum antirepublikanischer Aktivitäten. Dies soll nicht davon ablenken, daß vor allem die Leipziger Universität auch während der Republik den Ruf einer leistungsfähigen Lehr- und Forschungseinrichtung hatte und beispielsweise mit den Nobelpreisträgern Peter Debye und Werner Heisenberg ein Zentrum der theoretischen Physik in Deutschland darstellte. Weiterhin leitete der Historiker Rudolf Kötzschke das »Seminar für Landesgeschichte und Siedlungskunde« (gegründet 1906) und widmete sich dem landesgeschichtlichen Traditionen Sachsens. Die Leipziger Internisten Adolf Strümpell und Oswald Bumke wurden sogar an das Krankenbett Lenins nach Moskau gerufen. Auch wenn der

Besuch der Höheren Schulen nach dem Krieg weniger exklusiv war als im Kaiserreich, so entsprach die Zahl der Studenten insgesamt nur einem Zehntel der Volksschüler. 1925 besuchten 52.128 Schüler die 118 Höheren Schulen (Gymnasien, Realgymnasien, Ober- und Aufbauschulen) Sachsens. Schon damals lehrten die meisten dieser Schulen ab der Sexta Englisch als erste Fremdsprache – und nicht Latein. Es wurde schon darauf hingewiesen, wie erst die Sozialdemokraten und dann die Bürgerlichen dem Schulwesen ihren Stempel aufdrückten. Bezeichnenderweise verunglimpfte die DNVP Anfang der dreißiger Jahre im Landtag den Schüleraustausch mit Frankreich als »Geschmacklosigkeit« . Man war sich mit der DVP einig, daß deutsche Schüler »germanische« Länder besuchen sollten. Währenddessen regten sich die Nationalsozialisten darüber auf, daß Plauener Schüler während der Unterrichtszeit eine Synagoge besucht hatten. [207]

Im vorigen Abschnitt wurden schon einige wichtige Entwicklungen im Bau- und Wohnungswesen erwähnt. Im folgenden wollen wir zwei Aspekte einer neuen Wohn- und Lebenskultur beleuchten. Die Verbreitung des elektrischen Stroms und elektrischer Geräte revolutionierte alle Bereiche der Gesellschaft. Ein Werbeartikel über die »elektrische Küche« betonte deren Wirtschaftlichkeit infolge fallender Strompreise und fuhr fort:

»Wenn man nun die große Arbeitsersparnis, Bequemlichkeit, Sauberkeit und die mannigfachen hygienischen Vorteile in Betracht zieht, so dürfte sich die Waage bei der denkenden Hausfrau auf die Seite der elektrischen Küche neigen. Es fällt weg das Kohlenholen, Feueranzünden, Asche wegtragen, der Ärger, wenn der Herd nicht recht zieht oder raucht, oder die Hitze zu stark wird, so daß das Essen anbrennt, der Kuchen ungleich bäckt. Beim elektrischen Kochherd wird ein Schalter gedreht und die Speise aufgesetzt oder eingeschoben. Nun kann die Hausfrau ihren sonstigen Beschäftigungen nachgehen, weil das Essen nicht nachgesehen noch gerührt zu werden braucht ...« [208]

Die Anschaffung eines Heißwasserspeichers war für damalige Verhältnisse ähnlich revolutionär. Man muß sich vor Augen halten, daß beispielsweise in Leipzig erst 1926 der Einbau von Warmwasser-Etagenheizungen in einzelnen Wohnungen erfolgte und weitere zwei Jahre später der erste ganze Häuserblock mit fließend Warmwasser versorgt werden konnte. [209] Der Kühlschrank wurde gepriesen: »Selbsttätig ein- und ausschaltend, erspart er das lästige Warten auf den ›Eismann‹, das Einfüllen des Roheises, Ablassen des Schmelzwassers, Aufwischen übergelaufenen Wassers usw.« Wem all dies nicht reichte, der konnte auch noch ein »denkendes Bügeleisen« (automatisches Bügeleisen), eine »Heißluftdusche« zum Haartrocknen und eine Kaffeemaschine, »um die man so behaglich im Familienkreise herumsitzen kann«, erwerben.

Die Betonung, daß elektrische Küchen sauber und hygienisch seien, kam nicht von ungefähr. Das schnelle und unkontrollierte Wachstum der Städte, das häufig zu Armut, Elendswohnungen und der Verbreitung von Krankheiten führte, hatte seit Mitte des 19. Jahrhunderts zu Diskussionen und Forschungen über die Folgen für Gesundheit, Rasse und Hygiene geführt. [210] In Anbetracht Sachsens starker Industrialisierung und Verstädterung war es nicht überraschend, daß die Region durch die eifrigen Aktivitäten von Beamten, Medizinern und Akademikern in der »gesundheitlichen Volksaufklärung« bald einen weltweit guten Ruf genoß. Dies traf vor allem auf Dresden zu, das sich auch gerne »Stadt der Hygiene« nannte. Dabei entfalteten sich auch extreme Ideen und Aktivitäten, welche zu einem der schwärzesten Kapitel in Sachsens neuerer Geschichte zählen.

Die sensationell erfolgreiche I. Internationale Hygiene-Ausstellung in Dresden im Jahre 1911 wurde von mehr als fünf Millionen Menschen besucht und führte zwei Jahre später zur Gründung des »Vereins für das National-Hygiene-Museum«. Dabei war der steinreiche Dresdner Odol-Fabrikant Karl August Lingner die treibende Kraft hinter diesen Bestrebungen. Während der Zwischenkriegszeit genoß der Verein, der inzwischen den Namen »Deutsches Hygiene-Museum e.V.« (DHM) angenommen hatte, einen internationalen Ruf. Er organisierte und produzierte eine nicht endende Anzahl von öffentlichen Wanderausstellungen, Lichtbildreihen, Vorlesungen, Ausflügen, Filmen, Radiosendungen, Schallplatten, Diagrammen und dreidimensionalen biologischen Modellen. Die Wanderausstellungen des DHM wurden in den zwanziger Jahren in Deutschland von fast neun Millionen und im Ausland immerhin noch von fast drei Millionen Besuchern gesehen. In der Tat, das DHM wurde mit seiner allgemein verständlichen Präsentation neuester Wissenschaft zu einem Pionier der Gesundheitserziehung. Die II. Internationale Hygiene-Ausstellung eröffnete am 16. Mai 1930 in dem neu eingeweihten, von dem Architekten Wilhelm Kreis entworfenen und in der Welt einmaligen Deutschen Hygiene-Museum, das im Herzen von Dresden lag. In einer riesigen »Ausstellungsstadt« mit einem Durchmesser von bis zu 1,5 km mit dem Museum als Herzstück,
wurden Themen zur hygienischen Lebensgestaltung wie »persönliche Hygiene«, »Arbeits- und Gewerbehygiene« und »Wohnung« vorgestellt.

Eine besondere Attraktion stellte das weltweit größte Schaubergwerk dar, das in die Dresdener Erde gebohrt worden war. Wiederum gelang es, Millionen von Besuchern anzulocken, und die Ausstellung wurde mit viel Stolz in zeitgenössischen Publikationen besprochen. Das gleiche galt übrigens auch für die ungemein populären Jahresschauen der »Deutschen Arbeit«, die in der Elbmetropole ab 1922 jährlich zwischen 750.000 und 3,2 Millionen Besucher anlockten (Themen waren beispielsweise 1922 »Spiel und Sport« oder 1928 »Die technische Stadt«). Neben geläufigen Themen enthielt die Hygiene-Ausstellung aber auch eine Abteilung, die auf der strittigen Pseudowissenschaft »Rassenhygiene« basierte. 1911 war das Ziel dieser Sektion (damals noch »Sondergruppe«) folgendermaßen beschrieben worden:

»Die wertvollen Erbanlagen im Volke mit allen Mitteln zu fördern und die minderwertigen zu bekämpfen, die sich auf Kosten der hochwertigen auszubreiten drohen und zu einer Volksentartung führen können ... und Wege aufzuzeigen, wie eine unerwünschte Rassenmischung zu verhindern ist, die die rassischen Werte des Volkes schädigt, insbesondere den Bestand der im deutschen Volke führenden, kulturschöpferisch höchstwertigen Rassen gefährdet.«[211]

Rassenhygiene erfreute sich über die Jahre immer größerer Popularität, weil sie eine Lösung für die enormen Probleme anzubieten schien, die die moderne Zivilisation aufgeworfen hatte. Sachsen erwies sich als ein fruchtbarer Boden für Idee und Praxis der Zwangssterilisation; hier befand sich das Tätigkeitsfeld des »Sterilisationsapostels« Dr. Gerhard Boeters, einem Kreisarzt aus Zwickau. In den zwanziger Jahre erregte Boeters großes Aufsehen, als er seine illegal ausgeführten Zwangssterilisationen an Geistesbehinderten publik machte. Insgesamt ließ er mindestens 19 (höchstens 63) Sterilisationen, in der Hauptsache an Kindern, vornehmen. Daneben entfaltete Boeters eine unermüdliche und umfangreiche Kampagne, um seine Vorstellungen für die Legalisierung der rassenhygienisch motivierten Sterilisation zu verbreiten und in der Gesetzgebung zu verankern. 1924 reichte Boeters einen Gesetzentwurf beim sächsischen Gesundheitsministerium ein. Darin hieß es unter anderem:

»1. Kinder, die bei ihrem Eintritt in das schulpflichtige Alter als blind geboren,taubstumm geboren oder blödsinnig und somit als unfähig erkannt worden sind, an dem normalen Volksschulunterricht mit Erfolg teilzunehmen, sind einer Operation zu unterziehen, durch welche die Fortpflanzungsfähigkeit beseitigt wird. ...

5. Bei den in Landesanstalten untergebrachten Blindgeborenen, Taubstummgeborenen, Blödsinnigen, Epileptischen und Geisteskranken ist die sterilisierende Operation vor der Entlassung vorzunehmen.

6. Der Operation sind zu unterziehen Sittlichkeitsverbrecher und solche Personen, die 2 oder mehr uneheliche Kinder geboren haben, deren Vaterschaft zweifelhaft ist. ...

8. Verbrechern kann ein Teil ihrer Strafe erlassen werden, wenn sie sich freiwillig einer sterilisierenden Operation unterzogen haben.« [212]

Ein Jahr später reichte Boeters im Reichstag einen ähnlichen Gesetzentwurf ein, der in der Öffentlichkeit unter der Bezeichnung »Lex Zwickau« lebhafte Diskussionen auslöste. 1928 weitete Boeters den Kreis der zu Sterilisierenden auf »Alkoholabhängige, Drogensüchtige, Landstreicher und Zigeuner« aus.

Boeters bieb mit seinen Aktivitäten im Freistaat bei weitem nicht allein. Nach dem Krieg führte auch der Direktor der Anstalt Katharinenhof in Großhennersdorf bei Zittau, Ewald Meltzer, illegale Sterilisationen zum Zweck der Rassenhygiene durch. Meltzer sandte im Herbst 1920 sogar folgenden Fragebogen an 200 Eltern und Vormünder »schwachsinniger Kinder«, in denen er nach deren Einstellung zur Euthanasie ihrer Kinder fragte:

»1. Würden Sie auf jeden Fall in eine schmerzlose Abkürzung des Lebens Ihres Kindes einwilligen, nachdem durch Sachverständige festgestellt ist, daß es unheilbar blöd ist?

2. Würden Sie diese Einwilligung nur für den Fall geben, daß Sie sich nicht mehr um Ihr Kind kümmern können, z. B. für den Fall Ihres Ablebens?

3. Würden Sie die Einwilligung nur geben, wenn das Kind an heftigen körperlichen oder seelischen Schmerzen leidet?

4. Wie stellt sich Ihre Frau zu den Fragen 1 bis 3?« [213]

Die Ergebnisse der in dieser Art einmaligen Befragung erstaunte selbst Meltzer: von den 162 zurückgeschickten Fragebögen gaben mehr als zwei Drittel der Eltern positive Antworten. Zusätzlich begründeten einige Eltern ihre Antworten mit kurzen Erklärungen. Wiederholt wurde die Meinung vertreten, daß man als Eltern in einer Extremsituation über das Schicksal des eigenen Kindes nicht gefragt werden wolle und die Entscheidung lieber dem Arzt überließe. Diese Ergebnisse sollten Jahre später eine schicksalhafte Rolle in dem sogenannten »Euthanasie-Programm« der Nationalsozialisten spielen. 1939 wurde Meltzers Befragung nämlich von Hitlers Arzt, Theo Morell, dahingehend interpretiert, daß die Mehrheit der Bevölkerung den »Gnadentod« von Behinderten unterstützen würde. Aus Gewissensgründen könnten sie dies selber aber nicht entscheiden. Dies beeinflußte den Entschluß, die nationalsozialistischen Euthanasie-

Tötungen nicht gesetzlich zu legitimieren, sondern auf Hitlers geheimgehaltene Weisung hin durchzuführen. Dies sollte der Bevölkerung die Möglichkeit geben, die Maßnahmen der Regierung stillschweigend zu dulden. [214]

Während der Weimarer Republik zeigte der sächsische Staat viel Interesse an der aktiven Förderung der Eugenik. 1924 formulierten die nationalistisch gesinnten Gesundheitsexperten der sächsischen Verwaltung die »radikalsten Sterilisations-Vorschläge« aller deutschen Staaten und schlugen die freiwillige Sterilisation bei psychischen Krankheiten aus Gründen der Rassenhygiene und mit dem Argument vor, daß »Kultur den Ausleseprozeß in der Gesellschaft behindere«. [215] Euthanasie wurde als »menschliche« und kosteneffektive Maßnahme angesehen. Der sächsische Justizminister Bünger (DVP) empfahl dem Reichsjustizminister »wärmstens und mit Bestimmtheit«, Boeters »Lex Zwickau« anzunehmen. [216] Währenddessen frohlockte ein Sozialdemokrat in Zwickau, daß Rassenhygiene »planvolle Züchtung der sozialbiologischen Anlagen« ermöglichen würde. [217] Es scheint, daß Rassenhygiene beim sächsischen Bürgertum und bei der Arbeiterbewegung in Sachsen auf große Akzeptanz stieß.

Es stimmt zwar, daß Boeters und Meltzers Aktivitäten in den Nachkriegsjahren keine große Zustimmung innerhalb der deutschen Ärzteschaft genossen und der sächsischen Regierung Peinlichkeiten bereiteten (Ende 1925 wurde Boeters wegen seiner angeblich nachlassenden Geisteskraft vorzeitig pensioniert). Jedoch nahm vor allem Boeters eine wichtige Vorreiterrolle für die unselige Euthanasie-Politik der Nationalsozialisten ein. Und die Staatsanwaltschaft schritt (zu seinem Ärger) nie gegen ihn ein. Dies war bezeichnend für die Unsicherheit, die selbst bei den zuständigen offiziellen Stellen bestand. Viel wichtiger war aber, daß die von Boeters initiierte Debatte allmählich einen Meinungsumschwung der Ärzteschaft und Behörden auslöste. Anfang der dreißiger Jahre hatte sich das Blatt gewendet. Die illegale eugenische Sterilisation wurde von immer mehr Medizinern praktiziert, und es war nur noch eine Frage der Zeit, bis sie gesetzlich eingeführt werden würde. Allerdings basierte der Konsens unter den Medizinern auf dem Grundsatz der Freiwilligkeit.

Zum Thema Hygiene sei noch erwähnt, daß in Sachsen um 1923 der erste Laien-Geburtskontroll-Verein Deutschlands gegründet worden war. Es handelte sich um den in Chemnitz ansässigen »Verein für Sexualhygiene und Lebensreform«, der sich in diesem Bereich um wissenschaftliche, psychologische, hygienische und soziale Verbesserungen bemühte. [218] Sozialhygiene war Teil einer Massenkultur geworden.

Eine andere wichtige Erscheinung, welche die Gesellschaft entscheidend prägte und veränderte, stellte der Massentourismus dar. Dieser hatte sich in Sachsen schon kurz vor dem Ersten Weltkrieg entwickelt. Unabdingbare Voraussetzung war die neuerdings umfangreich verfügbare Freizeit der Massen durch die Einführung von gesetzlichem Urlaubsanspruch (vor der Jahrhundertwende war dies relativ unbekannt) und des 8-Stunden-Tages nach dem Krieg. [219] Umfangreiche Urlaubsangebote für die Arbeiterschaft organisierte der Allgemeine Deutsche Gewerkschaftsbund (ADGB). So unterhielten z. B. die Leipziger Gewerkschaften ein eigenes Ferienheim »Neumühle« im Zeitzgrund. Hier wurden außerhalb der Sommermonate die Kinder »minderbemittelter Eltern« und von Gewerkschaftsmitgliedern kostenfrei aufgenommen. Die Einrichtung war nicht luxuriös, aber freundlich und sauber. Die Kulturabteilung des ADGB unterhielt im Leipziger Volkshaus eine Reiseabteilung zur »zweckmäßigen Ausgestaltung der Ferien und Freizeiten«. Daneben gab es eine Feriengestaltung im Rahmen der betrieblichen Sozialpolitik. So zeichnete die Leipziger Firma »Meier & Weichelt« Lehrlinge mit zweiwöchigen Urlaubsreisen in die Sächsische Schweiz aus. [220]

Vor allem mittel- und kleinbürgerliche Kreise, die sich keine Reisen in teure Touristenzentren leisten konnten, entdeckten die Natur des Erzgebirges und der Sächsischen Schweiz und benutzten billige Unterkünfte im sogenannten »Sommerfrischenverkehr«. [221] Die Zeiten, als sich wohlhabende Reisende von »Sesselträgern« durch die Felsenwelt der Sächsischen Schweiz tragen ließen, schienen lange vorbei. Bereits vor dem Krieg durchzog das Gebirge ein engmaschiges Netz von Verkehrsverbindungen, Gasthäusern, Pensionen und Jugendherbergen. Zusätzlich waren Aussichtstürme, Schutzhütten, Steiganlagen und Wegweiser aufgestellt worden, und Landkarten waren überall erhältlich. Der rasante Aufschwung des Tourismus flaute während der Kriegs- und Nachkriegsjahre spürbar ab, blühte dann aber wieder in der zweiten Hälfte der zwanziger Jahre auf, sackte aber während der Weltwirtschaftskrise erneut ab.

Der Tourismus verteilte sich auf den Heilstättenverkehr, den Wander- und Ausflugs- sowie den Sportverkehr. Der sächsische Heilstättenverkehr stand seit langem im Schatten der berühmten böhmischen Bäder wie Karlsbad (Karlovy Vary) oder Marienbad (Mariánské Lázně). Versuche, ähnliches auch in Sachsen zu etablieren, waren zwar nicht so erfolgreich, konnten sich aber trotzdem sehen lassen. Immerhin gab es im Vorkriegsjahr schon mehr als 30.000 Kurgäste in den wichtigsten sächsischen Bädern. Und dabei war die erfolgreichste sächsische Heilstätte der zwanziger Jahre noch nicht einmal errichtet worden. Nachdem man nämlich den Aufstieg des 1906 im böhmischen Joachimsthal (Jáchymov) gegründeten Radiumbades verfolgt hatte, ließ die sächsische Regierung Bohrungen im Gebirge vornehmen, was 1915 zur Gründung der »Radiumbad Oberschlema GmbH« führte. Im Mai 1918 setzte der Kurbetrieb mit 402 Gästen ein. Dieser steigerte sich bis 1929 auf über 10.000 Kurgäste. Anfang der dreißiger Jahre wurde behauptet:

»Es besitzt die weitaus stärksten aller bis jetzt entdeckten radioaktiven Wässer ... Zahlreich sind die Fälle, daß Gäste, die vor Beginn ihrer Kur in Oberschlema gefahren werden mußten bzw. schwer an Stöcken gingen, sehr bald wieder frisch einherschreiten konnten ...« [222]

Insgesamt stiegen Ende der zwanziger Jahre mehr als 41.000 Kurgäste (mehr als ein Drittel der Gäste kam aus der Tschechoslowakei, gefolgt von Österreich, den USA und England) in den wichtigsten sächsischen Bädern ab. [223] Dazu gehörten Bad Elster, Bad Schandau und die Radiumbäder Brambach und Oberschlema. Natur war tatsächlich »in«. Die Deutsche Reichspost bot regelmäßige Rund- und Gesellschaftsfahrten ins Freie an. In einem Werbeartikel hieß es:

»Zu den Fahrten werden aufs beste eingerichtete, gut federnde Großkraftomnibusse mit bequemen Sitzgelegenheiten benutzt, die eigens zu diesem Zweck als Aussichtswagen mit Allwetterverdeck gebaut sind, also bei schönem Wetter die offene Fahrweise mit freiem Blick in die Landschaft gestatten, aber auch hinreichenden Schutz gegen die Unbilden der Witterung gewähren.« [224]

In einem Bericht über eine Fahrt von Dresden in die Sächsische Schweiz hieß es lobend: »Was man früher erst nach etwa zweistündiger mühsamer Wanderung auf staubiger Landstraße genießen konnte, bietet sich dem Postreisenden jetzt beinahe unerwartet schon wenige Minuten nach der Abfahrt.«

Am schnellsten entfaltete sich aber der Sportverkehr: Klettern in der Sächsischen Schweiz und Wintersport im Erzgebirge. Der norwegische Ingenieur Harry Ohlsen, der beim Bau der Schmalspurbahn Crahnzahl – Oberwiesenthal beschäftigt war, hatte 1896 erstmalig Skibegeisterung ausgelöst. Noch im gleichen Jahr war in Annaberg der erste Skiklub Sachsens gegründet worden. Die ersten Wintersportorte mit regelmäßigen Wintersportfesten waren Johanngeorgenstadt, Carlsfeld und Oberwiesenthal. Oberwiesenthal, wo 1911 die erste deutsche Skimeisterschaft stattfand, wurde nach dem Krieg der mit Abstand beliebteste sächsische Skiort. Die Massen konnten schnell und bequem zu diesen Orten gelangen. Nur ein paar Jahrzehnte davor waren sie noch als kaum erreichbare Einöden verschrien und mit dem Spottnamen »Kleinsibirien« bezeichnet worden. Auf der einen Seite brach der Massentourismus also teilweise den Gegensatz zwischen Stadt und Land auf, auf der anderen Seite passierte aber auch das Gegenteil. Um ihren Zielort zu erreichen, rauschten Reisende durch die meisten anderen Ortschaften hindurch oder daran vorbei. Zudem waren längere Ferienaufenthalte nur für die Mittelklasse erschwinglich.

Die mit dem Tourismus verbundenen schnell wachsenden Kenntnisse der eigenen Heimat mischten sich mit dem Bestreben, diese zu pflegen und zu schützen. Der Landesverein Sächsischer Heimatschutz galt mit annähernd 40.000 Mitgliedern als der stärkste Verein dieser Art in Deutschland und bemühte sich mit seinen Veröffentlichungen und Vortragsreihen um den Naturschutz und die Denkmalpflege. Bereits 1878 war der Erzgebirgsverein gegründet worden, der Mitte der zwanziger Jahre fast 30.000 Mitglieder besaß. In Plauen öffnete 1923 das Vogtlandmuseum seine Pforten, in Dresden gab es das von Oskar Seyffert initiierte Museum für sächsisches Volkstum und die Dichter Lene Voigt und Anton Günther popularisierten die sächsische Mundart.

Eine Reihe anderer Entwicklungen schienen Gesellschaftsgegensätze aufzuweichen. Die Zahl der Arbeiterkinder und vor allem Mädchen, die eine Höhere Schule besuchten, stieg beachtlich an. Bei Mädchen drückte sich dies in einer Steigerung von 4.866 vor dem Krieg auf 14.267 Mitte der zwanziger Jahre aus. Die Zugangsmöglichkeiten zu wissenschaftlicher und unterhaltender Literatur verbesserten sich gewaltig. Während sich die Sozialdemokraten bis vor Kriegsende gezwungen sahen, wegen der restriktiven Auswahl der bürgerlichen Büchereien eigene Sammlungen aufzubauen, schien dies nach 1918 immer weniger nötig zu sein. Selbst Leipziger Sozialdemokraten gaben anerkennend zu, daß die kommunalen Bücherhallen eine breitgefächerte Auswahl und gute technische Ausstattungen besäßen.

Daneben entfalteten sich auch die neuen Medien rasch. Anfang der dreißiger Jahre verfügte ungefähr jeder vierte deutsche Haushalt über einen Radioempfänger. Der Mitteldeutsche Rundfunk (MIRAG) hatte am 1. März 1924 zur Eröffnung der Frühjahrsmesse in Leipzig seinen Betrieb aufgenommen. Seit Oktober 1923 befand sich eines der größten Fernsprechämter Europas in der Messestadt. Aber es bedurfte erst einer Ermäßigung der Fernsprechgebühren, damit ab 1929 die Zahl der Neuanschlüsse sprunghaft ansteigen konnte. [225] Gleichzeitig schossen überall Lichtspielhäuser wie Pilze aus dem Boden. Allein in Chemnitz wurden 1929 der »Luxor-

Palast« mit 1.600 Plätzen, der Filmpalast »Roter Turm« und die »Schauburg« eröffnet. Anfang der dreißiger Jahre strömten täglich Zehntausende ins Kino (beispielsweise wurden in Dresden 1931 ungefähr 700.000 Eintrittskarten fürs Theater, aber weit mehr als fünf Millionen für die Lichtspielhäuser verkauft).[226] Außerdem wurden rund zwei Millionen Tageszeitungen gedruckt.

Wie im übrigen Deutschland kontrollierten bürgerliche Kreise den Großteil aller Zeitungen. Neben den vielen Provinzblättern, die neben ihrem im Haus produzierten Lokalteil viele ihrer Artikel von der von Hugenberg (DNVP) kontrollierten Telegraphenunion erhielten, gaben sie auch die drei auflagenstärksten sächsischen Blätter heraus: die »Dresdner Neueste Nachrichten« (1931 mit einer täglichen Auflage von 110.000), die »Neue Leipziger Zeitung« (100.000) und die »Leipziger Neueste Nachrichten« (180.000). Im Gegensatz dazu war der Umfang der Arbeiterpresse wesentlich geringer, auch wenn in Sachsen einige ihrer namhaftesten Zeitungen erschienen, vor allem die »Leipziger Volkszeitung« (40.000), das »Sächsische Volksblatt« in Zwickau (21.000) und »Der Kämpfer« in Chemnitz (KPD; 22.500). Somit ist davon auszugehen, daß in Sachsen viele Arbeiter eine bürgerliche Zeitung lasen.

Die Presselandschaft des Freistaats war politisch besonders beeinflußt: Anfang der dreißiger Jahre war fast die Hälfte der 300 Tageszeitungen einer politischen Richtung oder Partei zuzuordnen. Die Presse des liberalen Bürgertums, die in vielen Teilen Deutschlands eine wichtige Rolle spielte, fand nur geringen Absatz. Die Polarisierung der Presselandschaft erklärt, wieso hier ein besonders heftiger Kampf unter den Tageszeitungen tobte. Den 18 Zeitungen der Linken, die nur in den größeren Städten erschienen, stand eine Übermacht konservativ-nationalistischer Blätter gegenüber, die praktisch in jeder Ecke Sachsens herausgegeben wurden und oftmals eine betont aggressive antisozialistische Haltung einnahmen. Nach der Revolution hetzten sie gegen die linken Regierungen, verbreiteten die Dolchstoß-Legende, forderten und bejubelten den Einmarsch der Reichswehr und die Absetzung der Zeigner-Regierung, warnten die Bevölkerung mit Horrorgeschichten vor der „marxistischen Gefahr« und berichteten wohlwollend von den Aktivitäten rechtsnationalistischer Verbände, wie die der Nationalsozialisten. Der »Vogtländische Anzeiger und Tageblatt« forderte in typischer Manier vor den Landtagswahlen im Mai 1929 eine:

»... klare und geschlossene Front gegen die Wiederkehr der roten Klassenherrschaft in Sachsen ... Wer diesen Gedanken trübt und die Fronten verwirrt, wer sich ihr entzieht, arbeitet mit am Siege der Sozialdemokratie und damit für den Rückfall in das Chaos der Zeigner-Ära, die Sachsen in ein politisches und wirtschaftliches Trümmerfeld verwandeln würde.«[227]

Selbst die SPD, die nichts mit der Sowjetunion zu tun haben wollte, wurde mit einem »Sowjet-Sachsen« gleichgesetzt. Es half aber sicherlich nicht gerade, daß die Sozialdemokraten an ihrer marxistischen Rhetorik festhielten und bis 1930 vor Wahlkämpfen regelmäßig folgendes verlangten: »Unser Ziel – ein rotes Sachsen! Das Ziel der sozialdemokratischen Politik ist der Sozialismus.«[228]

Das gesamte Netzwerk der neuen Massenkultur wurde von einer Vielzahl von Vereinen und Verbänden zusammengehalten. Vereine waren als Nebenprodukt der Industrialisierung entstanden und spielten eine zentrale gesellschaftliche Rolle. Während traditionell auch viele Arbeiter in den zumeist bürgerlichen Vereinen organisiert waren, begann die Arbeiterbewegung im letzten

Viertel des 19. Jahrhunderts ihr eigenes, alternatives Vereinswesen aufzubauen. Die Vereinskultur erreichte dann während der zwanziger Jahre einen Höhepunkt und schlitterte mit dem Zusammenbruch der Wirtschaft ab 1929 in eine schwere Krise, bevor die Nationalsozialisten auch diesen Bereich gesellschaftlichen Lebens entweder auflösten oder gleichschalteten.

Der Freistaat Sachsen besaß wahrscheinlich das dichteste und aktivste Freizeitvereinsnetz aller deutschen Länder. Es gab ungefähr 1.000 Turnhallen in 300 Orten und rund 250 Bade- und Schwimmanstalten in 150 Orten. [229] Von den fünf Millionen Einwohnern gehörten rund 700.000 den Turn- und Sportverbänden an. Davon stand die bürgerliche Deutsche Turnerschaft mit 300.000 Mitgliedern an der Spitze, gefolgt vom Arbeiter-Turn- und Sportbund (ATSB) mit ungefähr 130.000 Anhängern. Sehr auffällig war die scharfe Trennung von bürgerlichen Vereinen und Arbeitervereinen. Tatsächlich untersagte die Leitung des ATSB jede Zusammenarbeit mit den bürgerlichen Verbänden. Dies ging soweit, daß man sogar Veranstaltungen boykottierte, zu denen auch bürgerliche Vereine eingeladen waren. Diese Verhaltensweise basierte auf marxistischer Klassentheorie. Die sozialdemokratischen Sportfunktionäre in Sachsen nahmen dies besonders ernst und ließen 1924 in einer Erklärung verlauten: »Das Volk ist ... ein von Klassen zerrissener politischer Verband. Deshalb kennt die Gegenwart keine einheitliche, das ganze Volk umfassende Kultur, sondern nur die Kultur des herrschenden Bürgertums, also Klassenkultur.« [230] Anders ausgedrückt, Arbeitersport wurde als Teil einer sozialistischen Bewußtseinsförderung aufgefaßt und vertrat dementsprechend auch eine internationale und pazifistische Haltung. Offiziell galt er als eine Gesundheitsbewegung gegen die Ausnutzung des Kapitalismus. Die bürgerlichen Freizeitvereine postulierten hingegen die Pflege des Deutschtums als leitende Idee. Ihr Ziel war es, Männlichkeit und Wehrhaftigkeit für das deutsche Vaterland zu fördern. Die Turn- und Sportgemeinde 1848 Leipzig-Lindenau forderte ihre Mitbewohner auf:

»Kommt zum Turnen! ... helft uns deutsche Sitte und deutschen Sinn pflegen, deutsche Kraft und deutschen Mut üben und Liebe zum Vaterland und Pflichtgefühl für dasselbe in den Herzen von jung und alt wecken und erhalten! Ihr dient Euch selbst dadurch und arbeitet für das Wohl des ganzen Volkes und für des Vaterlandes Zukunft und Sicherheit!« [231]

Sachsen repräsentierte das Zentrum der Arbeitervereinskultur in Deutschland. [232] Um einige Beispiele zu nennen: Die Arbeiterfußballer besaßen mit 7.000 Mitgliedern in Leipzig und 6.000 in Dresden die beiden größten Arbeiterfußballbezirke und mit dem VFL Südost Leipzig-Stötteritz (1922 und 1923 ATSB-Bundesmeister) und dem Dresdner Sportverein 1910 (1924 bis 1927 ATSB-Bundesmeister) die beiden berühmtesten Vereine Deutschlands. (Allerdings war der bürgerliche Deutsche Fußballbund ein mächtiger Konkurrent: In Leipzig allein spielten 19.000 Mitglieder in seinen Vereinen.) Beim Länderspiel Deutschland gegen England in Magdeburg am 7. August 1929 trugen vier Spieler aus Sachsen zum 1 : 0 Sieg der deutschen Mannschaft bei.

Die sozialistische Lebensreformbewegung – Abstinenzler, Nudisten und Naturheilapostel – hatten im Freistaat ihre Hochburg. Vor allem in der Gegend um Dresden, wo der Verband Volksgesundheit Badeanstalten, Freiluftgelände und Schrebergärten mit kleinen Häuschen angelegt hatte, praktizierten an sonnigen Wochenenden Tausende von sächsischen Arbeiterfamilien freie Körperkultur und schworen auf die natürlichen Heilfaktoren Luft, Licht und Wasser. Daneben gab es Arbeiter-Turner (92.000), Arbeiter-Radfahrer (70.000), Arbeiter-Athleten (7.000), Arbeiter-Samariter (11.000), Arbeiter-Wassersportler (8.600), Arbeiter-Naturfreunde und Arbeiter-Sänger. Der ATSB saß in Leipzig, 40% seines gesamten Grundbesitzes lagen in Sachsen. 1926 eröffnete man dort eine imponierende Bundesschule, während das Bundeshaus der Arbeiter-Samariter 1928 in Chemnitz eingeweiht wurde.

Auch wenn viele Arbeiter in bürgerlichen Vereinen und nicht wenige Mittelständler in Arbeiterorganisationen organisiert waren, grenzten sich beide Lager deutlich voneinander ab. Die Leipziger Zentralarbeiterbücherei stand nur denjenigen offen, die das Parteibuch der SPD oder den Mitgliedsausweis einer ADGB-Gewerkschaft vorzeigen konnten. Der sächsische ATSB besaß Mitte der zwanziger Jahre mit seinen 60 Heimen und 400 Schlafplätzen weitaus weniger Unterkunftsmöglichkeiten als der Deutsche Jugendherbergsverband mit seinen 165 Heimen und etwa 8.500 Betten. Trotzdem lehnte der Arbeitersportverband jegliche Kooperation mit dem bürgerlichen Verband ab, was auch bedeutete, daß die eigenen Mitglieder die Unterkünfte der Konkurrenz nicht benutzen durften. Laut Verbandsleitung war proletarische Gemeinschaftskultur nicht möglich, wenn man gezwungen sei, »mit Bürgerlichen unter einem Dach zu schlafen«.[233] In der Tat, der führende sächsische Arbeitersportfunktionär Kurt Peschke vertrat folgenden Standpunkt: »Jede eigene erbaute Turnhalle, jeder eigene erbaute Platz, auch jede eigne Herberge bedeutet für sie ein Stützpunkt, ein Meilenstein auf dem Wege zum Sozialismus.«[234]

Die separat gehaltenen Organisationen der Arbeiterbewegung und des Bürgertums hatten seit Ende des 19. Jahrhunderts in vielen Orten ein starkes Zusammengehörigkeitsgefühl der jeweiligen Mitglieder entwickelt. Sozialistische und nationalistische Milieus entstanden. In vielerlei Hinsicht führte dies zu einer Isolierung gegenüber anderen Gesellschaftsgruppen. In und um Freital, Meißen, Dresden, Leipzig und Döbeln, aber auch in Riesa und Pirna existierten starke sozialistische Milieus, weil hier die Sozialdemokraten und ihre angegliederten Verbände besonders aktiv waren. Hier wurde ein enges Netz von Arbeitersportvereinen und Hilfsvereinen für Minderbemittelte unterhalten, es stand ein großes Angebot an Kursen und Vorträgen der Arbeiterbildungsinstitute zur Verfügung, hier kehrten viele mit ihrem Kirchenaustritt oder der Jugendweihe (statt der Konfirmation) der bürgerlich-christlichen Gesellschaft den Rücken zu. Während der Weltwirtschaftskrise sollten sich diese Zentren des sozialistischen Milieus als fast uneinnehmbare Festungen für den dramatisch anwachsenden Nationalsozialismus erweisen.

Die politischen Machthaber in Dresden versuchten auch dem Vereinsleben ihren jeweiligen Stempel aufzudrücken. Während die linken Regierungen in der Nachkriegsphase nationalistische Verbände überwachen ließen und teilweise verboten, fühlten sich Teile der Arbeiterbewegung nach der Reichsexekution in der Defensive. In einigen Gemeinden mit bürgerlichen Mehrheiten wurden Arbeitersportvereine als politische Organisationen eingestuft, um ihnen die Benutzung kommunaler Sportstätten zu verwehren.[235]

Der Modernisierungsprozeß hinterließ aber auch im Vereinsleben seine Spuren und stellte die scheinbar feste Lagerspaltung in Frage. So ähnelten sich in der Praxis der Vereinskultur viele Freizeitvereine der unterschiedlichen politischen Richtungen. Obwohl beide Lager die Jugendpflege zumindest verbal in den Mittelpunkt stellten, zollte man dem Nachwuchs oft wenig Aufmerksamkeit und Verständnis. Zeitgemäße und von der Jugend akzeptierte Veranstaltungen waren selten. Jugendliche hatten nur geringen Einfluß auf ihre Organisationen, in denen fast immer alte Funktionäre eine wesentlich jüngere Mitgliedschaft führten. Es war kein Wunder, daß die Jugend nicht selten gegen die hierarchisch-patriarchalischen Sitten rebellierte und oft einfach keine Lust hatte, ihren Vätern in deren »altmodischen« Traditionen zu folgen. Hinzu kam, daß wegen der Kriegsverluste nicht wenige Jugendliche ohne die Autorität des Vaters aufwuchsen. Das Mitteilungsblatt eines sächsischen Männerchores appellierte an seine Mitglieder, im Namen des Vereines und seiner Zukunft ein größeres Einfühlungsvermögen gegenüber Jugendlichen zu entwickeln:

»Die Tatsache besteht, daß sich die Jugend zu den Gesangvereinen nicht findet und damit die Zukunft manches Vereins gefährdet ist ... Wir dürfen nicht verknöchern und uns hinter der bequemen Ausrede verschanzen: Die Jugend lebt in einer ganz anderen Welt, in die uns das Alter den Weg versperrt. ... Wir müssen in die Jugend hineinwachsen, um sie und mit ihr kämpfen, aber als Führer, dem sie vertraut, mit dem sie ihre Meinungen austauschen kann, der sie aufklärt und stützt, und nicht als Diktator, der auf sein überlegenes Können pocht.« [236]

Auch der eigentliche Sportbetrieb ähnelte sich in vielen Vereinen. Arbeiterfunktionäre wandten sich gegen Wettkampfnatur, Rekordfimmel und Leistungssport. Dies erklärt, wieso viele Arbeiterzeitungen in den ersten Jahren der Republik es nicht für nötig hielten, in ihren Spielberichten den sportlichen Ausgang zu erwähnen. Allerdings entsprach dies weder dem Interesse der Sportbegeisterten noch der Praxis der Vereine der Arbeiterbewegung. Normalerweise führten sie genauso verbissene Wettkämpfe wie die bürgerlichen Vereine und ließen dabei die Ideale eines harmonischen Massensports außer acht. Generell darf man davon ausgehen, daß nur ein harter Kern der ATSB-Mitglieder zu den »100-Prozent-Marxisten« zählten und ansonsten vor allem vom Vergnügen und Spaß angetrieben wurden. Das offizielle Verbot der Zusammenarbeit mit bürgerlichen Vereinen traf bei manchem ATSB-Mitglied auf Unverständnis. Währenddessen lösten sich durch die heterogene Mitgliedschaft in den Vereinen Klassengegensätze ganz natürlich auf. Beispielsweise kam es in Leipzig zu einer Annäherung der Arbeiter und Beamten innerhalb der sozialdemokratischen Bau- und Kleingärtnervereine. Schließlich führten ein langsam wachsender Wohlstand und mehr Freizeit teilweise zu verstärkter Individualisierung und einem Rückzug in die Privatsphäre. In der sozialdemokratischen Hochburg Freital bei Dresden unternahmen einige Arbeiterfamilien Ausflüge aufs Land, statt an den Veranstaltungen der Massenorganisationen teilzunehmen. Außerdem eröffneten die neugebauten Ein- und Zweifamilienhäuser die Möglichkeit, sich stärker ins Privatleben zurückzuziehen. [237]

Feste und Bräuche besaßen – wie in ganz Deutschland – auch in Sachsen ihren festen Platz. Viele Anlässe trugen einen lokalen Charakter. Zu Ostern pflegten die Katholiken in der Lausitz, vor allem die Sorben, den Brauch des »Eierschiebens«: hartgekochte Eier, aber auch Apfelsinen, Äpfel, Brezeln und Kuchen wurden (und werden noch) von Erwachsenen den Berg hinuntergerollt und geworfen und von gierigen Kinderhänden erhascht. Gleichzeitig fand das traditionelle Osterreiten statt, bei dem Reiter den Segen Gottes auf Acker und Flur erbitten. [238]

Normalerweise offenbarten auch die Feste starke Gegensätze innerhalb der sächsischen

Gesellschaft. Bei diesen Anlässen wurde offensichtlich, daß es keine allgemein akzeptierte Kultur gab. Verschiedene Gruppen feierten zu unterschiedlichen Anlässen. Dabei identifizierten sie sich mit spezifischen Erinnerungen, Erfahrungen und Wünschen und präsentierten oft völlig unterschiedliche Wertvorstellungen. Ein bürgerlicher Zeitgenosse bemerkte: »Allgemeine Feste, an denen die gesamte Bevölkerung teilnimmt, die man mit Berechtigung als Volksfeste bezeichnen könnte, gibt es wenige.« [239] Es gab aber zwei Ausnahmen: das Fest der Turner und das Fest der Sänger. So nahmen beim ersten Sängerbundesfest im Juli 1926 in Dresden 22.000 Mitglieder teil. Die verschiedenen Bünde und Verbände zogen mit zahlreichen Festwagen – darunter Darstellungen des geistlichen, lyrischen, Helden-, Wander- und Liebesliedes – durch Dresden und gaben Konzerte in einer Halle auf den Elbwiesen. Es handelte sich hier allerdings um ein bürgerliches Vereinsfest. Zwar gehörten bürgerlichen Vereinen in der Regel auch viele Arbeiter als Mitglieder an, aber genauso wie Schützenfeste und Kirchweihfeste wurden sie von der Arbeiterbewegung und ihren angegliederten Organisationen gemieden. Letztere feierten separat. Beispielsweise trafen sich im Sommer 1921 die Mitglieder des ATSB in der Elbmetropole zu ihrem 2. Kreisfest. Bei diesem Anlaß wurden 100.000 Festbesucher gezählt, und unter anderem nahmen 9.000 Arbeiter-Turner und 3.500 Turnerinnen an Massenfreiübungen teil. Am gleichen Ort und im gleichen Sommer fand aber auch unabhängig davon das 4. sächsische Kreisturnfest des Deutschen Turnbundes statt, bei dem ungefähr 24.000 Personen im Festzug marschierten und 6.000 Turner an den allgemeinen Freiübungen teilnahmen.

Vor allem Feste mit politischem Hintergrund offenbarten die Kluft zwischen sozialistischer und nationalistischer Weltanschauung. Der Festhöhepunkt der Leipziger Sozialdemokraten bestand in den Erinnerungsfeiern für Kameraden, die während des Kapp-Putsches gestorben waren (»Märzgefallene«), in den Maifeiern, Verfassungs- und Revolutionsfeiern und Feiern, die im Gedächtnis an Marx, Engels, Lassalle, Wilhelm Liebknecht und Rosa Luxemburg abgehalten wurden. In der Massenbeteiligung an diesen Veranstaltungen drückte sich eine tief verwurzelte sozialistische Tradition der Arbeiterbewegung in und um Leipzig aus. Während der Märzfeier der Leipziger Sozialdemokraten im Jahre 1921 wurde das Sprechchorwerk »Der Tag des Proletariats« von Ernst Toller aufgeführt. Der »gedämpft anschwellende« Eingangschor setzte folgendermaßen ein:

> »Wann endet die dumpfe, würgende Nacht?
> Wir aus Fabriken, aus Bergesschaft,
> Wir seit Jahrhundert' geknechteter Leib,
> Enterbte, Bedrückte, Mann und Weib
> Abschwören Entsagung, abschwören Verzicht,
> Wollen wirken das Werk im friedlichen Licht« [240]

Zum Abschluß einer sozialdemokratischen Revolutionsfeier Ende der zwanziger Jahre gaben 12.000 Teilnehmer in der Messestadt folgendes Gelöbnis ab:

> »Wir wollen, daß der Mensch nicht mehr hungere;
> Wir wollen, daß nie wieder Krieg sei;
> Wir wollen freien Leib und freien Geist
> Und wollen geloben neu:

Kampf für die Freiheit!
Kampf Klasse gegen Klasse!
Mit uns ihr Brüder, zur Sonne, zur Freiheit!« [241]

Der Kontrast zu Feiern der nationalen Rechten könnte nicht größer sein. Hier wurden militärische Werte, nationalistische Gefühle und siegreiche Schlachten gefeiert. Ungefähr 120.000 Anhänger nahmen 1925 am Reichskriegertag in Leipzig teil, darunter viele Vertreter bürgerlicher Organisationen aus Sachsen. Eine Vorführung mit Germania und Heerführern, schwertbewaffneten Jünglingen und evangelischen und katholischen Geistlichen hatte folgende Strophe, die sicherlich von vielen als Ablehnung des Vertrages von Versailles verstanden wurde:

»Schlagt die Schwerter zusammen.
lasset im Lichte sie flammen.
hebt die Herzen zum Schwur:
Treu sein woll'n wir dem Lande,
frei sein von Knechtschaft und Schande!
Brechen sollen die Ketten.
Deutschland wollen wir retten!« [242]

Politisch motivierte Feste führten oft zu schweren Konfrontationen in der Gesellschaft. Als die sozialistische Regierung im April 1922 nach fast dreijährigen Bemühungen den 1. Mai (Internationaler Feiertag der Arbeiterklasse) und den 9. November (Ausbruch der Novemberrevolution) als Pflichtfeiertage einführte, reagierten mittelständische Parteien und Verbände mit Empörung. [243] Während die Sozialdemokraten den 9. November als den »Tag der Befreiung aller unterdrückten und fortschrittlichen Kräfte« feierten, assoziierte die nationale Rechte damit »Feigheit, Verrat und nationale Schande«. Letztere führte deshalb am 9. November Trauerfeiern durch und feierte stattdessen am 18. Januar, dem Gründungstag des Kaiserreichs (»Tag des Vaterlandes«). Während die Arbeiterbewegung im 1. Mai das Symbol der internationalen Arbeiterverbrüderung sah, verabscheuten die Bürgerlichen den internationalen Charakter und kritisierten die Betonung des Klassenkonflikts. Das sächsische Bürgertum organisierte im September 1922 deshalb ein in Deutschland bisher einmaliges Volksbegehren (welches dann zu einem Volksentscheid führen sollte), um die Einführung beider Feiertage rückgängig zu machen. Gleichzeitig sollte mit der Kampagne aber auch die linke Regierung gestürzt werden. Der überwältigende Erfolg des Volksbegehrens – statt der erforderlichen 276.000 Unterschriften konnte man mehr als 800.000 sammeln – führte zu Neuwahlen im November 1922. Der Landtag hatte es nach dem Ergebnis des Volksbegehrens vorgezogen, sich selbst aufzulösen, als von einem Volksentscheid zu Neuwahlen gezwungen zu werden.

Nachdem die Wahlen allerdings eine Fortsetzung der sozialdemokratischen Regierung ermöglicht hatten, blieben beide Feiertage vorerst bestehen. Sobald aber die bürgerlichen Kreise in Dresden die Mehrheit im Landtag wieder errungen hatten, wurde 1929 gegen den Widerstand der linken Parteien der 9. November als Feiertag abgeschafft. Doch selbst das linke Lager stand in seiner Haltung zu beiden Feiertagen alles andere als geschlossen da. Für die Kommunisten war die Novemberrevolution enttäuschend verlaufen und deshalb Anlaß, die Sozialdemokratie wegen ihrer Kompromisse mit dem Bürgertum als Verräterin an der Arbeiterklasse zu brandmarken. Außerdem feierten die beiden zerstrittenen Arbeiterparteien den 1. Mai seit der Reichsexekution nicht mehr gemeinsam, sondern getrennt.

Die Gegensätze im Verständis der Festkultur führten zu ständigen Auseinandersetzungen. Die Arbeiterbewegung beobachtete mißtrauisch, wenn sich das nationale Milieu zu sogenannten »Deutschen Tagen« traf, an denen die Gefallenen des Krieges geehrt, Gottesdienste abgehalten, Fahnen geweiht und nationalistische Reden gehalten wurden. Während der Zeigner-Ära störten Proletarische Hundertschaften oftmals diese Feiern oder durchsuchten Teilnehmer nach Waffen, weil sie – häufig nicht zu Unrecht – gewalttätige Aktivitäten vermuteten. Schließlich nahmen auch die Nationalsozialisten an vielen dieser Feierlichkeiten teil. Vor allem die Pflege von Kriegsdenkmälern rief bei der Arbeiterbewegung heftige Reaktionen hervor. Angeekelt kommentierten Sozialdemokraten, als der Sängerbund Plauen ein Kriegerdenkmal einweihte:

»Scheußlich! Scheußlich wie das ganze System, das diesen Völkermord heraufbeschworen und nun noch mit den Kadavern der Ermordeten Schindluder treibt! Scheußlich wie die Denkfaulheit der Menschen, die auf die Reklame unbeschäftigter Militärs hereinfallen und jeder Pauke und jeder Kriegervereinsfahne nachlaufen. So scheußlich, daß es bei der nächsten passenden Gelegenheit ein gutes Werk tun heißt, dem Schandmal eine Sprengpatrone in den Hintern zu stecken ...« [244]

Daneben gab es häufig Streitigkeiten über die Verwendung von Flaggen. Nur die wenigen Liberalen und die Mehrheit der SPD wollten weiterhin die schwarz-rot-goldene Fahne der Republik. Große Teile des nationalistischen Milieus identifizierten sich hingegen noch mit der schwarz-weiß-roten Fahne des Kaiserreichs, oder, wie die Nationalsozialisten, mit der Hakenkreuzfahne des Dritten Reiches. Manchmal nahm die Ablehnung der Republik gewalttätige Formen an, so 1928 in einem Café in Siebenlehn, wo einige Nationalisten die Fahne der Republik in aller Öffentlichkeit beschimpften, herabrissen und später zerfetzt in einen Straßengraben warfen. Der schwarz-weiß-roten Fahne konnte es allerdings ähnlich ergehen: Mehrere Fahnen wurden während einer Sedanfeier (die Schlacht bei Sedan besiegelte 1870 den Sieg Deutschlands über Frankreich) der vaterländischen Verbände in Dresden im September 1928 von kommunistischen Jugendlichen herabgerissen. [245] In den Augen der Kommunisten und linken Sozialdemokraten repräsentierte allein die rote Fahne die Einheit desProletariats. [246] Der sächsische ATSB kritisierte sogar seine Bundesleitung, weil auf ihren Gebäuden in Leipzig neben der roten Fahne auch häufig die Fahne der Republik zu sehen war. Für die Kritiker symbolisierte die schwarz-rot-goldene Fahne den Kompromiß mit dem Bürgertum und die Spaltung der Arbeiterbewegung.

Die republikanische Verfassung schrieb vor, daß die Pflege der Kunst Sache des Staates sei, der Staat aber nicht die Entwicklung der Kunst beeinflussen sollte. Natürlich war die Kunstförderung des Staates auch von politischen Erwägungen geprägt. Gleiches galt für die Beziehung der Kommunen zur Kunst. In der Praxis bedeutete dies, daß die Bürgerlichen, die das Staatstheater, die kommunalen und viele der privaten Theater kontrollierten, auch den jeweiligen Spielplan nach ihrem Geschmack festlegten. Von einigen wichtigen Ausnahmen abgesehen (wie beispielsweise Leipzig), scheute man vor künstlerischen Experimenten, Provokation und gesellschaftskritischen Stücken zurück. Viele Bürgerliche stimmten darin überein, daß klassische deutsche Kultur den Kern des Kulturprogramms ausmachen solle.

Abgesehen von kleineren Theatergruppen und dem Kabarett war die Arbeiterbewegung vor allem durch die sozialdemokratischen »Volksbühnen« in den größten sächsischen Städten vertreten. Dies waren Konsumentenorganisationen, die Arbeitern den Besuch billiger, aber anspruchsvoller Theatervorstellungen ermöglichen sollten. Von den bestehenden Theatern erwarben sie ganze Schauspiel-, Oper- oder Konzertvorführungen. Nicht nur ermöglichte dies günstige Einheitseintrittspreise (per Los wurde bestimmt, in welcher Sitzkategorie man saß), Arbeitern wurde zusätzlich die Angst vor der Etikette solch festlicher Anlässe genommen, da man sozusagen unter sich war und sich weniger gehemmt fühlte. Allerdings setzten sich auch bei der Volksbühne bestimmte Normen durch, so Anzug und weißer Kragen; trotzdem beklagten Funktionäre in Leipzig, daß Nahrungsmittel mit in die Vorstellungen genommen wurden. Die elitäre Leipziger Gewandhausdirektion ließ wohl nicht nur deshalb bei Vorstellungen für die Arbeiterschaft Teppiche und Läufer aus dem Saal und den Aufgängen entfernen und nur die halbe Beleuchtung einschalten. [247]

In der Regel hatten die Volksbühnen keinen Einfluß auf den Spielplan und mußten nicht selten ihren Mitgliedern Stücke bieten, die überhaupt nicht in ihr Konzept paßten. Der Feuilletonredakteur des »Sächsischen Volksblattes« drückte die Frustration der linken Intellektuellen mit den größtenteils biederen und wirklichkeitsfremden Bühnenproduktionen aus:

»Wie oft geht man aus dem Theater heraus mit der Frage, ... wie sehr dieses ganze Theater unserer Tage an der Zeit vorbeigehe, uns ihr entfremde, statt uns ihren Spiegel zu zeigen, statt uns zu versöhnen oder zu verfeinden mit ihr, uns vor ihre Probleme, Nöte und Hoffnungen zu stellen und uns aufzuwühlen zu lebendiger Anteilnahme an den Geschichten der Gegenwart.« [248]

Vor allem in Dresden wurden Stücke avantgardistischer Künstler nach dem Abklingen der Revolutionsstimmung immer seltener gespielt. Die Zeitschrift »Das Tagebuch« warf dem Sächsischen Staatstheater (Opern- und Schauspielhaus des ehemaligen Königlichen Hoftheaters) eine »Noblesse und Reserviertheit« vor, »die sich der berüchtigten Aristokratie des Wiener Burgtheaters nähert«. [249] Das Sächsische Staatstheater unterstand dem Kultusministerium und erhielt fast sämtliche Subventionen des Staates im Theaterbereich. Damit wollte man eine Zersplitterung der Mittel verhindern und das Niveau Dresdens als wichtiges Theaterzentrum Deutschlands sichern. Ein Ministerialdirektor gab allerdings Ende der zwanziger Jahre zu: »Der Besuch der Staatstheater ist mangelhaft, teils infolge der Konkurrenz niederer Vergnügungsstätten wie der Kinos und der Einstellung des großen Publikums zu ihnen, teils infolge des Umstandes, daß die gegenwärtige Produktion an Opern und Schauspielen arm an bedeutenden Werken ist.« [250] Zu dieser Zeit war das Opernhaus im Jahresdurchschnitt nur zu 60 Prozent und das Schauspielhaus zu 70 Prozent gefüllt.

Als Gegenstück zum elitären Staatstheater wurde die Sächsische Landesbühne, ein Wanderbühnenunternehmen, vom Staat subventioniert. [251] Anfang 1919 gegründet, sollte die Landesbühne möglichst viele sächsische Gemeinden mit künstlerischen Darbietungen versorgen. Seit 1926 tingelte sie sogar mit zwei Bühnen in speziell angefertigten Kraftwagenzügen durch Sachsen. Während der ersten zehn Jahre gab das Theater 2.637 Vorstellungen in 69 Spielorten. Zwar half die Landesbühne, kulturelle Darbietungen zu verbreiten, allerdings ging ihr Spielplan nicht über die klassischen Stücke hinaus, und ihre Eintrittskarten waren trotz der Subventionen für viele noch zu teuer. Auch hier boten die Volksbühnen eine billigere Alternative mit der Gründung des Westsächsischen Landestheaters (ab 1929 die »Sächsische Kulturbühne«), das in mittleren und kleineren Orten auftrat.

Was die sächsische Theaterszene und teilweise auch die moderne Musik anging, war Leipzig künstlerisch am interessantesten. Eine Reihe wichtiger, sozialkritischer Stücke wurde hier uraufgeführt, beispielsweise Hans Henny Jahnns »Die Krönung Richard III.« 1922, Ernst Tollers »Hinkemann« im September 1923, Bertolt Brechts »Baal« Ende 1923, Ernst Křeneks Jazzoper »Jonny spielt auf« im Februar 1927 (»erste Jazzoper in der Musikgeschichte«), Bernhard Blumes »Im Namen des Volkes« im Januar 1930 und Brechts »Aufstieg und Fall der Stadt Mahagonny« im März 1930. Daß Leipzig neben Berlin zu dem »aufregendsten Zentrum zeitgenössischen Musiktheaters« geworden war, wird dem Dirigenten und Komponisten Gustav Brecher zugeschrieben, der zwischen 1924 und 1933 Leipziger Operndirektor war und sich leidenschaftlich für die Avantgarde seiner Zeit engagierte.[252] Selbst das »Allgemeine Arbeiter-Bildungsinstitut« in Leipzig war mit den Spielplänen der städtischen Bühnen zufrieden.

Als Dresden aber einmal etwas Besonderes wagte, führte dies zum Skandal. Ernst Tollers »Hinkemann«, die Tragödie eines Proletariers, der durch eine Kriegsverletzung seine Männlichkeit verliert und in der Nachkriegsgesellschaft zugrunde geht (in Leipzig unter großem Beifall uraufgeführt), wurde Anfang 1924 im Dresdner Schauspielhaus massiv gestört. Eine Gruppe von mindestens fünfzig radikalen Nationalisten hatte während der Vorführung gepfiffen, geklatscht, gesungen und gebrüllt. Als sie dann auch noch »Juden raus!« grölten, erlitt ein jüdischer Bankier aus Berlin einen tödlichen Schlaganfall. Anschließende Untersuchungen ergaben, daß die Drahtzieher der Störung die DNVP und völkische Splitterorganisationen waren (einschließlich der Nationalsozialisten). Im Landtag nannte die DNVP Tollers Werk ein »Schmutzstück« und eine »bewußte Verhöhnung des religiösen wie des nationalen Empfindens« und verlangte dessen Absetzung. Das Ergebnis des Hinkemann-Skandals – das Stück wurde wegen einer Morddrohung kurz darauf tatsächlich abgesetzt, die Täter wurden bis auf einen freigesprochen – zeigte deutlich, wie weit die Linke in der Kultur schon zu diesem Zeitpunkt in die Defensive gedrängt worden war. Selbst in Leipzig wagte man ab 1924 nicht mehr, Tollers Antikriegsdrama »Die Wandlung« aufzuführen.

Ab 1929 gesellte sich zu dem zunehmend repressiven Klima die wirtschaftliche Not, die das Kulturleben immer mehr lähmte. Öffentliche Zuschüsse wurden gekürzt, die Menschen hatten immer weniger Geld fürs Vergnügen, und Bühnenaufführungen litten zudem durch die verstärkte Konkurrenz des Tonfilms. Zwar konnte das Dresdner Opern- und Schauspielhaus seine Besucherzahlen einigermaßen halten, dafür erlebten viele kleinere Theater einen dramatischen Einbruch. Beispielsweise sank die Besucherzahl in Dresdens Thalia-Theater von mehr als 55.000 im Jahre 1928 auf 4.500 drei Jahre später. Im Herbst 1931 wurde das Stadttheater in Zwickau sogar ganz geschlossen.

Während der Wirtschaftskrise verschärften die konservativen Kräfte ihre Offensive gegen »moderne und dekadente« Kunst und kürzten die Subventionen. 1930 wurde in Leipzig Bernhard Blumes Stück »Im Namen des Volkes«, das von dem Justizmord an zwei Arbeitern in den USA handelt, nach diskreter Beschwerde des Oberbürgermeisters Rothe (DVP) trotz Zuschauernachfrage aus dem Spielplan genommen. Im gleichen Jahr gratulierten im Landtag alle bürgerlichen Parteien und die Nationalsozialisten der Regierung, weil diese als erstes Land beim Reichszensor beantragt hatte, den nach Erich Maria Remarques Buch »Im Westen nichts Neues« gedrehten Universal-Picture-Film »All Quiet on the Western Front« (Milestone, 1930) zu verbieten. Die Regierung distanzierte sich nicht davon, daß die Nationalsozialisten in Berlin die Vorführungen gestört hatten. Stattdessen behaupteten sie, daß der Film große Bevölkerungsteile verärgern würde.[253] Kurz darauf beschloß dieselbe Mehrheit im Landtag, auch das Buch aus allen Schulbüchereien und vom Lehrplan zu verbannen. Wer den Film sehen wollte, konnte dies erst ab Juni 1931 wieder tun, und zwar nur in geschlossenen Veranstaltungen.

Gleichzeitig setzte eine Hexenjagd gegen Erscheinungen der gesellschaftlichen Modernisierung ein. Neben unterschiedlichen Wertvorstellungen spielten zunehmend auch wirtschaftliche Gründe eine Rolle. Viele Vereine schlitterten durch die Not ihrer Mitglieder und den daraus resultierenden Mitgliederschwund in große finanzielle Schwierigkeiten. Ende der zwanziger Jahre beschimpfte die Zeitschrift eines Leipziger Männerchores die populäre Jazzmusik aus den USA als »dekadente Kulturerscheinung« und Radio und Grammophon als »Moloch der Mechanisierung«. Die Zeitschrift warnte in einem emotionalen Appell, daß mit dem schwindenden Interesse an der Volksmusik das »seelische Zusammengehörigkeitsgefühl ... deutscher Innerlichkeit« verloren gehe, und bezeichnete die »Männerchorbewegung ... als den Gralswächter deutscher Wesensart in der Musik«.[254] Ähnliche Vorstellungen vertraten die Nationalsozialisten, die Anfang der dreißiger Jahre in Dresden eine Ortsgruppe des »Kampfbundes für Deutsche Kultur«, ein Hirngespinst Alfred Rosenbergs, gründeten und ankündigten:

»Der Kampfbund für Deutsche Kultur hat es sich zur Aufgabe gesetzt, inmitten des heutigen Kulturverfalls die Werte des deutschen Wesens zu verteidigen und jede arteigene Äußerung kulturellen deutschen Lebens zu fördern, das deutsche Volk über die Zusammenhänge zwischen Rasse, Kunst und Wissenschaft, sittlichen und willenhaften Werten aufzuklären.«[255]

Dritter Teil

Radikalisierung und Zusammenbruch (1929–1933)

Erwerbslose in Schwarzenberg warten vordem Arbeitsamt auf die Auszahlung der Arbeitslosenunterstützung (1930).

10. Die Krise

Die Forschung hat sich bislang kaum mit Sachsen in den letzten Jahren der Weimarer Republik befaßt. Dabei entfaltete sich in dieser Epoche selbst im Vergleich zu den turbulenten Nachkriegsjahren eine äußerst dramatische Krise, die alle Bereiche der Gesellschaft betraf. Die Folgen waren Verzweiflung, Angst, Not, Panik, Zusammenbruch, Radikalisierung und Gewalt in bis dahin unbekanntem Ausmaß. Am Ende stand die nationalsozialistische Machtergreifung, die Sachsen, Deutschland und bald ganz Europa in einen barbarischen Alptraum versetzen würde. Dieses Kapitel sucht zu ergründen, was sich in dieser aufwühlenden Zeit in Sachsen abspielte. Wieso kehrte die Mehrheit der Bevölkerung der Demokratie den Rücken zu und öffnete sich einer totalitären Lösung? In Zahlen ausgedrückt: Im Mai 1928 unterstützte jeder sechste Sachse eine Partei, die den Sturz des demokratischen Systems herbeiführen wollte; vier Jahre später, im Juli 1932, taten dies fast zwei Drittel, nämlich 63,5 Prozent. [256]

Kaum ein Faktor hatte hierauf einen größeren Einfluß als die Wirtschaftskrise. Sie radikalisierte die Gesellschaft und schuf günstige Voraussetzungen für die Agitation der extremen Linken und Rechten. Nirgendwo sonst brach das Wirtschaftsleben mit solcher Schnelligkeit zusammen wie in Sachsen. Innerhalb kürzester Zeit hatte der Freistaat die höchsten Arbeitslosen- und Bankrottraten Deutschlands. In Nordwestsachsen ermittelten die Behörden Ende 1929, daß sich die wirtschaftliche Situation seit Mitte 1928 »ohne Unterbrechung« verschlechtert hatte. Ihr Jahresbericht fuhr fort: »Die Klagen über Auftragsmangel und Kapitalsknappheit sind im ganzen Jahre nicht verstummt und Betriebsstillegungen, Erwerbslosigkeit und Kurzarbeit zeigen am Jahresschlusse die katastrophale Lage der Wirtschaft.« [257] Die sächsische Metallindustrie wies 1928 eine der niedrigsten Arbeitslosenquoten der Republik auf, aber ab Mitte 1929 überflügelte sie plötzlich alle anderen Länder. Die Entwicklung in Textilindustrie und Bauwesen war sehr ähnlich. Von Anfang an hinterließ die Depression ihre Spuren in der Gesellschaft. Im Freistaat gab es 1929 prozentual weniger Lebendgeborene als in jedem anderen deutschen Land und außerdem die zweithöchste Selbstmordrate bei Männern.

Die genauen Ursachen, wieso Sachsen so hart von der Krise getroffen wurde, sind kompliziert und teilweise umstritten. Fachleute sind sich allerdings einig, daß der Kern des Problems in der besonderen Wirtschaftsstruktur lag. [258] Der hohe Industrialisierungsgrad und die Abhängigkeit vom Export machten die Region bei einer internationalen Wirtschaftskrise extrem anfällig. Daneben gelang es manchen sächsischen Klein- und Mittelbetrieben nicht, moderne Produktionsmethoden und Finanzierungsformen zu übernehmen. Verstärkt wurde dies dadurch, daß Sachsen eine veraltete Industrieregion war. Dies erklärt auch, warum die sächsische Wirtschaft keine starke Kapitalkraft besaß und viele industrielle Bereiche unter den Veränderungen von Produktion und Nachfrage litten. Beispielsweise verdrängte Kunstseide die Baumwolle (und damit vor allem die Vigognespinnerei), neue Techniken im Straßenbau führten zu einem Auftragsmangel in den Granitbrüchen, frühere Importländer stellten inzwischen ihre eigenen Waren her, und Zollmauern hemmten den Export.

Hinzu kam, daß Sachsens Verbrauchsgüterindustrie relativ wenige stabile Zweige besaß, wie beispielsweise die Nahrungsmittelindustrie. Stattdessen dominierten hier die Maschinenindustrie, Fahrzeugbau, Eisen- und Stahlwarenindustrie, Textilindustrie, Holzindustrie, Glasindustrie und die besonders notleidenden Spezialgewerbe, wie die Musikinstrumentenindustrie. Vor allem die große Bedeutung der oft unproduktiven Textilindustrie erwies sich als schwere Belastung. Die Kammgarnspinnerei Stöhr & Co. KG in Leipzig, die mit fast 4.000 Mitarbeitern eine der größten dieser Art in Deutschland war und durch ihre Modernisierung und Verarbeitung synthetischer Fasern bis 1931 ohne Verluste produzierte, stellte eher eine Ausnahme dar.[259] Schließlich spielten Faktoren eine Rolle, die schon erwähnt wurden: ein ungünstiger Standort, mangelhafte Rohstoffgrundlage und hohe Frachtkosten. Ein zeitgenössischer Beobachter faßte zusammen, daß die Ursachen für die besondere Krisenanfälligkeit der sächsischen Wirtschaft »tief in ihrer Eigenart verwurzelt« seien. Er fuhr fort:

»Manche Züge ihrer inneren Schwäche erinnern an Probleme, wie sie gegenwärtig England quälen. Dort wie auch in Sachsen ist eine alte Industrie vor die Aufgabe gestellt, sich von beengenden Formen zu befreien und sich eine Organisation zu geben, die der modernen Produktions- und Finanztechnik und der modernen Betriebsführung entspricht und die geeignet ist, fähige Menschen an das Steuer der Wirtschaft zu bringen.«[260]

Die Behauptung, daß es der zweiten und dritten Generation sächsischer Unternehmer an modernem Fachwissen und Dynamik fehlte, muß allerdings von der Forschung noch untersucht werden. Das gleiche gilt für die ständige Klage sächsischer Unternehmer, sie seien während der zwanziger Jahre von den relativ hohen Arbeitskosten in Sachsen allzu stark belastet worden.

Der Ausbruch der Wirtschaftskrise schuf Bedingungen, die dem Nationalsozialismus zum Durchbruch verhalfen. Bevor wir aber näher darauf eingehen, sollten wir kurz die Wurzeln und Entwicklung des Nationalsozialismus in Sachsen skizzieren.[261] Wie im übrigen Deutschland zählten zu seinen ersten Anhängern in der Regel extreme Antisemiten und Nationalisten, die der Kriegsausgang 1918 deprimierte und sie mit abgründigem Haß gegen die neue Republik erfüllte. Es waren Männer, die von der Kameradschaft unter den Soldaten, Kampfhandlungen an der Front, der Überwindung von Klassengegensätzen im Regiment und der Opferbereitschaft für das Vaterland entscheidend geprägt worden waren. Der Nationalsozialismus schien ihnen die Möglichkeit zu eröffnen, diese Erfahrungen kollektiv nachzuerleben und neu zu rechtfertigen sowie den traumatischen Ausgang umzukehren. Fast alle Anhänger gehörten einer der vielen rechtsradikalen völkischen Gruppen an (vor allem dem Deutschvölkischen Schutz- und Trutzbund) oder Wehrverbänden, die nach dem Krieg wie Pilze aus dem Boden geschossen waren. Auf viele von ihnen wirkten die Anschauungen der Nationalsozialisten anziehend. Der Münchner Nationalsozialist Hermann Esser beschrieb Ende 1921 vor einer Versammlung in Zwickau seine Lösung für die Nachkriegskrise; in einem Bericht über seine Ausführungen war zu lesen: »Die Maßnahmen der deutschen Judenregierung zur Beseitigung dieses Elends seien viel zu schlapp und begünstigten nur das weitere verbrecherische Ausbreiten des Schieber- und Judentums. Bevor nicht Galgen auf der Straße errichtet würden, an denen die Schieber, Wucherer und Volksaussauger aufgehängt werden, sei eine Besserung nicht zu erwarten.«[262]

Sachsens starke antisemitischen Traditionen erwiesen sich als äußerst fruchtbarer Boden für den Nationalsozialismus. Immerhin war Sachsen vor 1914 nicht nur eine Hochburg der antisemitischen Parteien gewesen, sondern auch Tätigkeitsfeld des berüchtigten Alldeutschen Verbandes, der einen tiefsitzenden, haßerfüllten ideologischen Antisemitismus vertrat. Einige fanatische Anhänger, die in München mit der Nationalsozialistischen Deutschen Arbeiterpartei (NSDAP) in Kontakt gekommen waren, verbreiteten deren Gedankengut in der Region. Der Schlosser Fritz Tittmann gründete am 11. Oktober 1921 in Zwickau Sachsens erste NSDAP-Ortsgruppe, die vierte ihrer Art außerhalb Bayerns. Von Zwickau breitete sich die Bewegung langsam auf andere Orte aus, ganz besonders in Südwestsachsen.

Allerdings blieben die Nationalsozialisten in der ersten Hälfte der zwanziger Jahre eine kleine und zersplitterte Bewegung. Außerhalb Bayerns war dies für rechte Splittergruppen normal. 1923 existierten in Sachsen lediglich zehn NSDAP-Ortsgruppen und 16 Stützpunkte. Insgesamt verfügte die Bewegung wahrscheinlich über nicht mehr als ein paar hundert Mitglieder, die sich einmal in der Woche am Stammtisch trafen oder militärische Übungen als Vorbereitung für den geplanten Hitlerputsch durchführten. Ihre Mitglieder kamen aus allen sozialen Klassen, einschließlich der Arbeiterschaft, wenn auch das Bürgertum überproportional vertreten war. Als Hitler Ende 1923 für ein Jahr im Landsberger Gefängnis einsaß und die Nationalsozialisten in ganz Deutschland verboten worden waren, schien die Bewegung auseinanderzufallen. In Sachsen galt das Parteiverbot allerdings schon seit März 1922, was den harten Kern der Aktivisten aber nicht daran gehindert hat, die Arbeit illegal fortzusetzen. Viele Nationalsozialisten engagierten sich dann während der Reichstagswahlen im Mai und Dezember 1924 in völkischen Sammlungsparteien. Obwohl diese insgesamt schlecht abschnitten, erzielten sie einige bemerkenswerte Ergebnisse im Vogtland. Beispielsweise erhielten sie im Mai in Plauen 19 Prozent der Stimmen und in der Amtshauptmannschaft Oelsnitz 17,6 Prozent.

Ein wichtiges Ereignis für die Nationalsozialisten stellte im Jahr 1924 die Ernennung des 45jährigen Textilfabrikanten Martin Mutschmann aus Plauen zum Landesleiter des völkischen Blocks in Sachsen dar. Mutschmann verfügte über alle Voraussetzungen eines erfolgreichen NSDAP-Führers und künftigen Gauleiters (Sachsen erhielt den Titel eines NSDAP-Gaus im Juli 1926): Er war machthungrig, brutal (für Goebbels galt Mutschmann als »ein ordentlicher, brutaler Führer«), unterhielt gute Beziehungen zu Unternehmerkreisen, war Hitler völlig ergeben und haßte Juden. In einer seiner vielen Hetztiraden warnte er Mitte 1931: »Der Tag der Abrechnung wird kommen und die Synagogen werden in Rauch aufgehen!« [263] Mutschmann steht als typisches Beispiel eines Bürgerlichen, der durch wirtschaftlichen Niedergang (seine Spitzenfabrik lief lange Zeit schlecht und mußte 1930 geschlossen werden), die Erfahrung der Kriegsniederlage und den vermeintlichen Sieg der Arbeiterbewegung dazu gebracht wurde, sich an die nationalsozialistische Weltanschauung zu klammern. Für ihn trugen der Marxismus und die Juden Schuld am Niedergang Deutschlands. Die »Marxisten« hatten seiner Meinung nach die Kriegsniederlage, deren katastrophale Folgen und den Klassenkampf gegen das Bürgertum und die Besitzenden herbeigeführt. Die Juden würden den internationalen Kapitalismus kontrollieren, der Deutschland mit den Reparationsverträgen unterdrücke (»Diktat von Versailles«) und mit seinen Trusts, Kaufhäusern und Rationalisierungsmaßnahmen die Existenzen von Arbeitern und Mittelständlern bedrohe. In ähnlicher Weise erklärte der in Zwickau geborene Nationalsozialist Helmuth von Mücke, der wegen seiner aufsehenerregenden Fahrten mit der »Emden«

15. Lokwerkstatt mit Montageplätzen in der Sächsischen Maschinenfabrik, Chemnitz (1925)

16. Einweihung des Kriegerdenkmals in Raschau (1928)

17. Arbeitersportler in Raschau beim Ausheben einer Baugrube für die Errichtung der Sporthalle (um 1925)

18. Arbeitersportlerinnen in Raschau bei Massenübungen (um 1930)

19. Kinder im Festzug zum 30jährigen Stiftungsfest der Freien Turner in Bernsbach (1931)

20. Gemischte Schulklasse in Klein- und Großwelka (1925)

21. Die Tänzerin und Choreographin Mary Wigman bei Studien zu »Hexentanz« (1932)

22. Vor der Freibank,
Leipzig (1929)

23. Mann verkauft
Arbeitslosenzeitung,
Leipzig (1930)

24. NSDAP-Führung in Plauen im Juni 1930 während der Landtags-wahlen. Gauleiter Martin Mutschmann (2. v. l.) steht vor seinem Stellvertreter, Dr. Karl Fritsch

25. Erster sächsischer NSDAP-Gauparteitag und SA-Treffen, Döbeln (1928)

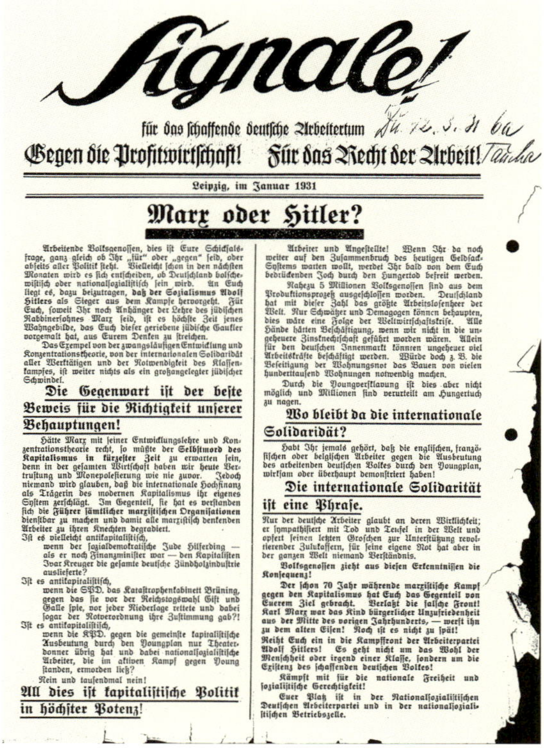

Signale!

für das schaffende deutsche Arbeitertum

Gegen die Profitwirtschaft! Für das Recht der Arbeit!

Leipzig, im Januar 1931

Marx oder Hitler?

Arbeitende Volksgenossen, dies ist Eure Schicksalsfrage, ganz gleich ob Ihr „für" oder „gegen" seid, oder abseits aller Politik steht. Vielleicht schon in den nächsten Monaten wird es sich entscheiden, ob Deutschland bolschewistisch oder nationalsozialistisch sein wird. An Euch liegt es, dazu beizutragen, **daß der Sozialismus Adolf Hitlers** als Sieger aus dem Kampfe hervorgeht. Für Euch, soweit Ihr noch Anhänger der Lehre des jüdischen Rabbinersohnes Marx seid, ist es höchste Zeit jenes Wahngebilde, das Euch dieser geriebene jüdische Gaukler vorgemalt hat, aus Eurem Denken zu streichen.

Das Exempel von der zwangsläufigen Entwicklung und Konzentrationstheorie, von der internationalen Solidaridät aller Werktätigen und der Notwendigkeit des Klassenkampfes, ist weiter nichts als ein großangelegter jüdischer Schwindel.

Die Gegenwart ist der beste Beweis für die Richtigkeit unserer Behauptungen!

Hätte Marx mit seiner Entwicklungslehre und Konzentrationstheorie recht, so müßte der **Selbstmord des Kapitalismus in kürzester Zeit** zu erwarten sein, denn in der gesamten Wirtschaft haben wir heute Vertrustung und Monepolesierung wie nie zuvor. Jedoch niemand wird glauben, daß die internationale Hochfinanz als Trägerin des modernen Kapitalismus ihr eigenes System zerschlägt. Im Gegenteil, sie hat es verstanden sich die **Führer sämtlicher marxistischen Organisationen** dienstbar zu machen und damit alle marxistisch denkenden Arbeiter zu ihren Knechten degradiert.

Ist es vielleicht antikapitalistisch,
wenn der sozialdemokratische Jude Hilferding — als er noch Finanzminister war — den Kapitalisten Ivar Kreuger die gesamte deutsche Zündholzindustrie auslieferte?

Ist es antikapitalistisch,
wenn die SPD. das Katastrophenkabinett Brüning, gegen das sie vor der Reichstagswahl Gift und Galle spie, vor jeder Niederlage rettete und dabei sogar der Notverordnung ihre Zustimmung gab?!

Ist es antikapitalistisch,
wenn die KPD. gegen die gemeinste kapitalistische Ausbeutung durch den Youngplan nur Theaterdonner übrig hat und dabei nationalsozialistische Arbeiter, die im aktiven Kampf gegen Young standen, ermorden ließ?

Nein und tausendmal nein!

All dies ist kapitalistische Politik in höchster Potenz!

Arbeiter und Angestellte! Wenn Ihr da noch weiter auf den Zusammenbruch des heutigen Geldsack-Systems warten wollt, werdet Ihr bald von dem Euch bedrückenden Joch durch den Hungertod befreit werden.

Nahezu 5 Millionen Volksgenossen sind aus dem Produktionsprozeß ausgeschlossen worden. Deutschland hat mit dieser Zahl das größte Arbeitslosenheer der Welt. Nur Schwätzer und Demagogen können behaupten, dies wäre eine Folge der Weltwirtschaftskrise. Alle Hände hätten Beschäftigung, wenn wir nicht in die ungeheuere Zinsknechtschaft geführt worden wären. Allein für den deutschen Innenmarkt könnten ungeheuer viel Arbeitskräfte beschäftigt werden. Würde doch z. B. die Beseitigung der Wohnungsnot das Bauen von vielen hunderttausend Wohnungen notwendig machen.

Durch die Youngversklavung ist dies aber nicht möglich und Millionen sind verurteilt am Hungertuch zu nagen.

Wo bleibt da die internationale Solidaridät?

Habt Ihr jemals gehört, daß die englischen, französischen oder belgischen Arbeiter gegen die Ausbeutung des arbeitenden deutschen Volkes durch den Youngplan, wirksam oder überhaupt demonstriert haben!

Die internationale Solidarität ist eine Phrase.

Nur der deutsche Arbeiter glaubt an deren Wirklichkeit; er sympathisiert mit Tod und Teufel in der Welt und opfert seinen letzten Groschen zur Unterstützung revoltierender Zulukaffern, für seine eigene Not hat aber in der ganzen Welt niemand Verständnis.

Volksgenossen zieht aus diesen Erkenntnissen die Konsequenz!

Der schon 70 Jahr währende marxistische Kampf gegen den Kapitalismus hat Euch das Gegenteil von Euerem Ziel gebracht. Verlaßt die falsche Front! Karl Marx war das Kind bürgerlicher Unzufriedenheit aus der Mitte des vorigen Jahrhunderts, — werft ihn zu dem alten Eisen! Noch ist es nicht zu spät!

Reiht Euch ein in die Kampffront der Arbeiterpartei Adolf Hitlers! Es geht nicht um das Wohl der Menschheit oder irgend einer Klasse, sondern um die Existenz des schaffenden deutschen Volkes!

Kämpft mit für die nationale Freiheit und sozialistische Gerechtigkeit!

Euer Platz ist in der Nationalsozialistischen Deutschen Arbeiterpartei und in der nationalsozialistischen Betriebszelle.

26. NSDAP-Flugblatt an die Leipziger Arbeiterschaft (1931)

27. Demonstration zum 1. Mai auf dem Markt in Schwarzenberg mit Losungen »Tod dem Faschismus«, »Brot und Arbeit für die Erwerbslosen« u. a. (um 1932)

28. Arbeitersportler aus Markersbach (Erzgebirge), der von Angehörigen der SA verletzt worden war, mit Kopfverband (1933)

Zur Landtagswahl.

Oelsnitzer Bürger und Bürgerinnen! Deutsche Männer und Frauen!
Deutche Jungmänner und deutsche Jungfrauen!

Das **„Rote Sachsen"** befindet sich seit geraumer Zeit in einem politischen Uebergangsstadium. Zwar ist die Herrschaft der Sozialdemokratie gebrochen, seitdem die Deutsche Volkspartei es abgelehnt hat, große Koalitionspolitik zur Stabilisierung sozialistischer Macht zu treiben.

Doch ist es auf der anderen Seite nicht gelungen, eine bürgerlich-nationale Regierungsmacht aufzurichten, die **stark** und **entschieden** genug gewesen wäre, die **gesamte Rechtsfront** Sachsens einschließlich der Nationalsozialisten in ihren Bann zu zwingen.

Daher kam es wieder einmal zur Landtagsauflösung. Und nun sollt Ihr **nächsten Sonntag,** wie Ihr im gestrigen „Volksboten" lesen könnt, durch Eure Stimme entscheiden, ob Ihr eine **rote Regierung** oder **geordnete Zustände** haben wollt. Geht Ihr nicht zur Wahl, so gibt es im neuen Landtag **todsicher** eine sozialistisch-kommunistische Mehrheit. Was das bedeutet, wissen alle die, welche die **„Zeignerregierung"** mit erlebt haben.

Sozialisierung, Gesinnungsterror und Gewaltherrschaft

roter Hundertschaften waren die Mittel, um aus Sachsen eine **„Sowjetfiliale"** zu machen.

Die Linken sehen in einem „Sowjetsachsen" die erste Etappe zum Siege des Marxismus in Deutschland.

Was uns dann bevorstünde, haben die vorjährigen Barrikadenkämpfe in Berlin gezeigt, zeigt uns immer und immer wieder die **furchtbare Not** und das **große Elend,** das **Hinmorden** der Menschen in **Rußland.**

Wer unser Land vor diesem **Unglück** und vor neuem **Verruf** in der **gesamten Kulturwelt** bewahren will, wer für **Ruhe und Ordnung** im Staate, für **Sparsamkeit** und **Sauberkeit** in der Verwaltung ist, wähle keinen Kommunisten und Sozialisten, sondern

stärke die gemeinsame Abwehrfront der staatsbürgerlichen Parteien!

Er wähle **„Rechts!"**

Wer nicht wählt, versündigt sich an Volk und Vaterland!

Die staatsbürgerliche Einheitsfront im Bürgerlichen Ortsverein von Oelsnitz u. Neuölsnitz.

29. Aufruf des bürgerlichen Ortsvereins von Oelsnitz und Neuoelsnitz für eine bürgerlich-nationale Regierung bei den Landtagswahlen im Juni 1930

30. Hitler und der sächsische NSDAP-Gauleiter Mutschmann mit jungen Nationalsozialisten während des Gautages in Chemnitz 1931

31. Bücherverbrennung der Nationalsozialisten vor dem Gebäude der Dresdner Volkszeitung, Wettiner Platz (1933)

und der »Ayescha« als Navigationsoffizier während des Krieges viel Bewunderung in nationalistischen Kreisen genoß, 1927 im Landtag:

»Wir Nationalsozialisten haben erkannt, daß eine Befreiung des Volkes aus seinen Fesseln in erster Linie die Brechung der kapitalistischen Herrschaft fordert, die Abschaffung des kapitalistischen Systems, und da diese Herrschaft sich restlos in den Händen der Juden befindet, gilt diesen unser erster Kampf. ... Wir wissen auch, daß die heutigen Zustände zu verfault sind, um verbessert werden zu können ... und daß nur noch eine Revolution helfen kann, die grundlegendes Neues schafft. Deswegen sind wir revolutionär eingestellt, deswegen Todfeind des parlamentarisch-demokratischen Systems.« [264]

Nachdem Hitler die NSDAP Anfang 1925 neu gegründet hatte, baute Mutschmann von Plauen aus Sachsen zu dem NSDAP-Gau mit den meisten Mitgliedern und mit einer hohen Zahl von Ortsgruppen auf. Hitler hatte seine Lehren aus dem gescheiterten Putsch gezogen und plante nun, durch Wahlen an die Macht zu kommen. Auch in Sachsen begann man deshalb, langsam eine leistungsfähige und zentralisierte Parteistruktur aufzubauen. Den Kern bildete eine kleine Schar hingebungsvoller Mitstreiter, vor allem Mitglieder der SA, die außergewöhnlich aktiv waren. Gleichzeitig gründete man Nebenorganisationen für Frauen, Mittelstandsberufe, Arbeiter und Jugendliche, um gezielt möglichst viele Gesellschaftsgruppen ansprechen zu können. Zwei sächsische Initiativen sollten dabei nationale Bedeutung erlangen: Kurt Gruber baute in Plauen die Hitlerjugend auf und wurde 1926 der erste Hitlerjugend-Führer Deutschlands. Im gleichen Jahr gründete Wilhelm Tempel die Nationalsozialistische Studentenorganisation in Leipzig.

Zusätzlich nutzten die Nationalsozialisten jede Gelegenheit, mit anderen Sympathisanten des nationalen Lagers in Berührung zu kommen. Wie wir schon gesehen haben, bestanden da viele Möglichkeiten. So wurden im Mai 1925 Hakenkreuzfahnen und Bilder Hitlers bei einem Deutschen Tag in Aue präsentiert, und im Februar 1926 warfen Nationalsozialisten und Mitglieder anderer rechtsradikaler Organisationen am Schluß der Leipziger Premiere von Carl Zuckmayers »Der fröhliche Weinberg« faule Eier und Äpfel auf die Bühne. [265] Die starke politische Polarisierung in Sachsen erlaubte es den Nationalsozialisten, sich problemlos in das nationale Milieu einzubetten. Beispielsweise provozierten sie 1925 wiederholt Saalschlachten bei Versammlungen der DDP in Dresden, und im Januar 1928 verprügelten Leipziger Nationalsozialisten einen Juden in Gegenwart seines Sohnes und brachen ihm dabei den Arm. [266]

Politisch blieb die NSDAP allerdings bedeutungslos. Zwar waren ihre Versammlungen teilweise sehr gut besucht, dies schlug sich aber nicht in besseren Wahlergebnissen nieder. Bei den Reichstagswahlen im Mai 1928 gewann die NSDAP lediglich 2,7 Prozent der Stimmen (ihr nationaler Durchschnitt lag bei 2,6 Prozent).

Die Nationalsozialisten besaßen eine sehr ungleichmäßige regionale Präsenz. Je nachdem, wo man in Sachsen wohnte, war es bis 1930 möglich, recht viel, kaum etwas oder sogar gar nichts von der NSDAP zu erfahren. Soziale, kulturelle und wirtschaftliche Bedingungen vor Ort bestimmten, ob loyale Aktivisten vorhanden waren und ob diese in der Lage waren, eine stabile Anhängerschaft zu sammeln.

In Südwestsachsen, vor allem im Vogtland und im Erzgebirge, waren die Nationalsozialisten ab 1926 bereits wesentlich aktiver als die bürgerlichen Parteien und bauten hier eine ihrer Hochburgen in Deutschland auf. Dabei profitierten sie direkt von der ideologischen Vorarbeit des Alldeutschen Verbandes und der antisemitischen Parteien. Beide Regionen verzeichneten vor dem Ersten Weltkrieg einen starken Zulauf als Reaktion auf die Immigration billiger tschechischer Arbeitskräfte, Sachsens Rolle als Auffang- und Transitland für Einwanderer aus dem Osten (vor allem Juden) und wegen des mangelnden Erfolgs der traditionellen Parteien im Umgang mit Konjunkturkrisen. Nach 1918 löste dann der langsame Niedergang der Textilindustrie zunehmende Existenzangst und materielle Not aus. Außerdem führten die Folgen der Novemberrevolution zu besonders starken Spannungen zwischen dem reaktionären Bürgertum und der radikalen Arbeiterbewegung. Schließlich profitierten die Nationalsozialisten durch die Nähe zu Bayern von einem engen Kontakt mit ihren Mitstreitern jenseits der Landesgrenze.

Ostsachsen war dagegen für die Nationalsozialisten das »Schmerzenskind« der sächsischen Bewegung. Die Gegend lag am weitesten vom Vogtland und von Bayern entfernt und war für die Nationalsozialisten, mit Ausnahme der Städte Bautzen und Zittau, für lange Zeit unerschlossenes Hinterland. 1930 mußten sie bei einer Propagandafahrt durch die dortigen Dörfer feststellen, daß viele Einheimische kaum etwas von Hitler und seiner Bewegung gehört hatten. Ein einheimischer NSDAP-Führer führte dies auf die Existenz der Sorben, die Vielzahl kleiner Ortschaften und die fehlende Unterstützung von auswärtigen Rednern zurück.[267] Tatsächlich kann es kaum verwundern, daß die Sorben immun waren gegen die aggressiv-nationalistischen Ideen der NSDAP. Bereits ab 1922 entwickelten die Nationalsozialisten in Nordwest- und Mittelsachsen Aktivitäten, besonders in Leipzig und Dresden,sie fanden aber vor der Wirtschaftskrise auch hier keine besonders günstigen Voraussetzungen. Neben internen Streitigkeiten und persönlichen Rivalitäten litten sie unter der starken Konkurrenz anderer völkischer Parteien und der mächtigen Arbeiterbewegung.

Anfang 1929 hatten die sächsischen Nationalsozialisten allerdings allen Grund, zuversichtlich zu sein. Seit der Hyperinflation 1923 radikalisierten sich immer größere Kreise des Bürgertums. Die Krisensymptome der Wirtschaft steigerten sich plötzlich in eine wesentlich umfangreichere Krise. Nach Jahren mühsamer und oft stagnierender Arbeit schien es mit der NSDAP bergauf zu gehen: Plötzlich stieg die Zahl ihrer Mitglieder, der Ortsgruppen und Versammlungen an. Ermuntert durch diese Entwicklung, führten die Nationalsozialisten Anfang März einen großangelegten Propagandafeldzug mit 84 Versammlungen in ganz Sachsen durch. Kurz darauf bot sich ihnen plötzlich die Möglichkeit, endlich aus ihrer Isolation auszubrechen. Unerwartet waren für den 12. Mai 1929 neue Landtagswahlen angesetzt worden.[268] Mit der Parole »Sachsen wacht auf!« entfaltete die NSDAP daraufhin neben den Arbeiterparteien den aktivsten Wahlkampf. Hitlers Auftritte in Annaberg, Glauchau, Leipzig und Zittau erregten besonders viel Aufmerksamkeit. Wie immer gingen die Nationalsozialisten nicht auf spezifisch sächsische Aspekte ein, sondern argumentierten, daß die Not im Freistaat nur durch einen fundamentalen Wandel des politischen Systems in Deutschland zu überwinden sei. Während die linken und rechten Kräfte Deutschland betrogen und gespalten hätten, bezeichneten sie sich als die einzige Bewegung, die für die gesamte Bevölkerung und ein vereintes Deutschland kämpfe.

Auch die Arbeiterparteien versprachen sich viel von den Wahlen. Die SPD strebte nach einer Wiederholung der guten Ergebnisse der Reichstagswahlen vom Vorjahr. Sie spekulierte sogar darauf, die »Proletarische Mehrheit« im Landtag wieder zurückzugewinnen und kämpfte für ein »rotes Sachsen« (bei den Reichstagswahlen 1928 hatten beide Arbeiterparteien immerhin 50,5 Prozent der Stimmen erhalten). Dabei hatten die Kommunisten jedoch bereits ausdrücklich erklärt, eine sozialdemokratische Minderheitsregierung nicht dulden zu wollen. Demgegenüber gestaltete sich die Atmosphäre im bürgerlichen Lager alles andere als hoffnungsvoll. Die Parteien waren zerstritten, und das eigene Wählerlager war sichtlich unzufrieden. Man brachte es gerade noch fertig, untereinander einen wackeligen »Burgfrieden« zu vereinbaren. Ansonsten versteiften sich die Bürgerlichen auf eine negativ gefärbte Wahlkampagne und versuchten, die Bevölkerung mit Horrorgeschichten über das Jahr 1923 gegen eine Neuauflage »Zeigner-Sachsens« zu mobilisieren. Ein typischer Artikel in einer bürgerlichen Zeitung hieß jeden willkommen, der mithalf, eine »marxistische« Regierung zu verhindern:

»Kampf dem Marxismus! ... Zwei breite kämpfende Fronten stehen sich einander gegenüber, auf der einen Seite der internationale Marxismus, auf der anderen das nationale staatsbürgerliche Pflichtbewußtsein gegenüber Volk und Vaterland. Wir bedauern aber, daß sich die Nationalsozialistische Deutsche Arbeiterpartei dieser nationalen Kampffront nicht eingegliedert hat ... Die Pflicht ist ... der Kampf gegen den volksverderbenden Marxismus, das Ziel: der Wiederaufbau eines großen und starken deutschen Vaterlandes.« [269]

Die »Leipziger Neueste Nachrichten« kam zu einer nüchternen Analyse der bürgerlichen Wahlstrategie: »Das beste Mittel aber, einen deutschen Bürger zur Urne zu bringen, ist und bleibt die Angst. Deshalb besteht auch die ganze Mentalität und Tätigkeit dieses Burgfriedens darin, dem Bürger den Schreck vor ›Sowjetsachsen‹ einzujagen.« In Wirklichkeit, so die Zeitung, wären Sozialdemokraten und Kommunisten völlig zerstritten, und es wäre auch »von roter Einigkeit nichts zu spüren«. [270] Die übertriebene verbale Polarisierung sollte nur einer Partei zugute kommen: der NSDAP.

Die Wahlen verschafften der SPD nur zwei zusätzliche Sitze, während die KPD sogar zwei verlor. Die Altsozialisten verloren ebenfalls. Im großen und ganzen hielten sich die bürgerlichen Parteien gar nicht so schlecht. Allerdings sollte ihr Verlust von insgesamt fünf Sitzen und der zwei Sitze der Altsozialisten enorme Konsequenzen haben. Denn im Sächsischen Landtag verfügten die Regierungen traditionell nur über hauchdünne Mehrheiten. Und so kamen die Nationalsozialisten mit ins Spiel. Obwohl sie bei den Wahlen nur fünf Prozent der Stimmen gewonnen hatten (wobei sich ihre Stimmzahl von 74.000 im Mai 1928 auf nunmehr 134.000 verdoppelte), nahmen sie mit ihren fünf Sitzen plötzlich die Schlüsselstellung im Dresdner Landtag zwischen den 45 Sitzen der Linken (SPD und KPD) und den 46 Sitzen der Bürgerlichen ein. Die Nationalsozialisten hatten über Nacht die Altsozialisten als »Zünglein an der Waage« abgelöst. Von nun an waren die Tage eines reibungslosen Funktionierens des Parlaments gezählt. Nicht ohne Grund schenkte die Münchner NSDAP-Leitung dem Freistaat während des folgenden Jahres erhöhte Aufmerksamkeit.

Die neue Konstellation löste im Landtag allgemeine Ratlosigkeit aus. Im Grunde genommen gab es nur zwei Möglichkeiten: eine Große Koalition, an der mindestens SPD, DDP und DVP teilnehmen würden, oder eine antimarxistische Koalition mit Beteiligung oder Billigung der NSDAP. Erstere wurde mit Zähigkeit von den Demokraten, aber auch einem Teil der sozialdemokratischen Fraktion um Alfred Dobbert (Meißen) und Johann Wehle (Lausitz) unterstützt. Gleichzeitig standen Vertreter der SPD-Linken wie Oskar Edel (Dresden) und Fritz Bieligk von der Leipziger Volkszeitung dem Bürgertum weiterhin unversöhnlich gegenüber und verkündeten die Parole »Opposition ist positive Politik!«. Allerdings ging die SPD auf die DVP zu, indem sie Anfang Juni ein »Mindestprogramm« für eine Regierungsteilnahme veröffentlichte. Der Dresdner Anzeiger, ein DVP-Blatt, pflückte dies jedoch sofort auseinander und kommentierte unverblümt, daß man damit »den Gedanken der Großen Koalition schon jetzt als begraben ansehen« könne. [271] Selbst zu Zeiten, als die DVP in Berlin mit der SPD die Regierungsbank teilte, waren die sächsischen Volksparteiler nicht einmal bereit, mit den Sozialdemokraten ein Gespräch aufzunehmen.

Nachdem zwei Versuche gescheitert waren, einen Ministerpräsidenten zu wählen, passierte plötzlich etwas Unerwartetes: Die Nationalsozialisten gaben am 20. Juni überraschend zu erkennen, daß sie eine »marxistenfreie Regierung« unter Wilhelm Bünger (DVP) tolerieren würden. Ohne zu zögern, ging die DVP auf dieses Angebot ein. Hitler, der mit der ganzen NSDAP-Spitze am Wahlkampf teilgenommen hatte, zog die Fäden bei den Verhandlungen und spielte mit der Idee, den Posten des Innenministers für Wilhelm Frick zu verlangen. Dies wäre aber wegen des Widerstandes der DDP und der Altsozialisten nicht mehrheitsfähig gewesen und wurde nicht weiter verfolgt. Stattdessen machten die Nationalsozialisten eine Unterstützung Büngers von mehreren Bedingungen abhängig. Man verlangte, daß sich die Regierung im Reichsrat gegen die Reparationsverträge einsetze, Sparmaßnahmen in der Verwaltung durchführe, ein umfangreiches Programm zur Schaffung von Arbeitsplätzen aufstelle, den Wohnungsbau, die Landwirtschaft und den Mittelstand fördere und keinen Demokraten als Innen- oder Kultusminister berufe. [272] Tatsächlich berücksichtigte Bünger nach seiner Wahl weder ein Mitglied der DDP noch ASPS bei der Regierungsbildung, sondern berief zwei »neutrale« Beamte zum Innen- (Wilhelm Richter) und zum Justizminister (Ernst Mannsfeld), um bei den anderen Koalitionsparteien keine Streitigkeiten auszulösen. Wirtschaftsminister wurde Krugg von Nidda (DNVP), während Hugo Weber (WP) das Finanzministerium übernahm. Zusätzlich bekleidete Bünger selbst den Posten des Kultusministers, in dessen Ressort sich in der Vergangenheit so viele Kontroversen abgespielt hatten. Nach der Regierungsbildung rühmten sich die Nationalsozialisten, die erste Regierung in Sachsen ohne einen »roten« Ministerpräsidenten ermöglicht zu haben.

Die Entscheidung der Nationalsozialisten für eine konstruktive Zusammenarbeit mit den Bürgerlichen im Juni 1929 bezeichnete einen Wendepunkt der Parteilinie. Damit brach die Münchner Parteileitung mit dem »linksrevolutionären« Flügel um Otto Straßer in Berlin, der das parlamentarische System durch permanente Obstruktion (»Katastrophenpolitik«) zu Fall bringen wollte und Sachsen als Teil seiner Domäne betrachtete. Die neue Strategie eröffnete der NSDAP die Möglichkeit, eines Tages das Innenministerium zu gewinnen, und sollte die Partei für bürgerliche Wähler attraktiver machen. In diesem Sinne legten Entwicklungen in Sachsen das Fundament für die erste nationalsozialistische Regierungsbeteiligung (Wilhelm Frick) ein halbes Jahr später in Thüringen.

In vielerlei Hinsicht kontrollierten die Nationalsozialisten von nun an die politische Entwicklung, weil sie der Regierung Bünger jederzeit die Unterstützung entziehen konnten. Tatsächlich tat Bünger sein Bestes, um zur NSDAP eine gute Beziehung aufrechtzuerhalten. Dabei schienen ihn die aggressiven Tiraden der Nationalsozialisten nicht zu stören. Ihr berüchtigter Fraktionsführer Manfred von Killinger, der am Anfang der Republik als Mitglied der terroristischen Organisation »Consul« wegen des Mordes an Matthias Erzberger (Unterzeichner des Waffenstillstands) im Gefängnis gesessen hatte, kündigte den »Marxisten« an, ihnen eines Tages die »abgeschlagenen Köpfe« ihrer Führer vor die Füße zu werfen. [273] Gleichzeitig drohten die Nationalsozialisten der Regierung, ihr die Unterstützung zu entziehen, wenn sie nicht stärker gegen Marxismus und Korruption in der Verwaltung einschreiten würde. Besondere Zielscheiben der Nationalsozialisten wurden der Ende Juli berufene Arbeitsminister Elsner und der Präsident der sächsischen Landesversicherungsanstalt Tempel. Beide waren von der ASP, und beiden warf man schwere Korruptionsfälle und damit »Verbrechen gegenüber dem Volk« vor.

Es war somit nicht verwunderlich, daß die neue Regierung nach rechts abrutschte. Obwohl die Folgen der sich ausbreitenden Wirtschaftskrise immer spürbarer wurden, gab es praktisch keine neuen sozialpolitischen Initiativen für die Arbeiterklasse. Vielmehr kündigte Bünger in seiner Regierungserklärung einen harten Sparkurs an und richtete sein Augenmerk fast ausschließlich auf die Sorgen des Mittelstandes. Außerdem benutzte er die Mehrheit des nationalistischen Lagers im Landtag, um nicht nur den Arbeiterparteien, sondern jedem Republikaner eins auszuwischen: Ende 1929 wurde der Revolutionsfeiertag (9. November) gegen den Widerstand der linken Parteien abgeschafft. Gleichzeitig weigerte sich aber der Regierungschef, gegen die rührige Tätigkeit der Hitler-Jugend an sächsischen Schulen vorzugehen (obwohl die sächsische Regierung den antidemokratischen Jungspartakusbund schon 1927 verboten hatte). [274] Es war wohl auch kein Zufall, daß Arbeitsminister Elsner schließlich im Januar 1930 sein Amt auf »eigenen Wunsch« niederlegte. Die NSDAP hatte ihn zuvor im Landtag heftig attackiert und einen Mißtrauensantrag gegen ihn eingebracht.

Es war schon erstaunlich, daß Bünger schließlich wegen einer nationalen Frage zu Fall kam. Er tat nämlich etwas, was in den Augen der Nationalsozialisten, aber auch vieler Deutschnationaler, als unverzeihlicher Verrat am deutschen Volk angesehen wurde: Er stimmte im Reichsrat für den Young-Plan (eine neue Regelung der deutschen Reparationszahlungen, die wesentlich realistischer war als der vorherige Dawes-Plan). Daraufhin stellte die NSDAP am 18. Februar einen Mißtrauensantrag, der nach einer stürmischen Landtagsdebatte (ein erster Mißtrauensantrag der KPD war knapp gescheitert) von Sozialdemokraten, Kommunisten und Deutschnationalen sowie dem Landvolk unterstützt wurde. Die Brisanz dieses Themas wird daran deutlich, daß nur die Vertreter der Volkspartei und der Wirtschaftspartei (WP) gegen den Antrag gestimmt hatten, während sich DDP, Reichspartei für Volksrecht und Aufwertung (VRP) und ASP enthalten hatten. Bünger trat sofort zurück, führte allerdings mit seinem Kabinett die Geschäfte kommissarisch weiter.

Tatsächlich hatten die Nationalsozialisten im letzten Drittel des Jahres 1929 in einer umfassenden Kampagne für einen Volksentscheid gegen den Young-Plan geworben, der als »drittes Versailles« gegeißelt wurde und angeblich die deutsche Bevölkerung für Generationen »versklaven« würde. Das gemeinsame Vorgehen mit Deutschnationalen, Stahlhelm und anderen Organisationen hatte ihnen großes Ansehen in nationalistischen Kreisen verschafft. In vielen bürgerlichen Zeitungen waren positive Berichte über die Nationalsozialisten erschienen. Schließlich spielte es für die Nationalsozialisten auch keine Rolle, daß der Volksentscheid im Dezember kläglich scheiterte. [275] Man hatte an Bekanntheit gewonnen und die Kampagne ausgenutzt, um die eigene Propagandamaschine in Schwung zu halten. Inzwischen hattten die Nationalsozialisten bei ihren Veranstaltungen in vielen Teilen Südwestsachsens immer mehr Zulauf. Außerdem war man auch bei den Ende 1929 durchgeführten Gemeindewahlen in vielen Stadtparlamenten zwischen den Parteien des Bürgertums und der Arbeiterbewegung das Zünglein an der Waage.

Der Sturz Büngers Anfang 1930 hob Sachsens politisches System für mehr als ein halbes Jahr aus den Angeln. Zwischen SPD und DVP wiederholte sich das gewohnte Spiel: Die Sozialdemokraten waren weiterhin in Befürworter und Gegner einer großen Koalition gespalten; die Volksparteiler weigerten sich, diese überhaupt in Erwägung zu ziehen; trotzdem veröffentlichte die SPD ein Programm als Grundlage für eine Regierung mit DDP und DVP. Das Programm hatte mehrere strittige politische Forderungen vom Vorjahr fallengelassen und konzentrierte sich im Prinzip auf drei Ziele: die Bekämpfung der Arbeitslosigkeit, die Erhöhung der Hilfsleistungen für die Armen auf Kosten der Wohlhabenden und eine Stärkung des demokratischen Staates durch die Ernennung »zuverlässiger Republikaner« für frei werdende Stellen in Verwaltung, Polizei und Justiz. [276]

Wiederum zeigte die sächsische DVP kein Interesse daran, den Sozialstaat während der Krise weiter auszubauen, eine Steuerverschiebung zugunsten der Armen durchzuführen und die Personalpolitik der SPD für die Verwaltung mitzutragen. Wie im Reich, wo die Regierungskoalition aus SPD und DVP zeitgleich an der Frage der Arbeitslosenversicherung scheiterte, prallten in Sachsen zwei komplett unterschiedliche Meinungen in bezug auf den Sozialstaat aufeinander. Die Volksparteiler, die eng mit den sächsischen Industriellen verbunden waren, unterstützten eher deren Forderungen nach Verlängerung der Arbeitszeit, Kürzung der Löhne, Abbau der Fürsorgetätigkeit und der Erwerbslosenunterstützung sowie erhöhten Subventionen für die Industrie. [277]

Nach zwei vergeblichen Versuchen, einen Ministerpräsidenten zu wählen, wurde wieder einmal deutlich, daß die sächsischen Parteien unfähig waren, eine Mehrheit für eine Regierung zu finden. Daraufhin wurde der Vorschlag der DDP, ein Beamtenkabinett, das fachliche Kompetenz vor politische Interessen stellen sollte, von einer knappen Mehrheit unterstützt. Am 6. Mai wurde Wilhelm Schieck, Präsident des Staatsrechnungshofes – und der DVP nahestehend –, mit 46 gegen 44 Stimmen (bei Stimmenthaltung der NSDAP-Abgeordneten) zum Ministerpräsidenten gewählt. Die Nationalsozialisten hatten der Regierung ähnliche Bedingungen für ihre Tolerierung gestellt wie im Vorjahr und wollten zudem bei allen entscheidenden Fragen direkt konsultiert werden. Als sich das Kabinett eine Woche später vorstellte, war Richter Innenminister, Mannsfeld Arbeits- und Wohlfahrtsminister, Hedrich Finanz- und Wirtschaftsminister, und Ministerpräsident Schieck hatte selber noch das Volksbildungsministerium übernommen. Die neue Regierung hatte keine Chance, sich zu bewähren. Eine Woche nach der Regierungsbildung hatten es sich die Nationalsozialisten anders überlegt und unterstützten zusammen mit den Kommunisten einen SPD-Antrag auf Landtagsauflösung.

Der SPD unterlief mit dem erfolgreichen Mißtrauensantrag ein folgenschwerer taktischer Fehler. Hatte doch gerade die Wahlentwicklung im benachbarten Thüringen gezeigt, wie gefährlich Neuwahlen sein konnten: Bei den Landtagswahlen Ende 1929 hatte die KPD dort zwei Sitze verloren, während die SPD stagnierte und die NSDAP von zwei auf sechs Sitze angewachsen war. Eigentlich sollte der Antrag lediglich die eigenen Anhänger befriedigen und gleichzeitig den Druck auf die bürgerlichen Parteien erhöhen (insbesondere auf die DVP), sich einer Großen Koalition zu öffnen. Man wollte ausnutzen, daß sich die bürgerlichen Parteien vor Neuwahlen fürchteten. Gleichzeitig rechnete man nicht damit, daß die Nationalsozialisten die Schieck-Regierung so schnell fallenlassen würden. [278] Es war deshalb schon seltsam, daß die Sozialdemokraten nun mit der Parole »Verhindert ein Nazi-Sachsen« in die Landtagswahlen zogen.

Die Nationalsozialisten begründeten ihre Unterstützung für den Mißtrauensantrag damit, daß Schieck ihren Wunsch zurückgewiesen hatte, das Arbeitsministerium an einen der NSDAP nahestehenden Mann zu vergeben. In Wirklichkeit hatten sie aber schon seit längerem auf Neuwahlen gehofft, um außer in Thüringen auch in Sachsen den Innenminister zu stellen und damit einen »Mitteldeutschen Block« zu bilden. Ähnlich wie die Kommunisten hofften sie, bei Neuwahlen von der sich rasch ausbreitenden Wirtschaftskrise profitieren zu können. In Nordwestsachsen stuften Behörden das Jahr 1930 immerhin als »das bisher größte Krisenjahr der Nachkriegszeit« ein, während man in Mittelsachsen die Zahl der Arbeitsuchenden, den Mangel an Aufträgen in allen Industriezweigen und eine gedrückte Stimmung bei der Bevölkerung beklagte. [279]

Wie schon zuvor, fielen die bürgerlichen Parteien kaum durch größere Versammlungsaktivitäten während des Wahlkampfes auf, sondern beschränkten sich auf Anzeigen in den Tageszeitungen. Das Innenministerium konstatierte einen kurzen, aber von Nationalsozialisten, Kommunisten und Sozialdemokraten sehr scharf und mit großem Aufwand geführten Wahlkampf. In der Amtshauptmannschaft Schwarzenberg, einem typischen Bezirk im Erzgebirge, hielten die Parteien in den drei Wochen vor den Wahlen nach Anzahl und Besuchern folgende Versammlungen ab [280]:

Partei	Anzahl der Versammlungen	Besucherzahl
NSDAP	33	3.040
SPD	18	2.014
KPD	10	862
DNVP	5	170
DVP	2	108

Als am 22. Juni die Stimmen ausgezählt wurden, gab es einen klaren Sieger: die NSDAP. Während die Kommunisten lediglich einen Sitz hinzugewannen, verloren die Sozialdemokraten ein Mandat und die Altsozialisten sogar ihre letzten beiden Mandate. Für das bürgerliche Lager wurde die Wahl, wie befürchtet, zum Fiasko. Die DDP setzte ihren Niedergang fort und war nun bei drei Sitzen angekommen. Ihre Werbung für »Staatsverantwortung statt Verantwortungslosigkeit«, »positive Arbeit statt Maulheldentum« und für »die Zusammenfassung der politischen Kräfte gegen den zersetzenden Radikalismus« fand kaum Zuspruch. [281] DNVP und DVP erlitten ebenfalls Stimmenverluste. Ihre Sitzzahl schrumpfte von acht auf fünf beziehungsweise von 13 auf acht. Die DNVP hatte schon seit einiger Zeit eine Austrittswelle zu verzeichnen und zersplitterte zusehends. Darin zeigte sich der Protest gegen den neuen rechtsradikalen und zu keinem Kompromiß bereiten, betont antidemokratischen Parteiführer Alfred Hugenberg und seine Zusammenarbeit mit der NSDAP. Außerdem war vielen das Gesetz, das im Volksbegehren gegen den Young-Plan vorgeschlagen worden war, zu weit gegangen, weil in ihm alle Unterzeichner dieses Planes als Verräter deklariert wurden, einschließlich Reichspräsident von Hindenburg. Neben dem Sächsischen Landvolk, das seine fünf Sitze halten konnte, tauchten zwei neue Parteien auf: Die Konservative Volkspartei vereinigte moderate ehemalige DNVP-Anhänger, der Christlich-Soziale Volksdienst stellte eine evangelische Gemeinschaftsbewegung dar, der deutschnational orientierte Arbeiter und Angestellte und ehemalige DNVP-Politiker angehörten. Beide Parteien gewannen je zwei Sitze.

Die DVP machte einen kümmerlichen Eindruck. Der Tod Stresemanns (Oktober 1929) hatte sie ihrer Führungspersönlichkeit und der einzigen Chance beraubt, die bürgerliche Mitte zu vereinen. Danach rückte die Partei immer mehr nach rechts. Außer antimarxistischen Floskeln hatte man im Wahlkampf kaum etwas zu sagen. Vielmehr gab man zu, daß die Bekämpfung der Not an der Mittellosigkeit des Reiches scheitere und in Sachsen wegen der Knappheit der Finanzen nicht viel zu bewerkstelligen sei. Gleichzeitig hatten die sächsischen Volksparteiler mit Entsetzen registriert, daß ihre Parteikollegen im Regierungskabinett eine Notsteuer für die Beamten eingeführt hatten. Nicht zu Unrecht befürchtete man, die Unterstützung eines verläßlichen Verbündeten zu verlieren. Schließlich war ein weiterer, neuer Konkurrent erschienen. Die vom Führer des Jungdeutschen Ordens, Arthur Mahraun, gegründete Volksnationale Reichsvereinigung strebte nach dem Zusammenschluß des bürgerlichen Wählerlagers in eine »Volksgemeinschaft« und gewann bei den Wahlen zwei Sitze.

Die Zersplitterung der bürgerlichen Parteienlandschaft hatte groteske Züge angenommen: Neun Parteien kämpften um den »antimarxistischen« Wähler und gegen KPD, SPD und ASP. Von diesen neun Parteien verspürte nur die NSDAP Aufwind und verfügte zudem über eine effektive Propagandamaschine. Goebbels warf den bürgerlichen Parteien mit ihrem Kampfruf »Nie wieder ein Sowjetsachsen« Heuchelei vor. In Wirklichkeit, so Goebbels, hätten sie mit den »Marxisten« zusammengearbeitet: in den Regierungskoalitionen mit Altsozialisten, hinter verschlossenen Türen mit SPD und KPD und mit »marxistischen« Beamten, die immer noch in der Verwaltung säßen. Für ihn stand fest: Nur »die Nationalsozialisten werden Sachsen von den Resten des Zeigner-Schmutzes befreien«.[282] Des weiteren würden die Bürgerlichen ihre Unfähigkeit und Zerrissenheit hinter antimarxistischen Parolen verstecken. Um dies zu unterstreichen, zog Goebbels einen direkten Vergleich zwischen dem Versagen der sächsischen Regierung und der angeblich energischen Arbeit ihres Innenministers Frick in Thüringen. Dort habe man unter anderem wieder das Schulgebet eingeführt, Verordnungen gegen kulturzerstörende »Niggerkultur« erlassen und besäße keine »marxistischen Bonzen« als Beamte. Dementsprechend zogen die Nationalsozialisten mit folgenden Parolen in den Wahlkampf:

»Kampf für Freiheit und Brot, gegen Marxismus und Kapitalismus, für Beseitigung der Arbeitslosigkeit, der Wohnungsnot und der Wirtschaftskrise, gegen Young-Versklavung und Erfüllungspolitik, für Wahrheit, einen sauberen Volksstaat und Christentum, gegen Lüge, Korruption und Antichristentum, für ein starkes, einiges deutsches Volk aller Berufe, gegen Parteiunwesen,

Zersplitterung und ihre Folgen, für deutsche Kultur und deutschen Glauben, gegen Bolschewismus und Untergang!« [283]

Der vergleichsweise moderate Ton gegenüber früheren Jahren ist auffallend. Die Nationalsozialisten wollten damit auch diejenigen für sich gewinnen, die bisher durch ihre überwiegend brutale Sprache abgeschreckt worden waren.

Ihre Bemühungen sollten sich auszahlen: Sie erhielten 14,4 Prozent der abgegebenen Stimmen und feierten ihren ersten entscheidenden politischen Durchbruch in einem größeren deutschen Land. Damit wurden sie zur zweitgrößten Partei in Sachsen und zur mit Abstand größten politischen Gruppierung des »anti-marxistischen« Lagers. Die NSDAP-Führungsspitze, die geschlossen am Wahlkampf teilgenommen und in Plauen gespannt auf die Wahlergebnisse gewartet hatte, brach in großen Jubel aus. Ihren Stimmenzuwachs verdankten sie hauptsächlich ehemaligen Wählern der DVP und DNVP und ihrer erfolgreichen Mobilisierung vorheriger Nichtwähler. In der Tat war die Sachsenwahl der erste »Streich« des neu ernannten NSDAP-Propagandachefs Joseph Goebbels.

In nationalistischen Kreisen gab es eine rundum positive Reaktion auf den Erfolg der Nationalsozialisten. Man erhoffte sich eine Koalition der bürgerlichen Parteien mit der NSDAP. Tatsächlich gingen beide Gruppierungen sofort in Verhandlungen. Diese erwiesen sich aber als wesentlich langwieriger und schwieriger als erwartet. Ein Problem war die Forderung der NSDAP, Gregor Straßer das Innenministerium zuzuweisen. Straßer galt nach Hitler als der zweite Mann in der NSDAP und hatte sich über die Jahre als regelmäßiger Besucher und Versammlungsredner in Sachsen profiliert. Alle bürgerlichen Parteien, bis auf die DDP und die Volksnationale Reichsvereinigung, akzeptierten dies schließlich. Damit hätten sie Straßer in einem Krugg-von-Nidda-Kabinett die Kontrolle über die Polizei gegeben. Dies unterstrich den deutlichen Rechtsrutsch der bürgerlichen Parteien. Immerhin konnte jeder sehen, wie Frick in Thüringen systematisch demokratische Rechte abbaute. Gleichzeitig verkündeten die sächsischen Nationalsozialisten überall offen, daß sie ähnliches in Sachsen vorhatten. Der Landtagsabgeordnete Cuno Meyer erklärte in einer Versammlung in Dresden, warum seine Partei das Innenministerium forderte:

»Und zwar deshalb, um den Verwaltungsapparat von Parteibuchbeamten zu säubern, und um die Polizei in die Hände zu bekommen, damit Schluß werde mit dem roten Terror. Marxistische Propaganda auf den Straßen sei dann nicht mehr erlaubt. Wer für den Kommunismus sei, könne nach Sowjetrußland auswandern ... Wenn die Nationalsozialisten auf legalem Weg die Mehrheit im Reichstag hätten, würden sie denselben durch Mehrheitsbeschluß als überflüssig für immer auflösen.« [284]

Gerade wegen solcher Äußerungen ließen sich aber die Deutsch-Demokraten und die Volksnationale Reichsvereinigung nicht umstimmen. Der NSDAP-Traum eines »Mitteldeutschen Blocks« platzte. Selbst Hitlers bekannter Legalitätseid vor dem Leipziger Reichsgericht am 25. September konnte hieran nichts ändern; ebensowenig der Ausgang der Reichstagswahlen elf Tage vorher (14. September 1930), obwohl die NSDAP einen sensationellen und in der deutschen Parlamentsgeschichte einmaligen Sieg errang. Es hatte sich als schicksalhaft erwiesen, daß Reichskanzler Heinrich Brüning die »Warnung« der Sachsenwahl im Juni in den Wind geschlagen hatte und wenig später beschloß, den Reichstag aufzulösen, um Neuwahlen anzusetzen. Immerhin konnte die NSDAP ihre Wählerzahl in Sachsen innerhalb von drei Monaten von 376.769 auf 561.371 (auf 18,3 Prozent) steigern.

Da der sächsische Landtag weiterhin nicht fähig war, eine Regierungsmehrheit zu bilden (das SPD-Angebot einer großen Koalition unter dem gemäßigten Lipinski wurde nur von den Demokraten und der Volksnationalen Reichsvereinigung unterstützt), blieb Schiecks »Beamtenkabinett« als Geschäftssregierung im Amt. Dies stellte eine in Deutschland einmalige Lösung dar und war nur möglich geworden, weil die Sozialdemokraten von nun an in den sauren Apfel bissen und die bürgerliche Regierung tolerierten. Man wollte mit allen Mitteln Neuwahlen verhindern, um die Nationalsozialisten von der Macht fernzuhalten. Ihre Kollegen im Reichstag verfolgten einen ähnlichen Kurs.

11. Wirtschaftskrise, Volksgemeinschaft und Nationalsozialismus

Die Wahlen von 1930 hatten gezeigt, daß die Nationalsozialisten aus der sich ausbreitenden Krise den größten Nutzen zogen. Ende des Jahres hieß es in einem typischen Bericht aus dem Erzgebirge:

»Die Stimmung unter der Bevölkerung in Bezug auf die wirtschaftliche Lage ist nach wie vor sehr gedrückt. Die Zahl der Erwerbslosen wird immer größer. Die langjährige Erwerbslosigkeit hat bewirkt, daß die meisten Familien derart herabgewirtschaftet sind, daß sie sich nur noch notdürftig kleiden können und stark verschuldet sind. Besondere Schwierigkeiten macht die Beschaffung von Feuerungsmaterial, Kartoffeln und Bekleidung für den kommenden Winter ... In Bezug auf die Politik herrscht unter der ... Bevölkerung eine gewisse Spannung und Gereiztheit. Viele Personen äußern sich dahin, daß nur eine nationalsozialistische Regierung gesunde und geordnete Verhältnisse schaffen kann.« [285]

Der sprunghafte Aufstieg der Nationalsozialisten führte zu einer starken Radikalisierung des politischen Lebens. Seit der Reichstagswahl im September 1930 agitierten Nationalsozialisten, Kommunisten und Sozialdemokraten beinahe ohne Unterbrechung. Das Innenministerium berichtete Mitte 1931:

»In der Werbe- und Propagandatätigkeit der Parteien wetteiferten miteinander die KPD, NSDAP und das Reichsbanner. Kampfaufmärsche, Rote Tage, Werbekundgebungen, Gautreffen, Propagandafahrten auf Lastkraftwagen, Aus- und Übungsmärsche wechselten miteinander ab ... Kaum ein Sonntag verging, an dem nicht Kolonnen zu Fuß oder auf Lastkraftwagen dieser oder jener Parteirichtung die kleine Stadt oder das Dorf in der üblichen propagandistischen Aufmachung mit Musik, Fahnen und Plakaten durchzogen ... [Da diese] oft aus geringfügigen Anlässen zu Zusammenstößen führte ... [erforderten sie den] Einsatz starker Polizeikräfte. Es ist daher verständlich, wenn aus den friedlichen Kreisen der Bevölkerung immer mehr Stimmen laut wurden, die ihr Mißfallen über diese fortgesetzte Beunruhigung zum Ausdruck brachten.« [286]

Letzteres verwundert nicht, da überall politische Kampfbünde aus dem Boden schossen. Beamte aus Nordwestsachsen berichteten:

»Die SA-Trupps der Nationalsozialisten, der Stahlhelm, Werwolf und das Reichsbanner sind zu planmäßiger Ausbildung geschlossener und straff disziplinierter Abteilungen für Saalschutz und Abwehrkampf übergegangen. Die neue Bewegung hat besonders dem Reichsbanner einen starken Auftrieb gegeben. Die SPD hat außerdem einen SPD-Abwehrdienst aufgezogen, der in Leipzig am 9. November erstmalig mit 8.000 Mann aufmarschierte. Die Kommunisten haben gleich mehrere Kampfverbände geschaffen (Arbeiterwehr, Antifa, Roter Frauen- und Mädchenbund), die im Kampfbund gegen den Faschismus zusammengefaßt sind.« [287]

Unterdessen wuchs die Nationalsozialistische Bewegung in Sachsen in einem atemberaubenden Tempo. Die Mitgliederzahl der NSDAP stieg von 4.609 Anfang 1929 auf 87.079 Anfang 1933 an, die Zahl ihrer Ortsgruppen und Stützpunkte zwischen 1928 und 1932 von 132 auf 783. Damit hatte man allerdings die mächtige SPD noch nicht eingeholt. Diese besaß Anfang 1932 fast 140.000 Mitglieder und über 1.000 Ortsgruppen. Trotzdem stellten die Nationalsozialisten die Sozialdemokraten immer mehr in den Schatten. Anfang der dreißiger Jahre war die NSDAP die aktivste aller Parteien; sie organisierte die meisten und die bestbesuchten Versammlungen und besaß die heterogenste Mitglieder- und Wählerschaft. Sie wurde von Arbeitern, Bürgerlichen und Adligen unterstützt. Am wichtigsten aber war, daß die NSDAP insgesamt die mit Abstand populärste politische Partei wurde. Dies wurde vor allem 1932 deutlich, als die sächsischen Wahlberechtigten nicht weniger als sechs Mal zur Wahlurne gebeten wurden. Beim zweiten Wahlgang der Reichspräsidentenwahl Anfang April erhielt Hitler im Wahlkreis Chemnitz-Zwickau, einer von Arbeitern dominierten Region, 47,2 Prozent der Stimmen. Immerhin gab es hier den höchsten Prozentsatz der in Industrie und Handwerk Erwerbstätigen (71 Prozent) von allen Wahlkreisen Deutschlands. In ganz Sachsen kam Hitler auf 39,8 Prozent, das waren drei Prozent über dem Reichsdurchschnitt (Hindenburg erhielt 47,5 Prozent und Thälmann 12,7 Prozent). Einige Monate später, bei den Reichstagswahlen im Juli 1932, stellte die NSDAP mit 41,2 Prozent der Stimmen (Reich: 37,3) die SPD als zweitstärkste Partei mit 28,4 Prozent (Reich: 21,6) klar in den Schatten. Die andere totalitäre Partei, die KPD, erhielt immerhin noch 17,4 Prozent (Reich: 14,3). Inzwischen unterstützten nur noch 8,9 Prozent der Wähler die traditionellen bürgerlichen Parteien (Reich: 23,8), die bürgerlichen Interessenparteien waren mehr oder weniger aufgerieben. Zwar existierten die bürgerlichen Parteien noch, und die Nationalsozialisten kontrollierten noch lange nicht alle ihre Organisationen, aber beides schien nur noch eine Frage der Zeit zu sein. Diese Vorgänge waren nicht nur in der sächsischen, sondern auch in der deutschen Parteiengeschichte einmalig. Die NSDAP hatte ihren Stimmanteil zwischen Mai 1928 und Juli 1932 von 2,7 Prozent (Reich: 2,6 Prozent) der abgegebenen Stimmen auf 41,2 Prozent erhöht (Reich: 37,3 Prozent).

Wie ist das explosionsartige Wachstum der NSDAP zu erklären? Dieses Phänomen war das Resultat einer Reihe komplizierter und langjähriger Entwicklungen, die man auch in der sächsischen Gesellschaft beobachten konnte: das Beharren von autoritären Mentalitäten bei großen Teilen des Bürgertums und der Eliten, die anhaltende politische Konfrontation zwischen der politischen Linken und Rechten, die traumatischen Folgen des Krieges und einschneidende

Wirtschaftsprobleme. Zusätzlich lassen sich noch drei spezifische Faktoren benennen, die in Sachsen ab 1929 dazu führten, daß sich mehr Deutsche von der Demokratie abwandten und der Vision eines Dritten Reiches folgten: die Auswirkungen der Wirtschaftskrise und die hilflose Reaktion der traditionellen Parteien und Organisationen; die Auflösung traditioneller Strukturen in der Gesellschaft; und die besondere Fähigkeit der Nationalsozialisten, die Krise für sich auszunutzen.

Die Entwicklungen in der sächsischen Gesellschaft nach 1929 sind ohne das Wissen um die erschreckenden Auswirkungen der wirtschaftlichen Depression kaum verständlich. 1931 standen vor allem die Notverordnungen der Reichsregierung in der Kritik. Bauern beschrieben die Situation als »katastrophal«; Arbeiter fürchteten um ihren Broterwerb und beschwerten sich über Lohnkürzungen; Ladenbesitzer wetterten gegen die neuen Steuern und die fehlende Kaufkraft der Bevölkerung; Gastwirte warnten, ihre Wirtschaften schließen zu müssen, wenn die neue Biersteuer nicht wieder abgeschafft und sich ihr Geschäft nicht bessern würde; Unternehmer fürchteten einen sofortigen »industriellen Zusammenbruch«, und Pensionäre und Arbeitslose waren entsetzt über die Kürzungen ihrer Bezüge.[288] Wie so oft waren vor allem die Kinder stark betroffen. Ein Sozialdemokrat trug im Landtag eine erschreckende Statistik aus der Stadt Königstein in der Sächsischen Schweiz vor:

»Von 576 Kindern, die dort in die Schule gehen, hatten 35 früh nichts gegessen, 80 nichts getrunken, 52 konnte kein Frühstück mitgegeben werden, 70 hatten nicht jeden Tag warm zu essen, 9 Kinder bekamen überhaupt kein Fleisch, 70 nur einmal die Woche, 3 Kinder besitzen gar keine Schuhe, 68 nur ein Paar und 131 nur je zwei Paar Schuhe. Mehrere Kinder schlafen zusammen in einem Bett oder teilen das Bett mit Familienangehörigen.«[289]

Über die ökonomische Lage schrieb ein Wirtschaftsexperte 1932: »Die sächsische Wirtschaft hat von allen Industriegebieten am stärksten unter den Folgen der großen Krise zu leiden.«[290] Sie schien fast zusammenzubrechen, wie einige extreme Beispiele belegen: Die Produktion im Schiff- und Waggonbau ging zwischen 1928 und Mitte 1931 durch Stillegungen um 60 beziehungsweise 85 Prozent zurück; zwischen 1929 und 1932 fielen Sachsens Textilexporte in die USA um 56,1 Prozent und der Export von Textilmaschinen um 83 Prozent; Anfang 1932 waren neun von zehn gewerkschaftlich organisierten Bauarbeitern ohne Arbeit.

Alle Bereiche des wirtschaftlichen Lebens waren von der Krise betroffen. Zwischen 1929 und 1932 verringerten sich im monatlichen Durchschnitt der Bau von Wohnungen von 2.289 auf 775, der Gütertransport der Reichsbahn (ohne Kohlen) von mehr als 1,1 Millionen Tonnen auf 642.000 Tonnen, der Bierverbrauch von 342.981 auf 201.133 Hektoliter und die Steuereinnahmen (Land und Gemeinden) von 46,4 auf 31,6 Millionen Reichsmark.[291] Gleichzeitig gingen bei der Reichspost die aufgegebenen Pakete um 20 Prozent, Telegramme um 44 Prozent und Ferngespräche um 23,4 Prozent zurück. Kein anderer Faktor verdeutlichte die Krise aber mehr als die offenbar unaufhaltsam steigende Arbeitslosigkeit. Ab Mitte 1929 wies Sachsen die höchste Arbeitslosenquote in Deutschland auf und hielt diese Position bis 1936. Ab Januar 1928 stieg die Zahl der Arbeitsuchenden von Jahr zu Jahr, von 157.000 auf 267.000, 380.000, 588.000 und 716.000 im Januar 1932. Anfang 1933 erreichte diese Entwicklung schließlich ihren absoluten Höchststand: Während mindestens 721.538 Sachsen eine Arbeit suchten, waren nur noch 1.096.700 Personen (ohne Beamte) beschäftigt.[292] Offiziell waren also fast 40 Prozent der

Arbeitsfähigen ohne Arbeit. Die Städte Chemnitz und Plauen hatten mit die höchsten Arbeitslosenquoten von allen deutschen Großstädten. Besonders bedrückend waren die Auswirkungen für die Jugend. Behörden berichteten resigniert: »Vielfach trat mit Beendigung des Lehrverhältnisses sofort die Arbeitslosigkeit ein, ohne daß in absehbarer Zeit mit neuer Beschäftigung zu rechnen war. Diese Jugendlichen vergessen dann bald alles bisher Gelernte, können sich im Berufe nicht weiterbilden und werden schließlich berufsuntauglich, weil ihnen die technischen Entwicklungen in ihrem Gewerbe entgehen.« [293]

Selbst Schulungs-, Fortbildungs- und Freizeitkurse oder der »Freiwillige Arbeitsdienst«, waren kaum in der Lage, diese Situation zu ändern. Als der amerikanische Reporter H. R. Knikkerbocker 1932 in Berlin nach der Stadt mit dem höchsten Prozentsatz an Arbeitslosigkeit und Elend fragte, wurde ihm Falkenstein im Vogtland genannt. Dorthin gereist, beschrieb er den Besuch von mehreren Arbeitslosenfamilien:

»Wir gingen den Kindern durch eiskalte Flure nach, die feucht waren und nach nasser schmutziger Wäsche rochen ... Das Haupt des Haushaltes, ein Bauarbeiter, saß in der Küche, dem einzigen geheizten der drei Räume, und ließ die Augen nicht von dem Topf auf dem Feuer. Das war, wie seine Frau mit einiger Bitterkeit erklärte, nun schon seit zwei Jahren – so lange hatte er keine Arbeit – seine einzige Beschäftigung ... Am schwersten arbeiten hier die Frauen der Arbeitslosen; Tag für Tag müssen sie sechzehn Stunden lang, um aus der Unterstützung herauszuholen, was herauszuholen ist, sparen, zusammenkratzen, stopfen und waschen. ... Der Topf enthielt Essen für den Mann, die Frau und die fünf Kinder. Die Mahlzeit bestand aus Teigstücken, mit denen so etwas ähnliches wie eine Teigsuppe gekocht wurde. Das war alles für das sonntägliche Mittagsessen. Das sechste Kind, das vier Monate alt war, lag in der Wiege. Die Mutter, eine sechsunddreißigjährige, verbrauchte hagere Frau, ging schwanger. Die Kinder legten ihre guten Ausgehkleider ab; die Mutter hob sie bis zum nächsten Sonntag auf. Was sie Zuhause trugen, war zerlumpt ... Auf der anderen Seite des Flurs wohnte die Familie eines anderen Arbeitslosen, die mein Bild von der Lage der Stellungslosen um noch einige traurige Züge vermehrte. Eines der sechs Kinder war tuberkulös, mußte aber nichtsdestoweniger zusammen mit den anderen sieben Familienmitgliedern in dem einzigen Schlafraum schlafen. Das Interessanteste war jedoch, daß die Mutter im selbstverständlichsten Ton der Welt davon sprach, daß diese sechs alles seien, was von neunzehn Kindern übriggeblieben wäre. Dreizehn waren im frühesten Alter gestorben.« [294]

Währenddessen drückten sächsische Kriegsbeschädigte mit folgendem Lied ihr Leid und ihre Verbitterung aus:

»Ich hatt einen Kameraden,
der starb den Heldentod.
Seine Witwe bettelt heute
an den Türen um ein Stück Brot.
Denn seht, das Leben ist teuer,
die Unterstützung ist klein,
es kann der Staat auch schließlich
nicht Wohlfahrtsanstalt sein.

So ist das Dasein der Armen
eine Kette von Sorge und Not,
und nur aus dem einen Grunde:
ihr Mann starb den Heldentod!« [295]

Arbeitslose, Kriegsbeschädigte und Kriegerwitwen führten ein erbärmliches Leben, aber auch der arbeitenden Bevölkerung ging es finanziell nicht viel besser. Infolge der Krise setzte nämlich ein kontinuierlicher Lohn- und Gehaltsrückgang ein, der sich zwischen 1929 und Anfang 1932 auf schätzungsweise 40 bis 50 Prozent belief. Die gleichzeitige Verbilligung der Lebensmittel und Bekleidung milderte dies zwar, konnte die Einkommenssenkung aber bei weitem nicht ausgleichen. Der sächsische Gesamtindex der Lebenshaltungskosten fiel nämlich um weniger als 25 Prozent, weil alle übrigen Ausgaben für Wohnungsmiete, Heizung, Beleuchtung, Verkehr und anderes weniger stark zurückgingen. [296]

Die Arbeitslosigkeit hatte des weiteren zur Folge, daß das Reich, die Länder und vor allem die Kommunen durch die explodierenden Kosten praktisch bankrott gingen. Obwohl durch den Produktionsausfall weniger Steuereinnahmen zur Verfügung standen, mußten nämlich immer mehr Arbeitslose finanziell unterstützt werden. Ende April 1932 erhielten fast 300.000 Arbeitslose Wohlfahrtspflege der Gemeinden – siebenmal so viele wie zwei Jahre zuvor. [297] Die Gesamtschulden von Gemeinden und Bezirksverbänden schnellten zwischen 1929 und 1932 von 860 Millionen auf 1.230 Millionen an. [298]

Die verschiedenen Gewerbe wurden vielfach zeitlich versetzt getroffen. Während sich die Textilindustrie im Frühjahr 1931 erholte, folgten dann plötzlich Schlag auf Schlag »die Stöße des weltwirtschaftlichen Erdbebens«: Im Juli brach in Deutschland die Bankenkrise aus, im September gab England den Goldstandard auf und führte zwei Monate später die ersten prohibitiven Zollbestimmungen ein. Als führendes deutsches Exportland litt Sachsen besonders hart. Wie schon 1929 brach zuerst die Metallwirtschaft zusammen. Ende des Jahres folgte ihr die Textilwirtschaft. [299] Als im Herbst 1932 in anderen deutschen Ländern ein langsamer Aufschwung zu beobachten war, befand sich Sachsens Wirtschaft immer noch auf Talfahrt.

Schließlich gab es auch starke regionale Unterschiede im Ausmaß der Krise. Im Frühjahr 1932 stellte Regierungsrat Friedrich Walter fest:

»Die Gegenden, wo noch ein verhältnismäßig großer Teil der Bevölkerung in der Landwirtschaft den Erwerb findet (Arbeitsamtsbezirke Löbau, Kamenz, Dippoldiswalde, Freiberg, Meißen, Riesa, Oschatz und Grimma), oder wo der Kohlenbergbau ansässig ist (Borna, Zwickau und Lugau), weisen die niedrigsten Arbeitslosigkeitsziffern (80 bis 125 Arbeitslose auf 1000 Einwohner) auf. Den höchsten Grad erreicht die Arbeitslosigkeit in den Arbeitsamtsbezirken Chemnitz, Mittweida, Olbernhau, Flöha, Freital und Plauen (Mitte Mai: 160 bis 185 Arbeitslose auf 1.000 Einwohner), worauf die Bezirke Wurzen, Glauchau, Leipzig, Annaberg und Pirna folgen. In Ost- und Südwestsachsen (Plauen ausgenommen) liegen, ... die Arbeitsmarktverhätnisse noch verhältnismäßig am günstigsten, während im Erzgebirge und in Mittelsachsen die Arbeitslosigkeitsziffer erheblich den Landesdurchschnitt übersteigt.« [300]

Die Not der Grenzregion stach besonders ins Auge. Ein Regierungsvertreter zeichnete Anfang 1931 ein düsteres Bild:

»Ganz besonders ungünstig ist die Lage in den unmittelbar an die Tschechoslowakei angrenzenden Landesteilen. Die hier vorherrschende Industrie, sei es nun die Musikinstrumenten-, Posamenten- oder Holz- und Spielwarenindustrie, greift über die Reichsgrenze hinüber. Diese Konkurrenz in ihrer unmittelbaren Nachbarschaft vermag bei den günstigeren Produktionsbedingungen in der Tschechoslowakei, den geringeren Steuern und Löhnen, der gewohnheitsmäßigen Überschreitung des Achtstundentages usw. die sächsischen Nachbarn erheblich zu unterbieten, sie zieht besonders tüchtige sächsische Facharbeiter an sich und veranlaßt sächsische Unternehmer in zunehmendem Umfange, ihre Betriebe in Sachsen stillzulegen und jenseits der Grenze neu zu errichten. Handwerk und Einzelhandel werden im Grenzbezirk nahezu vollständig zugrunde gerichtet, da die Bevölkerung ihren Bedarf in den tschechoslowakischen Grenzorten deckt ... Der sächsische Grenzbezirk verödet deshalb immer mehr.«[301]

Insgesamt litt Sachsen also ganz besonders unter der schlechten wirtschaftlichen Situation. Überraschenderweise ist es aber fast unmöglich, auf lokaler Ebene einen direkten Zusammenhang zwischen der wirtschaftlichen Situation eines Dorfes oder einer Stadt und dem Aufstieg der NSDAP herzustellen.[302] Die NSDAP erzielte gute Wahlergebnisse in Dörfern und Städten, die sowohl außergewöhnlich stark als auch weniger einschneidend von der Krise betroffen waren. Um ein Beispiel zu nennen: Während die NSDAP in allen Gemeinden Südwestsachsens hohe Wahlergebnisse verzeichnete, wo relativ viele »Hilfsbedürftige« (Arbeitslose, Pensionäre und Kriegsinvaliden) Unterstützung bekamen, war in Mittel- und Nordwestsachsen genau das Gegenteil der Fall. Dort schnitt die NSDAP verhältnismäßig schlecht ab. Extrem war es im krisengeschüttelten Freital, wo die NSDAP nie richtig Fuß fassen konnte. Die Wirtschaftskrise fungierte also als eine Art Katalysator, der den Nationalsozialisten ungeheure Möglichkeiten eröffnen konnte. Die entscheidende Frage ist, wieso in manchen sächsischen Städten und Regionen wesentlich mehr Sachsen der nationalsozialistischen Ideologie folgten als in anderen.

Die Antwort liegt in der Beziehung der verschiedenen gesellschaftlichen Schichten zu den politischen Parteien und ihrer jeweiligen Weltanschauung. Beginnen wir mit der zahlenmäßig größten Gesellschaftsschicht, der sächsischen Arbeiterschaft. Den Nationalsozialisten war vollkommen bewußt, daß sie in Sachsen nur zur Massenpartei werden konnten, wenn sie in das Wählerlager der Arbeiter eindringen konnten. Hierauf richteten sie dementsprechend ihr Hauptaugenmerk. Vor den Landtagswahlen im Juni 1930 warnten die ostsächsischen Sozialdemokraten: »Nationalsozialistische Abenteurer und Verbrecher wagen es, Anspruch zu erheben auf die Herrschaft im Arbeiterland Sachsen ... Verhindert ein Nazi-Sachsen!«[303] Nach dem guten Abschneiden der NSDAP gestanden aber selbst die Sozialdemokraten ein, daß diese auch von Arbeitern unterstützt worden war.

Tatsächlich warf die Krise äußerst unangenehme Fragen für die Sozialdemokraten auf: War man ursprünglich nicht angetreten, um in der sich modernisierenden, republikanischen Gesellschaft zufriedenstellende Lebens- und Arbeitsbedingungen für die Massen zu schaffen? Die Nationalsozialisten nützten dies sehr geschickt aus und verglichen ehemalige Versprechen von Arbeiterführern mit den sich immer mehr verschlechternden Bedingungen für Arbeiter in der Republik. In ihren Augen gab es einen klaren Schuldigen: die SPD. Ihnen zufolge hätten es die Sozialdemokraten nämlich versäumt, nach dem Krieg eine richtige Revolution durchzuführen und Deutschland stattdessen mit dem Vertrag von Versailles verkauft. Ein NSDAP-Sprecher trug im Landtag vor, was die SPD den Arbeitern 1904 auf einem Flugblatt versprochen hatte:

»Ihr Arbeiter werdet einst auf eigenen Wagen fahren, auf eigenen Schiffen touristisch die Meere durchkreuzen, in Alpenregionen klettern und schönheitstrunken durch die Gelände des Südens, der Tropen schweifen.«[304]

Solchen Zukunftsvisionen fügten die Nationalsozialisten weitere Versprechungen der SPD nach der Revolution hinzu und stellten diese der Realität gegenüber. In einer typischen Rede äußerte der NSDAP-Abgeordnete Werner Studentkowski:

»Sie [zu den Sozialdemokraten] haben uns 1918 Friede, Freiheit und Brot versprochen. Statt Frieden brachten Sie uns den Versailler Vertrag, der die Fortsetzung des Vernichtungskampfes gegen das deutsche Volk mit anderen Mitteln bringt. Statt Freiheit haben Sie uns den Gummiknüppel, das Zepter dieser Demokratie, beschert, und statt Brot haben Sie uns Stempelkarten in die Hand gedrückt.«[305]

Der augenscheinliche Widerspruch zwischen der angeblich befreienden und fortschrittlichen Republik und der harten Wirklichkeit des modernen Lebens zog immer mehr Sachsen zur NSDAP. Dabei nahmen die Nationalsozialisten die Rolle einer zornigen und mächtigen Protestbewegung gegen Angst, Not und politisches Versagen an. Gleichzeitig schienen sie eine erfolgversprechende Alternative zu dem existierenden System anzubieten. Ende 1931 kommentierten die Nationalsozialisten diese Entwicklung für das Erzgebirge:

»Der Glaube an das Reich oder besser gesagt, seine Regierungen, ist in den Jahren nach dem Novembersturz bei dem Erzgebirgler ins Wanken gekommen. Auch er hat die Versprechungen vernommen, die damals gemacht wurden und hat mißtrauisch die Entwicklung verfolgt, die die besseren Zeiten bringen sollte. Ja, er ist den von so viel Seiten an ihn ergangenen Aufforderungen gefolgt, hat sich überreden lassen, diese oder jene bürgerliche Splitterpartei zu wählen und ist vielfach selbst den Marxisten gefolgt, weil deren Propagandisten die meisten Versprechungen machten. Von Jahr zu Jahr hat der Erzgebirgler auf die Erfüllung der von den verschiedenen Parteien gemachten Verheißungen vergeblich gewartet. Im Gegenteil, er hat sich mit eigenen Augen und Ohren überzeugen müssen, daß die Zeiten immer schlechter wurden. Schnell sprach es sich herum, wenn dieser oder jener Bauer oder Geschäftsmann am Ende seiner Kräfte war, und es machte doch bedenklich, daß es immer mehr wurden, deren Existenz durch Steuer- oder Zinslasten zusammenbrach. Mit eigenen Augen konnte man das Heer der Erwerbslosen feststellen. Man brauchte keine Zeitungen, um über die Notlage unseres Volkes unterrichtet zu sein. Ein jeder konnte sich in seiner engeren Heimat ein Bild machen, daß es abwärts geht und schließlich zum Ruin aller führen müsse. Was war da erklärlicher, daß sich allmählich ein Mißtrauen gegen alle die festsetzte, die einst Versprechungen gemacht hatten und nicht in der Lage waren, eine Änderung herbeizuführen. Die Erkenntnis, daß mit den bisherigen Mitteln eine Besserung nicht zu erzielen sei, mußte auch dem einfachsten Manne im Erzgebirge kommen ... Nur darauf ist es zurückzuführen, daß die Idee eines Adolf Hitler unter der erzgebirgischen Bevölkerung so stark Wurzel fassen konnte.«[306]

Im Gegensatz zum »internationalen« Sozialismus der »Marxisten« predigten die Nationalsozialisten einen »nationalen« Sozialismus. In einem Flugblatt an die Leipziger Arbeiter hieß es:

»Habt Ihr jemals gehört, daß die englischen, französischen oder belgischen Arbeiter gegen die Ausbeutung des arbeitenden Volkes durch den Young-Plan, wirksam oder überhaupt demonstriert haben? Die internationale Solidarität ist eine Phrase ... Es geht nicht um das Wohl der Menschheit oder irgend einer Klasse, sondern um die Existenz des schaffenden deutschen Volkes! Kämpft mit für die nationale Freiheit und sozialistische Gerechtigkeit!« [307]

Allerdings brauchte die NSDAP im »roten« Sachsen sehr lang, um im Wählerlager der Arbeiterschaft richtig Fuß zu fassen. Wegen der tiefverwurzelten sozialistischen Traditionen waren Arbeiter bis einschließlich 1930 bei Wahlen relativ immun gegen den Nationalsozialismus – länger als im übrigen Deutschland. Aber selbst danach sah der entsprechende Erfolg der NSDAP regional sehr unterschiedlich aus und hing stark von sozialen und kulturellen Bedingungen ab. Während den Nationalsozialisten erhebliche Einbrüche in Südwestsachsen gelangen, taten sie sich in vielen Gebieten Nordwest- und Mittelsachsens wesentlich schwerer. Hier befanden sich auch die größten Hochburgen der deutschen Arbeiterbewegung. Tatsächlich betonten die Nationalsozialisten deshalb die Stärke der Leipziger Arbeiterbewegung, als sie in einem Artikel Ende 1932 erklärten, warum die Bewegung »in Leipzig noch nicht ganz so weit wie anderswo« entwickelt sei:

Nach ihrer Einschätzung kämpften sie hier nämlich vor allem gegen »die verbonzte und verbürgerlichte Sozialdemokratie, die sich in Gewerkschaften, Konsumvereinen, Sport- und Kultur-Verbänden aller Art (Arbeiter-Bildungs-Institut) stark ausgebaute und nicht leicht zu nehmende Bollwerke geschaffen hat. Dadurch, daß die SPD ihre Anhänger wirtschaftlich an die Partei zu fesseln verstanden hat, erschwert sie ihnen den Entschluß, dem Marxismus den Rücken zu kehren und sich einer wahrhaft deutschen Arbeiterbewegung zuzuwenden.« [308]

Die lokale Stärke des sozialistischen Netzwerks entschied darüber, ob die Nationalsozialisten eine große Anzahl von Arbeitern als Mitglieder und Wähler anlocken konnten oder ob ihnen dies nicht gelang. Vor allem in den Städten Meißen, Freital, Pirna und in und um die Städte Dresden, Leipzig, Riesa und Döbeln besaßen die Sozialdemokraten ihre Hochburgen, in denen sie umfassende Aktivitäten entfalteten, wo sie mit ihrer Partei und den angegliederten Organisationen fest in der Gesellschaft verwurzelt waren und in Krisenzeiten eng zusammenrückten. Hier gab es die meisten Parteimitglieder pro Kopf der Bevölkerung, hier waren Jugend- und Frauenorganisationen am besten entwickelt, hier bildeten sozialistische Traditionen (z. B. die Feier des 1. Mai) einen festen Bestandteil des Jahresablaufes, hier wurde sozialistische Kultur in Bildungsinstituten und Vorträgen gepflegt, hier gab es die höchsten Raten an Kirchenaustritten und Jugendweihen, hier funktionierte ein engmaschiges Netz von Konsumgenossenschaften und Notorganisationen, und hier standen die Hochburgen der sozialistischen Freizeitorganisationen. [309] Es verwundert demnach kaum, daß die Sozialdemokraten in diesen Gegenden engagierte Wahlkämpfe durchführten und den Kampf gegen den Nationalsozialismus entschlossen aufnahmen. Eine Beschreibung der Nationalsozialisten von ihrem schweren Kampf im »roten« Pieschen (Dresden) war sicherlich überspitzt, aber gibt trotzdem einen Eindruck davon, was dies bedeuten konnte:

»Abends allein nach Hause gehende SA-Leute werden angefallen, Parteigenossen, sobald sie als solche erkenntlich sind, wird nachgestellt auf Schritt und Tritt, ihre Familienangehörigen werden belästigt, sogar Kinder haben unter dem Terror der roten Genossen zu leiden, Geschäftsleute werden boykottiert ... Sogar vor Überfällen in Wohnungen schreckt das sich noch stark fühlende Pack nicht zurück.«[310]

Dagegen schien sich die SPD in Südwest- und Ostsachsen in einem stetigen Prozeß der Auflösung zu befinden. Diese Entwicklung wurde ab 1929 durch die Wirtschaftskrise und die Aktivitäten der Nationalsozialisten, aber auch der Kommunisten, dramatisch beschleunigt. Als linke Sozialdemokraten Ende 1931 die Sozialistische Arbeiterpartei (SAP) gründeten, in der unter anderem der prominente Sozialdemokrat Max Seydewitz aus Zwickau eine führende Rolle übernahm, verlor der SPD-Bezirk Zwickau ein Fünftel seiner Mitglieder an den neuen Konkurrenten. Dagegen waren im Leipziger Bezirk nur rund 50 Parteimitglieder von der SPD in die SAP übergetreten.[311] Die Kommunisten gaben nach der Reichstagswahl im Juli 1932 zu, daß beide Arbeiterparteien in Südwestsachsen massiv an die NSDAP verloren hatten: »Die SPD hat im Vogtland in einem Umfang verloren wie in keinem anderen Bezirk. Wir haben nichts davon gewonnen, sondern verloren.«[312] Tatsächlich entschieden sich inzwischen mehr sächsische Arbeiter für die Nationalsozialisten als für eine der traditionellen Arbeiterparteien.

Trotz teilweise schwerer Verluste verteidigten die sächsische SPD und KPD ihre Positionen im Vergleich zu den bürgerlichen Parteien bis zum Ende der Republik sehr gut. Gleichzeitig waren beide Parteien durch innerparteiliche Schwächen gekennzeichnet. Zum einen wurde die Arbeiterbewegung durch die Wirtschaftskrise und die immer weiter nach rechts tendierenden Regierungen zunehmend in die Defensive gedrängt. Beispielsweise mußte das großzügige Wohlfahrtssystem im SPD-kontrollierten Freital aufgegeben werden, als die finanziellen Mittel Ende der zwanziger Jahre schwanden.[313] Zum anderen hatte vor allem die SPD der Anziehungskraft des Nationalismus kaum etwas entgegenzusetzen. Die Kommunisten, die wegen ihrer passiven Haltung während der Kampagne gegen den Young-Plan Mitglieder verloren hatten, nahmen danach teilweise radikal nationalistische Ideen an. Ihr junger Abgeordneter Herbert Wehner, der nach dem Zweiten Weltkrieg zu einem der führenden SPD-Politiker der Bundesrepublik Deutschland aufstieg, führte im Landtag aus:

»Für uns ist es klar, daß es eine Lösung des Arbeitslosenproblems nicht gibt ohne die Zerreißung des Young-Plans und ohne die Abwälzung der Young-Lasten, und ohne die scharfe, klare Fortsetzung des entschiedensten Kampfes zur Vernichtung dieser Gesellschaftsordnung, die nicht mehr imstande ist, den Arbeitslosen Arbeit und Brot zu geben.«[314]

Die KPD konnte aber ihre Wurzeln in der Internationale nicht verleugnen. Ein weiteres Problem war das Wählerpotential der traditionellen Arbeiterparteien; bemerkenswerte Einbrüche ins bürgerliche Lager gelangen nicht. Die KPD gab dies offen zu und konnte angesichts ihres revolutionären Programms wohl auch nichts anderes erwarten. Dagegen besaß die SPD eine nicht zu unterschätzende Zahl bürgerlicher Mitglieder und Wähler. In Leipzig existierte sogar ein »Einheitsverband sozialistischer Unternehmer«, der 1927 bereits 250 Mitglieder hatte und Ortsgruppen in anderen deutschen Großstädten gründete.[315] Aber die Sozialdemokraten waren selber nicht unschuldig daran, daß dies nur eine Ausnahme blieb. Obwohl sie die wichtigste Stütze der Republik darstellten, pflegten die Sozialdemokraten eine unzeitgemäße sozialistische Rhetorik[316], waren nur zögernd zu Kompromissen mit anderen politischen Gruppen bereit und kapselten sich oft vom Rest der Gesellschaft ab.[317] Während man einserseits Konsumgenossenschaften und Kaufhäuser im Sinne verbilligter Lebenshaltungskosten für die Arbeiter unterstützte, machte man sich andererseits keine Gedanken über die Ängste vieler Ladenbesitzer. Dazu kam, daß selbst Teile der Sozialdemokraten für einen Wechsel des Systems plädierten. Der SPD-Landesvorsitzende Karl Böchel äußerte vor der Reichstagswahl im November 1932, daß der kapitalistische Bau »erstarrt« sei und man deshalb »zu neuen Ufern«, zum »Sozialismus«, aufbrechen solle.[318]

Trotz solcher Äußerungen war die KPD neben der NSDAP praktisch die einzige Partei, die der Bevölkerung eine klare Alternative zum scheinbar einstürzenden System aufzeigte: einen sozialistischen Staat. Doch gelang es ihr nie, aus ihrer Außenseiterrolle auszubrechen. Ihre Wertvorstellungen (Internationalismus, Verstaatlichung der Produktionsmittel) fanden immer weniger Zuspruch bei der sächsischen Bevölkerung. Zum anderen waren den Kommunisten durch ihre ultralinke Position und die enorme Stärke der sächsischen SPD enge Rahmenbedingungen vorgegeben. Hinzu kam, daß sie durch ständige interne Säuberungen, Richtungswechsel und ihre Abhängigkeit von Moskau nur über eine schwache Parteistruktur mit einer relativ instabilen Mitgliederschaft verfügten. Selbst ihre starke Agitation konnte nicht verschleiern, daß sie nur auf einen kleinen Kern aufopferungsvoller Aktivisten zurückgreifen konnte. Die Masse der Wähler zeigte keine Bereitschaft, für eine sozialistische Revolution auf die Straße zu gehen. Schließlich lag es hauptsächlich an der dogmatischen Strategie der Kommunisten, daß sich die Arbeiterbewegung spaltete und ihr Potential gegen den Nationalsozialismus erheblich geschwächt wurde. Die völlig wirklichkeitsfremde Haltung gegenüber den Sozialdemokraten (die sie als »Sozialfaschisten« bezeichneten), kommt in einer sächsischen KPD-Zeitung zum Ausdruck:

»Die entscheidende Partei, die der Bourgeoisie die Massenbasis für die Sicherung ihrer Diktatur liefert, ist nicht die NSDAP, sondern die SPD mit ihrem Anhang der Arbeiterklasse. Der Anhang der Nazis ist im wesentlichen das Kleinbürgertum. Die deutsche Bourgeoisie braucht jedoch zur Durchführung ihrer Diktatur eine Massenbasis in der Arbeiterklasse und diese ist nur die SPD in der Lage, zur Verfügung zu stellen. ... Faschismus ist eine Form der Diktatur der Bourgeoisie, die SPD dagegen ist die Stütze der Bourgeoisie, die jede Form der kapitalistischen Diktatur unterstützt.«[319]

Während der Anspruch der Sozialdemokraten, eine bessere und fairere Gesellschaft zu schaffen, von der Krise untergraben wurde, schien das nationalistische Lager vom Zerfall der Republik zu profitieren. Von Anfang an hatte man dem neuen System entweder feindlich oder zumindest kritisch abwartend gegenübergestanden. Allerdings waren alle nationalistischen Parteien über die Jahre nicht nur unzählige Kompromisse mit der Republik, sondern auch mit der Sozialdemokratie eingegangen. Für die sächsischen Wähler gab es immer weniger Gründe, eine bürgerlich-nationalistische Partei zu unterstützen. Nach der Hyperinflation wurde deren Unvermögen deutlich, auf die wachsende Unzufriedenheit ihrer Anhänger zu reagieren. Die antidemokratische DNVP und das Sächsische Landvolk hatten in der NSDAP einen wesentlich dynamischeren, radikaleren und unbelasteten Konkurrenten bekommen. Die anderen bürgerlichen Parteien hielten die Schieck-Regierung über Wasser und wurden mit dem versagenden System identifiziert. Insgesamt erschienen die bürgerlichen Parteien unglaubhaft, veraltet, hilflos, elitär und völlig zerstritten.

Währenddessen hatten die Nationalsozialisten seit Ende der zwanziger Jahre den speziellen Ängsten und Nöten der Mittelschicht große Aufmerksamkeit geschenkt. Beispielsweise griffen sie Konsumgenossenschaften und Kaufhäuser an, weil diese angeblich mittelständische Gewerbe ruinierten. Immer mehr Angehörige der Mittelklasse empfanden das jugendliche, kompromißlose, zielbewußte und antimarxistische Erscheinen der NSDAP als attraktiv. Hier schien sich endlich eine erfolgversprechende nationalistische Sammlungsbewegung formiert zu haben.

Entscheidend für diese Entwicklung war, daß die Mehrheit der bürgerlichen Gesellschaft mit den Nationalsozialisten nationalistisch-autoritäre und antimarxistische Wertvorstellungen teilte. Im folgenden soll dies durch eine ganze Reihe von Beispielen verdeutlicht werden. Eine Erklärung des Vertreters des Christlich-Sozialen Volksdienstes im Landtag hätte genausogut von einem NSDAP-Parlamentarier stammen können. Man setzte sich nämlich folgendes Ziel: die Bekämpfung des »dämonisch in Christentumsfeindschaft gebundenen Marxismus« und der »rein egoistischen Klasseninteressen«, um eine christliche »Volksgemeinschaft« aufzubauen und »die nationale Freiheit unseres Volkes nach außen hin zu erringen«.[320] Daneben fanden die antikapitalistischen Parolen der NSDAP einen immer stärkeren Widerhall. Viele sahen in der Modernisierung der Gesellschaft die Wurzel des Übels. Ein Sprecher der Wirtschaftspartei erklärte im Februar 1933 im Landtag:

»Wir hatten uns die utopische Ansicht zu eigen gemacht, daß man die deutsche Wirtschaft amerikanisieren müsse ... und leider haben große Teile der Wirtschaft auch die amerikanischen Wirtschaftsformen und die Rationalisierung am laufenden Band durchgeführt. ... Wir sind nicht nur Gegner der großen, gewaltigen, Menschen ersetzenden Maschine aus selbstherrlichen Gründen, sondern wir sagen, daß in Zukunft in Deutschland wieder erreicht werden muß, daß die schaffende Hand, die ausgebildet ist auf Können, auf Leisten, die Maschine zu dirigieren hat und daß nicht die Maschine letzten Endes jede schaffende Hand erübrigt.«[321]

Genau das gleiche hatten die Nationalsozialisten schon seit Jahren gepredigt. Einige prinzipielle Wertvorstellungen wurden in der Krise als ein Allheilmittel angesehen: extremer Nationalismus, die Unterwerfung des Individuums zum Wohle von Volk und Vaterland, die Betonung von Tradition, Gehorsam und Disziplin, die Warnung vor den Gefahren der Modernisierung in Form von Verstädterung und Verwahrlosung von Jugendlichen, die Alkohol tranken und Zigaretten rauchten, und schließlich ein kompromißloser Kampf gegen den Marxismus.

Dazu mischte sich auch eine wachsende Sorge um die Zukunft des deutschen Volkstums. Vor allem in bürgerlichen Kreisen gab es viele Anzeichen für Abneigung, Angst und teilweise Haß gegenüber den slawischen Nachbarn. Diese Gefühle waren nach dem Krieg durch die Konstituierung der Tschechoslowakei mit ihren drei Millionen Deutschböhmen und durch die sorbische Unabhängigkeitsbewegung im eigenen Land erheblich verstärkt worden. In Böhmen ließ der auch in Sachsen beliebte Mundartdichter Anton Günther nach dem Krieg in seinem Lied »Weil ich e Deitscher bi!« keine Zweifel aufkommen:

»Zieht aah dorch onnern Arzgebirg
der Grenzgrobn wie ene Kett
der Grenzgrobn taalt de Länder ei,
ober onnere Herzen net! ... .«[322]

Im Vorwort eines Gedichtbandes sprach Günther 1921 wohl vielen Sachsen aus der Seele:

»Wollen wir Deutsche wieder empor zu neuem Leben, so müssen wir arbeiten, zusammenstehen, unser Volkstum wehren gegen jeden fremden Einfluß; deutsche Sitte, deutsche Art pflegen als heiliges Gut, zurückkehren zur Einfachheit.« [323]

Ähnliche Gefühle wurden deutlich, als die Regierung Schieck zehn Jahre später eine Denkschrift über die Notlage der sächsischen Grenzgebiete vorbereitete, um mehr finanzielle Unterstützung vom Reich zu bekommen. Darin sollte aufgezeigt werden:

»... wie im Nachbarstaate Kultur und Wirtschaft zu Gunsten der tschechischen Nation gehoben werden, daß deutscherseits hierbei ohne staatliche Hilfe nicht Schritt gehalten werden kann und welche kulturellen und bevölkerungspolitischen Gefahren hierin für das Deutschtum diesseits und jenseits der Grenze liegen. Aufzunehmen sind auch Hinweise auf ... das Eindringen des nationalen Tschechentums in ursprünglich rein deutsche Bevölkerungsgebiete.« [324]

Tatsächlich wurde dies in vielen Grenzorten ganz ähnlich gesehen. Das Dorf Hammerunterwiesenthal schrieb an die Regierung, daß »vom nationalen Gegner, dem nationalen Tschechentum, seit 12 Jahren daran gearbeitet wird, systematisch und allmählich die Zurückdrängung und Ausrottung des Deutschtums herbeizuführen.« [325] Die sich in Böhmen gegenseitig hochspielenden nationalistischen Auseinandersetzungen blieben auch im benachbarten Sachsen nicht ohne Wirkung. Der aggressive Gesellschaftsdarwinismus samt seiner Rassen- und Vererbungslehre stieß auf offene Ohren. Eine bürgerliche Zeitung berichtete 1930 aus Chemnitz über die Rede Hitlers während einer Versammlung:

»Der Mensch lebe davon, was er seinem Genie und dem Boden abzuringen vermag. In begrenztem Raume tobe auf Erden urewig ein unbegrenzter Lebensdrang. Aus diesem unbegrenzten Lebensdrange in einem begrenzten Raume aber resultiere der Kampf um Leben und Brot. Aus dem Kampf aber resultiere der Drang nach oben und damit die Auslese. Das ewige Spiel der Kräfte, in dem immer wieder der Starke siegt, sei ewig die Quelle der Erneuerung. Das gelte für jedes Volk. Das Volk aber hänge ab von seiner Kraft, d. h. seiner Zahl und seinem Raum ... Die Zeit werde kommen, da das deutsche Volk nach denen schreie, die ihm Raum und Brot gäben.« [326]

Zwei Jahre später wiesen Nationalsozialisten in einem offenen Brief in einer bürgerlichen Zeitung im Erzgebirge einen Rabbiner zurecht:

»Aber geradezu ungeheuerlich finden wir es, wenn Sie behaupten, daß nicht Abstammung und Blut, sondern vielmehr Erziehung und Umgebung, Land und Sitte den Menschen machen. Das ist zu naiv, als daß wir annehmen können, daß Sie das selbst glauben. ... der Mensch ist wie alle Lebewesen ein Produkt der Natur und unterliegt infolgedessen auch ihren ewig gültigen Gesetzen. Ein Hochmongole aus dem Tibetgebiet wird, und mag er 50 Jahre lang in Deutschland wohnen, seine Geisteshaltung (Unwahrhaftigkeit, Heimtücke, Grausamkeit, Mordlust) beibehalten. Ein Neger bleibt auch in Deutschland ein Neger und ein Jude eben ein Jude mit seinen ihm angeborenen körperlichen, geistigen und seelischen Merkmalen.« [327]

Eine bürgerliche Berufsgruppe nach der anderen schien sich dem Nationalsozialismus zuzuwenden. Die Mehrheit der Bauern kehrte dem Sächsischen Landvolk den Rücken und lief zur NSDAP über. Bei den Landwirtschaftskammerwahlen im Mai 1931 gewann die NSDAP 22 der zur Wahl stehenden 40 Sitze (weitere zwölf Sitze wurden von Repräsentanten wichtiger landwirtschaftlicher Einrichtungen eingenommen). Viele Geistliche sympathisierten ebenfalls mit der NSDAP. Einer Aussage des ehemaligen sächsischen Landesbischofs Hugo Hahn zufolge, »schwammen die Pfarrer des Landesvereins für Innere Mission fast alle im nationalsozialistischen Fahrwasser«.[328]

Die traditionellen Spannungen zwischen Arbeitnehmer- und Arbeitgeberorganisationen und die besonderen Schwierigkeiten der sächsischen Wirtschaft führten zu einer betont radikalen Haltung der sächsischen Industriellen während der Krise. Es war kein Zufall, daß der Verband Sächsischer Industrieller Ende 1928 mit Wilhelm Wittke einen Vorsitzenden erhielt, der sich im deutschen Verbandsleben als einer der schärfsten Kritiker des republikanischen Systems entpuppte. Unter starkem Beifall seines Verbandes beschrieb er Anfang 1929 die parlamentarische Regierungsgewalt als »jammervoll und unerträglich«[329] und schlug wenig später in einer Rede vor dem Reichsverband der Deutschen Industrie vor, das Parlament mit einem Ermächtigungsgesetz auszuschalten. Die sächsischen Industriellen marschierten an der Spitze aller industriellen Verbände in Deutschland, die den teuren demokratischen Sozialstaat (»Schlaraffenland«) abschaffen und durch eine starke Staatsführung ersetzen wollten. Es war klar, daß in einem solchen System der Arbeiterbewegung die Flügel ganz gehörig gestutzt werden sollten.

Obwohl der Verband aufgrund der Attacken der Nationalsozialisten auf die bürgerlichen Parteien und wegen ihres unorthodoxen Wirtschaftsprogramms einen gewissen Abstand zur NSDAP wahrte, lud man doch weiterhin deren Wirtschaftssprecher zu Vorträgen ein. Außerdem brachten immer mehr Verbandsmitglieder im Prinzip dieselben extrem nationalistischen und aggressiven Ideen zum Ausdruck. Industrielle der Bezirksgruppe Zwickau waren besonders radikal und proklamierten Anfang 1932:

»Wir stehen nicht in einer Krise, nein, wir kämpfen den Todeskampf, und ohne die Freiheit in unseren Entschlüssen und für unsere Arbeit wiedererlangt zu haben, ohne freie Lust und Raum für unsere Entwicklung im Inlande und über die Grenzen hinaus wieder zu erringen, können wir diesen Todeskampf nicht siegreich durchkämpfen ... Bei uns muß das System geändert und in der Welt das Vertrauen wiederhergestellt werden.«

Kurz darauf forderte Wittke in einem Vortrag die sächsischen Unternehmer relativ unverhüllt zur Unterstützung eines Diktators, wer immer er sei, auf:

»Voraussetzung für jede Hilfe ist und bleibt aber, daß es der Wirtschaft endlich ermöglicht wird, wieder ihren eigenen Gesetzen zu folgen, und jeder Führer, der diese Möglichkeit unserer Wirtschaft wiederbringt, komme er, woher er wolle, ist ihr willkommen.«

Andere wirtschaftliche Organisationen wurden direkt von der NSDAP infiltriert. Gewerbekammern und Handelskammern gingen im Oktober 1932 bei den entsprechenden Wahlen reihenweise mit großer Mehrheit an die NSDAP.

Die Wirtschaftskrise radikalisierte auch viele bürgerliche Freizeit- und Berufsvereine. Eine wachsende Zahl ihrer Mitglieder, besonders die jüngeren, traten aus den Vereinen aus oder hatten Schwierigkeiten, ihre Mitgliedsbeiträge zu bezahlen. Vereinsaktivitäten ließen dadurch stark nach. Gleichzeitig machten viele Vereine hohe Schulden, weil sie während der zwanziger Jahre umfangreiche Kredite für den Bau neuer Klubhäuser, Sportplätze, Schwimmbäder und Turnhallen aufgenommen hatten. Im Laufe dieser Entwicklung wurde das Vereinsleben immer mehr politisiert, und die Sehnsucht nach einem neuen, starken nationalistischen Staat, in dem alle Deutschen zusammenrücken und gemeinsam die Probleme überwinden würden, wurde größer. Es wurde die Vision eines geknechteten Volkes gezeichnet, das in einem verzweifelten Kampf seine Fesseln abwirft und die Freiheit zurückgewinnt. Die sächsischen höheren Beamten drückten im Sommer 1931 die Hoffnung aus: »Wir möchten aber alle glauben, daß uns eine geschichtliche Stunde bevorsteht, in dem irgendein Führertum den öden verderblichen materiellen Wettstreit der Stände beendet.«[331] Ende des Jahres erwartete ein sächsischer Schützenverband in ähnlicher Weise eine Art Entscheidungsschlacht im kommenden Jahr:

»Das Jahr 1932 steht im Zeichen des geistigen Endkampfes für Deutschlands Freiheit, in diesem Kampf muß jeder deutsche Mann, jede deutsche Frau eingreifen! Dieser Endkampf kann nur von Erfolg gekrönt sein, wenn sich das deutsche Volk einig zusammenfindet auf dem Boden des deutschen Vaterlandes.«[332]

Vor den letzten halblegalen Wahlen in der Weimarer Republik, im März 1933, zeichnete der Landesverband der christlichen Elternvereine in Sachsen das Bild einer verseuchten Gesellschaft, die erneuert werden müsse:

»Was sich in den Schulen in 14 Jahren marxistischer Herrschaft breit gemacht hat, kann in wenigen Tagen und Wochen nicht beseitigt werden ... Wir haben die Jugend außerhalb der Schule für Glaube und Volkstum zu bilden! Wir haben die Familie für Gott und Vaterland zu erneuern. Denn bis tief hinein in bürgerliche und christliche Kreise ist die Familie nicht mehr Mittelpunkt, sondern nur eine Wohnungsgesellschaft. Zum Abwehren der vaterlands- und glaubensfeindlichen Kräfte waren wir nötig. Zum Aufbauen und Einwurzeln der wiedergewonnenen Glaubens- und Vaterlandsgesinnung braucht jetzt das Vaterland unsere Arbeit!«[333]

Da die bürgerlichen Parteien zu diesem Zeitpunkt total zusammengebrochen waren, kam dies einer direkten Aufforderung gleich, der NSDAP die Stimme für den Aufbau des Dritten Reichs zu geben.

Vor 1930 hatten die meisten bürgerlichen Zeitungen ihre Leser recht generell aufgefordert, mit der Wahl einer der bürgerlichen Parteien eine »marxistische« Regierung zu verhindern. Danach standen immer mehr Zeitungen, vor allem die Provinzblätter, hinter den Nationalsozialisten. Dabei verloren sie kaum einen kritischen Gedanken auf deren Aggressivität oder das, was das Dritte Reich in Wirklichkeit bringen könne. Dies hatte schwerwiegende Folgen, da der Wahlerfolg der Nationalsozialisten in engem Zusammenhang mit der Berichterstattung nationalistisch orientierter Lokalzeitungen stand.[334] Der bürgerliche »Waldenburger Anzeiger« brachte Anfang 1932 zum Beispiel einen überschwenglichen Beitrag über einen »Nationalsozialistischen Tag« in Waldenburg (bei Glauchau):

»Was doch alles zukunftssicherer, in sich geistiger, gläubiger Hitlergeist vermag! Man kann sich seiner überzeugenden Kraft, seinem männlich stolzen Werben nicht entziehen, man mag wollen oder nicht. Das gestrige Erlebnis wird so manchem Wankelmütigen, so manchem Zweifelnden und ewig Bedenklichen gezeigt haben, daß, wer dem Rufe Adolf Hitlers folgt, keinem Phantom nachjagt, sondern daß sich im Nationalsozialismus das uralte Sehnen und Hoffen des deutschen Volkes nach Freiheit und Ehre, nationaler Würde und sozialer Gerechtigkeit wieder einmal erfüllt.«[335]

Insgesamt bleibt festzuhalten, daß das nationale Lager der NSDAP kein besseres Nest hätte bauen können. Der immer lauter werdende Ruf nach Loslösung von Versailles und einem alternativen politischen System hat die Weimarer Republik entscheidend untergraben und das Klima für einen nationalsozialistischen Staat vorbereitet. Davon kann auch nicht ablenken, daß man teilweise Abstand hielt zu den Nationalsozialisten. Ohne Zweifel profitierten die Nationalsozialisten ganz entscheidend von der Wirtschaftskrise, den Traditionen der Gesellschaft und der unübersichtlichen politischen Entwicklung nach 1918. Trotzdem wären ihr Aufstieg und Erfolg nicht möglich gewesen, wenn sie nicht selber maßgeblich dazu beigetragen hätten. Anders ausgedrückt: Die Macht fiel ihnen nicht einfach in den Schoß. Die entscheidende Frage ist: Wie schafften es die Nationalsozialisten, die unterschiedlichsten Gesellschaftsgruppen anzusprechen und in ihren Bann zu ziehen? Im wesentlichen war es ihr Geschick, die Idee der »Volksgemeinschaft« zu übernehmen und zu monopolisieren. Seit der Jahrhundertwende war dieses Konzept von denen gepflegt worden, die nationale und soziale Integration miteinander harmonisieren wollten.[336] Tatsächlich schien die Erfahrung des Ersten Weltkriegs zu bestätigen, daß nationale Solidarität die Voraussetzung sozialer Befreiung sei, weil sie die Sicherheit und den Wohlstand von Individuen und der ganzen Nation zu garantieren schien. Nach 1918 gab es keinen nationalpolitischen Konsens der Parteien mehr. Die Nationalsozialisten wurden die einzige politische Kraft, die sich weiterhin auf die Nation als Ganzes konzentrierte. Währenddessen zogen sich die anderen Parteien auf ihre speziellen Wählerlager zurück.

Während die sächsische Gesellschaft immer mehr zersplitterte, schien das Konzept der Volksgemeinschaft eine Lösung anzubieten, die jeweiligen sozialen Gegensätze durch Harmonie und Einheit aufzuheben. Hitler widmete sich diesem Thema in einer Rede, die er im Juli 1932 im Dresdner Sportpalast hielt (laut NSDAP-Angaben waren 100.000 Menschen anwesend). Anfangs warf Hitler allen anderen Parteien vor, mit ihrer egoistischen Politik dem deutschen Volk »wirtschaftliches Elend, die Vernichtung aller Finanzen, den Ruin des Bauernstandes, die Auslöschung unseres Mittelstandes, die Überschuldung und Verpfändung und die Millionen Arbeitsloser« gebracht zu haben. Dann trug er seine Vision von Deutschland vor:

»Die Geschichte wird einmal feststellen, ... ob es wirklich eine deutsche Tat gewesen war, jedem zweiten Deutschen einzureden, daß er seine politische Spezialvertretung brauche ... (Heiterkeit.) ... der Arbeiter die seine, und zwar nicht eine allein genügt, sondern zwei oder drei; der Mittelstand auch seine besondere Vertretung, und die Handwerker ebenfalls ihre besondere Vertretung; und die Wirtschaft muß auch eine besondere Partei noch haben, und die Angestellten desgleichen und selbstverständlich dann auch die Unternehmer; und dann selbstverständlich die Katholiken, und die Protestanten dürfen nicht zurückbleiben; und dann endlich die Hausbesitzer müssen natürlich unbedingt eine eigene politische Vertretung bekommen, und dann die Mieter usw. (Heiterkeit.) Die Geschichte wird einmal urteilen, ob das Deutschland war oder ob es nicht deutscher gewesen war, diese ganzen Parteien zu beseitigen und an Stelle dieses Spuks wieder die deutsche Nation zu einer politischen Vertretung zu bringen. (Stürmischer Beifall.) Wir machen keinen Hehl daraus, das ist unser Ziel.

Wenn Sie am 31. Juli zur Wahl gehen, dann bitte ich Sie vor allem darum, vergessen Sie auf wenige Stunden, vielleicht zum ersten Mal Ihren teuren Stand, Ihre hohe oder nicht hohe Herkunft, ihre früheren Parteien. Vergessen Sie selbst einmal auch Ihre Konfession, vergessen Sie auch alles das, was Sie trennen könnte und denken Sie einmal in Ihrem Leben an das, was am Ende war und was sein muß für alle Zukunft, nämlich an unser Volk. ... sehen Sie vor sich Deutschland und sonst nichts.« [337]

Es war klar, daß Juden und andere rassisch »unwerte« Gruppen von dieser Volksgemeinschaft ausgeschlossen würden. Wenn es für die Nationalsozialisten aber einen Hauptübeltäter gab, der die verschiedenen Klassen gegeneinander aufgehetzt und Deutschland betrogen hatte, so waren dies die »Marxisten«. Dementsprechend verlangte der sächsische Nationalsozialist Werner Studentkowski, der jahrelang besonders aggressive Hetzreden hielt, während einer NSDAP-Versammlung in Chemnitz kompromißlos:

»Entweder wird Deutschland leben – dann muß man den Kopf des Marxismus zertreten« (minutenlanger stürmischer Beifall), »oder der Marxismus wird siegen, und dann wird Deutschland für immer verloren sein.« [338]

Die Entscheidung der Menschen für den Nationalsozialismus drückte aber nicht nur eine Abkehr vom Bestehenden aus, sondern bedeutete zugleich eine Bejahung völlig neuer politischer Ansätze. Viele Sachsen unterstützten bewußt die Nationalsozialisten, um ihnen die Möglichkeit zu geben, ihre Lösung für die gesellschaftlichen Probleme auszuprobieren. Dabei spielten materialistische Motivationen eine wichtige Rolle. Hier war entscheidend, daß sich die Wirtschaftspolitik der NSDAP während der Krise erheblich von der aller anderen Parteien unterschied.

Alle bürgerlichen Parteien und auch die SPD glaubten, die Krise nur mit einer strengen, orthodoxen Sparpolitik überwinden zu können. In der Praxis bedeutete dies, daß ihr Handlungsspielraum wegen ihrer knappen finanziellen Möglichkeiten stark eingeschränkt war. Da die Regierung glaubte, daß eine Überwindung der wirtschaftlichen Krise aus eigener Kraft nicht möglich sei, konzentrierte sie sich darauf, »in zahlreichen Verhandlungen das Verständnis der Reichsregierung für die besondere Notlage Sachsens zu gewinnen«. [339] Während die Nationalsozialisten aus verständlichen Gründen im Landtag viele der Maßnahmen gegen die allergrößte Not unterstützten, bezeichneten sie diese gleichzeitig als unzureichend und als kurzfristige Pflasterpolitik. Nach ihren Vorstellungen konnte eine fundamentale Besserung der Situation nur in einem (also ihrem) völlig neuen System erreicht werden. Sie waren aber weniger konkret, wenn es darum ging, was sie genau zu ändern gedachten. Allerdings bekannten sich die Nationalsozialisten zu radikalen Reformen und großangelegten Programmen zur Schaffung von Arbeitsplätzen, die durch großzügige Schuldenaufnahme finanziert werden sollten. Dies werde Deutschland aus der Depression befreien und ein langfristiges Wachstum sowie Stabilität gewährleisten.

Besonders in Wirtschaftsfragen versuchten die Nationalsozialisten, die Ehrlichkeit der übrigen Parteien für sich auszunutzen. Alle Parteien, bis auf die NSDAP, gaben manchmal offen zu, daß einige Wirtschaftszweige, so die Korbmacherei in Lauter, einfach veraltet und nicht mehr zu retten waren. [340] Auf solche Aussagen reagierten die Nationalsozialisten mit einem Aufschrei. Für sie waren Berufstätige der Hausindustrie »arbeitsfreudige, fleißige Menschen«, die notwendige Unterstützung verdienten, »um ein Jahrhundert altes bodenständiges Gewerbe zu erhalten«.[341] Dies war Teil eines insgesamt sehr »schwammigen« und alles versprechenden Wirtschaftsprogramms, das vielen jedoch Hoffnung für die Zukunft gab. Heinrich Bennecke, ein ehemaliger sächsischer NSDAP-Führer, beschrieb dieses Phänomen in einem Erinnerungsbericht:

»Dabei lag die Schwierigkeit der damaligen Politik darin, daß es wohl kaum klare Vorstellungen über das, was zunächst geschehen mußte, gegeben hat. So sind auch die damals gehaltenen Reden zu erklären und zu verstehen. Mit verstandesmäßigen Argumenten war ein selbst mitleidender Versammlungsbesucher von einem Parteiredner kaum zu überzeugen. Ich denke dabei noch an die Schwierigkeiten, die mir Versammlungsreden in Lausitzer Industriedörfern bereitet haben. Der einzige Betrieb, z. B. eine Textil-, Papier-, Steingut- oder Holzwarenfabrik, stand schon seit langer Zeit still. Da das auch in den Nachbardörfern der Fall war, gab es für die Bewohner des Dorfes keine Arbeitsmöglichkeiten mehr. Sie waren ›ausgesteuert‹, erhielten als junge Menschen keine Unterstützung mehr und als ältere die Mindestsätze der ›Wohlfahrtserwerbslosenfürsorge‹. Diesen Menschen zu sagen, daß die Unterstützungssätze erhöht werden müßten, war nicht das, was sie sich wirklich wünschten. Sie wollten doch eine Zukunft für sich und ihre Familien. Diese konnte nach ihren eigenen Erlebnissen durch die bisher die deutsche Politik leitenden Kräfte kaum gesichert werden. So wurde die Forderung der Nationalsozialisten nach maßgebender Regierungsbeteiligung, vereinfacht ausgedrückt ›Machtübernahme‹, von Rednern und Zuhörern verstanden.«[342]

Währenddessen machten sich die Sozialdemokraten beim Mittelstand und vielen Arbeitern äußerst unbeliebt, weil sie die Unternehmen für ihre Schwierigkeiten mit in die Verantwortung zogen. Der SPD-Abgeordnete Karl Arndt, ein Gewerkschaftssekretär aus Dresden, erklärte Anfang 1931 im Landtag:

»Wenn in Sachsen die Arbeitslosigkeit in der Schuhindustrie immerhin ziemlich erheblich ist, so liegt das einmal daran, daß wir eben sehr viel Kleinbetriebe haben, dann aber auch daran, daß diese Betriebe außerordentlich unrationell arbeiten, und das trifft nicht nur für die Schuhindustrie, das trifft für einen großen Teil der anderen Industriezweige auch zu ... Die deutsche und die sächsische Wirtschaftsnot ist ... zurückzuführen auf Strukturwandlungen durch Depressionserscheinungen, die im Wesen des kapitalistischen Systems liegen. Und dazu kommt noch direkte kapitalistische Mißwirtschaft.«[343]

Die Nationalsozialisten hätten nie mit dem Finger auf die mittelständischen Unternehmer gezeigt. Vielmehr buhlten sie um deren Unterstützung. Allerdings kündigten auch sie an, daß der internationale Kapitalismus unter ihrer Herrschaft keine Zukunft hätte. Dies schien gerade in Sachsen eine sehr attraktive Vision zu sein. Viele Besitzer und Beschäftigte der Klein- und Mittelbetriebe fühlten sich von dem offenbar grenzenlosen Großkapitalismus bedroht und suchten verzweifelt nach Schutz. Im Gegensatz zu den Arbeiterparteien, die auch den Kapitalismus verurteilten, wollten die Nationalsozialisten aber das Eigentum nicht abschaffen. Ganz im Gegenteil. Nach ihrer Aussage versuchten sie, endlich das Besitztum mit der deutschen Gesellschaft zu versöhnen. Der stellvertretende sächsische Gauleiter Karl Fritsch attackierte die Sozialdemokraten im Landtag:

»Die Sozialdemokraten sind mit roten Fahnen und Transparenten mit der Aufschrift ›Kampf dem Kapitalismus!‹ und ›Nieder mit dem Kapitalismus!‹ herumgezogen ... Dabei haben Sie den Kapitalismus gleichgesetzt mit Besitztum, mit Eigentum. Sie haben damit einen Riß in unser Volk gebracht, Sie haben einen Haß gegen den eigenen Volksgenossen, gegen den verhaßten Bourgeois gezüchtet.« 344

Die nationalsozialistische Propaganda spielte auch eine wichtige Rolle für den Erfolg in Sachsen. Sie verkörperte Aktivität, Entschlossenheit und Opferbereitschaft und vermittelte die Hoffnung, daß die Bewegung wirklich etwas ändern könne. Dies erklärt auch ihren Erfolg, ehemalige Nichtwähler zu mobilisieren und Wähler von anderen Parteien anzulocken. So waren die sächsischen Nationalsozialisten dort am erfolgreichsten, wo ihre Propaganda gegenüber der ihrer Opponenten dominierte.

Die NSDAP stellte die erste politische Partei des nationalen Lagers dar, die überall und ganzjährig propagandistisch aktiv war. Die sächsischen Nationalsozialisten wurden ganz entscheidend durch das häufige Auftreten prominenter NSDAP-Führer in Versammlungen unterstützt. Bekannte »Kanonen« wie Goebbels, Gregor Straßer, Pastor Münchmeyer und Hitler lockten fast immer große Menschenmassen an. Auch wenn die nationalsozialistischen Zahlenangaben sicherlich übertrieben waren, brach Hitler während des Wahlkampfes für den Reichspräsidenten wahrscheinlich einen »Besucherrekord« in Sachsen: am Sonntag, dem 3. April, sprach er in Dresden, Leipzig, Chemnitz und Plauen angeblich vor insgesamt 280.000 Zuhörern. Daneben besaß die sächsische NSDAP einen harten Kern ungewöhnlich aktiver Redner. Zusammen mit der SA, die durch Dörfer und Städte marschierte und Flugblätter verteilte, verbreiteten sie die Ideen des Nationalsozialismus selbst in den entlegensten Regionen und nahmen den Kampf um die Vorherrschaft der Straße gegen die Linke auf. Ihr Ruf war stark durch ihre jugendliche Erscheinung geprägt. Während die bürgerlichen Parteien und die SPD veraltet wirkten und ihnen die Jugend weglief, waren viele Nationalsozialisten und Kommunisten erstaunlich jung. Die NSDAP-Landtagsfraktion bestand aus einer Gruppe von Leuten nicht älter als Anfang 30 (außer dem etwas älteren Killinger), das durchschnittliche Eintrittsalter in die NSDAP betrug 30 Jahre, und viele Mitglieder der SA waren gerade mal 20 Jahre alt (oder noch jünger).

Gewalt stellte einen entscheidenden Teil der nationalsozialistischen Propaganda dar. Die Krise steigerte die Spannungen in der Gesellschaft und förderte eine Atmosphäre, in der Gewalt an Attraktivität gewann. Nachdem jahrelang Horrorszenarien einer sozialistischen Revolution entworfen worden waren, akzeptierten immer mehr Sachsen die Brutalität der SA als ein notwendiges Mittel, um die Straßen ein für allemal vom »Marxismus« zu befreien. Vor allem in Chemnitz beklagte die SPD regelrecht »balkanische« Zustände. Die Beschreibung eines Sozialdemokraten vor den Reichspräsidentenwahlen 1932, welche später vom Innenminister bestätigt wurde, lautete folgendermaßen:

»In Chemnitz und Umgebung haben die Nationalsozialisten während des Wahlkampfes eine wahre Schreckensherrschaft ausgeübt. SS- und SA-Kolonnen durchzogen in Trupps von 40 Mann die Straßen und schlugen einzelgehende Reichsbannerleute und Flugblattverbreiter der Eisernen Front mit Stahlruten und Gummiknüppeln nieder. Revolver und Dolch spielten bei diesen Attentaten eine verhängnisvolle Rolle.« 345

Ohne Zweifel nahmen die Sozialdemokraten die Gefahr, die von den Nationalsozialisten ausging, sehr ernst. Ab 1930 räumte man diesem Thema Priorität ein und kämpfte unter Parolen wie: »Kampf dem Faschismus!« und »Schlagt Hitler!«. In der Regel ging man aber der physischen Auseinandersetzung aus dem Weg, obwohl enorme Potentiale zur Verfügung standen. Immerhin mobilisierte das Reichsbanner ungefähr 10.000 Aktivisten zu einem westsächsischen Bezirkstreffen in Chemnitz Mitte 1931[346], und ab 1932 war die Eiserne Front, ein politischer Zweckverband zum Schutz der Republik, in vielen Teilen Sachsens sehr aktiv.

Die Kommunisten waren viel eher bereit, den Kampf mit der SA auf der Straße aufzunehmen und agierten nach der Parole »Schlagt die Faschisten wo ihr sie trefft!« Die Polizei berichtete von einer der vielen Auseinandersetzungen zwischen den Anhängern beider Seiten, die Mitte 1930 in Reihnholdshain stattfand:

»Dort hielt die NSDAP eine schwach besuchte Wahlversammlung ab. Da die Versammlungsleitung Belästigungen heimkehrender Versammlungsbesucher befürchtete, forderte sie ein in Glauchau bereitgehaltenes SA-Kommando an. Diese 25 Mann starke Abteilung stieß auf dem Marsche nach Reinholdshain auf etwa 40 Kommunisten ... Es kam sofort zu einer Schlägerei, bei der Zaunlatten, Stöcke und Messer als Waffen benutzt worden sind. Mehrere Personen wurden verletzt, davon der 30jährige Kommunist Gerschler, Glauchau, durch Halsstich tödlich und 2 Nationalsozialisten schwer.«[347]

Auf lange Sicht hatten die Nationalsozialisten allerdings den Vorteil, daß ihre Reihen wesentlich schneller anwuchsen als die der Kommunisten. Im Oktober 1931 hatte die sächsische SA immerhin 19.000 Mitglieder. Tatsächlich stieg dann auch die Zahl der Gewalttätigkeiten enorm an. Dahinter stand aber ein relativ kleiner Teil der Bevölkerung. Von einer bürgerkriegsähnlichen Situation kann deshalb nur bedingt gesprochen werden. Beamte aus Nordwestsachsen berichteten 1931:

»Die große Masse der Bevölkerung hatte mit all diesen unliebsamen Ausschreitungen gar nichts gemein, insbesondere waren auch die Erwerbslosen und Fürsorgeempfänger in ihrer Gesamtheit völlig unbeteiligt. Fast alle Störungen der öffentlichen Ruhe und Ordnung waren auf Parteistreitereien der beiden radikalen Flügelparteien zurückzuführen und beschränkten sich meist auf deren Anhänger und einige Nachläufer.«[348]

12. Lähmung und Zerfall der Demokratie

Obwohl die Nationalsozialisten am meisten von der allgemeinen Krise profitierten und direkte Nutznießer des dramatischen Zerfalls der bürgerlichen Parteien waren, blieben sie in Dresden auf die Oppositionsbank verdammt. Schiecks Beamtenregierung war eine Notlösung für eine Gruppe verschiedener Parteien, die aus unterschiedlichen Gründen Neuwahlen vermeiden wollten. Die Sozialdemokraten hofften, damit die Demokratie zu schützen und die Nationalsozialisten von den Schaltstellen der Macht fernhalten zu können. DDP und VNR, die sich im Juli 1930 zur Deutschen Staatspartei zusammengeschlossen hatten, darf man ähnliche Motive zugestehen.

Dagegen fürchteten DVP, WP, Volksrechtspartei und Christlicher Volksdienst, bei Neuwahlen von der NSDAP ganz verdrängt zu werden. Gleichzeitig unterstützten sie den Kurs der Schieck-Regierung aktiv und bildeten den wirklichen parlamentarischen Rückhalt der Regierung.

Durch diese Konstellation wurden alle Versuche der antidemokratischen Parteien, mit Mißtrauensanträgen einen Regierungssturz zu erzwingen, abgewiesen. Selbst die Zusammenarbeit der nationalen Opposition aus NSDAP, DNVP und Sächsischem Landvolk sowie den Kommunisten konnte dies nicht ändern. Insgesamt verfügte man nur über 37 Sitze. Noch frustrierender mußte allerdings für die antidemokratische Front sein, daß die Mehrheit des Volkes nicht gegen das System zu mobilisieren war. Ein Volksentscheid zur Auflösung des Landtags erhielt am 17. April 1932 nur 36 Prozent der Stimmen und scheiterte damit klar.

Für Schiecks Regierungszeit waren zwei politische Entwicklungen besonders kennzeichnend. Zum einen verlor das Parlament an Bedeutung für die politsche Entscheidungsfindung, und zum anderen rückte die Regierung stärker nach rechts als alle ihre Vorgänger. Was den ersten Aspekt anbelangt, folgte Sachsen der Entwicklung des Reichstags, in dem sich seit der Ernennung von Kanzler Brüning (Zentrumspartei) im März 1930 ein Machtverfall des Parlaments und der Parteien vollzog. Allerdings gab es einen gewaltigen Unterschied zwischen Berlin und Dresden: Brüning besaß im Vergleich zu Schieck keine feste Mehrheit im Parlament – auch wenn seine Politik von der SPD toleriert wurde – und regierte deshalb mit Notverordnungen des Reichspräsidenten Hindenburg. Dagegen tagte der Sächsische Landtag weiterhin regelmäßig. Trotzdem war seine Macht durch die Beamtenregierung erheblich eingeschränkt. Schiecks Regierung war noch nicht einmal vom Landtag bestätigt worden. Ausgerechnet die antiparlamentarischen Nationalsozialisten kritisierten diese Situation scharf. Aber die folgenden Ausführungen von Studentkowski im Landtag drückten natürlich nichts anderes aus als die Frustration der Nationalsozialisten über ihre Machtlosigkeit:

»Der Landtag kann beschließen, was er will, – ob die Regierung das durchführt oder nicht, das ist eine zweite Frage, die restlos im Belieben der Regierung liegt. ... Und so geht ein Beschluß nach dem anderen vom Landtag an die Regierung und bei der Regierung in den Papierkorb. Daß auf diese Art und Weise selbstverständlich von einem geregelten Verfassungswesen, von einem geregelten Staatsleben, d. h. einem Staatsleben, das den Grundsätzen entspricht, die der Sächsische Landtag früher selbst einmal für das politische staatliche Leben des Landes Sachsen gegeben hat, keine Rede mehr sein kann, das wird selbst der größte Optimist in den bürgerlichen Parteien nicht behaupten können.« [349]

Schieck verteidigte seine Regierung gegen solche Angriffe mit dem Argument, die Kabinettsmitglieder würden nur von ihrem »Pflichtgefühl« gegenüber dem sächsischen Volk geleitet. Gleichzeitig versäumte er nicht, darauf hinzuweisen, was drohte, wenn der Versuch einer Neubildung der Regierung scheitern sollte: nämlich die erneute Einsetzung eines Reichskommissars. [350] Laut Schieck sah die Regierung ihre Aufgabe während der sich radikalisierenden Krise darin, »dazu beizutragen, daß Wahrheit und Klarheit die Oberherrschaft behalten ... und die Geschäfte gegenüber jedermann gerecht und unparteiisch« geführt werden. Dies ließ ihn ausführen: »Auch andere Weltanschauungen müssen selbstverständlich gegen Schmähungen geschützt werden.« [351] Bei einer anderen Gelegenheit bekräftigte der Regierungschef: »Die Regierung wird sich auch darin treu bleiben, daß sie den Bestand des Staates und seine Verfassung mit allen ihr zu Gebote stehenden Mitteln schützt und gegen Angriffe verteidigt, von welcher Seite sie auch kommen mögen.« [352]

Die traditionellen Arbeiterparteien waren allerdings der Meinung, daß sich zwischen diesen demokratischen Ansprüchen und der Wirklichkeit ein immer größerer Widerspruch auftat. Nachdem die Sozialdemokraten der Regierung zunächst »eine gewisse Sauberkeit, eine gewisse Ehrlichkeit« zugesprochen hatten, breitete sich bei ihnen Anfang 1932 immer stärker das Gefühl aus, daß solche Beteuerungen nicht viel mehr als schöne Worte seien. Nach der Wahl des Reichspräsidenten attackierte der Sozialdemokrat Böchel die Regierung:

»Wenn die Regierung Schieck den Staatsapparat nicht einsetzt gegen Umsturz, wenn sie duldet, daß sich in Sachsen Zustände breitmachen, die den Bürgerkrieg darstellen, wenn sie duldet, daß Beamte die Feinde des Staates und Feinde der Republik unterstützen, so steht sie eben nicht auf dem Boden dieser Verfassung.« [353]

In der anschließenden Landtagsdebatte präsentierten seine Partei und die KPD eine lange Liste von angeblichen Verfehlungen der Regierung und Behörden, die beweisen sollte, daß der Staat parteipolitisch eben nicht neutral war. Man kritisierte das unzureichende Vorgehen gegenüber der SA, obwohl ein Zwischenfall nach dem anderen deren Brutalität beweise (dies schloß eine »Laxheit« der Behörden gegenüber der Auflösung der SA-Formationen seit dem 13. April ein; das Verbot bestand bis zum 16. Juni). Zugleich verglich die SPD die Untätigkeit Sachsens gegenüber den Nationalsozialisten mit dem Vorgehen in den Ländern Hessen, Anhalt, Bayern und Preußen, die alle belastendes Material gegen die Nationalsozialisten zusammengestellt hatten. Die Sozialdemokraten waren besonders entrüstet, daß die Schieck-Regierung nach dem Verbot der SA beim Reich angefragt hatte, ob nicht auch gleichzeitig das Reichsbanner verboten werden sollte. Immerhin handelte es sich beim Reichsbanner um eine Organisation, die zur friedlichen Verteidigung der Republik tätig war. Außerdem nannte man Beispiele, in welchen Fällen Verwaltungsbehörden mit den Nationalsozialisten sympathisiert hatten.

Die Art und Weise, wie Innenminister Richter diese Beschuldigungen von sich wies und versicherte, »daß fast alle Behörden und Beamten mit Erfolg bestrebt gewesen sind, ... ihre Arbeit sachgemäß und gerecht zu verrichten« [354], wirkte höchst unglaubwürdig und grenzte schon an Arroganz. Vor allem als der Minister rechtfertigte, daß eine Hitler-Versammlung in Dresden ohne Probleme genehmigt werden konnte, während die Behörden einen Aufmarsch der republikanischen Eisernen Front in Ostsachsen erschwert hatten, war der Landtag von zornigen Zwischenrufen der Arbeiterparteien erfüllt, und die Sozialdemokraten riefen ihm unter anderem zu: »Sie haben ja die Nazibrille auf! Unerhört!« [355]

Insgesamt deuten die Quellen tatsächlich darauf hin, daß die politische Linke in Sachsen ganz anders behandelt wurde als die Rechte. Dies entspricht dem Bild im übrigen Deutschland. Der sozialdemokratischen »Dresdner Volkszeitung« machte man Verbotsandrohungen wegen »Aufruhr der Bevölkerung«, weil diese (zu Recht) vor den Bürgerkriegsvorbereitungen der Nationalsozialisten gewarnt hatte. Währenddessen schritten die Behörden kaum gegen das NSDAP-Blatt »Der Freiheitskampf« ein, obwohl praktisch in jeder ihrer Ausgaben Artikel erschienen, die blutrünstig waren, gegen bestimmte Personen und Gruppen hetzten, die Abschaffung der

Demokratie proklamierten und Ereignisse verfälscht oder übertrieben wiedergaben. Die Behörden waren da wesentlich schneller beim Verbot von kommunistischen Zeitungen zur Stelle. Auch kam die Regierung ihrer Pflicht nicht nach, im ganzen Land die gleiche Handhabung durchzusetzen. Nicht zu Unrecht beklagten die Sozialdemokraten immer wieder, daß die Erlaubnis von Veranstaltungen von der »Einstellung der Behörden« abhing. Vor allem im Erzgebirge wurde die Arbeiterbewegung oft schikaniert. Im September 1932 wurde ein Kindertreffen der Arbeiterturner in Johanngeorgenstadt verboten, während man im nahegelegenen Schwarzenberg dem bürgerlichen Deutschen Turnverein einen Kinderumzug genehmigte.[356]

Der ehemalige Geschäftsführer der Deutschnationalen, Curt Fritzsche aus Dresden, verließ seine Partei wegen ihrer NSDAP-freundlichen Haltung und erörterte im Landtag ausführlich zwei Fälle von nationalsozialistischer Gewalt, in denen die Justiz und die Polizei nicht eingegriffen hatten. Er kam zu dem Schluß, daß bei Untersuchungen dieser Vorfälle nicht sehr viel herauskommen würde, weil die Beamten folgende Meinung verträten:

»Die Nationalsozialistische Partei ist doch eine feine Partei, sie ist doch national. Wenn jemand sich das Wörtchen national vorsetzt, dann stößt er sofort auf wohlwollende Beurteilungen bei all den anderen Leuten, die auch national sind, und da sagt sich der Polizeioffizier, und da sagt sich der Richter: nationale Menschen können doch keine Verbrecher sein.«[357]

Selbst die Regierung gab zu, daß die Polizei in Dresden und Chemnitz der NSDAP gegenüber eine sympathisierende Haltung einnahm. Ein NSDAP-Abgeordneter prahlte sogar Anfang 1931 im Landtag: »Unsere Organisation in der Polizei ist so weit, daß demnächst die Polizeibeamten im braunen Hemd mit der Hakenkreuzbinde Dienst tun werden.«[358] Es war auffallend, wie höflich die sonst so rabiaten Nationalsozialisten der Regierung gegenüber auftraten. Vor jedem Mißtrauensantrag entschuldigten sie sich regelrecht bei den Ministern und betonten, daß diese Handlung kein persönlicher Angriff gegen sie darstelle, sondern gegen das System gerichtet sei.[359] Insgesamt bleibt festzustellen, daß die Regierung die einseitige Bevorzugung der politischen Rechten gegenüber der Linken nicht nur bei ihren Beamten tolerierte, sondern auch selber praktizierte. Außerdem ging man bei gewalttätigen Verstößen ungleich härter gegen die Kommunisten vor als gegen die Nationalsozialisten.

Zwar ist die Schieck-Regierung eindeutig als konservativ-nationalistisch einzustufen, doch sie war noch weit entfernt von einem nationalsozialistischen Regierungsstil und bekannte sich immerhin zur Demokratie. Dies war mehr, als viele ihrer Beamten zugestanden hätten. Auch wenn seitens der Behörden häufig gegenüber den Nationalsozialisten ein Auge zugedrückt wurde, konnten die sich doch noch nicht alles erlauben. So wurden Anfang Oktober 1932 in Zwickau 25 Nationalsozialisten nach Hausdurchsuchungen wegen illegalen Waffenbesitzes verhaftet.[360] Sicherlich waren auch nicht alle »linken« Opfer, die es bei Polizeieinsätzen gab, auf eine politische Motivation zurückzuführen. Dies konnte auch mit einer eskalierenden Situation oder überforderten und nervösen Ordnungskräften zusammenhängen.[361]

Obwohl die NSDAP bei den Reichstagswahlen im Juli 1932 einen enormen Erfolg verbuchte, weigerte sich Hindenburg weiterhin, Hitler zum Kanzler zu ernennen. Da die Nationalsozialisten der Macht keinen Schritt näher gekommen waren, geriet die Bewegung in eine ernste Krise. Auch in Sachsen war dies unschwer zu erkennen. Zum ersten Mal schien ihr Anwachsen nicht nur ins Stocken zu geraten, sie hatten sogar einen Negativtrend zu verzeichnen. Die SPD verkündete Mitte Oktober mit Genugtuung: »Die nationalsozialistische Bewegung befindet sich in der schwersten Krise.«[362] Berichte über Spannungen und Austritte bei SA und NSDAP in Dresden, Leipzig und Plauen häuften sich.[363] All dies schien bestätigt, als der Stimmenanteil der Nationalsozialisten bei den Reichstagswahlen am 6. November von 41,2 auf 36,6 Prozent sank (Reich: 33,1 Prozent). Dies war ein herber Schlag für den Mythos vom unaufhaltsamen Aufstieg der NSDAP, und die Leipziger Volkszeitung jubelte: »Die Nazi-Welle zum Stehen gebracht«.[364] Ansonsten gab es nur leichte Veränderungen bei den anderen Parteien: dem kleinen Verlust der SPD (27,6) stand ein Gewinn der KPD gegenüber (19,6), während sich auch DNVP (von 4,6 auf 6,8) und DVP (von 2,0 auf 2,9) geringfügig verbesserten.

Die für die Nationalsozialisten bedrückenden Nachrichten rissen nicht ab. Bei den Gemeindewahlen am 13. November verlor die NSDAP noch einmal neun Prozent im Vergleich zu den gerade abgehaltenen Reichstagswahlen. Inzwischen war die Partei durch ihre teuren Wahlkämpfe praktisch bankrott. In vielen Gegenden außerhalb Sachsens machten sich auch die ersten Anzeichen einer wirtschaftlichen Verbesserung bemerkbar. Sarkastische Kommentatoren prophezeiten schon, daß der nationalsozialistische Spuk genauso schnell verschwinden würde, wie er gekommen war. In der SA verbreitete sich Mißstimmung über den legalen Kurs der Partei. Voller Ungeduld drängte man zu einer gewaltsamen Machtergreifung. In dieser Situation ermordeten einige Dresdner SA-Mitglieder in einem Racheakt ihren ehemaligen Kollegen Hensch, was allgemeine Entrüstung hervorrief und sich als ein für die NSDAP-Parteileitung peinlicher Zwischenfall erwies.[365]

Als Hitler am 30. Januar 1933 nach geheimen Verhandlungen dann doch von Hindenburg zum Reichskanzler ernannt worden war und zwei Tage später neue Reichstagswahlen für den 5. März angekündigt wurden, erlebte die NSDAP einen zweiten Frühling. Voller Engagement gingen die Nationalsozialisten in den Wahlkampf. Eine Flut von Opportunisten strömte in die Partei. In der ersten Jahreshälfte schnellte die Mitgliederzahl in Markranstädt von 75 auf 500 und in Zwenkau von 55 auf 400.[366] Obwohl die Arbeiterbewegung noch beeindruckende Versammlungen abhielt – wie Mitte Februar in Leipzig, als 25.000 Sozialdemokraten und Kommunisten für die Freiheit demonstrierten – wirkte sie resigniert und verunsichert. Bezeichnend war, daß Hermann Liebmann bei einer Versammlung Ende Februar in Leipzig die Anwesenden aufforderte, sich diszipliniert zu verhalten, um der anwesenden Polizei keinen Grund für eine Auflösung zu geben.

Inzwischen wurden die Konturen eines autoritären Staates erkennbar. Mitte Februar 1933 lehnten es alle bürgerlichen Parteien und die NSDAP ab, wegen der illegalen Auflösung des preußischen Landtags beim Reichsgericht zu klagen.[367] Drei Wochen vor der nationalsozialistischen Machtergreifung war die SPD als einzige Partei in Sachsen bereit, sich für das demokratische System einzusetzen (die KPD hatte den Antrag aus anderem Grund unterstützt). Nachdem der Reichstagsbrand zum Ermächtigungsgesetz vom 28. Februar geführt hatte, beauftragte Innenminister Richter alle Amtshauptmannschaften und bezirksfreien Städte, am 1. März bei allen bekannten Kommunisten Hausdurchsuchungen durchzuführen und beim Auffinden von verdächtigem Material Verhaftungen vorzunehmen. Damit wurden die Kommunisten in den

Untergrund getrieben. Aber selbst sozialdemokratische Zeitungen wurden schon mehrere Tage vor den letzten halbfreien Wahlen am 5. März verboten.

Bei den Wahlen konnte sich die NSDAP um 8,4 Prozent auf insgesamt 45 Prozent der Stimmen steigern (Reichsdurchschnitt: 43,9 Prozent). Währenddessen verteidigten SPD und KPD ihre Positionen erstaunlich gut und wurden noch von 42,7 Prozent der Wähler unterstützt (12,1 Prozent mehr als im Reich). Seit den Reichstagswahlen im November behauptete sich Sachsen damit als größte Bastion der Arbeiterparteien in der Republik. Das Land war stärker polarisiert als je zuvor: Leipzig und Dresden-Bautzen stellten die zwei stärksten Wahlbezirke der SPD in Deutschland dar. Chemnitz-Erzgebirge war der viertbeste Wahlbezirk der KPD, aber gleichzeitig der achtbeste der NSDAP im Reich. Zusätzlich kam es bei den Gemeindewahlen im November 1932 zu Bündnissen zwischen den bürgerlichen Parteien und der NSDAP, wodurch sie gemeinsam in vielen Orten ihre Kandidaten in siegreiche Positionen bringen konnten. Währenddessen hatten SPD und KPD in einigen Orten die lang erwartete vereinte Front gebildet, um die Wahl eigener Gemeinderäte durchzusetzen. Allerdings handelte es sich hier lediglich um örtliche Vereinbarungen, denen keine offiziell beschlossene Zusammenarbeit zugrunde lag. Als die Nationalsozialisten die Euphorie der März-Wahlen ausnutzten und die Macht ergriffen, leistete ihnen die demoralisierte und gespaltene Arbeiterbewegung kaum Widerstand. Gleichzeitig atmete ein großer Teil der Bevölkerung auf. In Berichten aus dem Erzgebirge begrüßte »die friedliebende Bevölkerung« die politische Neugestaltung »als eine Wohltat«.[368]

13. Nachwort: Barbarische Folgen

Obwohl Sachsens demokratisches System bedenklich in Richtung eines autoritär-nationalistischen Staates kippte, war es Anfang 1933 noch nicht ganz umgefallen. Es gelang auch, die Nationalsozialisten im Gegensatz zu Anhalt, Oldenburg, Mecklenburg-Schwerin, Thüringen und Preußen bis zu diesem Zeitpunkt von den Schaltstellen der Macht fernzuhalten. Nicht alle bürgerlichen Parteien und Vereine waren von den Nationalsozialisten infiltriert. Vor allem aber verfügte die Arbeiterbewegung noch über viele treue Anhänger und mächtige Organisationen. Viele Gegenden Sachsens zählten damit zu den größten Bollwerken gegen den Nationalsozialismus in Deutschland. Die nationalsozialistische Machtergreifung in Sachsen ergab sich als Folge von Ereignissen, die sich in Berlin abspielten.

Allerdings waren die Bedingungen für die Errichtung der nationalsozialistischen Diktatur selbst im »roten« Sachsen alles andere als ungünstig. Insgesamt war die Opposition gegen die NSDAP geschwächt, resigniert und zerstritten. Immer mehr Sachsen unterstützten, oder zumindest billigten, eine dynamisch wirkende und Hoffnung versprechende nationalsozialistische Lösung für die eklatanten Probleme, mit der die deutsche Gesellschaft zu kämpfen hatte. Das demokratische System schien versagt zu haben, deshalb befürwortete man die Errichtung eines starken, autoritären und nationalistischen Staates, der sich auf familiäre Wertvorstellungen stützte und die Wiedergeburt Deutschlands versprach. Dies erklärt auch, wieso die nationalsozialistische Machtergreifung relativ reibungslos verlief.

Anders ausgedrückt: Sachsen erlebte durch seine spezielle Wirtschafts- und Gesellschaftsstruktur besonders krasse Widersprüche, Ängste und Nöte nach dem Ersten Weltkrieg. In vielerlei Hinsicht waren dies negative Folgen der allgemeinen Modernisierung der Gesellschaft. Eine wachsende Zahl von Bürgern erhoffte sich vom Dritten Reich mehr Schutz gegen dieses Phänomen, als ihnen die liberale Republik gegeben hatte.

Drei Tage vor den Reichstagswahlen am 5. März hatten die sächsischen Nationalsozialisten angekündigt: »Rote Mordpest wird rücksichtslos ausgerottet!« Genau dies passierte dann auch im Anschluß an die Wahlen im ganzen Land. SA und SS plünderten, verwüsteten und beschlagnahmten Gebäude und Besitz der Arbeiterbewegung (vor allem Volkshäuser, Gewerkschaftsbüros und Druckereien), verbrannten politisch verdächtiges Material, besetzten Rathäuser, hißten ihre Hakenkreuzflaggen und begannen mit Massenverhaftungen. Vieles waren spontane und äußerst gewaltsame Aktionen. In Chemnitz erschoß ein SA-Führer einen jüdischen Rechtsanwalt und ertränkte drei junge Kommunisten in einem Teich. 369 Die Schnelligkeit und Brutalität, mit der die Nationalsozialisten vorgingen, überrumpelte ihre Gegner. Es half nicht, daß die Arbeiterbewegung die Konsequenzen einer nationalsozialistischen Diktatur relativ ernstgenommen hatte. Noch Ende Februar verkündigte der Berliner SPD-Führer Albert Grzesinski am Ende einer Wahlkampfveranstaltung in Leipzig: »Wir wollen frei sein, wie die Väter waren. Lieber tot, als Sklav'!« 370 Von einem bewaffneten Aufstand gegen die Errichtung der Diktatur war aber nichts zu spüren. Die wenigen, die bereit waren, die Freiheit mit der Waffe zu verteidigen – wie zum Beispiel 2.000 Mitglieder der Leipziger Kampfstaffeln –, warteten vergeblich auf den Befehl ihrer verängstigten Führer, loszuschlagen. Diese hielten eisern an ihrem Legalitätskurs fest.

Währenddessen brachten die Nationalsozialisten Verwaltung und Regierung unter ihre Kontrolle. Fünf Tage nach den Märzwahlen zwang der neu ernannte Reichskommissar Killinger das Beamtenkabinett Schieck zum Rücktritt und bildete eine provisorische Regierung. In kürzester Zeit wurden alle oppositionellen Wehrverbände verboten. Sondergerichte entstanden, Gestapoähnliche Formationen wurden aktiv, Konzentrationslager wurden errichtet. Anfang April veröffentlichte Killinger ein Gesetz über die neue Sitzverteilung des Landtages. Dies legte die Anzahl der Sitze der Parteien nach dem Reichstagswahlergebnis vom März fest. Damit erhielt die NSDAP automatisch die absolute Mehrheit, da die KPD schon illegal war. Einen Monat später wurde NSDAP-Gauleiter Mutschmann zum Reichsstatthalter von Sachsen ernannt, und Killinger stellte sein neues Kabinett vor.

Die Wiedereinberufung des Landtags Mitte Mai war längst eine Farce. Die Hälfte der 22 zugelassenen SPD-Abgeordneten befand sich in Schutzhaft. Bei der zweiten Landtagssitzung am 23. Mai war die SPD-Fraktion auf sechs Anwesende geschrumpft, weil fünf ihrer Mitglieder inzwischen ins tschechische Exil geflüchtet waren. Um so höher ist es den verbliebenen Sozialdemokraten anzurechnen, daß sie selbst angesichts des nationalsozialistischen Terrors ein wichtiges Symbol demokratischer und antiautoritärer Zivilcourage setzten: Angeführt von ihrem neuen Fraktionsführer Otto Nebrig, der im Plenum eine mutige und trotzende Rede hielt, stimmten die Sozialdemokraten als einzige Abgeordnete gegen den Entwurf eines sächsischen Ermächtigungsgesetzes, welches die Verfassung von 1920 aufhob und im Prinzip das parlamentarische System liquidierte. Kurz darauf wurde die sächsische SPD verboten. Wenig später lösten sich alle anderen Parteien auf. Inzwischen war auch die Gleichschaltung oder Auflösung von bürgerlichen Vereinen, Organisationen, Feiern, Zeitungen und vieles mehr in vollem Gange. Im November löste Reichspräsident Hindenburg alle Landtage auf. Anfang 1934 wurden dann die Länder gesetzlich liquidiert und die Landesregierungen der Reichsregierung unterstellt. Die nationalsozialistische Diktatur veränderte Sachsen innerhalb kürzester Zeit. Vieles, was über lange Jahre wichtiger Bestandteil des gesellschaftlichen Lebens gewesen war, verschwand praktisch über Nacht.

Den Nationalsozialisten gelang es nach zwei bis drei Jahren Herrschaft, die Sachsen für ihren Mythos der Volksgemeinschaft zunehmend positiv anzusprechen. In zeitgenössischen Berichten ist ein wachsendes Gefühl des nationalen Stolzes und der Zuversicht spürbar. Hinzu kam die Bewunderung für Hitler. Dies hing mit seinen frühen Erfolgen in der Außenpolitik und einer langsam einsetzenden wirtschaftlichen Besserung zusammen. Bei Teilen der Bevölkerung verbreitete sich die Meinung, daß man dem Dritten Reich die langsame Abnahme der Arbeitslosigkeit und die größere Sicherheit des Arbeitsplatzes zu verdanken habe. Die verschärften Initiativen der Nationalsozialisten im Bereich der Rassenhygiene und des Antisemitismus fanden weit weniger Anklang bei der Masse der Bevölkerung. Allerdings konnten die Nationalsozialisten in beiden Bereichen auf seit Jahrzehnten verbreitete Ressentiments bauen. Zusätzlich hinterließ die unablässige rassistische Indoktrination der Nazis ihre Spuren in den Köpfen der Menschen. Dem Nationalsozialismus waren aber auch scharfe Grenzen gesetzt: Einige Bevölkerungsgruppen – vor allem der Kern des sozialistischen Milieus – lehnten weiterhin das nationalsozialistische Regime und seine Wertvorstellungen strikt ab. Eine Minderheit ging für ihre Überzeugung in den aktiven Widerstand und bezahlte dies häufig mit Gefängnisaufenthalten, Folter oder sogar dem Leben. Gleichzeitig gab es vor allem in den Gegenden, die relativ wenig vom wirtschaftlichen Aufschwung profitierten (beispielsweise im Erzgebirge), viel Mißstimmung über das nationalsozialistische Regime.

Im Sommer 1932 hatte Arnold Schreiber, NSDAP-Bezirksleiter von Chemnitz, in einer Versammlung verkündet: »Wer uns ... die Faust entgegenhält, dem brechen wir sie auf und brechen ihm auch noch das Genick. Für uns aber gilt der Ruf: Mit Adolf Hitler vorwärts, über Gräber vorwärts.«[371] Das sollte sich bewahrheiten. Ganz Sachsen mußte lange und bitter für den Verlust der Demokratie und die Errichtung der nationalsozialistischen Diktatur bezahlen. Anstatt die Bevölkerung zu vereinen, errichteten die Nationalsozialisten eine brutale rassistische Diktatur und begannen eine »Hexenjagd« gegen alle, die ihrer Meinung nach nicht dem »gesunden Volkskörper« angehörten. Marxisten und andere Gegner wurden rücksichtslos verfolgt, die sorbische Bevölkerung wurde zusehends zwangs»germanisiert«, die jüdische Bevölkerung wurde systematisch entmündigt und entwürdigt, und diejenigen, die die Nationalsozialisten (oft willkürlich) als »Behinderte und Erbkranke« kategorisierten, wurden zwangssterilisiert.

Während des Zweiten Weltkrieges fand eine barbarische Radikalisierung dieser Politik statt. Juden wurden deportiert und ermordet, und auch die Rassenhygiene endete in kaltblütigem Mord: In der Anstalt Sonnenstein bei Pirna wurden ungefähr 15.000 Kranke und Behinderte durch Medikamente, Nahrungsentzug und Vergasung umgebracht; in der Landesanstalt Großschweidnitz über 3.000 Männer, Frauen und Kinder durch Nahrungsmittelentzug und Medikamente ermordet; im Kriegsgefangenenlager Zeithain fielen zwischen 33.000 und 40.000 Bürger der Sowjetunion Hunger, Krankheit, Erschöpfung oder Mord zum Opfer, und am Kriegsende wurden viele Häftlinge von Gefängnissen und Konzentrationslagern brutal hingerichtet.

Der »totale Krieg« weitete den Kreis der Opfer immer mehr aus: Neben den Toten an der Front gab es die Opfer und die Zerstörungen der Bombardierungen von Leipzig, Chemnitz, Plauen und Dresden. Bei Kriegsende strömten fast eine Million vertriebene Deutsche aus Böhmen und Schlesien nach Sachsen. Während der Besetzung Sachsens durch die Rote Armee wurden viele Betriebe demontiert und in die Sowjetunion abtransportiert, andere kamen direkt unter die Kontrolle sowjetischer Instanzen.

Die Geschichte Sachsens während der Weimarer Republik macht deutlich, daß ein demokratisches System ohne weitverbreitete Verwurzelung in der Bevölkerung kaum funktionstüchtig ist und geringe Aussichten hat, eine schwere Krise zu überstehen. In Sachsen zeigten nur die Mehrheit der Sozialdemokraten und die schwindende Zahl der DDP-Anhänger Bereitschaft, die Demokratie in schweren Zeiten bedingungslos zu verteidigen. Zwar besaß Sachsen damit ein vergleichsweise solides demokratisches Potential, insgesamt erwies sich dies aber als ungenügend.

Nach dem Ersten Weltkrieg hatten sich große Teile des Bürgertums recht schnell von einer Zusammenarbeit mit der Arbeiterbewegung distanziert. Die Gründe dafür bestanden in ihrem tiefsitzenden Mißtrauen gegenüber der Arbeiterbewegung, dem Gefühl der politischen Unsicherheit und Machtlosigkeit und dem Schock über das Ausmaß der wirtschaftlichen Krisen. Schließlich hatte man völlig unterschiedliche Vorstellungen, wie die sächsische Gesellschaft im Rahmen der Republik gestaltet werden sollte. Da ein Kompromiß zwischen beiden Lagern nicht möglich erschien, ohne die eigenen Vorstellungen aufzugeben, verhärteten sich die Fronten zwischen der Arbeiterbewegung und dem Bürgertum. Damit war eine Kluft zwischen beiden Lagern aufgerissen, die nicht mehr überwunden werden konnte.

Der Demokratie in Sachsen fehlte also eine fundamentale Voraussetzung für ein reibungsloses Funktionieren: die Bereitschaft verschiedener Gruppen in der Gesellschaft, einen Dialog einzugehen, Kompromisse zu machen, sich gegenseitig mit Respekt zu behandeln und politisch zusammenzuarbeiten. Erst ab 1930 knüpften die Sozialdemokraten an die wichtigen Erfahrungen an, die sie in dieser Richtung unmittelbar nach dem Krieg gemacht hatten. Viele sozialdemokratische Führer waren zur Überzeugung gelangt, daß nur die Sammlung aller demokratischen Kräfte die Demokratie in Krisenzeiten sichern konnte.

Ihre Bestrebungen wurden aber von zwei Seiten zunichte gemacht. Einmal hatten die Kommunisten längst jeder konstruktiven Arbeit den Rücken gekehrt und verfolgten einen kompromißlosen revolutionären Kurs. Die Arbeiterbewegung war also in ihrer Haltung zur Demokratie tief gespalten. Gleichzeitig waren immer geringere Teile des Bürgertums am Erhalt des Systems interessiert. Dabei stellte sich als entscheidend heraus, daß weite Kreise des Bürgertums, aber auch Teile der Arbeiterbewegung, autoritäre und nationalistische Wertvorstellungen hegten. Hier fanden die Nationalsozialisten während der dramatischen Krise, die sich ab Ende der zwanziger Jahre entfaltete, einen äußerst fruchtbaren Nährboden.

Anhang

Wahlergebnisse

Landtagswahlen im Freistaat Sachsen:

Stimmenanzahl in Prozent, Landtagssitze in Klammern

	2.2.1919	14.11.1920	5.11.1922	31.10.1926	12.5.1929	22.6.1930
KPD	—	5,7 (6)	10,5 (10)	14,5 (14)	12,8 (12)	13,6 (13)
USPD	16,3 (15)	13,9 (13)	—	—	—	—
SPD	41,6 (42)	28,3 (27)	41,8 (40)	32,1 (31)	34,2 (33)	33,4 (32)
DDP	22,9 (22)	7,7 (8)	8,4 (8)	4,7 (5)	4,3 (4)	3,2 (3)
Z	1,0 (0)	1,1 (1)	0,9 (0)	1,0 (0)	0,9 (0)	—
DVP	3,9 (4)	18,6 (18)	18,7 (19)	12,4 (12)	13,4 (13)	8,7 (8)
DNVP	14,3 (13)	21,0 (20)	19,0 (19)	14,5 (14)	8,0 (8)	4,8 (5)
NSDAP	—	—	—	1,6 (2)	5,0 (5)	14,4 (14)
WP	—	0,8 (0)	0,2 (0)	10,1 (10)	11,3 (11)	10,6 (10)
USPD	—	2,9 (3)	—	—	—	—
ASPD	—	—	—	4,2 (4)	1,5 (2)	0,7 (0)
VRP	—	—	—	4,2 (4)	2,6 (3)	1,7 (2)
SLV	—	—	—	—	5,2 (5)	4,6 (5)
VNR	—	—	—	—	—	1,5 (2)
CSVD	—	—	—	—	—	2,2 (2)
Sonstige	—	—	0,5 (0)	0,5 (0)	0,8 (0)	0.6 (0)

Ergebnisse der Reichstagswahlen in den drei sächsischen Reichstagswahlkreisen:

Stimmenzahl in Prozent

Dresden-Bautzen

Sonstige	19.1.1919	6.6.1924	4.5.1920	7.12.1924	20.5.1928	14.9.1930	31.7.1932	6.11.1932
KPD	—	1,2	8,4	6,5	10,3	12,4	14,3	17,0
USPD	5,1	21,4	—	—	—	—	—	—
SPD	50,9	27,4	34,6	37,3	39,1	34,7	31,1	29,5
DDP	18,4	10,9	9,5	8,1	6,1	7,3	1,7	1,5
Z	1,8	1,7	1,2	1,5	1,4	1,4	2,1	1,9
DVP	10,6	19,6	13,0	14,7	10,9	6,4	2,9	4,1
DNVP	13,2	17,1	23,2	23,5	11,5	5,0	5,5	8,1
NSDAP	—	—	4,5	1,5	1,8	16,1	39,3	34,0
WP	—	—	—	3,9	7,9	7,1	—	—
	—	0,7	5,6	3,0	11,0	9,6	3,1	3,9

Leipzig

	19.1.1919	6.6.1920	4.5.1924	7.12.1924	20.5.1928	14.9.1930	31.7.1932	6.11.1932	5.3.1933
	—	2,0	15,7	12,5	16,1	17,2	18,7	20,7	17,4
KPD	38,6	42,1	—	—	—	—	—	—	—
USPD	20,7	9,1	30,2	35,7	37,0	34,9	33,1	32,2	30,1
SPD	28,6	8,4	7,2	7,8	6,0	3,2	1,7	1,3	2,1
DDP	0,5	0,4	0,5	0,7	0,6	0,6	1,1	1,1	1,0
Z	—	20,8	16,5	18,6	13,0	9,4	2,2	3,3	2,0
DVP	11,6	16,9	18,0	18,4	6,6	3,7	4,5	7,2	6,5
DNVP	—	—	7,9	1,8	1,9	14,0	36,1	31,0	40,0
NSDAP	—	—	—	—	—	7,0	—	—	—
WP	—	0,3	4,0	4,5	11,8	10,0	2,6	3,1	0,9
Sonstige									

Chemnitz-Zwickau

	19.1.1919	6.6.1920	4.5.1924	7.12.1924	20.5.1928	14.9.1930	31.7.1932	6.11.1932	5.3.1933
	—	9,2	19,8	14,8	16,2	18,5	19,6	21,4	—
KPD	6,3	17,2	—	—	—	—	—	—	—
USPD	58,7	31,8	27,2	32,5	33,5	28,3	22,4	22,3	—
SPD	21,4	7,8	6,3	5,9	4,2	2,0	0,7	0,6	—
DDP	0,4	0,3	0,4	0,6	0,5	0,5	0,7	0,6	—
Z	—	16,1	11,9	13,7	11,1	4,1	0,8	1,4	—
DVP	13,2	17,5	17,3	19,0	9,1	4,5	3,8	5,1	—
DNVP	—	—	7,7	4,2	4,3	23,8	47,0	43,4	—
NSDAP	—	—	7,9	7,2	10,3	8,1	—	—	—
WP	—	0,1	1,5	2,1	10,8	10,2	5,0	5,2	—
Sonstige									

Abkürzungsverzeichnis

ADGB	Allgemeiner Deutscher Gewerkschaftsbund
ASR	Arbeiter- und Soldatenrat
ATSB	Allgemeiner Turn-und-Sportbund
DDP	Deutsche Demokratische Partei
DNVP	Deutschnationale Volkspartei
DVP	Deutsche Volkspartei
KPD	Kommunistische Partei Deutschlands
MdI	Ministerium des Innern
MSPD	Mehrheitssozialdemokratische Partei Deutschlands
SHBl	Sächsische Heimatblätter
SI	Sächsische Industrie
STA D	Staatsarchiv Dresden
SPD	Sozialdemokratische Partei Deutschlands
USPD	Unabhängige Sozialdemokratische Partei Deutschlands
VdSL	Verhandlungen des Sächsischen Landtags
VRP	Reichspartei für Volksrecht und Aufwertung
WP	Wirtschaftspartei
ZSSLA	Zeitschrift des Sächsischen Statistischen Landesamtes
Z	Zentrum

Chronologien: Sachsen und Deutschland während der Weimarer Republik (separate Auflistung)
Deutschland (1. Teil)

1918

29.9. Oberste Heeresleitung verlangt sofortigen Waffenstillstand und Demokratisierung im Reich

28.10. Die Reichsverfassung wird parlamentarisiert; Matrosen der Hochseeflotte in Wilhelmshaven rebellieren

3.11. Matrosen rebellieren in Kiel; von hier breitet sich die Revolution in Deutschland aus

9.11. Rücktritt Wilhelm II.; Ausrufung der Republik

10.11. »Rat der Volksbeauftragten« (SPD/USPD) bildet sich; Friedrich Ebert (SPD) und Wilhelm Groener (Reichswehr) einigen sich auf eine gemeinsame Bekämpfung des Bolschewismus

11.11. Waffenstillstandsunterzeichnung in Compiègne

15.11. Das Stinnes-Legien-Abkommen legt die gegenseitige Anerkennung und Zusammenarbeit von Unternehmern und Gewerkschaften fest

28./29.12. USPD-Vertreter treten aus dem Rat der Volksbeauftragten in Berlin aus

1919

1.1. Gründung der KPD in Berlin

9.1. Gründung der Deutschen Arbeiterpartei in München (im September 1919 tritt Adolf Hitler der Partei bei; im Februar 1920 wird sie in Nationalsozialistische Deutsche Arbeiterpartei (NSDAP) umbenannt und stellt ihr 25-Punkte-Programm im Münchner Hofbräuhaus vor

5.–11.1. Januaraufstand in Berlin (»Spartakusaufstand«)

15.1. Ermordung Rosa Luxemburgs und Karl Liebknechts durch rechtsextremistische Freikorpsmitglieder

19.1. Wahl zur Nationalversammlung

11.2. Wahl Eberts zum Reichspräsidenten

13.2. Regierung Scheidemann (»Weimarer Koalition«: SPD, DDP, Zentrum)

Feb.–Mai Streiks, Unruhen und Aufstän-de in vielen Teilen Deutschlands (z. B. 27. Februar bis 10. März Mitteldeutscher Generalstreik)

23.3. Sozialisierungsschritte fallen nach einem Reichsgesetz in die Kompetenz des Reichs

7.4.–2.5. Räterepublik in München

28.6. Unterzeichnung des Friedensvertrags von Versailles

11.8. Reichsverfassung tritt in Kraft

18.11. Hindenburg propagiert die »Dolchstoß-Legende« vor dem Untersuchungsausschuß der Nationalversammlung

1920

13.–16.3. Kapp-Lüttwitz-Putsch

März bis April Kämpfe in Mitteldeutschland und im Ruhrgebiet

30.5. Das Reich verbietet alle freiwilligen Selbstschutzorganisationen

6.6. Reichstagswahl (nach Verlusten der »Weimarer Koalition« wird ein bürgerliches Minderheitskabinett mit Zentrum, DDP und DVP unter Konstantin Fehrenbach gebildet)

16.10. Spaltung der USPD (der linke Flügel schließt sich im Dezember der KPD an)

1921

21.2.–14.3. Londoner Konferenz über die Reparationsfrage; Androhung von Sanktionen

8.3. Besetzung von Düsseldorf, Duisburg und Ruhrort durch alliierte Truppen

20.3. Volksabstimmung in Oberschlesien; Märzaktion der KPD in Mitteldeutschland

27.4. Festlegung der deutschen Reparationen auf 132 Mrd. Goldmark

2.5. Beginn der Kämpfe in Oberschlesien

10.5. Kabinett Wirth; der Reichstag nimmt das Londoner Ultimatum an; Beginn der Erfüllungspolitik

26.8. Ermordung Matthias Erzbergers (Unterzeichner des Waffenstillstands) durch Rechtsextremisten

12.10. Der Völkerbund beschließt die Teilung Oberschlesiens zwischen Polen und Deutschland

5.11. Bildung einer großen Koalition in Preußen unter Otto Braun (SPD, Zentrum, DDP, DVP)

1922

16.4. Rapallo-Vertrag zwischen Deutschland und der Sowjetunion

24.6. Ermordung des deutschen Außenministers Walther Rathenau durch antisemitische Rechtsextremisten
Sommer Inflationsrate steigt
25.9. Vereinigung der Rest-USPD mit der SPD
11.4. Kabinett Cuno (bürgerliches Minderheitskabinett)

1923
11.1. Einmarsch französischer und belgischer Truppen ins Ruhrgebiet
13.1. Beginn des Ruhrkampfes durch die Verkündung des »passiven Widerstandes«
16.3. Führung der SPD verabschiedet Resolution, in der ein Zusammengehen mit den Kommunisten entschieden abgelehnt wird
13.8. Kabinett Stresemann (DVP, Zentrum, DDP, SPD)
26.9. Die bayerische Regierung verhängt den Ausnahmezustand, kurz nachdem das Reich die Einstellung des passiven Widerstandes im Ruhrgebiet proklamiert; das Reich erklärt daraufhin den militärischen Ausnahmezustand für ganz Deutschland; das Exekutivkomitee der Kommunistischen Internationale beschließt, Arbeiterregierungen und Sowjets zu bilden, um einen bewaffneten Aufstand einzuleiten
Oktober Hyperinflation (am 12. Oktober entspricht 1 US Dollar 4 Mrd. Mark); separatistische Bestrebungen in der Pfalz und im Rheinland; Reichsexekution gegen Sachsens SPD-KPD-Koalition unter Erich Zeigner; Konflikt zwischen Bayern und Reich; Scheitern des kommunistischen »deutschen Oktobers«
3.11. Austritt der SPD aus der Reichsregierung aus Protest gegen die Ereignisse in Sachsen und Bayern
8./9.11. Hitler-Ludendorff-Putsch in München; Ebert überträgt General von Seeckt die vollziehende Gewalt in Deutschland
15.11. Einführung der Rentenmark (1 Rentenmark = 1 Mrd. Mark)
23.11. Kabinett Marx (Zentrum, DVP, DDP, BVP)

1924
13.2. Ende des Ausnahmezustandes in Deutschland
1.4. Adolf Hitler wird zu 5 Jahren Zuchthaus verurteilt
9.4. Veröffentlichung des Dawes-Plan zur vorläufigen Regelung der deutschen Reparationen
4.5. Reichstagswahl (Verluste der demokratischen Parteien)
29.8. Annahme des Dawes-Plans im Reichstag
7.12. Reichstagswahl (Verluste der radikalen Parteien)
17.12. Vorzeitige Entlassung Hitlers aus dem Gefängnis

1925
15.1. Kabinett Luther; erste »Bürgerblock-Regierung« (mit DNVP)
27.2. Neugründung der NSDAP
28.2. Tod von Ebert
26.4. Wahl Hindenburgs zum Reichspräsidenten
14.7. Räumung des Ruhrgebiets beginnt
5.–16.10. Konferenz von Locarno
25.10. DNVP tritt aus der Regierung aus
27.11. Annahme der Locarno-Verträge durch den Reichstag
8.12. Publikation des ersten Bandes von Hitlers »Mein Kampf«

1926
19.1. Zweites Kabinett Luther (bürgerliches Minderheitskabinett ohne DNVP)
24.4. Deutsch-sowjetischer Freundschafts- und Neutralitätsvertrag (»Berliner Vertrag«)
5.5. Flaggenverordnung Hindenburgs
12.5. Kabinett Marx (bürgerliches Minderheitskabinett)
20.6. Volksentscheid über die Enteignung der Fürsten scheitert
8.9. Aufnahme Deutschlands in den Völkerbund
10.12. Stresemann erhält den Friedensnobelpreis

1927
29.1. 4. Kabinett Marx (mit DNVP; zweite »Bürgerblock-Regierung«)
16.7. Gesetz über Arbeitsvermittlung und Arbeitslosenversicherung
17.8. Deutsch-Französischer Handelsvertrag

1928
20.5. Reichstagswahlen (Gewinne der Linksparteien)
28.6. Kabinett Müller (SPD; Große Koalition)
27.8. Briand-Kellogg-Pakt (Kriegsächtungspakt)
Okt.–Dez. Ruhreisenstreit
20.10. Alfred Hugenberg wird Vorsitzender der DNVP

1929
11.2.–7.6. Konferenz in Paris zur Revision des Dawes-Abkommens (Vorsitzender: Owen D. Young; die Konferenz endet mit der Unterzeichnung des Young-Plans durch die Sachverständigen)
9.7. »Reichsausschuß für das deutsche Volksbegehren« der nationalen Rechten gegen den Young-Plan konstituiert sich unter Führung Hugenbergs (DNVP, Stahlhelm, NSDAP)
3.10. Außenminister Stresemann stirbt
24.10. New Yorker Börse bricht zusammen (»Schwarzer Freitag«); Beginn der Weltwirtschaftskrise
22.12. Volksbegehren gegen den Young-Plan scheitert

1930
23.1. Der Nationalsozialist Wilhelm Frick wird in Thüringen Innen- und Volksbildungsminister (bis zum 1.4.1931; bei den Thüringer Landtagswahlen am 8.12.1929 errang die NSDAP 11,3 Prozent der Stimmen)
23.3. Annahme des Young-Plans durch den Reichstag
30.3. Kabinett Brüning (erstes Präsidialkabinett)
30.6. Vorzeitige Räumung des Rheinlands durch alliierte Truppen ist beendet
18.7. Auflösung des Reichstags (Brüning löst den Reichstag mit Hilfe des Artikels 48 auf, da das Parlament zwei Notverordnungen vom 16. Juli außer Kraft setzte)
14.9. Reichstagswahlen (sensationeller Wahlerfolg der NSDAP mit 18,3 Prozent der Stimmen)

1931
Februar Deutschland hat fast 5 Millionen Arbeitslose
6.7. Verkündung des Hoover-Moratoriums (einjähriges Moratorium für alle internationalen Zahlungsverpflichtungen)
Juli Bankenkrise
9.10. Zweites Kabinett Brüning
11.10. »Nationale Opposition« trifft sich in Bad Harzburg (»Harzburger Front«)
16.12. Bildung der »Eisernen Front« zur Verteidigung der Republik (SPD, ADGB, Reichsbanner Schwarz-Rot-Gold, Arbeitersportverbände)

1932
Februar Deutschland hat über 6 Millionen Arbeitslose (Höchststand)
10.4. Wiederwahl Hindenburgs zum Reichspräsidenten (Hindenburg: 53 Prozent; Hitler: 36,8 Prozent; Thälmann: 10,2 Prozent)
13.4. Verbot von SA und SS (bis 16. Juni)
24.4. Landtagswahlen in Preußen, Bayern, Württemberg, Anhalt und Hamburg; die NSDAP verzeichnet überall große Stimmengewinne; in Preußen verliert Brauns »Weimarer Koalition« die Mehrheit
30.5. Kabinett der »nationalen Konzentration« unter Franz von Papen
4.6. Auflösung des Reichstags
16.6.–9.7. Konferenz von Lausanne beschließt das Ende der Reparationen
20.7. »Preußenschlag« von Papens: die geschäftsführende preußische Regierung wird durch einen Reichskommissar ersetzt
31.7. Reichstagswahl; NSDAP gewinnt 37,3 Prozent der Stimmen und wird stärkste Partei
13.8. Hindenburg lehnt Hitlers Forderung nach Ernennung zum Reichskanzler ab
12.9. Auflösung des Reichstags
6.11. Reichstagswahlen: NSDAP hat starke Verluste, bleibt aber stärkste Partei
2.12. Kabinett Schleicher

1933
4.1. Geheime Treffen zur Bildung eines Hitler-Papen-Kabinetts beginnen
30.1. Adolf Hitler wird zum Reichskanzler ernannt (Koalitionsregierung von NSDAP, DNVP und Stahlhelm)
4.2. Reichspräsidentenverordnung »Zum Schutz des deutschen Volkes« erlaubt Einschränkungen der Pressefreiheit und der Freiheit der Versammlung
27.2. Reichstagsbrand
28.2. Reichstagsbrandverordnung hebt alle Zivilrechte auf
5.3. Reichstagswahlen, die von nationalsozialistischem Terror und Obstruktion von KPD, SPD und Zentrum begleitet sind; NSDAP erhält 43,9 Prozent der Stimmen
23.3. Ermächtigungsgesetz

Sachsen (2. Teil)

1918
26.10. Der Liberale Rudolf Heinze (Nationalliberale Partei) wird sächsischer Regierungschef
4.11. Soldaten protestieren auf dem Altmarkt in Dresden gegen unzulängliche Verpflegung
5.11. Regierungsprogramm Heinzes

6.11. Soldaten der Fliegerkaserne in Großenhain wählen den ersten Soldatenrat Sachsens

8.11. Revolution bricht in Leipzig, Chemnitz, Dresden und anderen sächsischen Orten aus; Bildung von Arbeiter- und Soldatenräten; letzte Sitzung der Ständeversammlung

9.11. Der Vereinigte Revolutionäre Arbeiter- und Soldatenrat Groß-Dresdens ruft die »soziale Republik Sachsen« aus; Friedrich August III. verläßt sein Residenzschloß in Dresden und begibt sich nach Moritzburg

10.11. Auf dem Dresdner Schloß wird die rote Fahne vor einer begeisterten Menschenmenge gehißt; 100 000 Menschen feiern die Revolution auf dem Leipziger Augustusplatz

13.11. Konstituierung des »Zentralen Arbeiter- und Soldatenrates für Sachsen« in Dresden, der von nun an im Ständehaus tagt; Friedrich August III. entsagt auf Schloß Gutenborn bei Ruhland dem Thron; Konstituierung des »Wendischen Nationalausschusses«

14.11. Aufruf »An das sächsische Volk« vom Zentralen Rat; Forderung der konservativen Landtagsfraktion nach sofortigen Wahlen zu einer deutschen Nationalversammlung; Bildung des »Rates der Volksbeauftragten« (Revolutionsregierung), angeführt von Richard Lipinski (USPD), aus jeweils drei Vertretern der SPD und USPD; Einigung zwischen sächsischem Metallarbeiterverband und Metallarbeitgebern auf Kooperation beim Abbau der Kriegswirtschaft

15.11. Die Revolutionsregierung übernimmt die Macht; Rücktritt der alten Regierung

18.11. »Aufruf« der Revolutionsregierung (»Magna Charta« des demokratischen Sachsens)

1919

Januar Unruhen in Leipzig und Dresden führen zu Todesopfern und Verletzten

4.1. Konstituierung der ersten sächsischen Ortsgruppe der KPD in Leipzig

16.1. Sächsische USPD-Vertreter verlassen die Revolutionsregierung

22.1. Georg Gradnauer bildet eine reine SPD-Revolutionsregierung

Februar Conrad Felixmüller gründet in Dresden die Künstlergruppe »Neue Sezession«

2.2. Volkskammerwahlen

25.2. Zusammentritt der Volkskammer (nur 3 der 96 Abgeordneten sind Frauen)

27.2. Leipzig wird durch Arbeiterstreik und Gegenstreik des Bürgerrates für zwei Wochen paralysiert (bis 10. März)

28.2. Die Volkskammer verabschiedet das »Vorläufige Grundgesetz für den Freistaat Sachsen« (gegen die Stimmen der USPD und DNVP)

14.3. Georg Gradnauer (SPD) wird zum ersten Ministerpräsidenten Sachsens gewählt und bildet eine SPD-Minderheitsregierung

12.4. Kriegsminister Gustav Neuring wird in Dresden von Demonstranten gelyncht; über Sachsen wird der Belagerungszustand ausgerufen (13. April)

Mai Formierung von Einwohnerwehren

11.5. 20 000 Soldaten unter General Maercker ziehen in Leipzig ein und verhängen das Standrecht

22.7. »Übergangsgesetz für das Volksschulwesen«

August Das Kirchenaustrittsgesetz vereinfacht den Austritt aus der Kirche und löst eine rasch ansteigende Kirchenaustrittsbewegung aus

8.8. Rund 50 Tote und 80 Verletzte sind beim »Chemnitzer Blutbad« nach einem brutalen Vorgehen der Armee gegen demonstrierende Arbeiter zu beklagen

6.10. Gradnauer bildet die erste sozialliberale Koalition (SPD, DDP)

1920

Januar Senkung der täglichen Mehlration von 280 auf 200 Gramm; Ausrufung des Kriegszustandes in Leipzig durch General Maercker

1.2. Dresden wird an das Flugnetz nach Berlin angeschlossen

13.3. Kapp-Lüttwitz-Putsch: Die geflüchtete Reichsregierung hält sich kurzzeitig in Dresden auf und fordert die deutsche Bevölkerung zum Widerstand gegen den Rechtsputsch auf; wegen der unsicheren Haltung General Maerckers reist die Reichsregierung noch am gleichen Tag weiter ins sichere Stuttgart; bis zum 19. März kommt es vor allem in Leipzig und Dresden bei Auseinandersetzungen zwischen Reichswehrsoldaten, Zeitfreiwilligen und streikenden Arbeitern zu unzähligen Toten und Verletzten; in Leipzig wird das Volkshaus bei einem Brand zerstört

März/ April	Max Hölz versucht mit seiner »Roten Garde« in der Gegend von Falkenstein eine sozialistische Gesellschaftsordnung aufzubauen; die Reichswehr geht mit aller Härte gegen die Revolutionäre vor (Hölz wird am 16. April verhaftet und anschließend zu lebenslänglichem Zuchthaus verurteilt)
22.4.	Rücktritt von Ministerpräsident Gradnauer und Innenminister Uhlig
4.5.	Wilhelm Buck (SPD) wird zum Ministerpräsidenten gewählt und bildet die zweite sozialliberale Regierung
12.5.	Aufhebung des Belagerungszustandes über Südwestsachsen
21.6.	Die sächsische Regierung löst alle Arbeiterräte auf
Sommer	Die Inflationsrate steigt wieder an; es kommt zu Demonstrationen und Plünderungen im ganzen Land
26.10.	Einstimmige Verabschiedung der Verfassung des Freistaates Sachsen in der Volkskammer (Inkrafttreten am 1. November)
28.10.	Die Volkskammer löst sich nach 154 öffentlichen Sitzungen auf
4.11.	Ein Reichsgerichtsurteil führt entgegen der Bestimmung des »Übergangsgesetzes für das Volkswesen« (Juli 1919) den entfallenen Religionsunterricht wieder ein
14.11.	Landtagswahlen
9.12.	Wilhelm Buck bildet eine MSPD-USPD-Minderheitsregierung

1921

März	Der Mitteldeutsche Aufstand findet kaum Zuspruch in Sachsen
24.6.	Die katholische Kirche gründet das exempte Bistum Meißen mit Sitz in Bautzen
11.10.	Fritz Tittmann gründet die erste sächsische NSDAP-Ortsgruppe in Zwickau; danach folgen Gründungen von Ortsgruppen in Chemnitz (21.2.1922), Markneukirchen (16.3.1922), Plauen (21.5.1922), Freiberg (20.11.1922) und Leipzig (22.11.1922)

1922

»Jahresschau Deutscher Arbeit« in Dresden: »Glas, Porzellan, Keramik«

5.4.	Die Mehrheit des Landtags bestimmt den 1. Mai und den 9. November als gesetzliche Feiertage
Sommer	Proteste, Streiks und Ausschreitungen in vielen Teilen Sachsens; die Hyperinflation setzt ein
6.–19.6.	Ein Volksbegehren der bürgerlichen Parteien gegen die Einführung des 1. Mai und 9. November als Feiertage erhält mehr als 818.797 Unterschriften; die Mehrheit des Landtages entscheidet daraufhin am 14. September, sich lieber selber aufzulösen, als durch einen Volksentscheid zu Neuwahlen gezwungen zu werden
5.11.	Landtagswahlen
5.12.	Buck wird als Ministerpräsident wiedergewählt und führt sein MSPD-USPD-Minderheitskabinett fort; Verbot von öffentlichen Auftritten und Versammlungen der NSDAP in Sachsen (Parteiverbot folgt im März 1923)

1923

»Jahresschau Deutscher Arbeit« in Dresden: »Spiel und Sport«

30.1.	Bucks Kabinett tritt zurück, weil die KPD und die bürgerlichen Parteien Innenminister Lipinski mit einem Mißtrauensantrag zum Rücktritt zwingen
21.3.	Erich Zeigner (SPD) wird Ministerpräsident und bildet ein SPD-Minderheitskabinett; der Aufbau »Proletarischer Hundertschaften« beginnt
Mai	Demonstrationen und Tumulte gegen Arbeitslosigkeit, Preissteigerungen und Hungersnot beginnen; Plünderungen und Arbeitsniederlegungen mehren sich
16.6.	In einer Rede in Niederplanitz kritisiert Zeigner die Haltung der Reichsregierung im Ruhrkonflikt und warnt vor den antidemokratischen Aktivitäten der Reichswehr
12./13.7.	Die neue Gemeindeordnung passiert den Landtag
18.7.	Reichskanzler Cuno droht Sachsen und Thüringen indirekt mit der Reichsexekution
Sept.	Ernst Tollers Theaterstück »Hinkemann« wird in Leipzig uraufgeführt (am 17. Januar 1924 kommt es bei der Erstaufführung in Dresden zu massiven Störungen durch nationalistische Kreise)
26.9.	Nachdem im Reich der Ausnahmezustand ausgerufen wird, überträgt Reichswehrminister Geßler die vollziehende Gewalt in Sachsen an General Müller; dieser geht schrittweise gegen die Arbeiterbewegung vor
Oktober	Sachsen hat ein Viertel aller Arbeitslosen in Deutschland
10.10.	Die KPD tritt Zeigners Regierung bei

12.10. Zeigner trägt im Landtag sein Programm der »Regierung der republikanischen und proletarischen Verteidigung« vor

13.10. Böttcher fordert in einer Rede in Leipzig die Bewaffnung des Proletariats

20.10. Einmarsch von ungefähr 60 000 Soldaten der Reichswehr in Sachsen beginnt (in deren Verlauf kommt es zu Todesopfern und Verletzten; beispielsweise sterben am 27. Oktober in Freiberg 23 Zivilisten bei Schießereien)

21.10. Bei einer Arbeiterkonferenz in Chemnitz wird deutlich, daß die sächsische Arbeiterbewegung nicht bereit ist, den revolutionären Plänen der Kommunisten zu folgen

29.10. Reichswehr löst legal gebildete Zeigner-Regierung unter dem Beifall des Bürgertums auf (»Reichsexekution gegen Sachsen«); der frühere Ministerpräsident Heinze wird von Stresemann als Reichskommissar eingesetzt (bis 31.10.1923)

30.10. Rücktritt Zeigners

31.10. Alfred Fellisch (SPD) wird zum Ministerpräsidenten gewählt und bildet kurz darauf eine SPD-Minderheitsregierung (1. November)

14.12. Fellisch tritt wegen eines Mißtrauensantrags der DDP zurück

Ende d. J. Bertolt Brechts Theaterstück »Baal« wird in Leipzig uraufgeführt

1924

»Jahresschau Deutscher Arbeit« in Dresden: »Textilausstellung«

4.1. Die Mehrheit der SPD-Landtagsfraktion entschließt sich, in eine Koalitionsregierung mit DDP und DVP einzutreten; daraufhin wird Max Heldt (SPD/ASPS) zum neuen Ministerpräsidenten gewählt

6.1. Die Mehrheit des sächsischen SPD-Parteitags mißbilligt das Verhalten der Heldt-Befürworter als »Disziplinbruch« und verlangt den Rücktritt des Ministerpräsidenten und die Auflösung des Landtags; beide Seiten halten an ihrer Linie fest; der sogenannte »Sachsenkonflikt« der SPD ist ausgebrochen

29.3. Erich Zeigner wird wegen Bestechlichkeit im Amt zu 3 Jahren Gefängnis verurteilt

März Aufhebung des Ausnahmezustandes in Sachsen

9.7. Vertrag des Freistaates Sachsen mit dem vormaligen Königshaus Wettin klärt die Vermögensverhältnisse

August Der Textilfabrikant Martin Mutschmann aus Plauen wird zum Landesleiter des völkischen Blocks ernannt und führt von nun an die sächsische NSDAP (Mutschmann erhält den Titel »Gauleiter« im Juli 1926)

1925

»Jahresschau Deutscher Arbeit« in Dresden: »Wohnung und Siedlung«

26.4. Ergebnis des 2. Wahlgangs zur Reichspräsidentenwahl in Sachsen: Hindenburg: 51,3 Prozent; Marx: 37,6 Prozent; Thälmann: 11 Prozent

12.3. Verabschiedung des Wohlfahrtspflegegesetzes

29.5. Der Landtag verabschiedet die Revision der neuen Gemeindeordnung

16.6. Die Bevölkerungszählung ergibt, daß der Freistaat eine Wohnbevölkerung von 4.992.320 Einwohnern hat (8 Prozent der Reichsbevölkerung)

17./18.10. Am 1. Reichskriegertag in Leipzig nehmen über 100.000 Besucher teil

1926

»Jahresschau Deutscher Arbeit« in Dresden: »Jubiläums-Gartenbau- und Internationale Kunst-Ausstellung«; Eröffnung der Höheren Fachschule für Wirkerei- und Stickereiindustrie in Chemnitz, größte Textilfachschule der Welt

26.1. Wilhelm Tempel gründet die Nationalsozialistische Studentenorganisation in Leipzig

Sommer Mittelstandsorganisationen organisieren Demonstrationen gegen hohe Steuern und Bevorzugung des Großkapitals und der Arbeiterbewegung; der Sammelversuch der nationalen Verbände zu einem überparteilichen nationalen Block scheitert

6.6. Gründung der Alten Sozialdemokratischen Partei Sachsens (ASPS); 1. Vorsitzender wird Wilhelm Buck

Sept. Silverbergs Rede in Dresden (»Es kann nicht ohne die Arbeiterschaft regiert werden«) löst bei sächsischen Industriellen große Empörung aus

31.10. Landtagswahlen

4.6. Kurt Gruber, Führer der Großdeutschen Jugendbewegung in Plauen, wird zum ersten Führer der Hitler-Jugend ernannt

1927

»Jahresschau Deutscher Arbeit« in Dresden: »Das Papier«; Beginn von Bauerndemonstrationen gegen hohe Produktionskosten, niedrige Landwirtschaftspreise und Verschuldung

11.1. Heldt wird wiederum zum Ministerpräsidenten gewählt (nach insgesamt fünf Wahlgängen) und bildet eine Koalition aus ASPS, DDP, DVP und WP (Eintritt von DNVP und Volksrechtspartei im Juli)

Februar Ernst Kreneks Jazzoper »Jonny spielt auf« wird in Leipzig uraufgeführt

18.4. Bei Schkeuditz wird der neue Flughafen Leipzig-Halle eröffnet

Juli ASPS-Parteitag beschließt, die Partei reichsweit zu organisieren

1928

»Jahresschau Deutscher Arbeit« in Dresden: »Die technische Stadt«; Anlaß ist die Hundertjahrfeier der Sächsischen Technischen Hochschule Dresden; Attraktion ist das erste Kugelhaus der Welt; in Karl Mays ehemaligem Wohnhaus in Radebeul wird ein völkerkundliches Indianermuseum eingerichtet (Karl-May-Museum); die gute Wirtschaftslage im Jahr 1927 verschlechtert sich wieder; Mai Als mehr 20.000 Metallarbeiter für höhere Löhne streiken, sperren Industrielle kurzerhand 170 000 Metallarbeiter aus

1929

»Jahresschau Deutscher Arbeit« in Dresden: »Reisen und Wandern«

12.5. Landtagswahlen (durch einen von der SPD erzwungenen Gerichtsbeschluß); die NSDAP ersetzt die ASPS als »Zünglein an der Waage«

25.6. Wilhelm Bünger (DVP) wird zum Ministerpräsidenten gewählt und bildet eine bürgerliche Regierung unter Einschluß der ASPS

Sommer In Sachsen ist die Arbeitslosenrate höher als in jedem anderen deutschen Land (bis 1936)

Nov./Dez. Engagierte Kampagne der NSDAP für den Volksentscheid gegen den Young-Plan; die bürgerliche Landtagsmehrheit schafft den 9. November als Feiertag ab

1929/30 Der »Rundling« in Lößnig (Leipzig) wird gebaut

1930

»Jahresschau Deutscher Arbeit« in Dresden: »Internationale Hygiene-Ausstellung« (Eröffnung am 17. Mai; das Deutsche Hygiene-Museum wurde am Tag zuvor eröffnet)

Januar Bernhard Blumes Theaterstück »Im Namen des Volkes« wird in Leipzig uraufgeführt

18.2. Bünger fällt einem Mißtrauensantrag von NSDAP, SPD, KPD, DNVP und SLV zum Opfer

März Bertolt Brechts Theaterstück »Aufstieg und Fall der Stadt Mahagonny« wird in Leipzig uraufgeführt

6.5. Wilhelm Schieck (DVP) wird zum Ministerpräsidenten gewählt und bildet eine bürgerliche Regierung

13.5. Schiecks Regierung fällt einem Mißtrauensantrag von SPD, KPD und NSDAP zum Opfer (amtiert aber wegen fehlender Mehrheiten bis März 1933 weiter)

22.6. Landtagswahlen; die NSDAP wird nach der SPD zweitstärkste Partei

25.9. Hitler gibt vor dem Reichsgericht in Leipzig einen Legalitätseid auf die Weimarer Verfassung ab

Herbst Von nun an agitieren NSDAP, SPD und KPD ohne Unterbrechung

9.11. Gründung des SPD-Abwehrdienstes in Leipzig

1931

17.2. Die bürgerliche Mehrheit des Landtags verbannt das Buch »Im Westen nichts Neues« aus sächsischen Schulen

Mai Bei den Landwirtschaftskammerwahlen erzielt die NSDAP die absolute Mehrheit

1932

Die Kreishauptmannschaft Bautzen wird aufgehoben und der Kreishauptmannschaft Dresden zugegliedert; die vier größten Automobilwerke Sachsens schließen sich als Maßnahme gegen die Wirtschaftskrise zur Auto Union A.G. zusammen

23.2. Hunderttausende säumen Dresdens Straßen, als der ehemalige sächsische König August III. in der Katholischen Hofkirche beigesetzt wird (gestorben am 18. Februar)

3.4. Adolf Hitler spricht während seiner »Deutschlandflüge« in Dresden, Leipzig, Chemnitz und Plauen angeblich vor 280.000 Zuschauern (Zahlen nach NSDAP)

10.4. Ergebnis des 2. Wahlgangs zur die Reichspräsidentenwahl in Sachsen: Hitler: 39,8 Prozent; Hindenburg: 47,5 Prozent; Thälmann: 12,7 Prozent

17.4. Ein von der KPD initiierter und von NSDAP, DNVP und SLV unterstützter Volksentscheid über die Auflösung des Landtags scheitert mit 36 Prozent deutlich

Oktober Bei den Gewerbe- und Handelskammerwahlen erringt die NSDAP in vielen Orten die absolute Mehrheit

1933

Anfang Die Arbeitslosigkeit erreicht einen Tiefstand: Offiziell sind fast 40 Prozent aller arbeitsfähigen Sachsen arbeitslos

27.2. Die Verfolgung von Kommunisten setzt ein

5.3. Auch in Sachsen setzt unmittelbar nach der Reichstagswahl die Machtergreifung der Nationalsozialisten ein: Der Terror beginnt und der Rechtsstaat hört auf zu existieren; 2.000 Mitglieder der sozialdemokratischen Leipziger »Kampfstaffeln« warten vergebens auf das Signal zum Losschlagen

10.3. Der neu ernannte Reichskommissar Killinger zwing die Regierung Schieck zum Rücktritt und bildet eine provisorische Regierung

4.4. Killinger veröffentlicht ein Gesetz über die Neuverteilung der Sitze im Landtag, das der NSDAP die absolute Mehrheit gibt

5.5. Mutschmann wird zum Reichsstatthalter von Sachsen ernannt und Killinger stellt sein neues Kabinett vor;

23.5. Bei der zweiten Sitzung des wieder einberufenen Landtages stimmt die auf sechs Parlamentarier geschrumpfte SPD-Fraktion unter Otto Nebrig als einzige Partei gegen den Entwurf eines sächsischen Ermächtigungsgesetzes

Anmerkungen

1 Walter Fabian, Klassenkampf um Sachsen. Ein Stück Geschichte 1918–1930, Löbau 1930, S. 7.

2 Werner Bramke, Einleitung, in: Werner Bramke und Ulrich Heß (Hg.), Wirtschaft und Gesellschaft in Sachsen im 20. Jahrhundert, Leipzig 1998, S. 10.

3 Das Schöne Sachsen, Monatsschrift für Sächsische Kultur, Wirtschaft und Verkehr. Januar 1931, Nr. 1. S. 2.

4 Baedeker. Sachsen. Handbuch für Reisende. Von Karl Baedeker. Mit 20 Karten und 26 Plänen. Leipzig 1920, S. 1. Es fällt auf, daß die slawischen Sorben in der Lausitz hier nicht erwähnt werden. Siehe Kapitel 8.

5 Wenn nicht anders vermerkt, stammen alle Statistiken aus der »Volks-, Berufs- und Betriebszählung« von 1925. Wahlergebnisse sind den entsprechenden Bänden des »Statistischen Jahrbuchs für den Freistaat Sachsen« entnommen.

6 Richard Lipinski, Der Kampf um die politische Macht in Sachsen, Leipzig 1926, S. 3.

7 Unbeabsichtigt förderte dies allerdings ein regionales Sonderbewußtsein der sächsischen Sozialdemokraten, welches dazu führte, daß die sächsische SPD und die Gewerkschaften in wichtigen Entscheidungen von der Generallinie ihrer Zentralen unabhängig waren und diese Unabhängigkeit auch ausnutzten.

8 Der »Vorwärts« war die offizielle SPD-Zeitschrift. Zit. n. Ernst Venus, Amtshauptmann in Sachsen. Lebenserinnerungen des letzten Dresdener Amtshauptmanns und Landrats, Reutlingen 1970, S. 17.

9 Michael Rudloff, Die Sozialdemokratie in den Landtagen des Königreiches Sachsen (1877–1918), in: M. Schmeitzner/M. Rudloff (Hg.), Geschichte der Sozialdemokratie im Sächsischen Landtag. Darstellung und Dokumentation 1877–1997, Dresden 1997, S. 39.

10 Karsten Rudolph, Die Sächsische Sozialdemokratie vom Kaiserreich zur Republik 1871–1923, Weimar 1995.

11 Wolfgang Mommsen, in.:Ebd., Imperial Germany 1867–1918. Politics, Culture, and Society in an Authorian State,
London 1995, S. 254.

12 Siehe z.B. Arthur Rosenberg, Entstehung der Weimarer Republik, Berlin 1928, Neuauflage Frankfurt a.M. 1968.

13 Siehe z. B. Kurt Schäfer, Strukturelle Arbeitslosigkeit in Sachsen, in: Die Gemeinde, Nr. 6, 1931, S. 455–462.

14 Werner Bramke, Sachsens Industriegesellschaft vom Ersten Weltkrieg bis zum Ende der Weimarer Republik, in: W. Bramke und U. Heß (Hg.), Wirtschaft und Gesellschaft in Sachsen im 20. Jahrhundert, Leipzig 1998, S. 27–52.

15 Franz Walter, Sachsen – ein Stammland der Sozialdemokratie, in: Politische Vierteljahresschrift 2/1991, S. 207–231.

16 Claus-Christian W. Szejnmann, Nazism in Central Germany. The Brownshirts in ›Red‹ Saxony, Oxford, New York 1999.

17 Benjamin Lapp, Revolution from the Right. Politics, Class, and the Rise of Nazism in Saxony, 1919–1933, New Jersey 1997.

18 Siehe z. B.: Karlheinz Blaschke, Eigenarten und Leistungen sächsischer Landesgeschichte, in: Jahrbuch für Regionalgeschichte, Bd. 14, 1987, S. 37.

19 Gerhard A. Ritter, Wahlen und Wahlpolitik im Königreich Sachsen 1867–1914, in: S. Lässig/K. H. Pohl (Hg.), Sachsen im Kaiserreich. Politik, Wirtschaft und Gesellschaft im Umbruch, Weimar 1997, S. 29.

20 Zit. n. Fabian, Klassenkampf, S. 17 f.

21 Leipziger Volkszeitung, Nr. 259, 6.11.1918.

22 Zit. n. Karsten Rudolph, Die sächsische Sozialdemokratie vom Kaiserreich zur Republik 1871–1923, Weimar 1995, S. 168.

23 Bernd Rüdiger, Revolutionäre Kommunalpolitik und Kommunalpolitik in der Revolution.
Zur Rolle der Arbeiter- und Soldatenräte in den Städten Sachsens während der Novemberrevolution bis zum Reichsrätekongress, in: Jahrbuch für Regionalgeschichte, Bd. 7, Weimar 1979, S. 121–185.

24 Sächsische Industrie (SI), Nr. 5, 15.12.1918, S. 86.

25 Zit. n. Karlheinz Schaller, Die Arbeiterparteien in Chemnitz und die Revolution 1918/19, in: H. Grebing/H. Mommsen/K. Rudolph (Hg.), Demokratie und Emanzipation zwischen Saale und Elbe. Beiträge zur Geschichte der sozialdemokratischen Arbeiterbewegung bis 1933, Essen 1993, S. 209.

26 Michael Rudloff und Thomas Adam, Leipzig – Wiege der deutschen Sozialdemokratie, Berlin 1996, S. 113.

27 Rudolph, Sozialdemokratie, S. 168.

28 Leipziger Volkszeitung, Nr. 262, 9.11.1918.

29 Ebenda.
30 Christoph Jestaedt, Die sächsische Verfassung von 1920, in: Susanne Drehwald/Christoph Jestaedt, Sachsen als Verfassungsstaat, Leipzig 1998, S. 46.
31 Dresdner Volkszeitung, Nr. 263, 11.11.1918. Zit. n.: Renate Kappler, Aus der Geschichte Sachsens. Ein Arbeitsbuch für die Schule. Band 3, Frankfurt 1991, S. 5.
32 Walther Georg Hartmann, Der Begeisterte Weg, Dresden 1919, S. 19, 46.
33 Rudloff/Adam, Leipzig, S. 113 f.
34 Zit. n. Herbert Kaiser, Bärbel Sánchez und Mohamed Ahmad (Hg.), ... mehr arbeiten und noch mehr darben ...? Arbeiteralltag im Leipzig der zwanziger Jahre, Leipzig, o. J., S. 61.
35 Der Aufruf ist abgedruckt in: Fabian, Klassenkampf, S. 31.
36 Der Aufruf ist abgedruckt in: Ebd., S. 32–34.
37 Schaller, Arbeiterparteien, S. 206.
38 Am 4. Januar nahmen 20 Teilnehmer an der Gründungsversammlung der KPD in Leipzig teil. Autorenkollektiv, In der Revolution geboren. In den Klassenkämpfen bewährt, Leipzig 1986, S. 43.
39 Fabian, Klassenkampf, S. 45; Rudloff/Adam, Leipzig, S. 115.
40 Zit. n. Claus-Christian W. Szejnmann, Sächsische Unternehmer und die Weimarer Demokratie. Zur Rolle der sächsischen Unternehmer in der Zeit der Weltwirtschaftskrise und des Aufstiegs des Nationalsozialismus, in: UlrichHeß/Michael Schäfer (Hg.), Unternehmer in Sachsen. Aufstieg – Krise – Untergang – Neubeginn, Leipzig 1998, S. 169.
41 Lipinski, Kampf, S. 11.
42 Zit. n. Benjamin Lapp, Revolution From The Right. Politics, Class, And The Rise of Nazism in Saxony, 1919–1933, New Jersey 1997, S. 33.
43 Verhandlungen der Sächsischen Volkskammer, 1. Sitzung, 25.2.1919, S. 2; 13. Sitzung, 20.3.1919, S. 440.
44 Verhandlungen der Sächsischen Volkskammer, 4. Sitzung, 24.3.1919, S. 466, 471.
45 Verhandlungen der Sächsischen Volkskammer, 3. Sitzung, 28.2.1919, S. 51. Hier soll aber angemerkt werden, daß Lipinski trotz dieser linksorientierten Haltung insgesamt eher in der Mitte der Sozialdemokratie stand und es als Integrationsfigur oft verstand, verschiedene Parteiflügel einzubinden.
46 Zit. n. Burkhard Poste, Schulreform in Sachsen, 1918–1923. Eine vergessene Tradition deutscher Schulgeschichte, Frankfurt am Main 1993, S. 185f.
47 Zit. n. Poste, Schulreform, S. 181f.
48 Rudolph, Sozialdemokratie, S. 194.
49 Bramke, Einleitung, S. 18–21.
50 Dagegen machten im Reichsdurchschnitt Arbeiter nur etwas mehr als ein Drittel aller Beschäftigten aus.
51 Johannes März, Die Bedeutung und Entwicklung der sächsischen Industrie nach dem Kriege, in: Jahrbuch Sachsen 1925, S. 52.
52 Zit. n. Gerald D. Feldman, Saxony, the Reich, and the Problem of Unemployment in the German Inflation, in: Archiv für Sozialgeschichte, Bd. 27 1987, S. 109.
53 Bevölkerungsveränderungen durch den Krieg, in: Zeitschrift des Sächsischen Statistischen Landesamts (ZSSLA) 1918/19, S. 351.
54 Zit. n. Poste, Schulreform, S. 92.
55 Die Kriegsstörungen der Geburtenbewegung, in: ZSSLA 1922, S. 5.
56 Feldman, Unemployment, S. 109.
57 Ebenda, S. 112.
58 Staatsarchiv Dresden (STA D), Wirtschaftsministerium, Nr. 1970, Plauen 13.9.1919.
59 Zit. n. Werner Bramke und Bernd Rüdiger, Dokumentation zum erfolgreichen Kampf gegen Kapp, Leipzig 1980, S. 13.
60 Ebd., Kapp, S. 11.
61 Rudloff/Adam, Leipzig, S. 117.
62 Verhandlungen der Sächsischen Volkskammer, 30. Sitzung, 20.5.1919, S. 1038. Zitiert nach Lapp, Revolution, S. 36.
63 Rudolph, Sozialdemokratie, S. 228.
64 Ebenda, S. 233.
65 Mitteilungen des Landwirtschaftlichen Kreisvereins für das Sächsische Markgraftum Oberlausitz, Nr. 95, Juli 1920 (14.7.1919).
66 Lapp, Revolution, S. 37–41.
67 Allerdings sind die genauen Zahlen sehr umstritten. In Leipzig gab es je nach Schätzungen am 14. März zwischen 17 und 40 Tote und zwischen 60 und 100 Verletzte. Siehe Rudloff/Adam, Leipzig, S. 123.
68 Bramke/Rüdiger, Kapp, S. 73.
69 Max Hölz, Vom »Weißen Kreuz« zur roten Fahne. Jugend-, Kampf- und Zuchthauserlebnisse, 4. Auflage, Leipzig 1984, S. 128.
70 Die Verfassung trat am 1. November 1920 in Kraft und ist abgedruckt in Drehwald/Jestaedt, Verfassungsstaat.

71 Die Reichsverfassung hatte außerdem festgelegt, daß der militärische Bereich, die Eisenbahn-, Post- und Fernmeldeverwaltungen vom Freistaat an das Reich übergingen. Generell setzte das Reich den Ländern klare Richtlinien in allen fundamentalen Fragen, wie wir schon bei den Entscheidungen über die Sozialisierung und das Rätesystem gesehen haben. Dies betraf Auseinandersetzungen über die Stellung der Kirche im Staat. Zum Entsetzen der Sozialdemokraten und zum Jubel der Bürgerlichen legte ein Reichsgerichtsurteil im November 1920 fest, daß der Religionsunterricht laut Reichsverfassung auch in Sachsen wieder als obligatorisches Fach eingeführt werden muß.

72 Bramke, Einleitung, S. 12.

73 Vergleiche mit Bramke, Sachsens Industrie(Gesellschaft) in den Jahren der Weimarer Republik, in: Bramke/Heß, Wirtschaft, S. 27–51.

74 Rudolph, Sozialdemokratie, S. 281. Anfang Oktober etablierte sich im Nachbarland Thüringen eine weitere, von der KPD tolerierte sozialistische Minderheitsregierung.

75 Zit. n. Mike Schmeitzner, Die sozialdemokratischen Landtagsfraktionen im Freistaat Sachsen (1919–1933), in: Schmeitzner/Rudloff, Sozialdemokratie, S. 14.

76 SI, Nr. 5, 4.11.1922.

77 Frauensteiner Anzeiger, Nr. 95, 22.4.1922.

78 Schmeitzner, 1919–1933, S. 74.

79 Rudolph, Sozialdemokratie, S. 296.

80 Ebenda, S. 325.

81 Zit. n. Frank Heidenreich, Arbeiterkulturbewegung und Sozialdemokratie in Sachsen vor 1933, Weimar 1995, S. 194.

82 Rudolph, Sozialdemokratie, S. 302f.

83 Dies war der erste Erfolg der Einheitsfronttaktik der KPD. Die Richtlinien waren: 1) Amnestiegesetz für Not- und Abtreibungsdelikte; Einzelbegnadigung für politische Delikte. 2) Errichtung von Preisprüfstellen zur Bekämpfung des Wuchers in allen größeren Gemeinden. 3) Gesetz über die Schaffung einer Arbeiterkammer. 4) Bildung von gemeinsamen Abwehrorganisationen beider Parteien gegen den drohenden Faschismus. Punkt 1–3 entsprachen den Vorstellungen der Sozialdemokraten, während Punkt 4) bei vielen Sozialdemokraten auf Unbehagen stieß. So weigerte sich der SPD-Bezirk Leipzig mit den Kommunisten zusammenzuarbeiten und baute den eigenen Ordnungsdienst aus. Siehe Rudolph, Sozialdemokratie, S. 355f.

84 Siehe Werner Bramke, Erich Zeigner 1886 bis 1949. Vom bürgerlichen Demokraten zum proletarischen Politiker, in: W. Bramke, Freiräume und Grenzen eines Historikers. Aus Anlaß seines 60. Geburtstages, Leipzig 1998, S.47–52.

85 STA D, Amtshauptmannschaft Glauchau, Nr. 24, Halbwochenbericht Polizeipräsidium Chemnitz, 15.11.1922 und 24.1.1923.

86 Rudolph, Sozialdemokratie, S. 344ff. Die Person Erich Zeigners wird auch heute noch sehr widersprüchlich gesehen. Ein Beispiel einer konservativen Position ist die von Jestaedt; siehe: Drehwald/Jestaedt, Verfassung, S. 53f. Zum neuesten Forschungsstand siehe; Rudloff, Michael, Erich Zeigner – Bildungsbürger und Sozialdemokrat, Leipzig 1999

87 Verhandlungen des Sächsischen Landtags (VdSL), 2. Wahlperiode, 29. Sitzung, 10.4.1923.

88 Während die Opposition Zeigner der »willkürlichen Amnestiewirtschaft« und der »Travestie des Rechts« bezichtigte, setzte Zeigner damit seine Bemühungen von 1921 fort, den Strafvollzug durch eine stärkere Beachtung sozialer Motive menschlicher und flexibler zu gestalten.

89 Rudolph, Sozialdemokratie, S. 357.

90 Feldman, Unemployment, S. 136.

91 STA D, Amtshauptmannschaft Glauchau, Nr. 24, Halbwochenbericht Chemnitz, 4.–8.8.1923.

92 Lapp, Revolution, S. 89.

93 SI, Nr. 44, 4.8.1923.

94 Siehe Feldman, Unemployment, S. 141f.

95 Ebenda, S. 137.

96 SPD Sachsen (Hg.), Vier Jahre sächsische Politik, 1926, S. 160.

97 Tatsächlich gab es ernstzunehmende Bemühungen der Polizei und der Hundertschaften, die steigenden Aktivitäten der rechtsradikalen Organisationen – inklusive der Nationalsozialisten – einzudämmen (siehe Kapitel 10).

98 SPD Sachsen, Vier Jahre, S. 11.

99 Kappler, Arbeitsbuch, S. 10; Kaiser/Sánchez/Ahmad, Arbeiteralltag, S. 17.

100 Rudolph, Sozialdemokratie, S. 393.

101 Ebenda, S. 395.

102 Zit. n. Ebd., S. 400.

103 Die Reichswehr marschierte am 6. November in Thüringen ein. Seit dem 16. Oktober bestand auch dort eine SPD-KPD-Koalitionsregierung. Allerdings legten die kommunistischen Minister am 12. November ihre Ämter nieder, woraufhin eine SPD-Minderheitsregierung bis zu den Landtagswahlen im Februar 1924 regierte.

104 Fabian, Klassenkampf, S. 131.

105 Donald B. Pryce, The Reich Government versus Saxony, 1923: The Decision to Intervene, in: Central European History, 2/1977, S. 144f. Für die fragwürdige Verfassungsmäßigkeit der Reichsexekution siehe den Artikel von Hugo Preuß in: Lipinski, Kampf, S. 72–74.
106 Heinrich August Winkler, Von der Revolution zur Stabilisierung. Arbeiter und Arbeiterbewegung in der Weimarer Republik 1918 bis 1924, Berlin 1985, S. 662–664.
107 Zit. n. Lapp, Revolution, S. 101.
108 Schmeitzner, 1919–1933, S. 84-88.
109 Heinrich August Winkler, Der Schein der Normalität. Arbeiter und Arbeiterbewegung in der Weimarer Republik 1924 bis 1930, Berlin 1988, S. 196.
110 Lipinski, Kampf, S. 61.
111 Nicht nur die sächsichen Volksparteiler, sondern auch Stresemanns Fraktionskollegen im Reichstag kritisierten den Reichskanzler heftig, weil er Heinze lediglich mit einem begrenzten Mandat ausgestattet hatte. Siehe Archiv des Auswärtigen Amtes, Nachlaß des Reichsminister Dr. Gustav Stresemann, Protokolle der Fraktionssitzungen der DVP, Sitzung vom 5. November. Diesen Hinweis verdanke ich Michael Rudloff.
112 Die Erklärung befindet sich in der Bibliothek des »Erich-Zeigner-Hauses« in Leipzig. Diesen Hinweis verdanke ich wiederum Michael Rudloff. Nach seiner vorzeitigen Entlassung im August 1925 wurde Zeigner Lehrer an der Bundesschule des Arbeiter-Turn-und Sportbundes in Leipzig, trat als Redner bei Versammlungen auf und arbeitete ab 1928 als Redakteur bei mehreren sozialdemokratischen Zeitungen in Sachsen.
113 Lipinski, Kampf, S. 76.
114 Auch wenn der Sozialdemokrat Max Heldt von Anfang 1924 bis Mai 1929 Ministerpräsident war, war die Regierungspolitik in dieser Zeit eher von der DVP geprägt und wurde zudem von der Mehrheit der sächsischen SPD abgelehnt.
115 SPD Sachsen, Vier Jahre, S. 41, 45.
116 Lipinski, Kampf, S. 77.
117 Schmeitzner, 1919–1933, S. 94.
118 Winkler, Schein, S. 332.
119 Ebenda, S. 399.
120 Ewald Frie, Wohlfahrtsstaat und Provinz. Fürsorgepolitik des Provinzialverbandes Westfalen und des Landes Sachsen 1880–1930, Paderborn 1993.
121 Lapp, Revolution, S. 58, 115 f.
122 Ebenda, S. 116.
123 SPD Sachsen, Vier Jahre, S. 114.
124 STA D, Ministerium des Innern (MdI), Nr. 11126/1, Mai 1925.
125 Im Vergleich zu den Reichstagswahlen im Mai 1924 profitierte die SPD bei den Dezemberwahlen von der wirtschaftlichen Erholung und außenpolitischen Entspannung und machte erhebliche Gewinne. Allerdings ist anzunehmen, daß die Partei ohne die innerparteilichen Streitigkeiten des »Sachsenkonflikts« noch besser abgeschnitten hätte.
126 Schmeitzner, 1919–1933, S. 94.
127 Dieser Abschnitt stützt sich stark auf Lapp, Revolution (Kapitel 6–7). Im folgenden beschränkt sich die Quellenangabe auf Zitate.
128 STA D, MdI, Nr. 11126/1, Oktober 1925.
129 Staatsarchiv Leipzig, Amtshauptmannschaft Döbeln, Nr. 2409, Jahresbericht der Kreishauptmannschaft Leipzig 1926.
130 Heubner, Die industrielle Entwicklung des Handelskammerbezirks Chemnitz, in: Jahrbuch Sachsen 1927, S. 31.
131 STA D, MdI, Nr. 11126/2, März 1926.
132 VdSL, 3. Wahlperiode, 69. Sitzung, 23.2.1928, S. 2506.
133 Lapp, Revolution, S. 160–161.
134 STA D, MdI, Nr. 11126/2, Juni 1926.
135 Reinhard Neebe, Großindustrie, Staat und NSDAP 1930-1933, Göttingen 1981, S. 47.
136 STA D, MdI, Nr. 11126/2, Juni 1926.
137 Staatsarchiv Leipzig, Amtshauptmannschaft Döbeln, Nr. 2409, Jahresbericht der Kreishauptmannschaft Leipzig 1926 und 1928.
138 H. Reichelt, Wirtschaftskräfte Südwest-Sachsens, in: Jahrbuch Sachsen 1927, S. 55–56.
139 VdSL, 3. Wahlperiode, 76. Sitzung, 19.4.1928, S. 2789.
140 STA D, Ministerium des Innern, Nr. 11126/6, Januar 1926.
141 Lapp, Revolution, S. 133.
142 Ebenda, S. 133.
143 Immerhin war Sachsen protestantisch und Hochburg der Freidenker.
144 Leipziger Neueste Nachrichten, 27. April 1925. Zitiert nach Lapp, Revolution, S. 142 f.
145 STA D, MdI, Nr. 11126/2, Juni 1926.
146 STA D, MdI, Juni 1926.
147 Winkler, Schein, S. 280.
148 STA D, MdI, Nr. 11126/1, Mai 1925.
149 Lapp, Revolution, S. 135 f.
150 Ebenda, S. 164.
151 Zitiert nach Lapp, Revolution, S. 165.
152 Schmeitzner, 1919–1933, S. 97.

153 Dörte Gernert (Hg.), Schulvorschriften für den Geschichtsunterricht im 19./20. Jahrhundert. Dokumente aus Preußen, Bayern, Sachsen, Thüringen und Hamburg bis 1945, Weimar 1994, S. 214, 222.
154 Schmeitzner, 1919–1933, S. 98.
155 Oswald Koltzenburg, Die Entwicklung einer sächsischen Mittelstadt nach dem Kriege. Leben und Streben der Stadt Zittau, in: Jahrbuch Sachsen 1929, S. 28.
156 Paul Wagenknecht, Chemnitz. Eine Skizze der Industriestadt, in: Jahrbuch Sachsen 1926, S. 140.
157 Kappler, Arbeitsbuch, S. 16.
158 Die folgenden Ausführungen stützen sich auf F. Burkhardt, Die Entwicklung der sächsischen Bevölkerung in den letzten 100 Jahren, in: ZSSLA, 1931, S. 1–69.
159 Solvejg Höppner, Migration nach und in Sachsen (1830–1930), in: Bramke/Heß, Mitteldeutschland, S. 283.
160 A. Agricola. Die Evangelische Kirche in Sachsen, in: Sachsen, Kultur und Arbeit im Freistaat Sachen, S. 58.
161 Zu folgendem siehe Michael Rudloff, Die Entstehung des Jugendweihegedankens am Beispiel Leipzigs, in: Mitteldeutsches Jahrbuch, Bd. 6 1999, S. 97–121.
162 Mitteilungen für die Kirchengemeinde Nieder- und Oberwürschnitz, Nr. 2, Februar 1930.
163 Siehe Else Pechmann, Das Reich der Hausfrau, in: Das schöne Sachsen, Nr. 11/12, 1932, S. 206.
164 Rudloff/Adam, Leipzig, S. 133.
165 VdSL, 3. Wahlperiode, 31. Sitzung, 12.5.1927, S. 1060.
166 VdSL, 3. Wahlperiode, 31. Sitzung, 12.5.1927, S. 1060–1061.
167 Alfred Betterlein, Die Statistik der Fürsorge in den Rechnungsjahren 1917 bis 1931, in: ZSSLA, 1932/33, S. 188.
168 Rede des SPD-Abgeordneten Hartsch, VdSL, 1926/27, S. 695; zitiert nach Heidenreich, Arbeiterkulturbewegung, S. 215.
169 VdSL, 3. Wahlperiode, 96. Sitzung, 6.12.1928, S. 3556.
170 Für diesen Abschnitt siehe Peter Kunze, Kurze Geschichte der Sorben. Ein kulturhistorischer Überblick in 10 Kapiteln, Staßfurt 1995; Martin Kasper, Zeitzeichen 1918–1933. Quellen zur sorbischen Geschichte, Bautzen 1995.
171 Für diesen Abschnitt siehe vor allem Solvejg Höppner und Manfred Jahn, Jüdische Vereine und Organisationen in Chemnitz, Dresden und Leipzig 1918 bis 1933. Ein Überblick, Dresden 1997; Josef Reinhold, Die jüdische Bevölkerungsminorität in der Wirtschaft Sachsens, in: Sächsische Heimatblätter (SHBl), 1/1997, S. 40–47.
172 VdSL, 3. Wahlperiode, 113. Sitzung, 21.3.1929, S. 4295
173 Zit. n. Simone Lässig, Nationalsozialistische »Judenpolitik« und jüdische Selbstbehauptung vor dem Novemberpogrom. Das Beispiel der Dresdner Bankiersfamilie Arnhold, in: Reiner Pommerin (Hg.), Dresden unterm Hakenkreuz, Weimar 1998, S. 140.
174 Zit. n. Höppner/Jahn, Jüdische Vereine, S. 6.
175 Höppner/Jahn, Jüdische Vereine, S. 6.
176 Fischer, Das Wohnungswesen in Sachsen, in: Sachsen. Kultur und Arbeit im Freistaat Sachsen, S. 79–80.
177 Siegfried Sieber, Abendgang durch erzgebirgische Industriedörfer, in: Sächsische Heimat, 9. Jg. Heft 1, Oktober 1925, S. 16.
178 Thomas Adam, Arbeitermilieu und sozialdemokratisch orientierte Arbeiterbewegung in einer Großstadt, Dissertation Universität Leipzig 1997, S. 44.
179 Adam, Arbeitermilieu, S. 29.
180 E. Cichorius, Chemnitz. Von den Aufgaben und Nöten einer wachsenden Großstadt, in: Jahrbuch Sachsen 1930, S. 56.
181 Zit. n. Kappler, Arbeitsbuch, S. 14.
182 Zu dem folgenden Abschnitt siehe besonders Hans Maier, Sachsens Wohlfahrtspflege, in: Sachsen, Kultur und Arbeit im Freistaat Sachsen, S. 36–38; Hans Maier, Soziale Fürsorge, in: Sachsen. 1000 Jahre Deutsche Kultur. Dresden 1929, S. 46–52; Alfred Betterlein, Die Statistik der Fürsorge in den Rechnungsjahren 1917 bis 1931, in: ZSSLA 1932/33, S. 188; Frie, Wohlfahrtsstaat.
183 Cichorius, Chemnitz, S. 52.
184 Adam, Arbeitermilieu, S. 48.
185 Heger, Sachsens staatliche Kraftwagenverwaltung, in: Sachsen. Kultur und Arbeit im Freistaat Sachsen, S. 201.
186 D. Arras, Das Kraftverkehrswesen in Sachsen, in: Jahrbuch Sachsen 1929, S. 66–75.
187 O. Böttger, Von der Tätigkeit der Deutschen Reichspost in Sachsen, in: Jahrbuch Sachsen 1929, S. 14–23; Kluge, Das sächsische Eisenbahnwesen, in: Sachsen, Kultur und Arbeit im Freistaat Sachsen, S. 92 f; Albrecht, Die Entwicklung der sächsischen Straßenbahnen nach dem Kriege, in: Jahrbuch Sachsen 1931, S. 76 ff.; Paul Barthel, Sachsen im deutschen Luftverkehr, in: Jahrbuch Sachsen 1927, S. 68–72.

188 VdSL, 3. Wahlperiode, 96. Sitzung, 6.12.1928, S. 3556.
189 Paul Wolf (Hg.), Das Neue Sachsen. Die Neuere Entwicklung des Städtebaues und Siedlungswesens in Sachsen, 1931.
190 Zit. n. Kerstin Kretschmer, Der Braunkohlenabbau in Nordwestsachsen und seine Umweltfolgen, in: Bramke/Heß, Mitteldeutschland, S. 127.
191 VdSL, 3. Wahlperiode, 76. Sitzung, 19.4.1928, S. 2790 f..
192 Kurt Ackermann, Die Herausbildung der Stadtplanung in Leipzig und ihre Entwicklung bis zum ersten Generalbebauungsplan 1929 unter besonderer Beachtung der Verkehrsplanung, in: Leipzig aus Vergangenheit und Gegenwart, Bd. 5, 1988, S. 190.
193 Für diesen Abschnitt siehe Franz F. Schwarzenstein, Die Strasse der Pelze. Leben und Treiben auf dem Brühl, der Leipziger Pelzhandelsstraße, in: Das schöne Sachsen, Nr. 9, September 1931, S. 209–211.
194 Sächsische Heimat, Heft 10, Juli 1926.
195 Zu folgender Passage siehe Fischer, Das Wohnungswesen in Sachsen, in: Sachsen. Kultur und Arbeit im Freistaat Sachsen, S. 78–81. Siehe auch Rusch, Wohnungs- und Siedlungspolitik in Sachsen, in: Das Neue Sachsen, 1931, S. 65ff.
196 Kalender für das Erzgebirge und das übrige Sachsen, 26. Jg, 1930, S. 41.
197 Und es weihnachtet wieder. Einiges aus dem Spielwarenlande rund um den Schwartenberg, in: Das schöne Sachsen, Nr. 12, Dezember 1931, S. 286–290.
198 Paul Jürgel, Ein sterbendes Handwerk, in: Sächsische Heimat, 10. Juli 1926, S. 497–501.
199 VdSL, 3. Wahlperiode, 31. Sitzung, 12.5.1927, S. 1059ff. Siehe auch Szejnmann, Central Germany, S.65.
200 Siehe Eberhard Kolb, Die Weimarer Republik, München 1984. Dieser Teilabschnitt beruft sich vor allem in der Diskussion des Theaterwesens und des Sports auf Heidenreich, Arbeiterkulturbewegung.
201 Werner Durth, Hellerau – Entwurf zur Moderne, in: Dresdner Hefte, 3/1997, S. 97.
202 Gerlinde Förster, Expressionismus in der Dresdner bildenden Kunst zu Anfang des 20. Jahrhunderts – Wege zur Neubestimmung der Funktion von Kunst im Umfeld politischer, sozialer und kultureller Verhältnisse, in: Dresdner Hefte, 1/1988, S. 2–18.
203 Hans-Jürgen Sarfert, »Sturm und Gärung« in Dresden, in: Dresdner Hefte, 1/1988, S. 30.
204 Thomas Harmann, Mary Wigman – Schlüsselfigur des expressionistischen Tanzes, in: Dresdner Hefte, 1/1988, S. 64.
205 Axel D. Kühn, Alexander S. Neill in Hellerau – die Ursprünge Summerhills, in: Dresdner Hefte, 3/1997, S. 73–79.
206 John Willett, The New Sobriety. Art and Politics in the Weimar Period 1917–33, USA, Neuauflage 1982, S. 174.
207 VdSL, 5. Wahlperiode, 29. Sitzung, 10.2.1931; ebd., 30. Sitzung, 12.2.1931.
208 Für diesen Abschnitt siehe Pechmann, Hausfrau.
209 Adam, Arbeitermilieu, S. 218.
210 Zu folgendem Abschnitt siehe Claus-Christian W. Szejnmann, Nazism in Central Germany. The Brownshirts in ›Red‹ Saxony, Oxford, New York 1999, S. 189ff.; G. Heidel, Die Dresdner Internationale Hygiene-Ausstellung 1930/31, in: Dresdner Hefte, 10/1991, S. 35–44; M. Lienert, Der Einfluß des Nationalsozialismus auf die Technische Hochschule Dresden während der Weimarer Republik, in: Neues Archiv für sächsische Geschichte, 66. Bd. 1995, S. 287 f.; M. Burleigh, Death and Deliverance. ›Euthanasia‹ in Germany 1900–1945, Cambridge 1994.
211 Zitiert nach Caris-Petra Heidel, Zwischen Naturheilkunde und Rassenhygiene – Dresdner Medizin im Nationalsozialismus, in: Dresdner Hefte, 3/1993, S. 39.
212 Zit. n. J.-C. Kaiser, K. Nowak and M. Schwartz, Eugenik. Sterilisation, ›Euthanasie‹. Politische Biologie in Deutschland 1895–1945. Eine Dokumentation, (o. O.,o .J.), S. 95.
213 Kaiser/Nowak/Schwartz, Eugenik, S. 82 f.
214 Götz Aly, Medicine against the Useless, in: G. Aly/P. Chroust/C. Pross (Hg.), Cleansing the Fatherland, London 1994, S. 29–31.
215 Siehe Paul Weindling, Health, Race and German Politics between National Unification and Nazism 1870–1945, Cambridge 1989, S. 389ff.
216 Cornelie Usborne, The Politics of the Body in Weimar Germany, London 1992, S. 152.
217 Kaiser/Nowak/Schwartz, Eugenik, S. 59.
218 Usborne, Body, S. 125.
219 Allerdings wurden wichtige Bestandteile des Zentralarbeitsgemeinschaftsabkommens bis 1923 außer Kraft gesetzt. Dies galt vor allem für den 8-Studen-Tag, der in wesentlichen Industriezweigen faktisch aufgehoben wurde.
220 Diese Hinweise verdanke ich Michael Rudloff.
221 Zu folgendem Teil siehe Heinz Wehner, Die Entwicklung der Sächsischen Schweiz zur Tourismusregion, in: SHBl, 4/1994, S. 210;

Antje Reichel und Heinz Wehner, Die Erschließung des Westerzgebirges für den Tourismus, in: SHBl, 4/1994, S. 187–193.

222 Radium in Sachsen, in: Das schöne Sachsen, Nr. 2, Februar 1931, S. 43.

223 F. Burkhardt, Die Ergebnisse der sächsischen Fremdenverkehrsstatistik, in: ZSSLA, 1930, S. 28f.

224 O. Pöttger, Mit dem Postkraftwagen ins Erzgebirge und in die Sächsische Schweiz, in: Jahrbuch Sachsen 1930, S. 122.

225 Helmut Arndt und Ursula Oehme, Leipzig in den Jahren der Weimarer Republik und unter dem Hakenkreuz (1918–1945), in: Neues Leipzigisches Geschicht-Buch, Leipzig 1990, S. 236.

226 Statistisches Jahrbuch Dresden, 1932, S. 42.

227 Vogtländischer Anzeiger und Tageblatt, Nr. 84, 11.4.1929.

228 Leipziger Volkszeitung, Nr. 92, 20.4.1929.

229 Altrock, Sport in Sachsen, in: Sachsen. Kultur und Arbeit im Freistaat Sachsen, S. 70–72.

230 Heidenreich, Arbeiterkulturbewegung, S. 255.

231 Mitteilungen der Turn- und Sportgemeinde 1848 Leipzig-Lindenau e.V., 1. Jg, 24.5.1924, Nr. 21, S. 6.

232 Zu folgendem Abschnitt siehe vor allem Franz Walter, Sachsen – ein Stammland der Sozialdemokratie? in: Politische Vierteljahresschrift, 32. Jg. 2/1991, S. 207–231; Peter Lösche und Franz Walter, Zur Organisationskultur der sozialdemokratischen Arbeiterbewegung in der Weimarer Republik, in: Geschichte und Gesellschaft, 15 Jg., 1989, S. 511–536.

233 Zit. n. Heidenreich, Arbeiterkulturbewegung, S. 221, 397.

234 Ebenda, S. 398.

235 Sächsisches Volksblatt, Nr. 156, 8.7.1929. Auch in Szejnmann, Central Germany, S. 97.

236 Männerchor Leipzig-Nord e.V., 5. Jg. Nr. 4, April 1929, S. 273 f.

237 Franz Walter, Freital: Das »Rote Wien Sachsens«, in: F. Walter/T. Dürr/K. Schmidtke (Hg.), Die SPD in Sachsen und Thüringen zwischen Hochburg und Diaspora, Bonn 1993, S. 67, 84 f.

238 Kurt A. Findeisen, Eierschieben und Osterreiten, in: Das schöne Sachsen. Nr. 4, April 1931, S. 73–77.

239 Georg Irrgang, Sächsische Volksfeste, in: Jahrbuch Sachsen 1926, S. 215.

240 Zit. n. Hans-Dieter Schmid, Die Märzfeiern für die Opfer des Kapp-Putsches in Leipzig, in: K. Keller (Hg.), Feste und Feiern. Zum Wandel städtischer Festkultur in Leipzig, Leipzig 1994, S. 234.

241 Staatsarchiv Leipzig, PP-St, Nr. 19; Auschnitt aus dem Monatsbericht November 1929.

242 Zit. n. Werner Bramke, Der erste Reichskriegertag in Leipzig 1925, in: Keller, Feste, S. 227.

243 Zu folgendem siehe Lapp, Revolution, S. 65ff.

244 Zit. n. Szejnmann, Central Germany, S. 157.

245 Für beide Vorfälle siehe VdSL, 3. Wahlperiode, 96. Sitzung, 6.12.1928, S. 3575; VdSL, 3. Wahlperiode, 96. Sitzung, 6.12.1928, S. 3561.

246 Heidenreich, Arbeiterkulturbewegung, S. 394.

247 Alfred Malige, Von den Anfängen des Rundfunk-Sinfonieorchesters Leipzig, in: Jahrbuch 1980 zur Geschichte der Stadt Leipzig, S. 97.

248 In: Die freie Kunst (Zwickau), 1.4.1927, S. 2. Zitiert nach Heidenreich, Arbeiterkulturbewegung, S. 331.

249 Heidenreich, Arbeiterkulturbewegung, S. 319, Fußnote 862.

250 Alfred Schulze, Aufgaben und Probleme der öffentlichen Kunstpflege in Sachsen, in: Sachsen. Tausend Jahre Deutscher Kultur. S. 82.

251 Maximus René, Die Sächsische Landesbühne, in: Jahrbuch Sachsen 1930, S. 64–67; Naumann, Die Kommunalen Organisationen Sachsens, in: Naumann/Stein, Sachsen. Kultur und Arbeit des Sächsischen Landes, Berlin 1928, S. 21.

252 Brecher arrangierte und dirigierte die Uraufführung von Kreneks »Jonny spielt auf« und»Weills Aufstieg und Fall der Stadt Mahagonny«.

253 Zit. n. Heidenreich, Arbeiterkulturbewegung, S. 205.

254 Fritz Stege, Die kulturelle Bedeutung des Männerchorgesangens, in: Männerchor Leipzig-Nord e.V., 5. Jg. Januar 1929, S. 262–264.

255 Der Freiheitskampf, Nr. 88, 12.11.1930.

256 KPD und NSDAP bei den Reichstagswahlen im Mai 1928; NSDAP, KPD, DNVP und Sächsisches Landvolk bei den Reichstagswahlen im Juli 1932.

257 Staatsarchiv Leipzig, Amtshauptmannschaft Döbeln, Nr. 2409, Jahresbericht der Kreishauptmannschaft Leipzig 1929, S. 4.

258 Zu folgendem siehe vor allem K. Werner, Die deutschen Wirtschaftsgebiete in der Krise. Statistische Studie zur regional vergleichenden Konjunkturbetrachtung, Jena 1932; Kurt Schäfer, Die strukturelle Arbeitslosigkeit in Sachsen, ihr Umfang und ihre Ursachen, in: Die Gemeinde, Nr. 6 1931, S. 455–462; Bramke, Industrie(Gesellschaft).

259 Bramke, Industrie(Gesellschaft), S. 44 f.

260 Schäfer, Arbeitslosigkeit, S. 462.

261 Der folgende Abschnitt stützt sich auf Claus-Christian W. Szejnmann, The Rise of the

NSDAP in Saxony between 1920 and 1933, Dissertation Universität London, 1995; ders., Central Germany.

262 Bundesarchiv, Zwischenarchiv, Dahlwitz-Hoppegarten, Erich Kunz, Z/C Nr. 17411, Abschrift aus Mitteilungen der LPV, Nr. 175 vom 19.12.1921.

263 Zum sechzigsten Geburtstag von Gauleiter Mutschmann. Markante Worte von Martin Mutschmann, 1939.

264 VdSL, 3. Wahlperiode, 9. Sitzung, 20.1.1927, S. 170.

265 STA D, Staatskanzlei, Nr. 131, Deutscher Tag in Aue, 2/3.5.1925; Heidenreich, Arbeiterkulturbewegung, S. 326.

266 STA D, MdI, Nr. 11126/1 (November 1925) und Nr. 11126/2 (Januar 1928).

267 Der Freiheitskampf, 3.10.1930.

268 Die SPD hatte durch Gerichtsbeschluß eine Annullierung der Landtagswahlen von 1926 erreicht. Damals hätte sie als größte Partei an erster Stelle der Wählerlisten stehen sollen und nicht, wie geschehen, die ASP.

269 Vogtländischer Anzeiger und Tageblatt, Plauen, Nr. 86, Nr. 95, 24.4.1929.

270 Leipziger Neueste Nachrichten, Nr. 131, 11.5.1929.

271 Laut Dresdner Anzeiger war entgegen den SPD-Forderungen im Bereich der Erwerbslosigkeit, Wohnungsnot, Arbeiterschutz und Jugendfürsorge »bisher schon das Mögliche getan worden«. Entschieden wurde der Vorschlag abgelehnt, die Finanzierung solcher Initiativen aus höheren Einnahmen aus der Grund- und Gewerbesteuer freizumachen. Andere Forderungen – beispielsweise die Demokratisierung und Vereinfachung der Verwaltung, die Entmilitarisierung der Polizei und Änderungen im Schulwesen – wurden auch nicht akzeptiert. Siehe Sächsisches Volksblatt, Nr. 127, 5.6.1929.

272 Sächsischer Beobachter, Nr. 28, 14.7.1929.

273 VdSL, 4. Wahlperiode, 11. Sitzung, 25.10.1929, S. 395.

274 Lapp, Revolution, S. 194.

275 Das Volksbegehren fand zwischen dem 16. und 29. Oktober statt, der anschließende Volksentscheid am 22. Dezember. Die Prozentzahl der gültigen Stimmen, die den Volksentscheid unterstützten, waren: Bautzen-Dresden: 15,4; Leipzig: 13,1; Chemnitz-Zwickau: 20,5; Republik: 13,8.

276 Leipziger Volkszeitung, Nr. 73, 27.3.1930.

277 Sächsisches Volksblatt, Nr. 70, 24.3.1930.

278 Berliner Börsenzeitung, Nr. 236, 22.5.1930.

279 Staatsarchiv Leipzig, Amtshauptmannschaft Döbeln, Nr. 2409, Jahresbericht der Kreishauptmannschaft Leipzig 1930, S. 5; STA D, Kreishauptmannschaft Dresden, Nr. 262, April 1930.

280 STA D, Amtshauptmannschaft Schwarzenberg, Nr. 1943, Juni 1930.

281 Der Sächsische Landbote, 6.6.1930.

282 Der Angriff, 8.6.1930. Zitiert nach Lapp, S. 200.

283 Der Sächsische Beobachter, 17.6.1930.

284 Dresdner Nachrichten, Nr. 461, 1.10.1930.

285 STA D, Nr. 1943, Amtshauptmannschaft Schwarzenberg, November-Dezember 1930. Siehe auch Szejnmann, Central Germany, S. 54.

286 STA D, MdI, Nr. 11126/4, Juni 1931. Zitiert nach Szejnmann, Central Germany, S. 54.

287 Staatsarchiv Leipzig, Amtshauptmannschaft Döbeln, Nr. 2409, Rückblick auf das Jahr 1930, S. 4.

288 siehe z.B. die Berichte in STA D, Amtshauptmannschaft Schwarzenberg, 1931.

289 VdSL, 5. Wahlperiode, 88. Sitzung, 18.10.1932, S. 3875.

290 Paul Bramstedt, Die Krisis der sächsischen Industriewirtschaft, Dresden 1932, S. 4.

291 Christian Brückner, Die Konjunkturentwicklung in Sachsen von Frühjahr 1932 bis Herbst 1933, in: ZSSLA, 1932/33, S. 314–319.

292 Friedrich H. Walter, Die Konjunkturlage in Sachsen im Frühjahr 1932, in: ZSSLA, 1932/33, S. 246–255.

293 Staatsarchiv Leipzig, Amtshauptmannschaft Döbeln, Nr. 2409, Rückblick auf das Jahr 1931, S. 7.

294 H. R. Knickerbocker, Deutschland So Oder So? Berlin 1932, S. 39–42.

295 VdSL, 5. Wahlperiode, 88. Sitzung, 18.10.1932, S. 3875.

296 Walter, Konjunkturlage, S. 246.

297 Ebenda, S. 246.

298 Georg Hoffmann, Die Schulden von Land, Gemeinden und Gemeindeverbänden in Sachsen, in: ZSSLA, 1932/33, S. 102–105.

299 Bramstedt, Krisis, S. 25.

300 Walter, Konjunkturlage, S. 251.

301 SI, Nr. 5, 31.1.1931, S. 93. Zitiert nach Szejnmann, Central Germany, S. 49.

302 Zu folgendem siehe Szejnmann, Central Germany, Kapitel 2.

303 Dresdner Volkszeitung, Nr. 118, 22.5.1930.

304 VdSL, 5. Wahlperiode, 11.Sitzung, 23.10.1930, S. 394. Siehe auch Szejnmann, Central Germany, S. 243.

305 VdSL, 5. Wahlperiode, 37.Sitzung, 19.3.1931, S. 1346.

306 Der Freiheitskampf, Nr. 250, 6.11.1931, S. 7. Ein gekürztes Zitat befindet sich in Szejnmann, Central Germany, S. 104.
307 Szejnmann, Central Germany, Dokumente, Nr. 12.
308 Der Völkische Beobachter, Nr. 286, 12.10.1932.
309 Für dies siehe auch Walter, Stammland.
310 Der Freiheitskampf, Nr. 242, 14.10.1932. Zit. n. Szejnmann, Central Germany, S. 115.
311 Szejnmann, Central Germany, S. 104.
312 Der Bolschewik, Nr. 7, August 1930.
313 Walter, Freital.
314 VdSL, 5. Wahlperiode, 6. Sitzung, 30.9.1930, S. 156.
315 Thomas Adam und Michael Rudloff, Unternehmer in der Leipziger SPD?, in: SPD vor Ort 1/98, Leipzig, S. 4 f.
316 Allerdings schien dies das einzige ideologische Bindemittel zu sein, welches die Arbeiter, die von der Republik enttäuscht waren, noch zu integrieren und für die Sozialdemokratie zu motivieren vermochte.
317 Die Abkapselung der sächsischen Sozialdemokraten von der Gesellschaft lag an deren sozialer und politischer Ausgrenzung, die in Sachsen stärker ausgeprägt war als beispielsweise in Süddeutschland. Daß die Sozialdemokraten aus der Not eine Tugend zu machen verstanden, hat sie einerseits in einem Ghetto gefangen, andererseits ihre politische Bindung stabilisiert.
318 Chemnitzer Volksstimme, Nr. 260, 5.11.1932.
319 Der Bolschewik, Nr. 3, Januar 1932, S. 29.
320 VdSL, 5. Wahlperiode, 18. Sitzung, 11.12.1930. Zitiert nach Szejnmann, Central Germany, S. 180.
321 VdSL, 5. Wahlperiode, 101. Sitzung, 2.2.1933, S. 4405 f.
322 Zit. n. Elvira Werner, Das Erbe Anton Günthers – zur Rezeption seines Werkes, in: SHBl, 4/1995, S. 227.
323 Ebd., S. 228.
324 STA D, Amtshauptmannschaft Annaberg, Nr. 592: Notlage der sächsischen Grenzgebiete, Osthilfe. Siehe auch Szejnmann, Central Germany, S. 191 f.
325 STA D, Amtshauptmannschaft Annaberg, Nr. 592: Notlage der sächsischen Grenzgebiete, Osthilfe.
326 Hitler. Reden, Schriften, Anordnungen. Februar 1925 bis Januar 1933. Band III, Teil 3, Christian Hartmann, München 1994, S. 233.
327 Oelsnitzer Volksbote, Nr. 171, 23.7.1932. Ein längerer Ausschnitt befindet sich in Szejnmann, Central Germany, S. 274.
328 Kämpfer Wider Willen. Erinnerungen des Landesbischofs von Sachsen D. Hugo Hahn aus dem Kirchenkampf 1933–1945. Bearbeitet und herausgegeben von Georg Prater, Metzingen 1969, S. 17.
329 SI, Nr. 11, 16.3.1929, S. 249.
330 Zu diesem und dem folgenden Zitat bzw. zu einer ausführlicheren Diskussion über die Beziehung sächsischer Unternehmer zur Demokratie und ihre Verhaltensweise während der Krise siehe Szejnmann, Unternehmer, S. 175.
331 Mitteilungen Vereinigung Sächsischer Höherer Staatsbeamter e.V., Nr. 7/8, Juli/August 1931, S. 2. Zitiert nach Szejnmann, Central Germany, S. 145.
332 Sächsische Schützen-Zeitung, 1932, Nr. 1, S. 2. Auch zitiert in Szejnmann, Central Germany, S. 145.
333 Mitteilungen des Landesverbandes der christlichen Elternvereine Sachsens, e.V. für die Vorstände der christlichen Elternvereine, Nr. 2, 1. Quartal 1933.
334 Siehe Szejnmann, Central Germany, Kapitel 4 (iv).
335 Waldenburger Anzeiger, Nr. 39, 16.2.1932.
336 Zu folgendem siehe Gunther Mai, »Verteidigungskrieg« und »Volksgemeinschaft«. Staatliche Selbstbehauptung, nationale Solidarität und soziale Befreiung in Deutschland in der Zeit des Ersten Weltkrieges (1900–1925), in: W. Michalka (Hg.), Der Erste Weltkrieg. Wirkung, Wahrnehmung, Analyse, München 1995, S. 583–602.
337 Hitler. Reden, Schriften, Anordnungen. Februar 1925 bis Januar 1933. Band V. Von der Reichspräsidentenwahl bis zur Machtergreifung, April 1932 bis Januar 1933. Teil 1: April 1932 bis September 1932. Herausgegeben und kommentiert von Klaus A. Lankheit. München 1996, S. 261.
338 Chemnitzer Tageblatt, Nr. 212, 2.8.1930. Zitiert nach Szejnmann, Central Germany, S. 249.
339 Eine der wenigen Initiativen der Regierung war die Fusion der Firmen DKW, Audi, Horch mit der Automobilabteilung der Wanderer-Werke zur Auto-Union mit Sitz in Chemnitz Anfang 1932. Dies sollte die Abwanderung der krisenbefallenen Automobilindustrie aus Sachsen verhindern. Während die bürgerlichen Parteien und die Regierung eine interventionistische Rolle des Staates in der Wirtschaft normalerweise prinzipiell ablehnten, sahen dies die Parteien der Arbeiterbewegung anders. Während die KPD aber eine unproduktive Obstruktionspolitik verfolgte, waren die von der SPD vorgelegten Arbeitsbeschaffungsprogramme bzw. ihr ar-

beitsmarkt- und wirtschaftspolitisches Programm vom Oktober 1929 insgesamt viel zu bescheiden, um die Wirtschaft anzukurbeln. Siehe Michael Rudloff, Die Strukturpolitik in den Debatten des sächsischen Landtags zur Zeit der Weltwirtschaftskrise, in: Bramke/Heß (Hg.), Mitteldeutschland, Weimar 1995, S. 241–260; Schmeitzner, 1919–1933, S. 102ff.

340 VdSL, 4. Wahlperiode, 102. Sitzung, 24.1.1929, S. 3805.

341 Der Freiheitskampf, Nr. 12, 14/15.1.1933.

342 Bundesarchiv Koblenz, Kleine Erwerbungen. Die SA in Sachsen vor der »Machtübernahme«. Ihre Beziehungen zur Polizei und ihr Verhältnis zur Reichswehr (Grenzschutz). Erlebnisbericht von Dr. Heinrich Bennecke, ehem. SA-Gruppenführer. S. 76–77.

343 VdSL, 5. Wahlperiode, 22. Sitzung, 15.1.1931, S. 857–859; siehe auch Szejnmann, Central Germany, S. 66.

344 VdSL, 5. Wahlperiode, 7. Sitzung, 7.10.1930, S. 211.

345 VdSL, 5. Wahlperiode, 69. Sitzung, 26.4.1932, S. 2946.

346 STA D, MdI, Nr. 11126/4, Juni 1931.

347 Ebd.

348 Staatsarchiv Leipzig, Amtshauptmannschaft Döbeln, Nr. 2409, Rückblick auf das Jahr 1931, S. 1. Zitiert nach Szejnmann, Central Germany, S. 83.

349 VdSL, 5. Wahlperiode, 88. Sitzung, 18.10.1932, S. 3863.

350 VdSL, 5. Wahlperiode, 64. Sitzung, 26.1.1932, S. 2712.

351 VdSL, 5. Wahlperiode, 64. Sitzung, 26.1.1932, S. 2712–2713.

352 VdSL, 5. Wahlperiode, 69. Sitzung, 26.4.1932, S. 2922.

353 VdSL, 5. Wahlperiode, 69. Sitzung, 26.4.1932, S. 2921.

354 VdSL, 5. Wahlperiode, 70. Sitzung, 27.4.1932, S. 2974.

355 VdSL, 5. Wahlperiode, 70. Sitzung, 27.4.1932, S. 2972. Anfang 1933 reagierten die Landtagsmitglieder der SPD und KPD ähnlich wütend auf eine Stellungnahme von Richter. Nach einem blutigen Zwischenfall während einer KPD-Versammlung am 25. Januar in Dresden, bei der die Polizei neun Arbeiter tötete und elf schwer verletzte, hatte er die Aktion der Polizei als »Notwehr« beschrieben. VdSL, 5. Wahlperiode, 99. Sitzung, 26.1.1933, S. 4351 f.

356 VdSL, 5. Wahlperiode, 88. Sitzung, 18.10.1932, S. 3917.

357 VdSL, 5. Wahlperiode, 97. Sitzung, 12.1.1933, S. 4256. Zitiert nach Szejnmann, Central Germany, S. 184.

358 VdSL, 5. Wahlperiode, 27. Sitzung, 3.2.1931, S. 1029.

359 VdSL, 5. Wahlperiode, 64. Sitzung, 26.1.1932, S. 2709.

360 DVZ, Nr. 235, 6.10.1932.

361 Die sächsische Polizei mußte 1930 4465 Mal in Einsatz gehen, 1931 6650 Mal und im ersten Vierteljahr von 1932 2127 Mal. Siehe VdSL, 5. Wahlperiode, 70. Sitzung, 27.4.1932, S. 2973.

362 VdSL, 5. Wahlperiode, 88. Sitzung, 18.10.1932, S. 3864.

363 STA D, Ministerium des Innern, Nr. 19088, SA 1928–32; Dresdner Volkszeitung, Nr. 364 27.9.1932; Dresdner Volkszeitung, Nr. 250, 24.10.1932; Leipziger Volkszeitung, Nr. 234, 5.10.1932; Leipziger Volkszeitung, Nr. 287, 8.12.1932.

364 Leipziger Volkszeitung, Nr. 261, 7.11.1932.

365 Die Leiche des 26jährigen Hensch wurde am 26. Dezember mit drei Schüssen, in Säcke verschnürt und mit Steinen belastet, in der Talsperre Malter gefunden. Die Polizei erließ Haftbefehle und startete ein Auslieferungsverfahren für drei nach Italien geflohene Mitglieder der SA. Gegen den NSDAP-Landtagsabgeordneten Heinrich Bennecke wurde Strafverfolgung eingeleitet. Siehe VdSL, 5. Wahlperiode, 97. Sitzung, 12.1.1933, S. 4226–4228.

366 Bundesarchiv Koblenz, NS22, Nr. 271.

367 VdSL, 5. Wahlperiode, 105. Sitzung, 16.2.1933, S. 4588.

368 STA D, Amtshauptmannschaft Schwarzenberg, Nr. 1950, März 1933.

369 Szejnmann, Central Germany, S. 34.

370 Ebenda, S. 123. Zu folgendem siehe auch Günter Kirsch, Die Konstituierung der nationalsozialistischen Herrschaft in Sachsen 1933/34, in: SHBl 1/1995, S. 23–27.

371 VdSL, 5. Wahlperiode, 84. Sitzung, 5.7.1932, S. 3674.

Literaturverzeichnis

Benutzte Archive

Berlin Document Centre
Bundesarchiv Berlin, Berlin-Lichterfelde
Bundesarchiv Koblenz
Bundesarchiv, Zwischenarchiv, Dahlwitz-Hoppegarten
Institut für Geschichte der Arbeiterbewegung Berlin
Staatsarchiv Dresden
Staatsarchiv Leipzig
Bibliothek des Stadtgeschichtlichen Museums Leipzig
Bibliothek für historische und justizgeschichtliche Literatur, Leipzig
Bibliothek und Archiv der Gewerkschaftsbewegung (Johannes-Sassenbach-Stiftung), Berlin
Deutsche Bücherei, Leipzig
Hauptbibliothek Chemnitz
Ratsschulbibliothek, Zwickau
Sächsische Landesbibliothek, Dresden
Stadtarchiv Chemnitz
Stadtarchiv Dresden
Stadtarchiv Leipzig
Stadtarchiv Plauen
Stadtarchiv Zwickau
Wiener Library, London

Zitierte Zeitschriften

Berliner Börzenzeitung
Chemnitzer Tageblatt
Chemnitzer Volksstimme
Das Schöne Sachsen, Monatsschrift für Sächsische Kultur, Wirtschaft und Verkehr
Der Angriff
Der Bolschewik
Der Freiheitskampf
Der Sächsische Landbote
Der Völkische Beobachter
Deutsche Zeitung
Dresdner Anzeiger
Dresdner Nachrichten
Dresdner Volkszeitung
Frauensteiner Anzeiger
Kalender für das Erzgebirge und das übrige Sachsen
Leipziger Neueste Nachrichten
Leipziger Volkszeitung
Männerchor Leipzig-Nord e.V.
Mitteilungen der Turn- und Sportgemeinde 1848 Leipzig-Lindenau e.V.
Mitteilungen des Landesverbandes der christlichen Elternvereine Sachsens
Mitteilungen des Landwirtschaftlichen Kreisvereins für das Sächsische Markgraftum Oberlausitz
Mitteilungen für die Kirchengemeinde Nieder- und Oberwürschnitz
Mitteilungen Vereinigung Sächsischer Höherer Staatsbeamter e.V.
Oelsnitzer Volksbote
Sächsische Industrie
Sächsische Schützen-Zeitung
Sächischer Beobachter
Sächsisches Volksblatt
Waldenburger Anzeiger
Vogtländischer Anzeiger und Tageblatt
Zeitschrift des Sächsischen Statistischen Landesamtes

Zeitgenössische Publikationen (vor 1945)

Adam, Th., Arbeitermilieu und Arbeiterbewegung in Leipzig 1871–1933, Köln, Weimar, Wien 1999.

Adler, H., Die Wirtschaftskrise im Spiegel der sächsischen Konkursstatistik, in: ZSSLA, 1932/33, S. 305–310.

Agricola, Die Evangelische Kirche in Sachsen, in: Naumann/Stein (Hg.), Sachsen. Kultur und Arbeit des Sächsischen Landes. Mit besonderer Berücksichtigung der Kommunalwirtschaft und Kommunalpolitik, Berlin 1928, S. 58.

Albrecht, Die Entwicklung der sächsischen Straßenbahnen nach dem Kriege, in: Jahrbuch für Sachsen 1931, S. 76–81.

Altrock, Sport in Sachsen, in: Naumann/Stein (Hg.), Sachsen. Kultur und Arbeit des Sächsischen Landes. Mit besonderer Berücksichtigung der Kommunalwirtschaft und Kommunalpolitik, Berlin 1928, S. 70–72.

Arras, Das Kraftverkehrswesen in Sachsen, in: Jahrbuch für Sachsen 1929, S. 66–75.

Arras, Sachsen im Kraftlinienverkehr, in: Naumann/Stein (Hg.), Sachsen. Kultur und Arbeit des Sächsischen Landes. Mit besonderer Berücksichtigung der Kommunalwirtschaft und Kommunalpolitik, Berlin 1928, S. 95–96.

Arras, Vom sächsischen Kraftfahrwesen, in: Sachsen. 1000 Jahre Deutsche Kultur, Dresden 1929, S. 254–259.

Baedeker. Sachsen. Handbuch für Reisende. Von Karl Baedeker. Mit 20 Karten und 26 Plänen. Leipzig 1920.

Barthel, Paul, Sachsen im deutschen Luftverkehr, in: Jahrbuch für Sachsen 1927, S. 68–72.

Baumgarten, Freital, in: Das schöne Sachsen, 1933, S. 261–263.

Beck, Die Bautätigkeit in Sächsischen Mittelstädten, in: P. Wolf (Hg.), Das Neue Sachsen. Die Neuere Entwicklung des Städtebaues und Siedlungswesens in Sachsen, 1931, S. 103–111.

Betterlein, A., Die Statistik der Fürsorge in den Rechnungsjahren 1927 bis 1931, in: ZSSLA, 1932/33, S. 189.

Betterlein, A., Die Wohlfahrtserwerbslosen in Sachsen, in: ZSSLA, 1931, S. 218–222.

Bevölkerungsveränderungen durch den Krieg, in: ZSSLA, 1918/1919, S. 351–357.

Blaschke, Karlheinz, Minister des Königreichs Sachsen 1815–1918, in: K. Schwabe (Hrg.), Die Regierungen der deutschen Mittel- und Kleinstaaten 1815–1933

Bloss, Die sächsischen Eisenbahnen nach dem Weltkriege, in: Jahrbuch für Sachsen 1931, S. 26–31.

Blüher, Dresden und seine Entwicklung, in: Jahrbuch für Sachsen 1930, S. 23–29.

Böttger, O., Mit dem Postkraftwagen ins Erzgebirge und in die Sächsische Schweiz, in: Jahrbuch für Sachsen 1930, S. 122–127.

Böttger, O., Von der Tätigkeit der Deutschen Reichspost in Sachsen, in: Jahrbuch für Sachsen 1929, S. 14–23.

Bramstedt, Paul, Die Krisis der sächsischen Industriewirtschaft, Berlin 1932.

Burgsdorf, Sächsische Bäder und Kurorte, in: Jahrbuch für Sachsen 1928, S. 93–105.

Burkhardt, F., Die bevölkerungspolitische Lage in Sachsen Ende 1932, in: ZSSLA, 1932/33, S. 300–304.

Burkhardt, F., Die Entwicklung der sächsischen Bevölkerung in den letzten 100 Jahren, in: ZSStLA, 1931, S. 1–69.

Burkhardt, F., Die Kirchenaustritts- und Kircheneintrittsbewegung im Zeitraum 1919 bis 1930 mit einem Rückblick auf die Entwicklung der kirchlichen Statistik, in: ZSSLA, 1931, S. 191–202.

Burkhardt, F., › Die Sonderstellung Sachsens im Deutschen Reich und die wirtschaftliche Depression der Gegenwart‹, in: ZSSLA, 1931, S. 70–81.

Cichorius, E., Chemnitz. Von den Aufgaben und Nöten einer wachsenden Großstadt, in: Jahrbuch für Sachsen 1930, S. 52–57.

Clad, Clovis, Die Wirtschaftsverhältnisse im Bezirk der Handelskammer Leipzig, in: Jahrbuch für Sachsen 1927, S. 46–49.

Die dritte internationale Hygiene-Ausstellung in Dresden. Ein Rundgang durch die neuen Gruppen, in: Das schöne Sachsen, Nr. 5, Mai 1931, S. 112 f.

Die Ernteerträge 1914 bis 1921, ZSSLA, 1922, S. 102 ff.

Die Kriegsstörungen der Geburtenbewegung, ZSStLA, 1922, S. 5.

Die Tagebücher von Joseph Goebbels. Sämtliche Fragmente, Herausgegeben von E. Fröhlich, München 1987.

Die tönende Stadt, in: Das schöne Sachsen, Nr. 9, Semptember 1931, S. 209–211.

Döring, Die wirtschaftliche Gestaltung der sächsischen Oberlausitz, in: Jahrbuch für Sachsen 1927, S. 60–64.

Domschke, Max, Die Katholische Kirche in Sachsen, in: Naumann/Stein (Hg.), Sachsen. Kultur und Arbeit des Sächsischen Landes. Mit besonderer Berücksichtigung der Kommunalwirtschaft und Kommunalpolitik, Berlin 1928, S. 62ff.

Einfluß des Krieges: Eheschließungen, Geburtenbewegung, ZSStLA 1922, S. 4–9.

Fabian, Walter, Klassenkampf um Sachsen. Ein Stück Geschichte 1918–1930, Löbau 1930.

Fenske, Hans, Minister der Freistaaten Sachsen und Thüringen 1918–1933, in: K. Schwabe (Hrsg.), Die Regierungen der deutschen Mittel- und Kleinstaaten 1815–1933, Boppard 1983, S. 325–338

Findeisen, Kurt A., Eierschieben und Osterreiten, in: Das schöne Sachsen, Nr. 4, April 1931, S. 73–77.

Fischer, Das Wohnungswesen in Sachsen, in: Naumann/Stein (Hg.), Sachsen. Kultur und Arbeit des Sächsischen Landes. Mit besonderer Berücksichtigung der Kommunalwirtschaft und Kommunalpolitik, Berlin 1928, S. 78–81.

Foerster, Die Sächsische Technische Hochschule, in: Naumann/Stein (Hg.), Sachsen. Kultur und Arbeit des Sächsischen Landes. Mit besonderer Berücksichtigung der Kommunalwirtschaft und Kommunalpolitik, Berlin 1928, S. 52–53.

Franke, Auto und Straße, in: Sächsische Heimat, 10 (Juli 1926), S. 526–529.

15 Jahre Kampf der NSDAP, OG Bautzen (1922–37).

Fünfzehn Jahre NSDAP Freiberg, 1939.

Fünfzehn Jahre NSDAP in Chemnitz (1922–1937).

Fünfzehn Jahre NSDAP in Markneukirchen (1922–1937).

Fünfzehn Jahre NSDAP in Zwickau (1922–37).

Fünfzehn Jahre Ortsgruppe Crimmitschau , 1937.

Geiger, T., Panik im Mittelstand, Die Arbeit, 7 (1930), S. 643–652.

Georgi, R., Der Einfluß der Kriegszeit auf Viehstand, Anbau und Ernteerträge, in: ZSSLA, 1922, S. 74–77.

Göckeritz, Felix, Sächsische Lyriker, in: Jahrbuch für Sachsen 1926, S. 106–110.

Handbuch der deutschen Tagespresse, 1932.

Hartmann, Walther G., Der Begeisterte Weg. Dresden 1919.

Heger, Sachsens Staatliche Kraftwagenverwaltung', in: Naumann/Stein (Hg.), Sachsen. Kultur und Arbeit des Sächsischen Landes. Mit besonderer Berücksicktigung der Kommunalwirtschaft und Kommunalpolitik, Berlin 1928, S. 201–203.

Heldt, Max, Der Sinn der sächsischen Koalitionspolitik, in: Jahrbuch für Sachsen 1928, S. 17–25.

Heß, A., Die weltwirtschaftliche Bedeutung Leipzigs als Zentrale des deutschen Buchhandels, in: Jahrbuch für Sachsen 1925, S. 68–76.

Heubner, Die industrielle Entwicklung des Handelskammerbezirks Chemnitz, in: Jahrbuch für Sachsen 1927, S. 26–31.

Hitler. Reden, Schriften, Anordnungen. Februar 1925 bis Januar 1933, Hg. von K. A. Lankheit, Band III, Teil 2, München 1994.

Hitler. Reden, Schriften, Anordnungen. Februar 1925 bis Januar 1933, Hg. von C. Hartmann, Band III, Teil 3, München 1995.

Hitler. Reden, Schriften, Anordnungen. Februar 1925 bis Januar 1933, Hg. von K. A. Lankheit, Band V, Teil 1, München 1996.

Hölz, Max, Vom ›Weißen Kreuz‹ zur roten Fahne. Jugend-, Kampf- und Zuchthauserlebnisse, [original 1929] 4. Auflage, Leipzig 1984.

Hoffmann, G., Die Schulden von Land, Gemeinden und Gemeindeverbänden in Sachsen, in: ZSSLA, 1932/33, S. 103–105.

Jahrbuch der Deutschen Sozialdemokratie für das Jahr 1926, 1927, 1928, 1929, 1930, 1931.

Jahresbericht der sozialdemokratischen Bezirksorganisation Chemnitz/Erzgebirge. SPD Bezirksverband Chemnitz/Erzgebirge 1929, 1930.

Jahresbericht des Bezirksvorstandes der SPD Bezirk Leipzig 1929, 1930.

Jahresbericht 1928 Sozialdemokratische Bezirksorganisation Chemnitz/Erzgebirge.

Klein, W., Die Bautätigkeit in Sachsen in den Jahren 1925 bis 1934, in: ZSSLA, 1934/35.

Kleinebreil, Heinrich, Zwickau: Die Robert-Schumann-Stadt Zwickau i. Sa., in: Jahrbuch für Sachsen 1930, S. 104–107.

Klemperer, Victor, Ich will Zeugnis ablegen bis zum letzten. Tagebücher 1933–1945, 2 Bände, Berlin 1995.

Kluge, Das Sächsische Eisenbahnwesen, in: Naumann/Stein (Hg.), Sachsen. Kultur und Arbeit des Sächsischen Landes. Mit besonderer Berücksichtigung der Kommunalwirtschaft und Kommunalpolitik, Berlin 1928, S. 92–93.

Knickerbocker, H. R., Deutschland So Oder So?, Berlin 1932.

Kötzschke, Rudolf, Die Sächsische Landesuniversität Leipzig, in: Naumann/Stein (Hg.), Sachsen. Kultur und Arbeit des Sächsischen Landes. Mit besonderer Berücksichtigung der Kommunalwirtschaft und Kommunalpolitik, Berlin 1928, S. 50–52.

Kötzschke, Rudolf und Helmut Kretzschmar, Sächsische Geschichte, 2 Bände, Dresden 1935, Neuauflage Frankfurt am Main 1977.

Kolb, Eberhard, Die Weimarer Republik, München 1984.

Koltzenburg, Oswald, Die Entwicklung einer sächsischen Mittelstadt nach dem Kriege, in: Jahrbuch für Sachsen 1929, S. 27–33.

Külz, Die Internationale Hygiene-Ausstellung zu Dresden 1930, in: Jahrbuch für Sachsen 1930, S. 97–98.

Kuhfahl, Die Sächsische Schweiz im Wandel der Zeiten, in: Jahrbuch für Sachsen 1926, S. 150–154.

Lang, E. L., Kampf und Sieg der Nationalsozialistischen Bewegung im Grenzlandkreis Annaberg/Obererzgebirge, in: Vom silbernen Erzgebirge. Kreis Annaberg, Band I, S. 218–236.

Launer, Carl, Die Konsumgenossenschafts-Bewegung im Freistaate Sachsen, Bad Dürrenberg 1932.

Lipinski, Richard, Der Kampf um die politische Macht in Sachsen, Leipzig 1926.

März, Johannes, Die Bedeutung und Entwicklung der sächsischen Industrie nach dem Kriege, in: Jahrbuch für Sachsen 1925, S. 50–57.

Maier, Hans, Sachsens Wohlfahrtspflege, in: Naumann/Stein (Hg.), Sachsen. Kultur und Arbeit des Sächsischen Landes, Berlin 1928, S. 36–38.

Maier, Hans, Soziale Fürsorge, in: Sachsen. 1000 Jahre Deutsche Kultur, Dresden 1929, S. 46–70.

Maximus, René, Die Sächsische Landesbühne, in: Jahrbuch Sachsen 1930, S. 64–67.

Menke-Glückert, Das Höhere Schulwesen in Sachsen, in: Naumann/Stein (Hg.), Sachsen. Kultur und Arbeit des Sächsischen Landes. Mit besonderer Berücksichtigung der Kommunalwirtschaft und Kommunalpolitik, Berlin 1928, S. 46–50.

Menke-Glückert, Tausend Jahre Bildungs- und Schulgeschichte Sachsens, in: Sachsen. 1000 Jahre Deutsche Kultur, Dresden 1929, S. 106–113.

Naumann, Die Kommunalen Organisationen Sachsens, in: Naumann/Stein (Hg.), Sachsen. Kultur und Arbeit des Sächsischen Landes. Berlin 1928.

Partei-Statistik, Stand 1. Januar 1935, Hg. von Der Reichsorganisationsleiter der NSDAP, 3 Bände, München, o. J.

Pechmann, Else, Das Reich der Hausfrau, in: Das schöne Sachsen, Nr. 11/12, November/Dezember 1932, S. 206–209.

Posse, Hans, Sächsische Kunstsammlungen, in: Naumann/Stein (Hg.), Sachsen. Kultur und Arbeit des Sächsischen Landes, Berlin 1928.

Queck, Johannes, Die wirtschaftliche Bedeutung und Struktur des Handelskammerbezirks Dresden, in: Jahrbuch für Sachsen 1927, S. 32–45.

Rade, Gottfried, Luxus in Jugenderbergen, in: Jahrbuch für Turnen und Sport in Sachsen 1930, Dresden 1930, S. 128–130.

Reichelt, Heinrich, Die Wirtschaftskräfte Südwest-Sachsens, in: Jahrbuch für Sachsen 1927, S. 50–59.

René, Maximus, die Sächsische Landesbühne, in: Jahrbuch für Sachsen 1930, S. 64–68.

Reucker, Alfred, Aus der Kulisse. Spielzeit des sächsischen Staatstheater 1925/26, in: Jahrbuch für Sachsen 1927, S. 81-86.

Rudolph, Arthur, Die Arbeit des Landtags, in: Jahrbuch für Sachsen 1930, S. 15–22.

Rusch, Wohnungs- und Siedlungspolitik in Sachsen, in: P. Wolf (Hg.), Das Neue Sachsen. Die Neuere Entwicklung des Städtebaues und Siedlungswesens in Sachsen, 1931, S. 65–66.

Säuglingssterblichkeit, in: ZSSLA, 1920/21, 466f.

Schäfer, Friedrich, Die Bevölkerungsgrundlagen des Städtebaues und Siedlungswesens in Sachsen, in: P. Wolf (Hg.), Das Neue Sachsen. Die Neuere Entwicklung des Städtebaues und Siedlungswesen, in Sachsen, S. 24–26.

Schäfer, Kurt, Strukturelle Arbeitslosigkeit in Sachsen, Die Gemeinde, Nr. 6 1931, S. 455–462.

Schulze, Alfred, Aufgaben und Probleme der Öffentlichen Kunstpflege in Sachsen, in: Sachsen. 1000 Jahre Deutsche Kultur, Dresden 1929, S. 73–86.

Schulze, Alfred, Sachsen und die Musik', in: Naumann/Stein (Hg.), Sachsen. Kultur und Arbeit des Sächsischen Landes. Mit besonderer Berücksichtigung der Kommunalwirtschaft und Kommunalpolitik, Berlin 1928, S. 66–68.

Schwarzenstein, Franz, Die Straße der Pelze, in: Das schöne Sachsen, Nr. 9, September 1931, S. 209–211.

Sieber, Siegfried, Abendgang durch erzgebirgische Industriedörfer, in: Sächsische Heimat, Jg. 9, Nr. 1, Oktober 1925, S. 15–17.

SPD Sachsen, Vier Jahre Sächsische Politik, 1926.

Spiegel, Kurt, Skisport, In: Jahrbuch für Turnen und Sport in Sachsen 1930, Dresden 1930, S. 80–83.

Stahl, Friedrich, Das Sächsische Volks- und Berufsschulwesen, in: Naumann/Stein (Hg.), Sachsen. Kultur und Arbeit des Sächsischen Landes. Mit besonderer Berücksichtigung der Kommunalwirtschaft und Kommunalpolitik, Berlin 1928, S. 43–46.

Schimmer, F., Die Dora Menzler Schule in Leipzig, In: Jahrbuch für Turnen und Sport in Sachsen 1930, Dresden 1930, S. 131–137.

Statistik des Fremdenverkehrs, in: ZSStLA, 1922, S. 119–120.

Statistisches Jahrbuch der Stadt Dresden, 1932.

Statistisches Jahrbuch des Deutschen Reichs (1914–1934).

Statistisches Jahrbuch des Freistaates Sachsen (1919–1934).

Statistisches Jahrbuch für deutsche Städte, 1931, 1933.

Statistische Jahresberichte der Stadt Chemnitz, 1925–30.

Steudter, Fritz, Die Jugendherberge als Zweckbau, in: Jahrbuch für Turnen und Sport in Sachsen 1930, Dresden 1930, S. 118–127.

Tiling, Neues Bauschaffen in Zwickau, in: P. Wolf (Hg.), Das Neue Sachsen. Die Neuere Entwicklung des Städtebaues und Siedlungswesens in Sachsen, 1931, S. 99.

Und es Weihnachtet wieder. Einiges aus dem Spielwarenlande rund um den Schwartenberg, in: Das schöne Sachsen, Nr. 12, Dezember 1931, S. 287–290.

Verhandlungen des Sächsischen Landtages. Wagener, Werner, Sachsen im Luftverkehr, in: Naumann/Stein (Hg.), Sachsen. Kultur und Arbeit des Sächsischen Landes, S. 97 f.

Wagenknecht, Paul, Chemnitz. Eine Skizze der Industriestadt, in: Jahrbuch für Sachsen 1926, S. 140–149.

Walter, Friedrich, Die sächsische Textilindustrie, in: ZSSLA, 1928/29, S. 248–279.

Wentig, Sachsen und seine Verfassung, in: Naumann/Stein (Hg.), Sachsen. Kultur und Arbeit des Sächsischen Landes. Mit besonderer Berücksichtigung der Kommunalwirtschaft und Kommunalpolitik, Berlin 1928, S. 11–12.

Werner, K., Die deutschen Wirtschaftsgebiete in der Krise. Statistische Studie zur regional vergleichenden Konjunkturbetrachtung, Jena 1932.

Wetzig, A., Industriestadt Freital, in: Sachsen. 1000 Jahre Deutsche Kultur, Dresden 1929.

Winter im Erzgebirge, in: Das schöne Sachsen, Nr. 11, November 1931, S. 275.

Wörner, Eugen, Plauen und das Vogtland, in: Jahrbuch für Sachsen 1930, S. 91–96.

Wolf, Paul, Neues Bauschaffen in Dresden, in: P. Wolf (Hg.), Das Neue Sachsen. Die Neuere Entwicklung des Städtebaues und Siedlungswesens in Sachsen, S. 82 f.

Zahn, A., Die berufliche und soziale Gliederung der sächsischen Bevölkerung in sämtlichen Städten und in den Gemeinden mit über 5000 Einwohnern, in: ZSSLA 1930.

Zehn Jahre Kampf der NSDAP, Ortsgruppe Bautzen (1922–1937).

Zehn Jahre NSDAP Schwarzenberg im Erzgebirge (1924–34).

Zeichart, Emil, Das Volksbegehren auf Auflösung des Landtages im Juni 1922 und die Neuwahlen, in: ZSSLA, 1923, S. 180-185.

Zeißler, Helene, Leibesübungen und Kinderarbeit', in: Jahrbuch für Turnen und Sport in Sachsen 1930, Dresden 1930, S. 7–9.

Zerkaulen, Heinrich, Das Deutsche Hygiene-Museum und die Internationale Hygiene-Ausstellung Dresden 1930, in: Sachsen. 1000 Jahre Deutsche Kultur, Dresden 1929.

Zink, Paul, Heimatschutz und Volkskunde, in: Jahrbuch für Sachsen 1930, S. 69–74.

Zürgel, Paul, Ein sterbendes Handwerk, in: Sächsische Heimat, Nr. 10, Juli 1926, S. 497–501.

Zum sechzigsten Geburtstag von Gauleiter Mutschmann. Markante Worte von Martin Mutschmann, 1939.

Sekundärliteratur (nach 1945)

Ackermann, Kurt, Die Herausbildung der Stadtpla nung in Leipzig und ihre Entwicklung bis zum ersten Generalbebauungssplan 1929 unter besonderer Berücksichtigung der Verkehrsplanung, in: Leipzig aus Vergangenheit und Gegenwart. Band 5, 1988, S. 176–191.

Adam, Thomas, Arbeitermilieu und sozialdemokrtisch orientierte Arbeiterbewegung in einer Großstadt – Das Beispiel Leipzig, Dissertation Universität Leipzig 1997.

Adam, Thomas, Das sächsische Schulgesetz von 1874 und die Etablierung der Fortbildungsschule: Ein schulpolitischer Beitrag für die Moderne?, in: Blätter für deutsche Geschichte, Bd. 134 1998, S. 345–360..

Adam, Thomas und Michael Rudloff, Unternehmer in der Leipziger SPD?, in: SPD vor Ort 1/98, Leipzig, S. 4 f.

Adolph, Jens, Der VSI-Vorsitzende Wilhelm Wittke, in: U. Heß/M. Schäfer (Hg.), Unternehmer in Sachsen. Aufstieg – Krise – Untergang – Neubeginn, Leipzig 1998, S. 181–192.

Arndt, Helmut, Die Gründung und Entwicklung der Volkshochschule in Leipzig 1922–1933, in: Leipzig aus Vergangenheit und Gegenwart. Bd. 5, 1988.

Arndt, Helmut, Die Universität Leipzig im Vorfeld der Errichtung der faschistischen Hitlerdiktatur 1929–1933, in: Leipzig aus Vergangenheit und Gegenwart, Bd. 3 1986.

Autorenkollektiv (Hg.), In der Revolution geboren. In den Klassenkämpfen bewährt. Geschichte der KPD-Bezirksorganisation Leipzig-Westsachsen, Leipzig 1986.

Bächler, Christa, Hans Poelzig und Heinrich Tessnow – zwei Tendenzen moderner Architektur und die Dresdner Kunstakademie, in: Dresdner Hefte, 3/1997, S. 15–25.

Barth, Ernst, Wahlergebnisse aus den Jahren 1924 bis 1933 als Spiegelbild der politischen Haltung des damaligen Chemnitzer Bürgertums, in: Beiträge zur Heimatgeschichte von Karl-Marx-Stadt, Heft 17 1969.

Bauer, Katrin, Umrisse der Arbeitermusikbewegung in Dresden von 1878 bis 1933, SHBl, 5/1984, S. 213–216.

Blaschke, Karlheinz, Eigenarten und Leistungen sächsischer Landesgeschichte, in: Jahrbuch für Regionalgeschichte, Bd. 14 1987, S. 33–54.

Blaschke, Karlheinz, Sächsische Landesgeschichte zwischen Tradition und neuem Anfang, in: Neues Archiv für Sächsische Geschichte, Bd. 64 1993, S. 7–28.

Böhm, Boris, Elfriede Lohse-Wächtler (1899–1940). Zur Erinnerung an eine bedeutende Malerin, in: SHBl, 2/1995, S. 113-120.

Bossle, Lothar, Fedor Stepun, der Begründer der sozialogischen Lehrtradition in Dresden, in: Dresdner Hefte, 1/1991, S. 45–52.

Bramke, Werner, Der erste Reichskriegertag in Leipzig 1925, in K. Keller (Hg.), Feste und Feiern. Zum Wandel städtischer Festkultur in Leipzig, Leipzig 1995, S. 214–228.

Bramke, Werner, Die Industrieregion Sachsen. Ihre Herausbildung und Entwicklung bis zum Ende des Zweiten Weltkrieges, in: R. Schulze (Hg.), Industrieregion im Umbruch. Historische Voraussetzungen und Verlaufsmuster des regionalen Strukturwandels im europäischen Vergleich, Essen 1993, S. 291–317.

Bramke, Werner, Erich Zeigner 1886 bis 1949. Vom bürgerlichen Demokraten zum proletarischen Politiker, in: W. Bramke, Freiräume und Grenzen eines Historikers. Aus Anlaß seines 60. Geburtstages, Leipzig 1998, S. 47–52.

Bramke, Werner, Unter der faschistischen Diktatur, in K. Czok (Hg.), Geschichte Sachsens, Weimar 1989, S. 480–517.
Bramke, Werner, Vom Freistaat zum Gau. Sachsen unter der faschistischen Diktatur 1933 bis 1939, in: Zeitschrift für Geschichtswissenschaft, Bd. 31 1983, S. 1067–1078.
Bramke, Werner und Ulrich Heß (Hg.), Sachsen und Mitteldeutschland. Politische, wirtschaftliche und soziale Wandlungen im 20. Jahrhundert, Weimar 1995.
Bramke, Werner und Ulrich Heß (Hg.), Wirtschaft und Gesellschaft in Sachsen im 20. Jahrhundert, Leipzig 1998.
Bramke, Werner und Bernd Rüdiger, Dokumentation zum erfolgreichen Kampf gegen Kapp, Leipzig 1980.
Brandmann, Paul, Leipzig zwischen Klassenkampf und Sozialreform. Kommunale Wohlfahrtspolitik zwischen 1890 und 1929. Weimar 1998.
Breuer, Rüdiger, Der Niederschlag der Wohnungs- und Städtebau-Reform in der Gesetzgebung, insbesondere im sächsischen Allgemeinen Baugesetz von 1900, in: J. Rodriguez-Lorez/G. Fehl (Hg.), Städtebaureform 1865–1900, Teil 2., Von Licht, Luft und Ordnung in der Stadt der Gründerzeit. Bauordnungen, Zonenplanung und Enteignung, Hamburg 1985, S. 511–531.
Burleigh, Michael, Death and Deliverance. ›Euthanasia‹ in Germany 1900–1945, Cambridge 1994.
Burleigh, Michael und Wolfgang Wippermann, The Racial State: Germany 1933–1945, 2. Auflage, Cambridge 1992.
Chickering, Roger, We Men Who Feel Most German. A Cultural Study of the Pan-German League, 1886–1914, London 1984.
Czok, Karl (Hg.), Geschichte Sachsens, Weimar 1989.
Czok, Karl, Leipzig und seine Universität im Wandel des Jahrhunderts, in: Leipzig aus Vergangenheit und Gegenwart, Bd. 3 1986, S. 68–71.
Czok, Karl, Zur Stellung Sachsens in der deutschen Geschichte, in: SHBl, 1982, S. 193–199.
Dietrich, Dorothea, Zur Geschichte der Kunsterziehungsbewegung in Dresdner Schulen der zwanziger Jahre, in: Dresdner Hefte, 1/1991, S. 68–77.
Dörrer, Horst (Bezirksleitung Dresden der SED), Die Kämpfe der Novemberrevolution 1918 und zur Schaffung der Kommunistischen Partei Deutschlands in Dresden und in Ostsachsen, Kamenz 1978.
Domeinski, Heinz, Hermann Wolf – Pionier der proletarischen Naturheilbewegung (1861–1939), in: SHBl, 3/1989, S. 110–114.
Drehwald, Suzanne und Christoph Jestaedt, Sachsen als Verfassungsstaat, Leipzig 1998.
Durth, Werner, Hellerau – Entwurf zur Moderne, in: Dresdner Hefte, 3/1997, S. 36–40.
Fabian, Walter, Arbeiterführung und Arbeiterbildungswesen im Freistaat Sachsen, Herkunft und Mandat, Frankfurt am Main 1976, S. 120–127.
Fäßler, P., Sozialhygiene – Rassenhygiene – Euthanasie: »Volksgesundheitspflege« im Raum Dresden, in R. Pommerin (Hg.), Dresden unterm Hakenkreuz, Köln 1998, S. 193–207.
Falter, Jürgen W., Hitlers Wähler, München 1991.
Falter, Jürgen W., T. Lindenberger und S. Schumann, Wahlen und Abstimmungen in der Weimarer Republik, München 1986.
Feldman, Gerald D., Bayern und Sachsen in der Hyperinflation 1922/23, in: Historische Zeitschrift, Heft 238 1984, S. 569–609.
Feldman, Gerald D., Saxony, the Reich and the Problem of Unemployment in the German Inflation, in: Archiv für Sozialgeschichte, Bd. 27 1987, S. 103–144.
Förster, Gerlinde, Expressionismus in der Dresdner bildenden Kunst zu Anfang des 20. Jahrhunderts, in: Dresdner Hefte, 1/1988, S. 2–18.
Freier, Klaus, Von der Handstickerei zum Stickautomat. Zur Geschichte und Zukunft der vogtländischen Spitzen- und Stickereiindustrie, in: SHBl, 3/1995, S. 133–136.
Fellmann, Walter, Kultur und Landschaft zwischen Dresden, Leipzig und Chemnitz. DuMont Kunst-Reiseführer, Köln 1991.
Frie, Ewald, Wohlfahrtsstaat und Provinz. Fürsorgepolitik des Provinzialverbandes Westfalen und des Landes Sachsen 1880–1930, Paderborn 1993.
Fritzsche, Peter, Rehearsals for Fascism. Populism and Political Mobilization in Weimar Germany, Oxford 1990.
Fuchs, Konrad, Ein Konzern aus Sachsen. Das Kaufhaus Schocken als Spiegelbild deutscher Wirtschaft und Politik 1901 bis 1953, Stuttgart 1990.
Gast, Helmut, Die proletarischen Hundertschaften als Organe der Einheitsfront im Jahre 1923, in: Zeitschrift für Geschichtswissenschaft, Bd. 4 1956, S. 439–465.
Gay, Peter, Weimar Culture. The Outsider as Insider. London 1969.
Gebhardt, Manfred, Max Hölz. Wege und Irrwege eines Revolutionärs, 3. überarbeitete Auflage, Berlin 1989.
Gerlach, Siegfried (Hg.), Sachsen, Eine politische Landeskunde, Stuttgart 1993.
Gernert, D., Schulvorschriften für den Geschichtsunterricht im 19./20. Jahrhundert. Dokumente

aus Preußen, Bayern, Sachsen, Thüringen und Hamburg bis 1945, Köln 1994.
Grebing, Helga, Hans Mommsen und Karsten Rudolph (Hg.), Demokratie und Emanzipation zwischen Saale und Elbe. Beiträge zur Geschichte der sozialdemokratischen Arbeiterbewegung bis 1933, Essen 1993.
Groß, Reiner, Sachsen und die Verwaltungsreform in der Weimarer Republik, in: U. John/J. Matzerath (Hg.), Landesgeschichte als Herausforderung und Programm, Stuttgart 1997, S. 639–658.
Gütersloh, Birgit, Streiflichter sächsisch-tschechoslwakischer Beziehungen in der Zeit der Weimarer Republik (1919–1933), in: M. Jahn, Sachsen – Böhmen – Schlesien. Forschungsbeiträge zu einer sensiblen Grenzregion, Dresden 1994, S. 26–35.
Hahn, Peter, Forschungen zur Geschichte Sachsens – Landesgeschichte und Geschichtspropaganda, in: Jahrbuch für die Geschichte Mittel- und Ostdeutschlands, Bd. 39 1990, S. 43–91.
Hammer, Klaus, Friedrich Wolfs »Das bist du« und die expressionistische Bühnenrevolution in Dresden, in: Dresdner Hefte, 1/1988, S. 49–61.
Hanusch, Roland, Vom Kohlelesen auf Freitaler Halden, in: SHBl, 2/1997, S. 106–109.
Hartmann, Thomas, Mary Wigman – Schlüsselfigur des expressionistischen Tanzes, in: Dresdner Hefte, 1/1988, S. 62–66.
Hausmann, Christopher: Die »Alte Sozialdemokratische Partei« 1926–1932. Ein gescheitertes Experiment zwischen den parteipolitischen Fronten, in: Helga Grebing/H. Mommsen/K. Rudolph (Hg.), Demokratie und Emanzipation zwischen Saale und Elbe, Essen 1993, S. 273–294.
Hausmann, Christopher und Karsten Rudolph, Trotz allem: Sachsen, die rote Hochburg, in: Politische Vierteljahresschrift, Bd. 34, 1/1993, S. 92–297.
Heidel, C.-P., Zwischen Naturheilkunde und Rassen hygiene – Dresdner Medizin im Nationalsozialismus, in: Dresdner Hefte, 11/1993, S. 39–50.
Heidel, Günter, Die Dresdner Internationale Hygiene-Ausstellung 1930/31, in: Dresdner Hefte, 10/1991, S. 35–44.
Heiden, Detlev und Gunter Mai (Hg.), Nationalsozilismus in Thüringen, Weimar 1995.
Heidenreich, Frank, Arbeiterkulturbewegung und Sozialdemokratie in Sachsen vor 1933, Weimar 1995.
Herrmann, Matthias, »Sinn der Kunst ist nicht, Übereinstimmung hervorzurufen, sondern zu erschüttern!« – Zur Pflege Neuer Musik in Dresden nach dem ersten Weltkrieg, in: Dresdner Hefte, 1/1991, S. 4–14.
Herzog, Andreas, Das schwärzeste Kapitel der Buchstadt vor 1933. Theodor Fritsch, der »Altmeister der Bewegung« wirkte in Leipzig, in: Leipziger Blätter, 30/1997, S. 56–59.
Heydick, Lutz, Leipzig. Historischer Führer zu Stadt und Land, Leipzig 1990.
Höppner, Solvejg, Jüdische Vereine und Organisationen in Chemnitz, Dresden und Leipzig 1918 bis 1933. Ein Überblick, Dresden 1997.
Höppner, Solvejg, Leipziger Jugendliche im antifaschistischen Widerstand 1933/34 – die »Zelle Zentrum«, in: H.-D. Schmid (Hg.), Zwei Städte unter dem Hakenkreuz. Widerstand und Verweigerung in Hannover und Leipzig 1933–1945, Leipzig 1994, S. 119–143.
Höppner, Solvejg, Migration nach und in Sachsen (1830–1930), in: W. Bramke/U. Hess (Hg.), Sachsen und Mitteldeutschland, Weimar 1995, S. 279–302.
Hortzschansky, Günter, Max Hölz – Kämpfer für Freiheit und soziale Gerechtigkeit, für die Macht der Arbeiter und Bauern, in: Beiträge zur Geschichte der Arbeiterbewegung, 1989.
Hötzel, Manfred und Karsten Rudolph, Richard Lipinski (1867–1936), in: H. Grebing/H. Mommsen/K. Rudolph (Hg.), Demokratie und Emanzipation zwischen Saale und Elbe, Essen 1993, S. 237–262.
Huber, Rudolf, Deutsche Verfassungsgeschichte seit 1789, Bd. 5, Stuttgart 1978.
Huber, Rudolf, Deutsche Verfassungsgeschichte seit 1789, Bd. 6, Stuttgart 1981.
Jackob, Kerstin, Die Bildungsarbeit im SPD-Unterbezirk Groß-Leipzig 1924 bis 1928/29, in: SHBl , 4/1989.
Jahn, Manfred, Grenzbeziehungen zwischen Sachsen und der Tschechoslowakei in der Zwischenkriegszeit, in: Dresdner Hefte, 4/1996, S. 50–56.
Jäger, Volker, Zur Lebensweise der Arbeiter in der Textil- und in der Kunstblumenindustrie Sachsens, Dissertation Universität Leipzig 1987.
Jones, Larry E., German Liberalism and the Dissolution of the Weimar Party System, 1918–1933, London 1988.
Kämpfer Wider Willen. Erinnerungen des Landesbischofs von Sachsen D. Hugo Hahn aus dem Kirchenkampf 1933–1945. Bearbeitet und herausgegeben von Georg Prater, Metzingen 1969.
Kaiser, Herbert und Bärbel Sánchez und Mohamed Ahmad (Hg.), ... mehr arbeiten und noch mehr darben ...? Arbeiteralltag im Leipzig der zwanziger Jahre. Leipzig, ohne Jahresangabe.
Kaiser, J.-C., K. Nowak und M. Schwartz, Eugenik. Sterilisation, ›Euthanasie‹. Politische Biologie in

Deutschland 1895–1945. Eine Dokumentation, Buchverlag Union, ohne Jahresangabe.
Kammerlohr, Otto, Epochen der Kunst. Band IV. 19. und 20. Jahrhundert, Erlangen 1977.
Kappler, Renate, Aus der Geschichte Sachsens. Ein Arbeitsbuch für die Schule. Band 3, Frankfurt 1991.
Kasper, Martin, Zeitzeichen 1918-1933. Quellen zur sorbischen Geschichte, Bautzen 1995.
Kirsch, Günter, Die Konstituierung der nationalsozialistischen Herrschaft in Sachsen 1933/34, in: SHBl, 1/1995, S. 23–27.
Kirsch, Günter, Vom vorläufigen Grundgesetz vom Februar 1919 zur Verfassung für den Freistaat Sachsen vom November 1920, in: SHBl, 5/1991, S. 297–299.
Klenke, Dietmar, Die SPD-Linke in der Weimarer Republik. Eine Untersuchung zu den regionalen organisatorischen Grundlagen und zur politischen Praxis und Theoriebildung des linken Flügels der SPD in den Jahren 1922–32, 2 Bd., Münster 1983.
Kobuch, Agatha, Sachsen während der Weimarer Republik, in: Hellerau Almanach 2, Dresden 1995, S. 51–64.
Koch, Marlis und Ulrich Kluge, Dresdner Frauen unter dem Druck der Arbeitslosigkeit, in: Dresdner Hefte, 3/1994, S. 44–51.
Kretschmer, Kerstin, Der Braunkohlenabbau in Nordwestsachsen und seine Umweltfolgen, in: W. Bramke/U. Heß (Hg.), Sachsen und Mitteldeutschland, Weimar 1995, S. 121–138.
Kühn, Axel D., Alexander S. Neill in Hellerau – Die Ursprünge Summerhills, in: Dresdner Hefte, 3/1997, S. 73–79.
Kühnl, R., Die nationalsozialistische Linke, 1925–30, Meisenheim 1966.
Kürschner, Dieter, Leipzig im Frühling des Jahres 1945, in: SHBl, 4/1995, S. 206–217.
Kunze, Peter, Kurze Geschichte der Sorben, Staßfurt 1995.
Koshar, Rudi, Social Life, Local Politics, and Nazism. Marburg, 1880–1935, London 1986.
Kurzweg, Christian, Unternehmeridentität und regionale Selbstthematisierung: Auseinandersetzungen um die maschinelle Herstellung von Zigarren im sächsischen Döbeln, in: Comparativ, 4/1995, S. 127–145.
Lässig, Simone, Nationalsozialistische »Judenpolitik« und jüdische Selbstbehauptung vor dem Novemberprogrom. Das Beispiel der Dresdner Bankiersfamilie Arnhold, in: R. Pommerin (Hg.), Dresden unterm Hakenkreuz, Köln 1998, S. 129–191.
Lässig, Simone, Politische Radikalität und junge Kunst – Zum Wirken von Otto Rühle in Dresden, in: Dresdner Hefte, 1/1991, S. 53–67.
Lässig, Simone und Karl Heinrich Pohl (Hg.), Sachsen im Kaiserreich. Politik, Wirtschaft und Gesellschaft im Umbruch, Weimar 1997.
Lapp, Benjamin, A »National« Socialism: The Old Socialist Party of Saxony, 1926-32, in: Journal of Contemporary History, Bd. 30 1995, S. 291–309.
Lapp, Benjamin, Der Aufstieg des Nationalsozialismus in Sachsen, in: R. Pommerin (Hg.), Dresden unterm Hakenkreuz, Köln 1998, S. 1–24.
Lapp, Benjamin, Revolution from the Right. Politics, Class, and the Rise of Nazism in Saxony, 1919–1933, New Jersey 1997.
Laudel, Heidrun, Paul Wolf. Dresdner Stadtbaurat ab 1922, und seine Planungen zu einem Volkspark für Dresden-Pieschen, in Dresdner Hefte, 1/1991, S. 26–34.
Leihbibliotheken, Arbeiterbibliotheken, Bücherhallen. Bibliothekarische Bemühungen um die Volksbildung vom Anfang des 19. Jahrhunderts bis 1933, Leipzig 1989.
Leistikow, Ron, Staatliche und städtische Arbeitsbeschaffungsprogramme nach 1929, Dresdner Hefte, 3/1994, S. 38–43.
Lepsius, M. R., Parteiensystem und Sozialstruktur: Zum Problem der Demokratisierung der deutschen Gesellschaft, in: G. A. Ritter (Hg.), Die deutschen Parteien vor 1918, Köln 1973, S. 56–80.
Levy, R. S., The Downfall of the Anti-Semitic Political Parties in Imperial Germany, London 1975.
Liebsch, T., Dresdner Theaterkrise 1929–1933, in: Dresdner Hefte, 12/1994, S. 52–63.
Liebscher, Ulrich, Chemnitz – Stadt des Textilmaschinenbaues und der textiltechnischen Ausbildung, in: SHBl, 3/1995, S. 145–147.
Lienert, M., Der Einfluß des Nationalsozialismus auf die Technische Hochschule Dresden während der Weimarer Republik, in: Neues Archiv für sächsische Geschichte, Bd. 66 1995, S. 273–291.
Lobmeier, Kornelia, Die sozialökonomische Lage und das politische Verhalten der »alten« Mittelschichten in der KH Chemnitz 1927 bis 1935, Dissertation Leipzig 1989.
Lösche, Peter and Franz Walter, Zur Organisationskultur der sozialdemokratischen Arbeiterbewegung in der Weimarer Republik, in: Geschichte und Gesellschaft, 4/1989, S. 511–1536.
Ludewig, Peter, Der Rote – Portrait des Schriftstellers Felix Stiemer, in: Dresdner Hefte, 1/1988, S. 32–40.

Mai, T., Der faschistische sächsische Gauleiter Martin Mutschmann, die Entwicklung des Gaues Sachsen und der NSDAP, Magisterarbeit Jena 1984.
Mai, Gunter, »Verteidigungskrieg« und »Volksgemeinschaft«. Staatliche Selbstbehauptung, nationale Solidarität und soziale Befreiung in Deutschland in der Zeit des Ersten Weltkrieges (1900–1925), in W. Michalka (Hg.), Der Erste Weltkrieg. Wirkung, Wahrnehmung, Analyse, München 1995, S. 583–602.
Malige, Alfred, Von den Anfängen des Rundfunk-Sinfonieorchesters Leipzig, in: Jahrbuch 1980 zur Geschichte der Stadt Leipzig, S. 97-109.
Martin, Andreas, Die Spankorbmacherei von Lauter, SHBl, 3/1993, S. 165–169.
Matthiesen, Helge, Bürgertum und Nationalsozialismus in Thüringen. Das bürgerliche Gotha von 1918 bis 1930, Jena 1994.
Meltzer, Manfred, Schulverhältnisse im Bergbaugebiet Schedewitz-Bockwa 1853-1933, in: SHBl, 4/1988, S. 170–172.
Münch, Hans, Julius Eduard Reinecker (1832–1895). Begründer des Präzisinoswerkzeug- und Werkzeugmaschinenbaus in Chemnitz, in: SHBl, 3/1995, S. 137–140.
Naumann, Doris, »Die Frau für die Frau!« Zur Geschichte des Frauen-Vereins Plauen, in: SHBl, 5/1994, S. 290–296.
Naumann, Gerd, Die Plauener Spitzen- und Stickereiindustrie in Vergangenheit und Gegenwart, in: SHBl, 4/1997, S. 236–246.
Naumann, Günter, Sächsische Geschichte in Daten, Berlin, Leipzig 1991.
Reinhard Neebe, Großindustrie, Staat und NSDAP 1930–1933, Göttingen 1981.
Neues Leipziger Geschichtsbuch, Leipzig 1989.
Nitschke, Thomas, Die »pädagogische Provinz« – Schulen und Schulversuche in Hellerau, in: Dresdner Hefte, 3/1997, S. 6 ff.
Ohr, Dieter, War die NSDAP-Propaganda nur bei »Nationalistischen« Wählern erfolgreich? Eine Aggregatanalyse zur Wirkung der nationalsozialistischen Versammlungspropaganda, in: Kölner Zeitschrift für Soziologie und Sozialpsychologie, 46 Bd. Nr. 4/1994, S. 646–667.
Osterloh, Jörg, Ein ganz normales Lager. Das Kriegsgefangenen-Mannschaftsstammlager 304 (IV H) Zeithain bei Riesa/Sa. 1941 bis 1954, 2. Auflage, Leipzig 1997.
Paul, Gerhard, Aufstand der Bilder. Die NS-Propaganda vor 1933, Bonn 1990.
Peschel, Peter, »Schönheit und Nützlichkeit« – Gustav Lüdecke, Architekt der Gartenstadterweiterung, in: Dresdner Hefte, 3/1997, S. 36–40.
Pommerin, Rainer (Hg.), Dresden unterm Hakenkreuz, Köln 1998.
Poste, Burkhard, Schulreform in Sachsen, 1918–1923. Eine vergessene Tradition deutscher Schulgeschichte, Frankfurt am Main 1993.
Pryce, Donald B., The Reich Government versus Saxony, 1923: The Decision to Intervene, in: Central European History, Jg. 10, 2/1977, S. 112–147.
Quinger, Heinz, Dem Maler Otto Griebel zum 100. Geburtstag, in: SHBl, 2/1995, S. 110–112.
Reichel, Antje und Heinz Wehner, Die Erschließung des Westerzgebirges für den Tourismus, in: SHBL, 4/1994, S. 187–193.
Reinhold, Josef, Die jüdische Bevölkerungsminorität in der Wirtschaft Sachsens zwischen Reichsgründung und NS-Herrschaft, in: SHBl, 1/1997, S. 40–47.
Reinhold, Josef, Die NSDAP und die Wahl zur Lanwirtschaftskammer 1931 im Freistaat Sachsen, in: Geschichte und Gegenwart, 3/1990, S. 188–196.
Retallack, James, Antisocialism and Electoral Politics in Regional Perspective: The Kingdom of Saxony', in: L. E. Jones/J. Retallack (Hg.), Elections, Mass Politics, and Social Change in Modern Germany, Cambridge 1992, S. 49–91.
Retallack, James, Society and Politics in Saxony in the Nineteenth and Twentieth Centuries, in: Archiv für Sozialgeschichte, Bd. 38 1998, S. 396–457.
Ritter, Gerhard A., Wahlen und Wahlpolitik im Königreich Sachsen 1867–1914, in: S. Lässig/K. H. Pohl (Hg.), Sachsen im Kaiserreich. Politik, Wirtschaft und Gesellschaft im Umbruch, Weimar 1997, S. 29–99.
Rosenberg, Arthur, Entstehung der Weimarer Republik, Berlin 1928, Neuauflage Frankfurt a.M. 1968
Rössger, Mirjam, Die Baugenossenschaft Hellerau, in: Dresdner Hefte, 3/1997, S. 41–46.
Rohe, Karl, German Elections and Party Systems in Historical and Regional Perspective: An Introduction, in: K. Rohe (Hg.), Elections, Parties and Political Traditions. Social Foundations of German Parties and Party Systems, 1867–1987, Oxford 1990, S. 1–25.
Rüdiger, Bernd, Freistaat in der Weimarer Republik, in: K. Czok (Hg.), Geschichte Sachsens, Weimar 1989, S. 429–479.
Rüdiger, Bernd, Revolutionäre Kommunalpolitik und Kommunalpolitik in der Revolution. Zur Rolle der Arbeiter- und Soldatenräte in den Städten Sachsens während der Novemberrevolution bis zum I. Reichsrätekongress, in: Jahrbuch für Regionalgeschichte, Bd. 7, Weimar 1979, S. 121–185.

Rudloff, Michael, Die Entstehung des Jugendweihegedankens am Beispiel Leipzigs, in: Mitteldeutsches Jahrbuch, Bd. 6 1999, S. 97–121.
Rudloff, Michael, Die Sozialdemokratie in den Landtagen des Königreiches Sachsen (1877–1918), in: M. Schmeitzner/M. Rudloff (Hg.), Geschichte der Sozialdemokratie im Sächsischen Landtag. Darstellung und Dokumentation 1877–1997, Dresden 1997, S. 11–55.
Rudloff, Michael, Die Strukturpolitik in den Debatten des sächsischen Landtags zur Zeit der Weltwirtschaftskrise, in: W. Bramke/U. Heß (Hg.), Sachsen und Mitteldeutschland. Politische, wirtschaftliche und soziale Wandlungen im 20. Jahrhundert, Weimar 1995, S. 241–260.
Rudloff, Michael und Thomas Adam, Leipzig – Wiege der deutschen Sozialdemokratie, Berlin 1996.
Rudloff, Michael und Mike Schmeitzner (Hg.), »Solche Schädlinge gibt es auch in Leipzig«. Sozialdemokraten und die SED, Frankfurt/M. 1997.
Rudolph, Karsten, Das Scheitern des Kommunismus im deutschen Oktober 1923, in: Internationale Wissenschaftliche Korrespondenz zur Geschichte der deutschen Arbeiterbewegung, 4/1996, S. 484–519.
Rudolph, Karsten, Die sächsische Sozialdemokratie vom Kaiserreich zur Republik, 1871–1923, Weimar 1995.
Rudolph, Karsten, Die Sozialdemokratie in der Regierung. Das linksrepublikanische Projekt in Sachsen 1920–1922', in: H. Grebing/H. Mommsen/K. Rudolph (Hg.), Demokratie und Emanzipation zwischen Saale und Elbe, Essen 1993, S. 212–225.
Rudolph, Karsten und Iris Weuster, Bibliographie zur Geschichte der Demokratiebewegung in Mitteldeutschland (1789–1933), Weimar 1997.
Sarfert, Hans-Jürgen, Hellerau – »Bayreuth Dresdens« und erste deutsche Gartenstadt, in: Dresdner Hefte, 1/1988, S. 19–25.
Sarfert, Hans-Jürgen, Dresden im Zeichen des expressionistischen Theaters, in: Dresdner Hefte, 1/1988, S. 41–48.
Sarfert, Hans-Jürgern, »Sturm und Gärung« in Dresden. Skizze des literarischen Expressionismus, in: Dresdner Hefte, 1/1988, S. 26–31.
Schaller, Karlheinz, Die Arbeiterparteien in Chemnitz und die Revolution 1918/19, in: H. Grebing/H. Mommsen/K. Rudolph (Hrsg.), Demokratie und Emanzipation zwischen Saale und Elbe. Beiträge zur Geschichte der sozialdemokratischen Arbeiterbewegung bis 1933, Essen 1993, S. 202–211.
Schlegel, Rolf, Die Entwicklung von Konsumvereinen und Konsumgenossenschaften ..., in: SHBl, 4/1989.
Schlosser, Ulrike, »Maschinenhäuser« – Holzhäuser aus und in Hellerau, in: Dresdner Hefte, 3/1997, S. 20–26.
Schmeitzner, Mike und Michael Rudloff, Geschichte der Sozialdemokratie im Sächsischen Landtag. Darstellung und Dokumentation 1877–1997, Dresden 1997.
Schmeitzner, Mike, Erich Zeigner (1886–1949), in: M. Rudloff/M. Schmeitzner, »Solche Schädlinge gibt es auch in Leipzig.« Sozialdemokraten und die SED, Frankfurt am Main 1997, S.106–139.
Schmeitzner, Mike, Heinrich Fleißner (1888–1959), in M. Rudloff/M. Schmeitzner, »Solche Schädlinge gibt es auch in Leipzig.« Sozialdemokraten und die SED, Frankfurt am Main 1997, S. 69–85.
Schmeitzner, Mike, Johann Wilhelm Buck (1869–1945). Politiker und Staatsmann des »Neuen Sachsen«, in: Neues Archiv für sächsische Geschichte, Bd. 66 1995, S. 249–271.
Schmeitzner, Mike, Sozialdemokratische Landtagsabgeordnete in zwei Diktaturen (1933–1952/89), in: M. Schmeitzner/M. Rudloff, Geschichte der Sozialdemokratie im Sächsischen Landtag. Darstellung und Dokumentation 1877–1997, Dresden 1997, S. 122–167.
Schmeitzner, Mike und A. Thieme, Ausschnitte aus dem parlamentarischen Bild der sächsischen Linken am Vorabend und während der Weltwirtschaftskrise, in: Dresdner Hefte, 12/1994, S. 17–27.
Schmid, Hans-Dieter, Der organisierte Widerstand der Sozialdemokraten in Leipzig 1933–1935, in: H.-D. Schmid (Hg.), Zwei Städte unter dem Hakenkreuz. Widerstand und Verweigerung in Hannover und Leipzig 1933–1945, Leipzig 1994, S. 26–70.
Schmid, Hans-Dieter, Die Märzfeiern für die Opfer des Kapp-Putsches in Leipzig, in: K. Keller (Hg.), Feste und Feiern. Zum Wandel städtischer Festkultur in Leipzig, Leipzig 1995, S. 229–248.
Schmid, Hans-Dieter, Gestapo Leipzig. Politische Abteilung des Polizeipräsidiums und Staatspolizeistelle Leipzig 1933–1945, Leipzig 1997.
Schmid, Hans-Dieter, Leipziger Sozialdemokratie und Nationalsozialismus, in: SHBl, 5/1992, S. 312–323.
Schwarzbach, Helmut, Die Differenzen zwischen dem Verband Sächsischer Industrieller und dem Reichsverband der Deutschen Industrie 1931, in: Jahrbuch für Wirtschaftsgeschichte, 3/1971, S. 75–93.
Sohl, Klaus (Hg.) Neues Leipzigisches Geschichts-Buch, Leipzig 1990.
Stoschek, Horst, Die Entwicklung der militaristisch-faschistischen Bewegung in Sachsen in den Jahren 1919 bis 1925 unter besonderer

Berücksichtigung der NSDAP, Magisterarbeit Potsdam 1967.
Szejnmann, Claus-Christian W., Nazism in Central Germany: The Brownshirts in ›Red‹ Saxony, Oxford, New York 1999.
Szejnmann, C.-C.W., Review Article: The Missing Pieces are »Coming Home«: Nazism in Central Germany, in: German History, 3/1997, S. 395–410.
Szejnmann, Claus-Christian W., Sächsische Unternehmer und Demokratie, Wirtschaftskrise und Nationalsozialismus, in: U. Heß/M. Schäfer (Hg.), Unternehmer in Sachsen. Aufstieg – Krise – Untergang – Neubeginn, Leipzig 1998, S. 165–179.
Szejnmann, Claus-Christian Werner, The Rise of the Nazis in Saxony between 1921 and 1933, Dissertation Universität London 1994.
Szejnmann, Claus-Christian W., The Rise of the Nazis in the Working-Class Milieu of Saxony, in: C. J. Fischer (Hg.), The Rise of National Socialism and the Working Classes in Weimar Germany, Oxford 1996, S. 189–216.
Uhlmann, Wolfgang, Der Chemnitzer Maschinenbau in den 30er Jahren unseres Jahrhunderts, in: SHBl, 3/1995, S. 141–144.
Ulbricht, Gunda, Die Selbstverwaltungsgarantie und das Werden der Gemeindeordnung für den Freistaat Sachsen 1923/25, in: SHBl, 5/1991.
Ulbricht, Gunda, Die Wahlen in Dresden 1932/1933, in: R. Pommerin (Hg.), Dresden unterm Hakenkreuz, Weimar 1998, S. 25-42.
Ulbricht, Justus H., Keimzellen »deutscher Wiedergeburt« – Die Völkischen in Hellerau und Dresden, in: Dresdner Hefte, 3/1997, S. 80–86.
Unsere Fahne ist rot. Zur Geschichte der Arbeiterbewegung im Kreis Zwickau. Hg.: Kreisleitung Zwickau Land der SED.
Usborne, Cornelie, The Politics of the Body in Weimar Germany. Women's Reproductive Rights and Duties, London 1992.
Venus, Ernst, Amtshauptmann in Sachsen. Lebenserinnerungen des letzten Dresdener Amtshauptmanns und Landrats. Reutlingen 1970.
Volksfeste in Sachsen, Dresden 1993.
Vossen, Stephan, Der ‚»Sachsenkonflikt«, in: H. Grebing/H. Mommsen/K. Rudolph (Hg.), Demokratie und Emanzipation zwischen Saale und Elbe, Essen 1993, S. 263–272.
Walter, Franz, Freital: Das »Rote Wien Sachsens«, in: F. Walter/T. Dürr/K. Schmidke (Hg.), Die SPD in Sachsen und Thüringen zwischen Hochburg und Diaspora, Bonn 1993, S. 39–181.
Walter, Franz, Sachsen – Ein Stammland der Sozialdemokratie, in: Politische Vierteljahresschrift, 2/1991, 207–231.
Weindling, Peter, Health, Race and German Politics between National Unification and Nazism 1870–1945, Cambridge 1989.
Wehner, Heinz, Die Entwicklung der Sächsischen Schweiz zur Tourismusregion, SHBl, 4/1994, S. 208–213.
Willet, John, The New Sobriety. Art and Politics in the Weimar Period 1917–33, Neuauflage New York 1982.
Winkler, Heinrich August, Von der Revolution zur Stabilisierung. Arbeiter und Arbeiterbewegung in der Weimarer Republik 1918 bis 1924, Berlin 1985.
Winkler, Heinrich August, Der Schein der Normalität. Arbeiter und Arbeiterbewegung in der Weimarer Republik 1924 bis 1930, Berlin 1988.

Personenverzeichnis

Abbildungsnachweis

1 Deutsche Fotothek Dresden
© VG Bild-Kunst, Bonn 2000
2 Stadtgeschichtliches Museum Leipzig
3 Deutsche Fotothek Dresden
4 Deutsche Fotothek Dresden
5 Deutsche Fotothek Dresden
6 Deutsche Fotothek Dresden
7 Deutsche Fotothek Dresden
8 Deutsche Fotothek Dresden
9 Deutsche Fotothek Dresden
10 Deutsche Fotothek Dresden
11 Deutsche Fotothek Dresden
12 Deutsche Fotothek Dresden
13 Deutsche Fotothek Dresden
14 Deutsche Fotothek Dresden
15 Deutsche Fotothek Dresden
16 Deutsche Fotothek Dresden
17 Deutsche Fotothek Dresden
18 Deutsche Fotothek Dresden
19 Deutsche Fotothek Dresden
20 Deutsche Fotothek Dresden
21 Deutsche Fotothek Dresden
22 Nachlaß Albert Hennig
23 Nachlaß Albert Hennig
24 Zeitungsbildarchiv, Sächsisches Hauptstaats-
archiv, Dresden
25 Privatarchiv des Autors
26 Privatarchiv des Autors
27 Deutsche Fotothek Dresden
28 Deutsche Fotothek Dresden
29 Privatarchiv des Autors
30 Privatarchiv des Autors
31 Deutsche Fotothek Dresden
Abb. S. 13: Stadtgeschichtliches Museum Leipzig
Abb. S. 47 Deutsche Fotothek Dresden
Abb. S. 101: Deutsche Fotothek Dresden

Dank

Dieses Buch rundet in vielerlei Hinsicht mein langjähriges Interesse an neuerer sächsischer Geschichte ab. Erster Dank gebührt Werner Rellecke von der Sächsischen Landeszentrale, der das Buch angeregt und mit seinen Hinweisen bereichert hat.

Die verhältnismäßig zügige Fertigstellung des Buches verdanke ich meiner Fakultät (School of Humanities and Cultural Studies, Middlesex University), die mir im ersten Halbjahr 1999 ein lehrfreies Semester gewährte. Peter Gangler und Peter Szejnmann haben das Manuskript überprüft. Frau Edith Hennig gab mir freundlicherweise die Genehmigung, zwei zeitgenössische Bilder ihres Mannes, des Fotografen Albert Hennig, zu benutzen. Gedankt sei auch Herrn Kaufmann vom Stadtgeschichtlichen Museum Leipzig für seine freundliche Hilfe.

Schließlich profitierte meine Arbeit an dem Buch ganz entscheidend von der vorzüglichen Hilfe einiger Kollegen. Der langjährige Kontakt zu James Retallack und karl Heinrich Pohl war mir eine große Inspiration. Werner Bramke hat von Anfang an großes Interesse an dem Projekt gezeigt und stand mir mit seinem Rat jederzeit zur Seite. Thomas Adam und Michael Rudloff haben das Manuskript sorgfältig gelesen und mit viel Mühe und Fachkenntnis konstruktiv kommentiert. Natürlich liegt die Verantwortung für den Inhalt des Textes und die Interpretationen der Geschehnisse aber allein bei mir. Es ist mir ein besonderes Bedürfnis, gerade Michael Rudloff für seine unschätzbare und großzügige Unterstützung über mehrere Jahre hinweg einen besonderen Dank auszusprechen. Wie kein anderer hat er es mir ermöglicht, den akademischen Kontakt von London zur »Wiege der deutschen Arbeiterbewegung« aufrechtzuhalten. Letztlich gilt mein Dank Kerstin, Wolfgang Familie Asta und Walter Radespiel, Uta, Andreas und Johanna, HH-Cln und vor allem meiner Familie Max Gabriel, Laura Mae und Kate-Alice.

Inhalt

Spuren Suchen und Erinnern

Gedenkstätten für die Opfer politischer Gewaltherrschaft in Sachsen

Herausgegeben von der Stiftung Sächsische Gedenkstätten zur Erinnerung an die Opfer politischer Gewaltherrschaft

Mit Fotografien von Harald Hauswald
Text Bert Pampel
Redaktion Norbert Haase
118 Seiten
Klappenbroschur
DM 20,–
ISBN 3-378-01011-8

Dieser Band vermittelt einen Überblick über Gedenkstätten in der Trägerschaft des Freistaates Sachsen, die an die Verfolgten des NS-Regimes, die Opfer der sowjetischen Geheimpolizei NKWD und die Opfer der SED-Strafjustiz erinnern. In Bild und Text werden die historischen Hintergründe und die Geschichte von Orten wie Pirna-Sonnenstein, Torgau, Bautzen und Dresden/Münchner Platz dokumentiert.

Schriftenreihe der Stiftung Sächsische Gedenkstätten zur Erinnerung an die Opfer politischer Gewaltherrschaft
Band 1

Jörg Osterloh

Ein ganz normales Lager

Das Kriegsgefangenen-Mannschaftsstammlager 304 (IV H) Zeithain bei Riesa/Sa. 1941 bis 1945

Herausgegeben von der Stiftung Sächsische Gedenkstätten zur Erinnerung an die Opfer politischer Gewaltherrschaft

Mit 35 Abbildungen
198 Seiten
Klappenbroschur
DM 20,–
ISBN 3-378-01018-5

Zur Inhaftierung sowjetischer Kriegsgefangener errichtete die Wehrmacht ein engmaschiges Netz von Kriegsgefangenenlagern. Eines von ihnen – ein normales Lager – war das Stalag 304 (IV H). Zwischen 33 000 und 40 000 Menschen kamen hier uns Leben. Sie starben vor Hunger, Kälte und Erschöpfung. Das Buch wertet bisher unveröffentlichtes sowjetisches Archivmaterial erstmals aus. Aufnahmen und Berichte von Zeitzeugen unterstreichen die Grausamkeit des Lageralltags.

Schriftenreihe der Stiftung Sächsische Gedenkstätten zur Erinnerung an die Opfer politischer Gewaltherrschaft Band 2

Brigitte Oleschinski/Bert Pampel

»Feindliche Elemente sind in Gewahrsam zu halten«

Die sowjetischen Speziallager Nr. 8 und Nr. 10 in Torgau 1945–1948

Herausgegeben von der Stiftung Sächsische Gedenkstätten zur Erinnerung an die Opfer politischer Gewaltherrschaft

Mit 86 Abbildungen
203 Seiten
Klappenbroschur
ISBN 3-378-01017-7

Nach Kriegsende richtete die sowjetische Geheimpolizei im ehemaligen Wehrmachtgefängnis Fort Zinna und der benachbarten Seydlitz-Kaserne in Torgau die Speziallager Nr. 8 und Nr. 10 ein. Die Dokumentation bietet einen Überblick zur Geschichte beider Lager mit exemplarischen Biographien von Gefangenen, Abbildungen und zahlreichen erstmals veröffentlichten Dokumenten aus russischen Archiven.

Schriftenreihe der Stiftung Sächsische Gedenkstätten zur Erinnerung an die Opfer politischer Gewaltherrschaft Band 3